1　水城と大野城

太宰府西方から見た水城と大野城．水城は福岡平野から太宰府に至る平野が最も狭くなったところを塞ぐように築かれ，全長1.2㎞にも及ぶ．大野城は6.3㎞にわたって土塁や石塁がめぐらされており，古代国家の防衛ラインの壮大さを物語る．

2　志　波　城

復元整備された古代陸奥国最大の城柵・志波城．一辺930mの外郭築地の中央には高さ11mの外郭南門が設けられ，南門の左右に各7棟，計14棟の櫓が配置されていた．

3 『法然上人絵伝』
日吉八王子社の城郭

鎌倉時代の合戦の様子を描く．バリケードのように設置された柵を挟んで，攻め手と守り手がひしめきあう．中世前期の城郭は交通を遮断することを目的とした簡易な造作であったのだろう．

4 杉 山 城

丘陵上で横堀と土塁で囲まれた郭が複雑に組み合わされる．戦国時代になると構造的に技巧的な城館が各地に築かれるようになった．なお，杉山城は発掘調査により，その年代をめぐって研究史に残る議論があった．

5 周 山 城

天正年間の石垣を伝える，明智光秀の山城．戦国時代になると，各地の城館で石垣を導入しはじめる．畿内でも安土城のように大規模な石垣が築かれるようになり，天正年間以降，急速に石垣の技術や技法が高まった．

6　西生浦倭城　登石垣

織豊期は近世に向けて，城館が急激に変化した時代であった．しかし多くは江戸時代に改変を受けており，その当時の様相を伝えていない．文禄・慶長の役に朝鮮半島に築かれた倭城は1590年代の城館の実像を語っている．

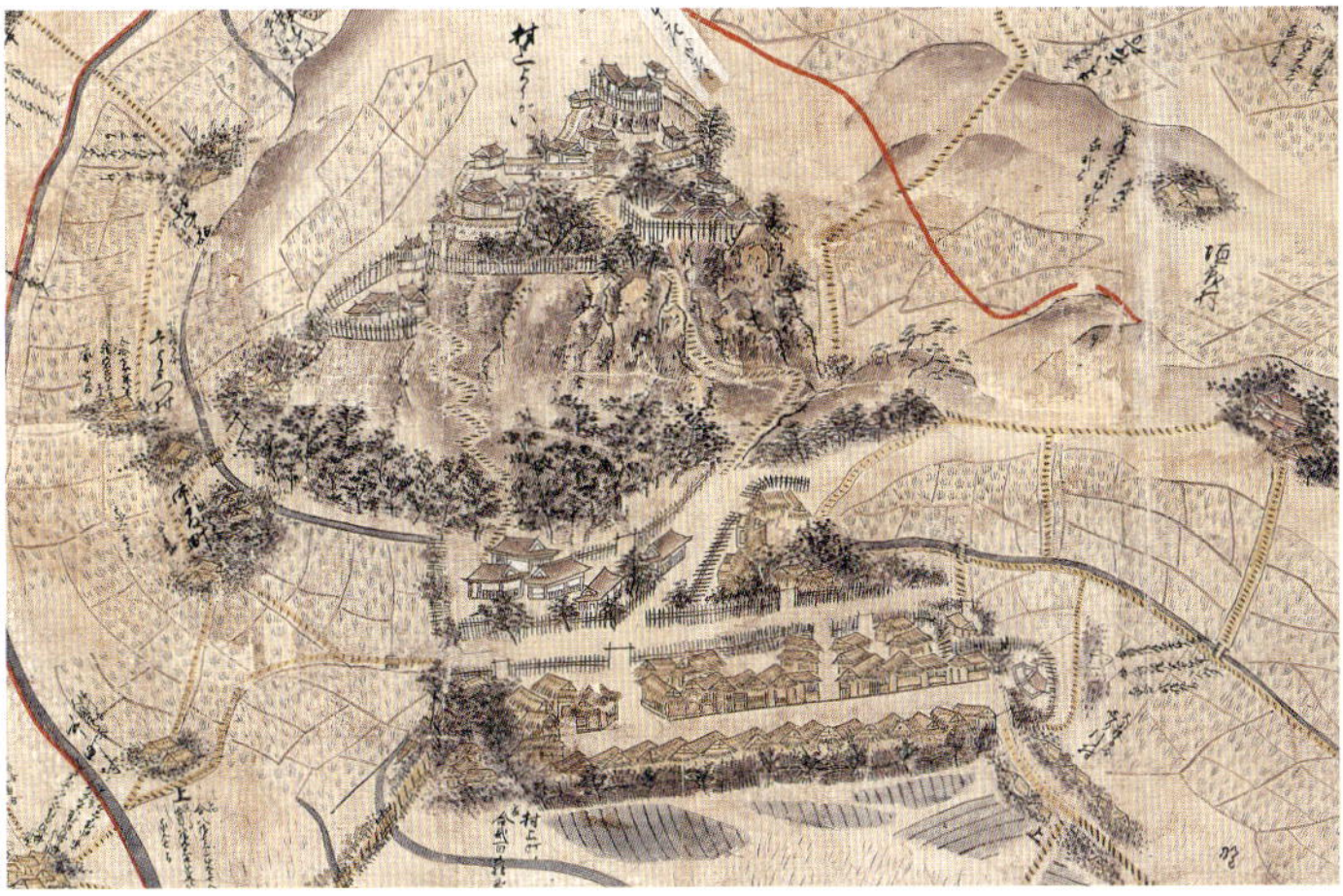

7　『越後国瀬波郡絵図』村上城

近世初頭の城館と城下がどのような景観であったかを語る，貴重な絵画．上杉家に伝えられた．天守がなく，また木柵による塀など，粗野な様相を伝えている．戦国城館の様相を伝えるとして注目を浴びている．

日本城郭史

齋藤慎一
向井一雄［著］

吉川弘文館

目次

序

「城」の語彙　「〝お城〟と言ったらどのようなイメージを持ちますか?」、よくする質問である。日常会話のときなどでこの質問をすると、多くの聞き手はいわゆる〝天守閣〟をまず思い浮かべてくれる。「城」の語がもつ一般的なイメージはこのようなものであろう。

姫路城や彦根城など現存一二天守はとりわけ著名な〝お城〟である。平成の大修理が完了し、ひときわ白くなったことで話題となった姫路城天守を、史実では存在しなかった天守に見立てて俳優が勇ましく登場するドラマの一シーンなどを見ると、なにやら不可思議な気持ちになる。しかし一般的には見ていて落ち着きがよいのであろう。戦後の一時期、各地で復興天守ブームが到来し、各地に〝天守閣〟が登場した。建築された復興天守は世紀を跨いだ今においても、各地の代表的な観光地として紹介される。地域の象徴になっているのは間違いない。しかし、とある模擬天守であるが、真夏に訪れた時、冷房設備がなく、入り口で無料貸し出しの団扇が置かれているところがあった。また経営難で公開を取りやめたところ、復興模擬天守の保存の要望が出たという話があったと聞く。すでに内装は朽ち果て、床が抜けているものもあった。復興天守はもうすでに現代史を語る重要な遺産となりはじめている。本来の意味はともかくも、現代語のなかの〝お城〟とはこのような現存天守や復興天守

などの天守を指していると考えることは、現代人として念頭におかねばならないだろう。

しかし、いわゆる〝城好き〟の人たちはこのイメージを否定する。「天守だけではなく、周囲に広がる二の丸・三の丸、そして外郭線までも含めるのです。例えば江戸城だと千代田区は全域で中央区や港区にまでも及びます」と説明する。「世界遺産の姫路城を見てください。天守だけでなく、門や櫓が多く残っていますよね。あのような建造物を含めて城なのです」などと、このような具合に「城」の内容を解説する。おおよそ江戸時代の城館をイメージして語っている。

また、講演会などでやや歴史に詳しい人を相手にする時は、次のような一歩踏み込んだ質問をする。「中世のお城と言ったらどんなイメージを持ちますか?」、回答として期待しているのは、「天守が聳え、石垣が巡り、その上に白塗りの櫓や壁があって、その下には満々と水を湛えた堀がある。そこで華々しい戦闘が行われている」という返事。たとえ返事がなくとも、自らこんなイメージではないですかと問いかけ、「そうだ! そうだ!」と強制的にうなずかせる。そうでないと話は始まらない。それに対する受け答えもいつものごとし。「いえいえ違うのですよ。天守・石垣・水堀・白塗りの櫓や壁などがそろった「豪華な」城とは江戸時代のものなのです。中世の城とはもっと「素朴」なものなのですよ。城という字を見てください。「土から成る」と書くでしょう。中世の城に石垣はなく、土を盛り上げた土塁や斜面を削った壁面、水堀ではなく空堀なのです。天守なんて建物はありませんでした。そんな城で合戦が行われていたのですよ」と、こんなふうに応えていた。

しかしこれも中世の城館のイメージである。古代の城といえば、さらに違う。多賀城や大野城など

が著名な事例であるが、これらも現代の、江戸時代の、中世の、そのいずれとも内容は異なっている。「城」の概念を一言で言うことはとても難しい。天守のこと、近世城館のこと、中世城館のこと、それぞれが「城」の語彙について、実像の一側面を語っている。しかし一側面でしかない。「城」の語彙が語る存在や景観などは、実は時代によって異なっている。このことを踏まえて「城」とは何かを考えないとならない。「城」の語彙にも時代を経るなかで概念に変遷がある。本書を読む前に、専門家も含めて先入観を外し、無垢な気持ちになることをまずお勧めしたい。

歴史学のなかの「城」　一九八五年（昭和六〇）八月に行われた第二回全国城郭研究者セミナーについて、村田修三はコメントを読売新聞に寄せた（村田一九八五）。「幅広い視野から討論が繰り広げられた」ことを踏まえつつも、考古学研究者から突きつけられた「城郭を軍事史的な視点だけでなく、地域支配のあり方としてとらえるなど、生活者を含む多様な観点から研究する必要性」について、

軍事施設であることに独自性のある城郭を扱う場合、まずその独自面にせまる縄張り研究が重視されねばならない。両者は必要条件と十分条件の関係のようなものであろう。

と疑問を投げ返した。「住居調査の枠をでないような城跡調査の多かった傾向に対して、縄張り図を書き歩いてきた城郭研究者から不信感がなげかけられたのも無理からぬこととといわねばならない」と書き続けるように、村田の批判は縄張り論の立場からの発言であった。

これに対して、橋口定志は即座に反応する（橋口一九八六）。橋口は村田の見解を考古学の立場から「著しく異なる見解であり、その出発点から疑問視せざるを得ない」と厳しく反論した。橋口は中世

城館の「その成立・展開を見通した時、果たして軍事施設であることに独自性を狭めてよいのだろうか」と述べた。すなわち軍事施設だけでなく、橋口は自らが以前より主張する「地域におけるある階級の他の階級に対する支配拠点」としての性格を強調した。この見解は先の村田の理解と対極の位置にあることは明らかであろう。

村田は橋口の批判を受けて再反論した（村田一九八八）。そこでの論点は自説の再確認であり、城の軍事的性格を強く主張する。村田の論点はポイントに縄張りの読み取りという、いわゆる縄張り論に立脚している点を確認する必要がある。

この村田・橋口論争を振り返った時、縄張り図作成者と考古学の立場で、対象とする「城」について認識が大きく異なることが理解できよう。自らの視野のなかで城館を理解するのは当然であるが、この論争はまさに一九八〇年代頃の城館研究に投げかける縄張り論者と考古学者の認識の相違を如実に物語っている。方法論の異なる論者は必ずしも同じ対象に対して、同じ次元で歴史像を描いているのではなかった。城館についての理解、いいかえれば城館の概念をめぐって、両者間で生じていた微妙なズレが原因となり、論争が顕然化したのであった。異なる立場に立つ二人の研究者は、文字どおり同床異夢だった。

学問的に使用される語は、その時々の研究状況に規定されるものである。同時代であっても方法論によって異なった内容を示している場合がある。実はこの論争が示すように流動的な危うさを含んでいる。さらには日常的な受容度がどれだけあるかを踏まえたならば、その時の学問的な内容は、時間

を経るとあるいは正しいとは言えないのかもしれない。学問的な背景を踏まえ、「城」の概念が持つ内容を理解する必要がある。言葉の難しさである。

軍事と日常　そもそもであるが、『日本城郭史』を叙述するということは容易なことではない。おそらく戦前に刊行された大類伸・鳥羽正雄共著『日本城郭史』（初版一九三六）以後、本格的に城館の通史は取り組まれたであろうか。それほどに難しい。それゆえに本書においても多分に漏れがあることは予想される。

しかし、およそ八〇年を経た現時点において『日本城郭史』を描くということは、大きな視点の変化を踏まえ、新しい叙述ができる。このことは大きなメリットであろう。

その大類伸・鳥羽正雄共著『日本城郭史』について、まず注目すべきは城館史の意義についてであろう。

即ち一方に於いては築城の効用並にその構造等について之が普遍性を求め、これを戦略・戦法・築城等の参考とすると共に、一方に於いては各時代の特質と地方的特徴とを探ねて、時代文化一般の特質を明らかにし、小にしては各地方文化の特色を、大にしては一国の国民性乃至民族性を詳にすべきである。

と述べている。戦前という時間のなかにあっても、城館研究の重要性について今日でも示唆的な内容を含んでいることに驚かざるをえない。

しかし同書を通読すると、意義の前半でも触れるように、同書が軍事史の視点で叙述されているこ

とにまず気づく。奈良時代以降、明治時代初頭にいたるまでを四時代のべ八時期に区分する。その各時期について、（一）総説・（二）戦争と築城・（三）築城の種類及び構造という三項目を立てて叙述することが統一した基本構造となっている。戦前の城館研究が軍事史の影響を強く受けていると考えてよいであろう。

先の村田・橋口論争のなかにも見られたが、城館を軍事的な施設として考える立場と、平時の支配の拠点としての性格もあわせて考えるという見解の相違があった。研究史を振り返ると、大類伸・鳥羽正雄共著『日本城郭史』にも見られたように、城館研究は軍事史学と密接な関係のなかで発展してきた。そしてその傾向を二〇世紀後半にいたっても継続していた。縄張り図を描き、軍事的に構造を読み解くという方法論は、その流れの延長線上にあるのは間違いない。そして先の論争のなかで、村田は伝統的な城館研究の視点で自らの主張を行っている。それに対して、橋口は軍事的城館研究とは一線を画した考古学という地平から城館研究をスタートさせている。論争のなかでの橋口の発言はこの従前からの城館研究の流れへの批判も含んでいた。

そして一九九〇年代の初頭には、石井進が青森県浪岡町に所在する浪岡城《なみおかじょう》のシンポジウムで、次のような発言をしている。

中世の城とは決して単なる軍事的要塞というだけのものではない。むしろ中世における集落、都市の一種でもある。一見すると、「えっ、これが本当に城なの」と思われるところに実は浪岡城の大変大きな意味があるのだ、何故ならそれによって、中世の城の重要な側面が明らかになる、

それを通じて都市や集落がそのような性格を帯びざるを得なかった、中世という時代の特色が明らかになるのだと、私は申し上げたいのです。（石井一九九二）

この発言に先立って、網野善彦・石井両氏は北海道上ノ国町の勝山館を素材とした鼎談（網野・石井・福田一九九〇）のなかで、

（網野）「だからこれまでの城に対する捉え方は根底から考え直す必要がある」（一二四頁）

（石井）「まさにそうだ！　従来の城の捉え方は、簡単にいえば軍事的拠点論一本槍であり、それがただちに階級支配の拠点論にスライドしていくんですよね」（一二四頁）

と、城館のイメージの再検討を促している。

浪岡城と勝山館《かつやまだて》は、志苔館《しのりたて》（北海道函館市）・根城《ねじょう》（青森県八戸市）とならび、道南・青森県に所在する城館である。これらの城館遺跡は一乗谷《いちじょうだに》朝倉氏遺跡（福井市）の取り組みに続いて実施された中世遺跡の調査・整備の実践例であり、列島全体のなかでは先駆的な取り組み事例に属する遺跡である。

石井は考古学が明らかにしていく城館の実態を見つめながら、日常の拠点としての城館という実像を感得し、「軍事的拠点論一本槍」の城郭研究に警鐘を鳴らしたのだった。

昨今、この動向について「軍事史的視点を欠落させた研究」であるとするような批判があるように聞く。しかしこの批判は研究史を踏まえない誤解である。石井も橋口も軍事史的な視点が不要であるとは言っていないし、村田も日常の拠点としての城館の性格は認めている。橋口が意識するイデオロ

ギーの問題を外せば、村田・橋口論争への評価はそれぞれが前提とする視点を見ず、細かな差異のみがクローズアップされ、相互にすれ違いの議論だけが取りあげられているようにも思える。城館を考えるのに「軍事」と「日常」の二つの視点を欠くことはできない。その意味では現在の城館研究は、この二点を両端に置き、その中間のなかのどの位置に今取り組んでいる実像が位置づくか、ウェートがどこにあるか、このことを自覚することに起点がある。

都市と役所　このように考えた時、城館の概念をめぐって非常に難しい問題がある。城館と都市や役所などとはどのように区別するのかである。

例えば、戦国時代以降の城館に惣構えと呼ばれる外郭線が構えられることがある。一般にこの惣構えも城館の一部であると考えられている。江戸城においては外堀が惣構えであり、現在の千代田区はすっぽりと囲まれる。このように考えると、江戸城と都市江戸は一体どのように概念を区別したらよいだろうか。

また平城京や平安京など古代都城は、中国の長安城などの影響を受けたものと言われる。城郭都市という概念すらある中国の都市は、軍事性を帯びた存在であった。とするならば古代都城は城館との関わりで検討する必要があるのではなかろうか。

また、東北の古代城柵については長年にわたって官衙なのか軍事施設なのかで議論が行われてきている。とするならば、各地の国衙はどうなのか。さらに踏み込めば西日本において国衙などと古代山《さん》城《じょう》との関係もある。一体、どこまでが城館でどこからが都市や役所なのか、という批判がすぐさまに

聞こえてきそうである。

このことは城館概念そのものに関わる重要な問題なのであるが、研究史は明確な議論を積み上げてきていない。おそらく本書のなかでもこの点については混乱した叙述と思われる箇所が少なからず登場するであろう。しかし本書においては混乱をおそれず、都市空間論まで踏み込んで城館を考えてみたい。無論、城館論が古代都城制全体や中世都市論までのすべてを含み込めるとは考えていない。都市の中核部の軍事的あるいは支配拠点の場を中心に、都市全体を視野において考えてみる。研究史の現状を踏まえた際、現時点においては踏み込んだ議論がまず重要であると考えている。

対外的な影響　『日本城郭史』といえば、環濠集落から発展した城館を叙述してきたが、古代中世の移行期で断絶があり、中世の領主制の発展とともに城館が近世に向けて新たに発展したという理解があったのでなかろうか。背景の概念についてはともかくも、現象的にはこのように見えていたことは間違いない。本書においては、近年の成果も踏まえ、まずは古代中世の断絶を克服すべく努力し、通史的な叙述を心懸けた。

しかしこの過程で、従来の通史的な視点に大きな欠陥があることに気づいた。列島のなかで単線的に発展するという理解、この点そのものがまず間違いなのである。そもそも日本列島へはいつの時代も対外的な影響があった。古墳時代から奈良時代においては朝鮮半島との関係は密接であった。秀吉の時代にいたるまで銭は輸入されていた。この状況を考えた時、城館の構造は対外関係と無関係であると断言できないであろう。なによりもまず西日本古代山城については朝鮮半島との比較が必須な状

況にある。
ゆえに列島の城館史を考えるにあたってアジアの視野、世界の視点を持つ必要があると考える。本書では少なからずこの視点を踏まえて通史叙述を行ってみたい。

以上、本書全体を通読するうえで、まず押さえておきたい考え方について触れてみた。およそ従来の城館史とは異なった枠組みであることは明示できたのではなかろうか。

また順番が前後してしまったが、概念について触れておきたい。いわゆる城一般を指す言葉として、従来は「城郭」が使用されてきた。この語彙はそもそも史料用語であり、史料用語としての「城郭」は本書で語るように、一四世紀を中心としてかなり異なった内容を指している。そもそも「城」と「郭」は別物であった。したがって、城一般を指し示すにはややふさわしくないと考えるにいたった。他方、城一般を指す語彙として城館の語彙が普及している。この語彙についても館の語彙について検討すべき内容を残しているが、研究者の間では城一般を指す語彙として広く使用されている。そのため城一般を示す語彙として城館を用いた。それゆえ、書名も『日本城館史』としたいところではあったが。

また、アジアの視点を有すること、および章立てにおいても、北日本・琉球の地域も独自の地域として認識して叙述した。これらからは『日本城郭史』の名称がふさわしくないとの批判があることを覚悟している。

しかしこれらの点は出版にいたる経緯をお察しいただき、また本書の意図をお汲み取りいただき、なにとぞご海容をいただきたくお願いしたい。

はたして本書が意図したとおりの叙述となったかどうか。その評価については読者の判断にゆだねたい。そのため冒頭に本書が描こうとする新しい『日本城郭史』の視点を、まずは掲げてみた。

I　弥生時代から平安時代

1　防御施設の登場

(1)　環濠集落と高地性集落

戦乱の世紀　「戦争は弥生時代から始まった」と言われている。稲作によって富の集積が起こり集落や地域間で紛争が頻発するようになった。紛争の原因は余剰生産物や土地、水、労働力の奪い合いなど、さまざまなことが発端になったと想像される。集落の周囲に濠をめぐらせた環濠集落、山地に集落を構えた高地性集落、武器で傷を受けた受傷人骨など、戦乱を裏づける考古学的な証拠もそろっている。わが国の城の歴史もこの時代に始まる。

弥生系環濠集落　環濠集落とは周囲に濠をめぐらせた集落で、戦乱の多かった中世にも造られるため、弥生時代のものを弥生系環濠集落と呼ぶ。環濠集落の形態には円形、楕円形、卵形が多い。規模は、三〇〇〇平方メートル以下の小型、三〇〇〇～一万平方メートルの中型、一万～三万平方メートルの大型、それを越える一〇万平方メートル以上の巨大型がある。中型の五〇〇〇平方メートルから大型の二万平方メートルクラスが標準で総じて面積は広い。現在、九州から関東・北陸まで全国六〇〇ヵ所以上の環濠集落があると言われて

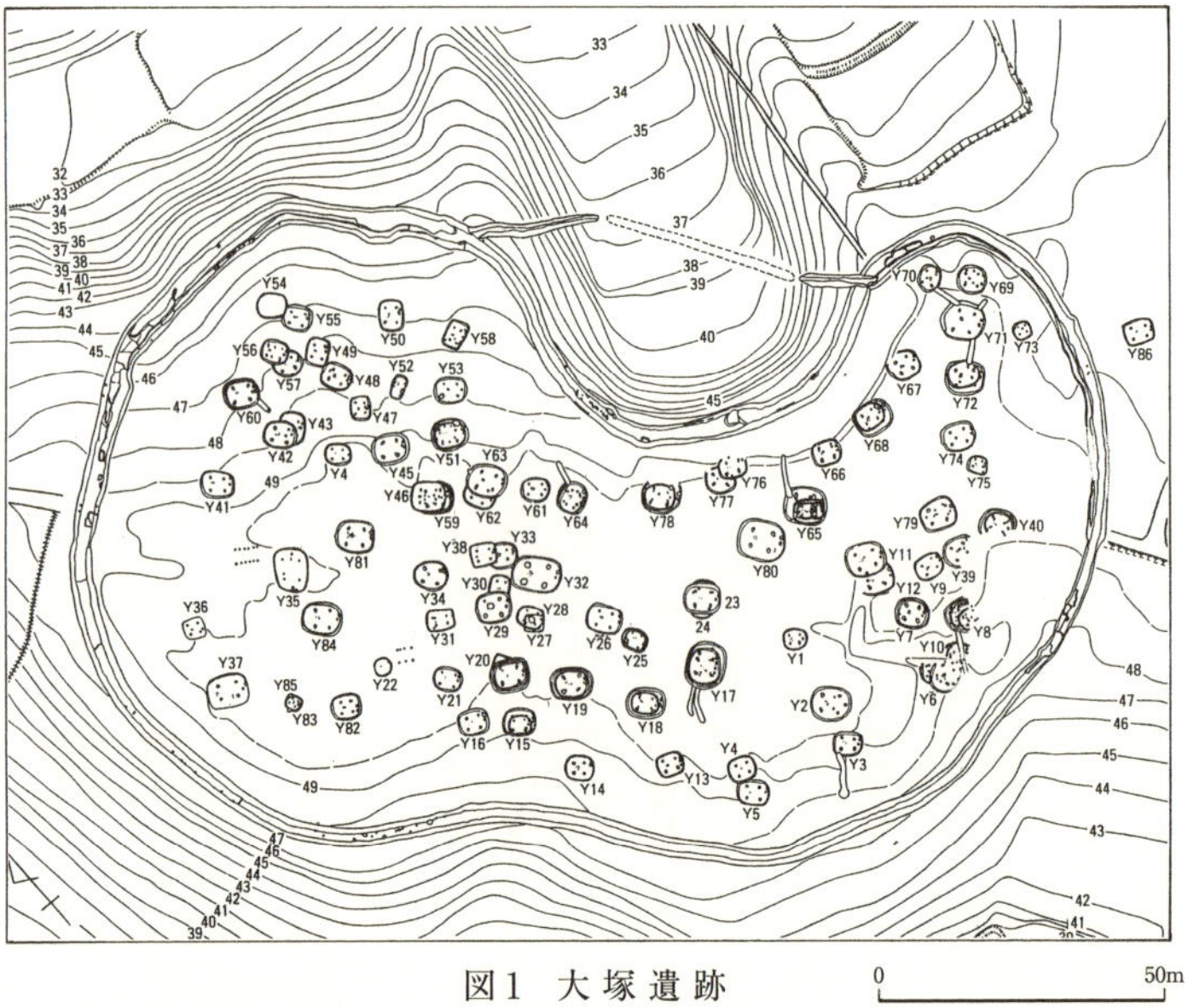

図1　大塚遺跡

いる。

環濠内には大型の大塚遺跡（横浜市、図1）で九七棟、一時期に二〇～三〇棟程度の住居が建てられていたと想定されている。人口はおよそ一〇〇人。掘立柱建物が一〇棟確認されており、小型の高床式倉庫が単位集団（竪穴住居数棟からなる基礎的な集団）と呼ばれる世帯共同体ごとにともなっていたと考えられている。

集落の周囲をめぐる環濠は、巨大型の唐《から》古《こ》・鍵《かぎ》遺跡（奈良県磯城郡田原本町）や池上《いけがみ》曽《そ》根《ね》遺跡（大阪府和泉市）などのように多重環濠をめぐらせている場合もある。環濠集落のなかでも規模の大きな大型・巨大型の環濠集落は拠点集落とも呼ばれ、周囲に枝村を従えて物資の交換や灌漑施設の維持管理、新たな可耕地の開発、そして祭祀など、地域のセ

ンター的存在でもあった。

総面積二七万平方メートルの超巨大環濠集落である吉野ヶ里《よしのがり》遺跡（佐賀県神埼郡吉野ヶ里町）の場合は、外濠内に竪穴住居や倉庫の他に甕棺墓や墳丘墓、神殿と言われる大型建物まで含み込んでいた。

環濠の防御性　環濠の断面形はV字形、U字形、逆台形など様々で、同じ遺跡内でもV字形と逆台形両方の断面が見られることもある。弥生前期に北九州に伝わったV字形が西日本で普及し、その後U字形や逆台形へと多様化した。濠の幅は上面が二メートル、深さ一・五～二メートルほどが標準で、幅が三～四メートルもある大きなものもある。V字形の濠はいわゆる薬研堀で中に落ちれば容易に這い上がれない。

環濠集落の濠で特徴的な点は、土塁が濠の外側に構築されていることである。中世城館の場合、内側に土塁を設けるため、この点は対照的で疑問を持たれることもあるが、環濠の内部を埋める土塁の崩壊土は濠の外側から流入しており、一部には濠の外側に土が積まれた痕跡も確認されている。土塁の上には柵が建てられていたと推定される。

朝日遺跡（愛知県清須市）では環濠の外側に逆茂木を伴う二重の柵と乱杭をめぐらせている。環濠集落のなかで最も防御された事例―要塞的な集落としてよく紹介されるが、このような施設がどこの環濠集落でもあるわけではない。逆茂木や乱杭は北居住域の南側の谷に面し南居住域から北に渡ってくる正面に位置している。北居住域の南東では環濠の出入り口も見つかっているから、逆茂木列や乱杭は実質的な防御面以上に進入者に対して示威的な意義を持っていたのだろう。同じような事例としては吉野ヶ里遺跡の外濠入口の左右の乱杭にも当てはまる（写真1）。

写真1　吉野ヶ里遺跡外濠

環濠の役割　環濠集落は弥生時代の早期・前期（紀元前数世紀〜）から見られるため、稲作文化とともに大陸から伝わったと考えられている。韓国の嶺南地方―慶尚道地域を中心に検丹里《けんたんり》遺跡などの環濠集落が見つかっており、朝鮮半島東南部が直接のルーツになるようだ。

板付《いたづけ》遺跡（福岡市）などでは当初から集落を囲む環濠が設けられたが、葛川《くずがわ》遺跡（福岡県京都郡苅田町）や光岡長尾《みつおかながお》遺跡（福岡県宗像市）では小型環濠が貯蔵穴エリアのみ囲んでおり、集落の種籾を集中的に保管管理している。出入口となる陸橋部には鼠返しの溝が掘られるなど当初は獣類の侵入防止の意味が大きかったらしい。板付遺跡でも環濠内に仕切りを設け住居とは別に貯蔵穴を守る小環濠があることからもそれはうかがえる。

北九州における当初の環濠には貯蔵穴専用のものが多かったのに対して、近畿では唐古・鍵遺跡や池上曽根遺跡のような巨大な環濠集落が弥生中期（〜紀元前一世紀）に増加していった。中期に肥大化していく環濠集落は、増加していく人口とそれを結束させる効果があったと考える説もあり、戦乱だけでは環濠集落の巨大化を説明できない。低地の環濠では排水の機能も大きい。弥生中期の近畿では等質的な拠点集落が約五キロ間隔に並んでいたという。このような横並び的社会を平和的に維持していくために、巨大環濠には集落内外への抑止力が求められていたと考えたい。近畿の大型環濠集落では祭祀センターとしての神殿や青銅器工房など特殊な遺構も見つかっており、サヌカイトなどの石器原料の供給も拠点環濠集落からリレー式に分配されていた。

弥生後期（一〜三世紀前半）になると、北九州でも巨大な環濠集落が登場してくる。吉野ヶ里遺跡がその典型であるが、原《はる》の辻《つじ》遺跡（長崎県壱岐市）や三雲《みくも》遺跡（福岡県糸島市）、須玖岡本《すぐおかもと》遺跡（福岡県春日市）なども超巨大環濠集落で、『魏志』倭人伝に登場するクニグニの首都にあたる「国邑」であると考えられている。

この頃になると、環濠内に住む人と濠外に住む人という区別も生じていた。さらに濠内には方形区画が形成され古墳時代の豪族居館へとつながっていく。

高地性集落と倭国大乱　弥生時代には、環濠集落とともに平地からの比高が一〇〇メートルを超える山城のような遺跡が出現する。農耕には適さない丘陵・山地に立地するため、軍事的性格が強いと考えられた。それらの遺跡は低地集落に対して高地性集落と呼ばれる。立地は尾根の先端や山頂、山腹で平

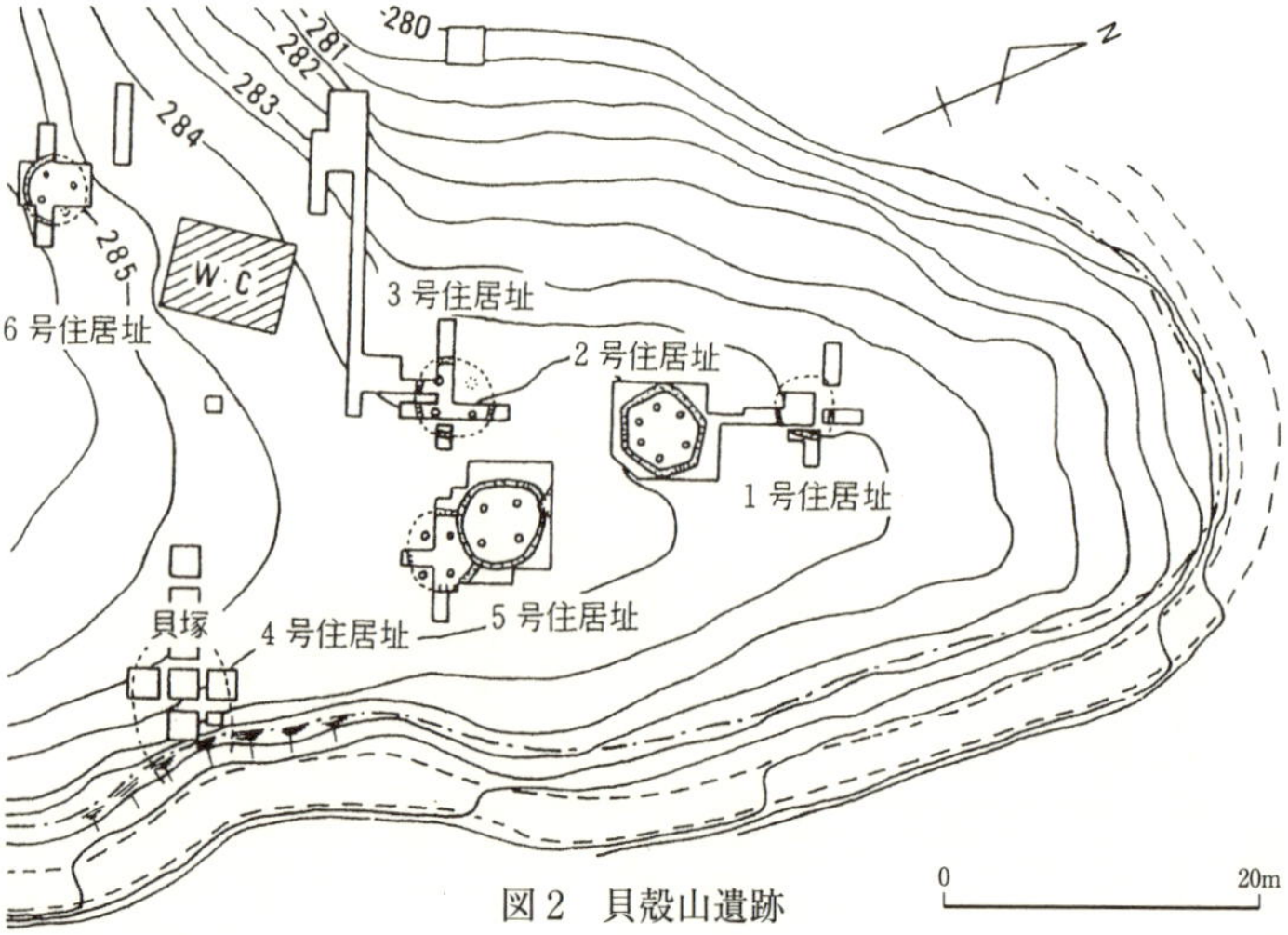

図2　貝殻山遺跡

地や海を広く展望できる位置にあり、その役割は籠城というよりも監視目的と見られている。

弥生中期後半～後期初頭に第一次の出現のピークがあり、中部瀬戸内から大阪湾岸に多数出現する。この時期の代表的な遺跡として、会下山《えげやま》遺跡（兵庫県芦屋市）、紫雲出山《しうでやま》遺跡（香川県三豊市）、貝殻山《かいがらやま》遺跡（岡山市、図2）などがある。近畿では後期になると環濠集落の解体に対応するかのように大型の高地性集落が出現する。観音寺山《かんおんじやま》遺跡（大阪府和泉市）や古曽部《こそべ》・芝谷《しばたに》遺跡（大阪府高槻市）がその好例である。後期後半から庄内期（二～三世紀）になると分布が拡大し、広島・山口など東部瀬戸内、山陰の鳥取や北陸方面にも出現する。高地性集落は少ないとされた北九州でも西《にし》ノ迫《さこ》遺跡（福岡県朝倉市）などのように周囲四六メートルと小型だが環濠や出入り口の門柱など整った〝弥生の砦〟と呼べるような遺跡が登場してくる。

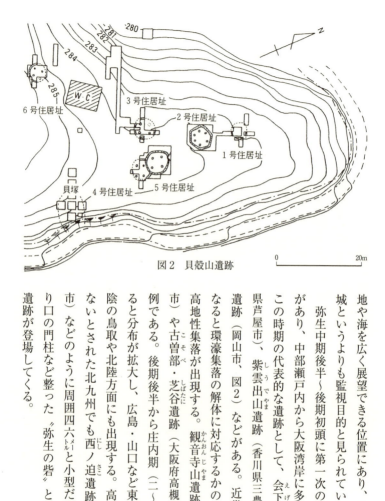

高地性集落は「倭国大乱」と関係のある遺跡とされてきた。倭国大乱は『後漢書』によると桓霊の間（一四六～八九年）に起こった倭国の争乱で、『魏志』倭人伝にも卑弥呼共立前史に記されている。かつての弥生土器編年では弥生中期末＝二世紀末であったため、第一次の高地性集落出現を倭国乱になぞらえる説が有力であった。弥生時代の暦年代研究の進展により中期末の年代は二世紀末から紀元〇年頃までさかのぼり、現在では倭国乱との関係は否定されている。

高地性集落は城か？　高地性集落は比高や規模からいくつかのタイプに分けられる。比高で見ると、一〇〇メートルを超えるような急峻な山頂や尾根に立地するものと標高五、六〇メートルの丘陵地に立地するものがある。また規模では数棟の中小型のものと二〇棟を越える住居を持つ大型のものがある。大型のものでも単位集団がいくつか集住する点は大型の環濠集落と基本的には変わらない。環濠をめぐらせた高地性集落も時にあり、条濠という一種の堀切で尾根を切るタイプもある。

高地性集落では焼土坑が見つかることがあり、狼煙跡ではないかと言われている。しかし外クド（共有屋外炉）や土器焼成窯の遺構である可能性もあり断言できない。摂津から淀川上流域にかけての高地性集落では五～一〇キロ間隔で互いに望見することができるので、狼煙による伝達機能を果たしたとも言われている。狼煙は天候などに左右される不安定な通信システムなので、瀬戸内から近畿を結ぶような高地性集落間の広域ネットワークのようなものは想定しがたい。平地集落や近接する高地性集落との短距離通信ならば十分機能したと思われる。

大型化した大量の石鏃や投弾の出土、環濠の存在は高地性集落の軍事的な性格を裏づけるものだが、

紡錘車の出土は女性の存在＝家族で居住していたことをうかがわせ、石包丁など出土品の大半は低地の一般集落と差が見られない。海浜に近い高地性集落では貝塚や漁労具など生業との関係を想定させる遺物が出土する。高地性集落を焼畑など山住みの集落であるとする説にも一理あると言えよう。

近畿では中期に栄えた大型の環濠集落が後期に入ると解体、消滅していくが、紀元一世紀頃から始まる古墳寒冷期の多雨による洪水の頻発も原因の一つとされる。高地性集落を洪水から逃れるための避難所とする洪水回避説もある。

特異な高地性集落としては、二重三重の環濠の中に一棟しか建物がない田和山《たわやま》遺跡（松江市）や大《おお》盛山《もりやま》遺跡（兵庫県朝来市和田山町）のようなタイプもある。環濠外の中腹に竪穴住居や倉庫などが数棟建っているが、環濠内の建物について出土遺物から用途を探ることはできない。おそらく特別な場所、祭祀的な性格―宗教的聖地を守る―が考えられる。

高地性集落と交易　現在の高地性集落の捉え方として最もポピュラーな考えは、西方から運ばれてくる先進の文物や人々の動きを見張り通報する監視・待ち伏せ施設である。しかし見張り・監視所ならば多数の竪穴住居は不要であるし、家族で居住していることは監視という特殊任務から見ると不可思議である。瀬戸内海航路の監視といっても、港湾施設の未整備な弥生時代においては航行者側が浦々の住民と接触し、薪水・食糧の供給と水先案内を乞わねばならなかったと想像される。

当時の交易は灘や湾を区切りとするエリア単位で行われており、九州と近畿の間にダイレクトな遠距離交易などはまだない状態で、鉄や銅など先進文物は受動的に入手できるものではなく、地域ごと

の物流拠点に能動的にアクセスすることで得ることができたと考えられる。監視所というと母村の出先的なイメージだが、実際の高地性集落は閉鎖的な集落ではなく、山麓の低地集落とも交流があり、外来系の土器が一定量持ち込まれる＝マーケット機能を持った交流・交易の拠点で、河川・陸海交通の要地に立地している。

高地性集落からは倣製鏡・中国鏡片、朱の精製土器・石杵、大型鉄素材、漢式三翼鏃など珍しい遺物が出土しており、威信財や祭祀具などを低地集落より早く入手している。また高地性集落の近傍に相当数の銅鐸埋納地があり、銅鐸の運搬や埋納祭祀に関わった可能性は高い。

このような高地性集落の特徴を重ね合わせると、自立的な集団、遠隔地交易にアクセスする能力を持った集団、祭祀にも関与する集団という「武力・祭祀・交易といった特権を持った有力集団の拠点」という、今までとまったく異なる高地性集落像が導き出される。

(2) 豪族居館と王宮

環濠集落から豪族居館へ　環濠内に出現した方形区画（方形環溝）は首長層と一般の人々を分けるものとして、弥生中期後半頃、九州では比恵《ひえ》遺跡（福岡市）、近畿では加茂《かも》遺跡（兵庫県川西市）でつくられはじめる。方形区画の出現は銅鏡など中国系の副葬品をともなう王墓の出現と同時期で、楽浪郡治や三韓諸国の拠点集落での見聞も影響していると考えられる。

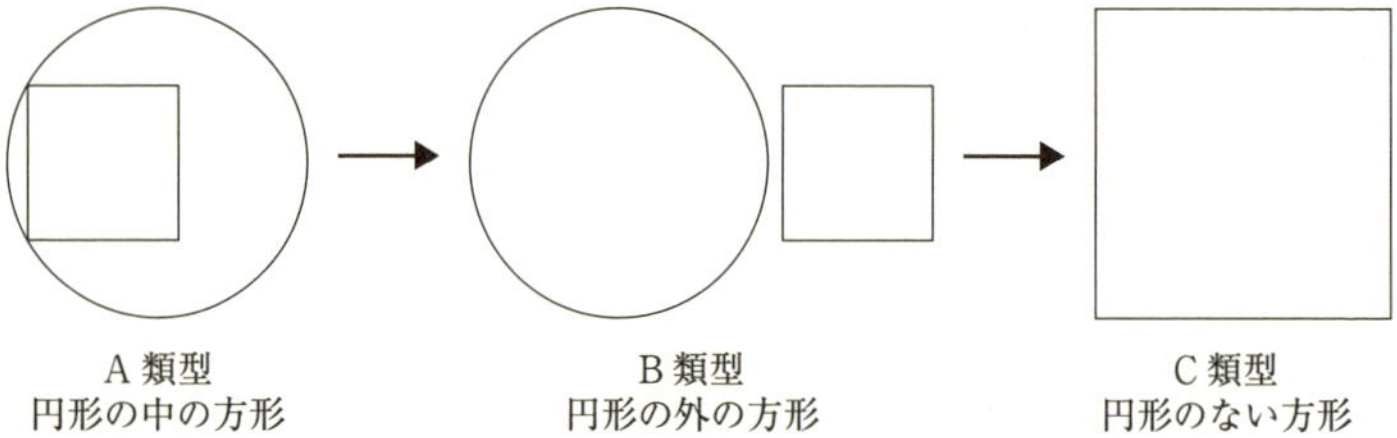

図3　環濠集落から豪族居館への変遷模式図

方形区画と円形の環濠集落との関係を模式化すると、(A)円形の中の方形、(B)円形の外の方形、(C)円形のない方形へと展開する。弥生後期段階ではほとんどがA類型だが、首長層は環濠を飛び出してB類型となり、最終的に環濠集落が消滅してC類型となった(武末一九九八)。

方形区画は首長層が住まう場所というだけでなく、環濠集落内の構成員全員のためのものだったさまざまな施設―高床倉庫、物見櫓、広場、大型建物(神殿)など―を方形区画内に取り込んでいる。また青銅器工房など手工業生産の場も方形区画内に囲い込まれていった。この方形区画が古墳時代に入ると豪族居館に発展する。

豪族居館の構造　古墳時代(三世紀半ば～七世紀末)の豪族居館の調査研究は昭和五六年(一九八二)の三《み》ツ寺《でら》I遺跡(群馬県高崎市、写真2)の発見を契機にはじまる。現在までに北は岩手県から南は熊本県にいたる全国各地でおよそ一〇〇ヵ所の豪族居館が見つかっている(阿部・小笠原編一九九二)。

豪族居館は基本的に平地や台地にあるが、河川などを利用して交通と防御に配慮した巧みな立地をとっている。また西岡台遺跡(熊本県宇土市)のように小高い丘陵上に立地するものもある。

写真2　三ツ寺遺跡模型

居館の規模は、七〇〇〇〇平方㍍以上の大型居館から二〇〇〇平方㍍以下の小型居館まで各種ある。外郭施設としては、濠、堀、柵・土塁などが方形あるいは長方形にめぐり、濠の内側には柵がめぐるなど防御を固めていた。濠内に向けた張出し部は弥生の環濠集落にも萌芽があるが横矢をかける防御的な施設といえる。濠（堀）の幅は三ツ寺Ⅰ遺跡など大型居館では二〇～四〇㍍と規模が大きいが、その他は五㍍以下のものが多い。濠の壁面は古墳の葺石の技術を使って貼石で護岸されているものもある。土塁は濠の内側に構築されたものが多いが、弥生時代的な外土塁もある。

居館の内部は、溝や柵で区画され、居住、祭祀、倉庫、工房などの各種機能が想定できる。三ツ寺Ⅰ遺跡の南半は政治・祭祀空間、北半は工房群があったと見られている。原之城《げんのじょう》遺跡（群馬県伊勢崎市）では北西部に倉庫群の区画があり、荒砥荒子《あらとあらこ》遺跡（前橋市）では東半分のみ柵がめぐっていた。

居館の中心をなす建物は掘立柱の大型建物の場合が多いが、居館内には竪穴住居もあり、竪穴住居を主体とした居館も見られる。家屋文鏡には(A)入母屋造伏屋建物、(B)切妻造高床倉庫、(C)入母屋造高床建物、(D)入母屋造平屋建物が表されているが、AとCには高貴な人物の存在を示す蓋《きぬがさ》の表現がある。Cはいわゆる高殿で居館の中心をなす建物であるが、蓋はAの竪穴住居にも描かれているので、豪族の住まいは掘立柱の高床建物には限られないことがわかる。

豪族居館と水の祭祀　囲形埴輪という特異な埴輪がある。L字の平面形で一端に小さな入口が設けられている。上端には鋸歯状突起がめぐる。かつて防柵の埴輪だとされたが、出土事例が増加した現在では豪族居館もしくは浄水の祭祀場を表現した埴輪だとわかってきた。囲形埴輪の中に導水施設と覆屋が入った埴輪も見つかっている。

三ツ寺I遺跡の場合は祭政の中心的施設である大型建物の横に石敷きの水の祭祀場が設けられている。豪族居館内に水の祭祀場まで取り込んでいる構造は他の豪族居館にはない三ツ寺I遺跡特有のものであるが、尽きることなく湧き出る井泉の水の生命力と永遠性を王権繁栄の源泉と考える古墳時代首長の性格をよく物語っていると言える。

古墳時代の王宮　大王の宮室や畿内の有力豪族の居館はまだ十分にはわかっていない。豪族居館の調査が進むと、その多くの存続期間がごく短期であることがわかってきた。小迫辻原《おざこつじばる》遺跡（大分県日田市）ではほぼ同じ構造・大きさの居館が三基発見されており、首長の代替わりごとに新たに造営されたのではないかと推測されている（鈴木編二〇〇二）。これは『記紀』の記述に見る「歴代遷宮」を

想起させるが、大王の宮などは経営拠点として皇子・皇女に伝領され維持されていく場合もある。

極楽寺ヒビキ遺跡（奈良県御所市）は南郷遺跡群の南東端近くにあり、高台の平坦地の背後は絶壁になっていて、幅一〇〜二〇メートルの堀で区画されている。堀の両岸は貼石で護岸され、平坦地へは南側から土橋がつく。およそ二〇〇〇平方メートルの居館敷地の西側に大型掘立柱建物、東側に広大な広場があった。敷地は柵で何重にも区画されているが、土橋部分には三本の巨大な板柱「聖徴」だけが立て並べられ門は設けられていない。

雄略天皇の泊瀬朝倉宮《はつせのあさくらのみや》ではないかと言われる脇本遺跡（奈良県桜井市）からは、平成二四年（二〇一二）に濠の貼石護岸が発見された。濠の幅は六〇メートル以上、護岸の長さは三〇メートル以上。濠の北東では五世紀後半と六世紀後半の大型の掘立柱建物が見つかっているが、宮の中心部はまだわかっていない。


稲城について　『記紀』には「稲城《いなき》」という城が出てくる。垂仁天皇五年の狭穂彦《さほびこ》の反乱、雄略天皇一四年の根使主《ねのおみ》の反乱、用明天皇二年（五八七）の蘇我・物部戦争などで、反乱軍側が稲城に立てこもって戦っている。

これまで稲城については、「稲穂か籾を積み上げた城」と説明されてきた。いったい防御物としてどのように構築していたのだろう。米俵を、土嚢を積むように積み上げたものなのか—それ故に臨時的なバリケードのように想像されているが、本当だろうか。稲城を築いた者たちの抵抗は激しく攻め落とすことが困難だったという。稲穂を積み上げただけの城が難攻不落というのは納得できない。

根使主の子・小根使主は「天皇の城は堅固にあらず。わが父の城は堅固なり」と語ったのが天皇の

知るところとなり、再び誅殺される。小根使主の言葉を信ずるなら、根使主の城は元々堅固な城であったことになる。

民俗学からは、稲城は防御柵の構築に稲実による呪力―呪術的な結界か、一種の呪いのようなものが用いられている、と指摘されている（近藤一九八一）。これは古墳時代の豪族居館が祭祀と深い関わりがあったことや極楽寺ヒビキ遺跡の出入り口に三本の板柱が立てられていたことが思い出される。この三本の板柱は「石見型木製品」と見られ、古墳に埴輪とともに立てられる避邪のための呪術的な障壁だった。アイヌや琉球における女軍による呪的な攻撃を思い合わせると、稲城は古墳時代の戦争の呪術的な側面を物語っているのかもしれない。

2 古代都城と律令国家

(1) 王宮から都城へ

飛鳥の諸宮 飛鳥に宮が固定されるまで、大王が代替わりごとに宮居を移転するのが常であった。これを「歴代遷宮」と言う。本来、都（ミヤコ）という言葉も宮（ミヤ）のある処（コ）＝大王の居所を示す言葉であった。

六世紀代の宮は飛鳥の北東、磐余《いわれ》の地に営まれた。磐余の諸宮の所在はまだ明らかになっていないが、舒明天皇の百済大寺《くだらおおでら》が吉備池《きびいけ》廃寺（奈良県桜井市）であることが判明したので敏達天皇の百済大井宮も舒明の百済宮の近くと推定される。厩戸皇子（聖徳太子）が幼少・青年期を過ごしたとされる六世紀末の居館跡・上之宮《うえのみや》遺跡（奈良県桜井市）が見つかっており、太子の宮は用命天皇の磐余池辺雙槻宮《いけのべのなみつきのみや》の上方にあったから、将来、桜井を中心とする地域で六世紀代の宮も発見されるだろう。

上之宮遺跡はなだらかな丘陵の北東斜面に広がり、すぐ東を寺川が流れる。遺跡の規模は東西およそ五、六〇メートル、南北およそ一〇〇メートルで、四面庇付大型建物の居館をはじめ、倉庫群や掘立柱建物が配

置されていた。これらの建物をとりまく柵列と溝が東と南側につくられ、西側には園池遺構などが検出されている。豪族居館に見られた環濠はない。

崇峻五年（五九二）に推古天皇が豊浦宮《とゆらのみや》で即位する。ここから持統八年（六九四）の藤原京遷都まで飛鳥周辺に宮が集中的に営まれた。いわゆる飛鳥時代である。豊浦宮は蘇我氏の邸宅（蘇我稲目の向原《むくはら》の家）を転用したものだったので、推古一一年に小墾田宮《おはりだのみや》に移る。小墾田宮は隋使を迎えるために造営されたと言われている。

豊浦宮の跡地は豊浦寺《とゆらでら》（奈良県高市郡明日香村）とされた。豊浦寺の下層からは大型の掘立柱建物と石敷きが検出されており、豊浦宮の一部と考えられている。小墾田宮の中心部の遺構はまだ確認されていないが、『日本書紀』の記述から、この宮には、「南門」の北に豪族たちの政治の場としての「庁」が並ぶ「朝庭」が広がり、さらに北の大門を入ると推古天皇の住まう「大殿」があったと推定されている。これは後代の宮における朝堂院と大極殿および内裏の原型と言われている。

これ以降、飛鳥岡本宮《あすかのおかもとのみや》（六三〇〜三六年）、飛鳥板蓋宮《いたぶきのみや》（六四三〜五五年）、後《のちの》飛鳥岡本宮（六五六〜七二年）、飛鳥浄御原宮《きよみはらのみや》（六七二〜九四年）の四つの宮が飛鳥の地に営まれた。これらの宮は発掘調査によって、飛鳥寺南方の現在伝板蓋宮跡（奈良県高市郡明日香村）と言われている遺跡の場所に重複して存在していたことが判明している。遺跡は大きく三期に分けられ、Ⅰ期＝飛鳥岡本宮、Ⅱ期＝飛鳥板蓋宮、Ⅲ期＝後飛鳥岡本宮・飛鳥浄御原宮と推定されている。このように七世紀代に入ると、宮が大王の代替わりで移転するのではなく、同所で長く維持されるようになったことがわかる。

飛鳥と斑鳩の方格地割　飛鳥の宮や寺（飛鳥京）はほぼ正方位の主軸をとり方形の敷地を持っている。各々の施設の位置関係から一町＝一〇六メートル（高麗尺三〇〇尺）の方格地割が存在すると言われてきたが、最近では、板蓋宮段階（五分の一里＝一〇六メートル）と後岡本宮段階（四分の一里＝一三二メートル）の二次期の地割が重複していると指摘されている（黒崎二〇〇七）。

一方、厩戸皇子によって開発された上宮王家の拠点である斑鳩《いかるが》（奈良県生駒郡斑鳩町）にも高麗尺三〇〇尺の方格地割が存在すると言われている。斑鳩の地割が北で二〇度西に偏した偏向地割となっているのは、飛鳥から斑鳩へ向かう筋違道《すじかいみち》（太子道）が基準になったためである。

このような方格地割を施して宮と寺院を計画的に配置するという空間利用は、当時としては非常に先進的であり、百済・高句麗の影響と考えられている。

甘樫丘の蘇我氏邸宅　『日本書紀』によると、皇極三年（六四四）、飛鳥を見下ろす甘樫丘《あまかしのおか》（標高一四八メートル）に蘇我蝦夷・入鹿父子の邸宅が営まれていたと記されている。「（蝦夷）大臣の家を呼びて上《うえ》の宮門《みかど》という。入鹿が家をば谷《はざま》の宮門という。……家の外に城柵《きかき》を作り、門《かど》の傍《ほとり》に兵庫《つわものぐら》を作る。門ごとに水盛《い》るる舟一つ、木鈎《きかぎ》数十を置きて火の災いに備ふ。つねに力人《ちからひと》をして兵《つわもの》を持ちて家を守らしむ」とあり、山城的な居館を思わせる。

平成六年（一九九四）、甘樫丘東麓遺跡と名づけられた遺跡から、七世紀中頃の焼土層・炭化材・土器が出土し、蘇我氏の邸宅発見か、と報道された。その後の発掘調査の結果、建物や石垣など谷部分の遺構は、七世紀前半～中頃、七世紀後半、七世紀末～八世紀初頭の三時期に分かれることが判明

した。谷部においては七世紀後半から八世紀初めにかけて大規模な整地が行われており、現在発掘されている遺構の大半はこの時期のものであるが、七世紀前半代の遺構も確認されており、蘇我氏の邸宅と関連する施設の可能性がある。

平成二五年（二〇一三）には北隣の谷で七世紀半ば頃の建物が検出された。しかし建物の規模は小さく、中腹の緩斜面で柵列も検出されていることから、中核となる建物は調査区外（丘陵上や他の谷など）にあったと考えられ、今後の調査が待たれる。

甘樫丘の邸宅の記事には、さらに「家を畝傍山の東に起《た》つ。池を穿《ほ》りて城《き》とせり」と記している。畝傍山の家に関しては不明だが、豪族居館的な濠をめぐらせた姿が想像される。

宮の東の山の垣と酒船石遺跡　『日本書紀』の斉明二年（六五六）の記事には、斉明天皇が「田身《たむの》嶺《みね》（多武峰《とうのみね》）に冠《かぶ》らしむるに周《めぐ》れる垣を以《もつ》てす。復《また》、嶺の上の両《ふた》つの槻《つき》の樹の辺に観《たかどの》を起つ。号《なづ》けて両槻宮《ふたつきのみや》とす。亦は天宮《あまつみや》と曰《い》ふ」「（狂心渠《たぶれこころのみぞ》に）舟二百隻を以て石上山の石を載みて流の順に控引き、宮の東の山に石を累《かさ》ねて垣とす」とある。

平成四年（一九九二）、飛鳥京跡の東側の酒船石《さかふねいし》のある丘陵で花崗岩列石の上に砂岩切石（天理市石上豊田付近の砂岩）を積み重ねた版築土塁が確認され、宮の東の山の垣＝飛鳥の山城発見かと、喧伝された。その後の発掘調査で、石垣は丘陵中腹を七〇〇《メートル》以上にわたってめぐること、丘陵全体が版築盛土で大規模に造成されていること、丘陵の西側は三段の石垣となっていることなどが判明した。

また平成一二年（二〇〇〇）には亀形石造物と小判形石造物が発見され、酒船石遺跡のある丘陵は両

槻宮に付属する苑池庭園、または祭祀場であると考えられている。
酒船石遺跡の東方の丘陵上では八釣《やつり》マキト遺跡など尾根筋に設けられた大規模な掘立柱の柵列が確認されており、飛鳥京を防衛する何らかの施設があった可能性は高い（相原二〇〇五）。

難波宮と大津宮　蘇我本宗家を滅ぼした乙巳の変の後、孝徳天皇は難波へ宮を遷した。前期難波《なにわの》宮《みや》＝難波長柄豊碕宮《ながらのとよさきのみや》（大阪市）である。この宮は、後の藤原宮段階の朝堂に匹敵する巨大さを持ちながら、八角形建物を両脇に配す特異な形状と掘立柱構造である点が特徴と言える。難波宮は日常の政務空間というより、外交儀礼に特化して早熟的に発達した巨大朝堂区画だったと見られている。小墾田宮が隋との外交儀礼のために整備されたように孝徳朝の唐・新羅に対する積極的な外交を象徴的に表わす施設と言えよう。

近江大津宮（大津市）は、中大兄皇子（天智天皇）が白村江戦後の天智六年（六六七）に飛鳥から近江へ遷した宮である。大津宮は内裏と朝堂院があった前期難波宮に似た形に推定復元されているが、現在まで内裏南門から南側に大規模な朝堂院遺構は検出されていない。

難波宮と大津宮の周辺に条坊を持った京域が存在したかどうかは、現状では疑問視されている。両宮では条坊に関連する道路遺構は確認されていないが、斑鳩のような方格地割は認められるので、官人らの居住区としての特殊区画は設けられたと見られる。

天武八年（六七九）に難波に「羅城」を築いたというが、現在まで遺構は見つかっていない。この記事や四年後の副都宣言をもって前期難波京に羅城が築かれたとする考えもある。天武朝の難波宮は

外交施設として整備されていたという。新羅使などの対外使節にその偉容を誇示するためであれば、京の周囲に羅城をめぐらせたのではなく、羅城門の両脇だけつくられたのかもしれない。日本の都城では外敵から守るため周囲に城壁をめぐらした羅城が築かれなかった。日本で初めての本格的な都城である藤原京にも羅城はない。

藤原京の造営　天武天皇は壬申の乱に勝利後、飛鳥浄御原宮で即位し強力な中央集権体制の構築に取りかかった。その一つに大規模な宮都の建設計画があるが、天武五年に本格的な宮都を建設する詔を発している。「新城」と呼ばれた新しい都は天武九年から造営が本格化し、飛鳥の北に広がる広い平坦地に方形街区（条坊）の造営が始まった。

本薬師寺の下層から道路痕跡が検出されているので、これまで未完成と言われてきた新城も条坊の工事はかなりの範囲に及ぶものと推測されている。新城は飛鳥京の方格地割を延伸拡大するような形で造営されており、飛鳥京の諸施設と一体となって機能していたらしい。天武天皇の宮は飛鳥浄御原宮であるが、斉明・天智天皇の後飛鳥岡本宮を内郭（内裏）として利用し、その東南に新たに大極殿であるエビノコ郭を付加している。

天武天皇の崩御で中断された新城の建設は、持統朝には新益京《あらましのみやこ》と名を変えて再開され、持統八年（六九四）、持統天皇は藤原宮に遷宮する。藤原京（奈良県橿原市）である。藤原京の京域は大和三山に囲まれた中ツ道・下ツ道・横大路・山田道の間に復元されていたが、その後の発掘調査で推定京域の外側でも条坊道路が検出されてきたことから、最近ではより広い「大藤原京」説が提唱されている。

一〇里四方で東西南北ともに五・三キロ、その正方形の中央に藤原宮を配置するものである。

藤原京の平面プランは『周礼』考工記に示される中国の伝統的な都造りの理念に合致するというが、方形ではなく不整形な京域であった可能性も残る。藤原京の南辺は飛鳥の丘陵部にかかっており、朱雀大路はあるが羅城門はなく、外郭城としての羅城は設けられていない。

当時、遣唐使は天智八年から三〇年以上も派遣されておらず、逆に新羅とは互いに使者が行き交い頻繁な交流があった。遣新羅使は新羅王京・慶州で半島を統一した新羅の都造りの様子を目の当たりにしたと思われる。新羅都城の条坊導入は三段階に分けられるが、七世紀末は第二段階の完成期に当たる。新羅都城の形態は不整形で羅城は存在しないが、明活山城や南山新城など山城が都の周囲を二重に取り囲み防衛を固めていた。

藤原京には外郭を守護する山城こそないが、羅城のない条坊制のみの都城である点は新羅都城に近い（林部二〇一四）。当時の日本は、新羅から先進文物を導入しながらも新羅への対抗関係にあったことが都城の形制にも影響を与えたと考えたい。

平城遷都　藤原京は完成からわずか一六年の和銅三年（七一〇）、平城京（奈良市）へ遷都することになった。平城京遷都の理由については諸説あり論議がつづいているが、大宝四年（七〇四）の第七次遣唐使の帰国報告を受けて、唐の長安城により類似した中国的な都城の建設が始まったとする説が有力である。

ここでは藤原京と平城京の違いについていくつかあげておきたい。まず平城宮が北端中央に配置さ

れており、この点は京域中央に宮のあった藤原京とは大きく異なる。そして朱雀大路を中軸に左京、右京に分かれ、南北九条、東西各四坊の長方形の平面形をとっている（東には外京が付く）。大路級の条坊道路の規模は藤原京とさほど大きな差はないものの、朱雀大路は藤原京の三倍の二一〇大尺（七四メートル）に拡大されている。これは長安城の二分の一とされており興味深い（井上二〇〇五）。また藤原京や難波宮などでは通常、朱雀門、朝堂院、大極殿院、内裏が宮域の南北中軸線上に配置されていたが、平城京では朝堂院区画が宮域の中央とその東側の二ヵ所に設けられている。この二つの朝堂院型式は次の平安京にも引き継がれていく。

　藤原京では羅城門は設けられなかったが、平城京には京域南面中央に開く羅城門があった。近年の発掘調査によって、平城京羅城門の規模は桁行七間、梁間二間で扉が五つあり、朱雀門より大きな京内最大の門建築であったと考えられている。また、羅城門の両側一〇〇メートルほどだけ築地塀があったとされていたが、その後の調査で、少なくとも京域南辺に限り高さ五メートルほどの巨大な築地塀が幅三・六メートルの濠をともなって設けられていくことが明らかになった。

長岡京と平安京　延暦三年（七八四）、桓武天皇は平城京から山背国の長岡京（京都府向日市）へ遷都した。長岡京の造営は難波宮の建物が解体・移建され、わずか半年で遷都が可能となった。長岡京の大極殿・朝堂院跡からは難波宮の軒瓦と同じ瓦が大量に出土し、朝堂院の建物が難波宮から移建されたことを物語る。平城京・難波京の複都制から単都制への移行は長岡京遷都の理由の一つである。当初主要施設の建設は迅速に進んだが、長岡京造営の主導者・藤原種継の暗殺事件もあってその後の

進捗ははかばかしくなかった。

長岡京の特徴は淀川・桂川などの河川の合流点に位置し山崎津の水運を活用できる立地にある。その代わり長岡の丘陵地は宮の造営には障害となった。変則的な条坊プランと朝堂院南門の中国風の門闕構造の導入などは工事の遅滞を生じた原因と見られている。

近年の調査では宮城の北側でも条坊遺構が確認され、平城京のような宮北闕型ではなかったことが判明しつつあり、南の羅城門も造営された痕跡は認められない。延暦一一年二回の洪水が起こった。これが長岡京造営の遅れと早良親王の祟りの噂と相まって平安遷都への契機となる。

延暦一三年、桓武天皇は新都・平安京（京都府京都市）に遷都した。平安京は長岡京の轍を踏まないよう計画を三年かけて行い十分な準備期間をもって造営が開始された。

平安京の新機軸はまず条坊街区の設計にあり、それまで大きさがばらばらだった条坊のマス目にあたる町が四〇丈（一一八メートル）四方に統一された。これによって宅地の面積も一定の規格で班給できる。また羅城門の左右に東寺・西寺を置いて京の正面をシンメトリックに荘厳化している。平安宮についても大極殿と朝堂院が一体化され、内裏が大極殿の北東に分離された。長岡京でも試みられた中国風の門闕構造の導入は、朝堂院正面の翔鸞楼と栖鳳楼を備えた応天門を造営し主要施設の屋根を緑釉瓦で飾ることで実現している。

「今、天下の苦しむところは軍事と造作となり」という徳政相論を受けて、桓武天皇は造都の停止を決定する。桓武天皇もそれから三ヵ月後に崩御した。七世紀末に飛鳥からはじまった都造りは、藤

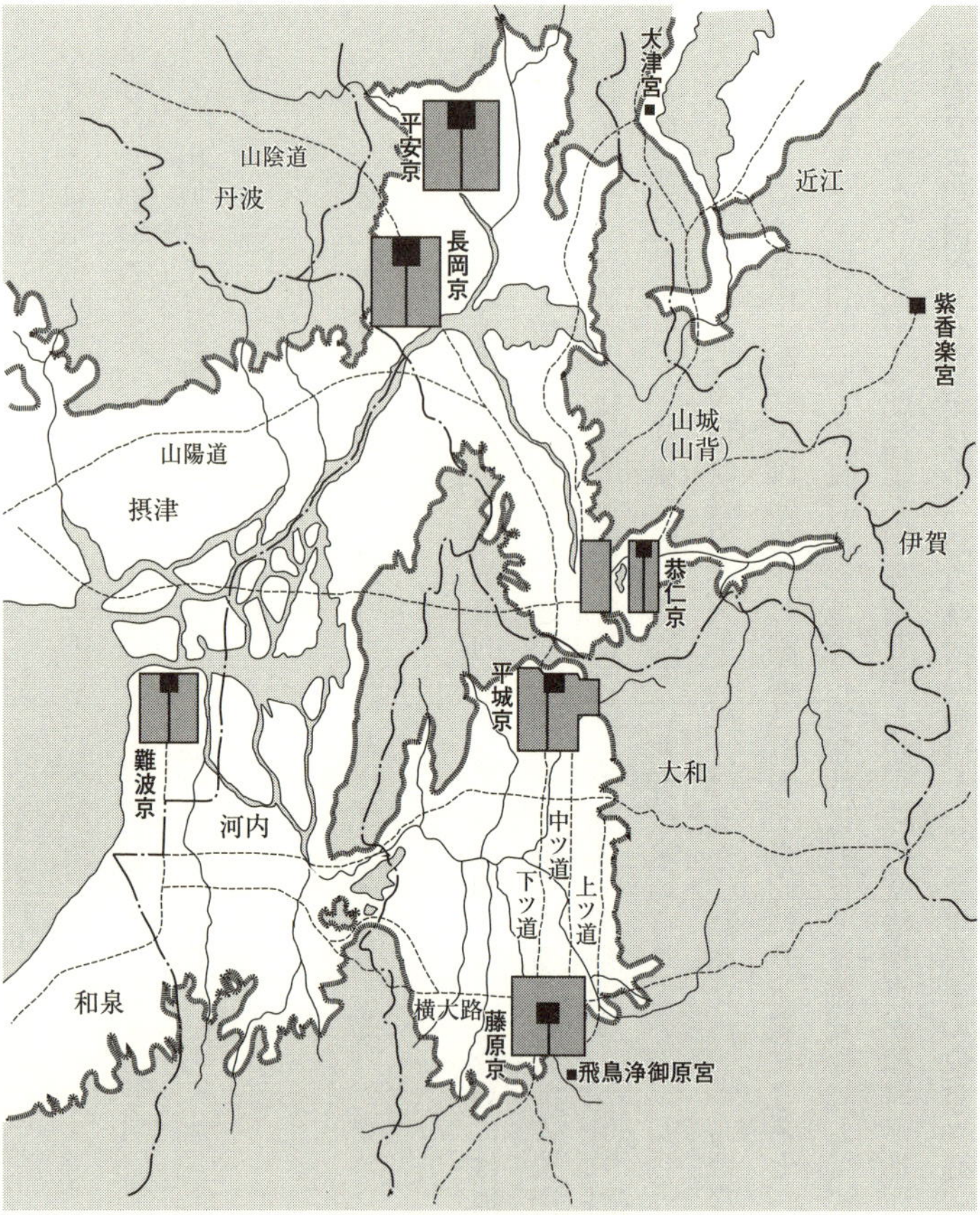
大津宮
平安京
山陰道
丹波
近江
長岡京
紫香楽宮
山城
(山背)
山陽道
摂津
伊賀
恭仁京
平城京
難波京
大和
河内
中ツ道
下ツ道
上ツ道
和泉
横大路
藤原京
飛鳥浄御原宮

図4　古代宮都の変遷

原京から平城京、恭仁《くに》京、紫香楽《しがらき》宮、難波京、そして長岡京、平安京と繰り返されたが（図4）、ようやくここに造都の世紀も終わりを告げることになった。

平安京遷都後の詔に、「この国は山河襟帯し自然に城をなす」とある。平安京の形勝から「山背国」を「山城国」と改称したのだが、これが「城」という字を「しろ」と読む由来になったと言われている。

(2) 律令体制と地方官衙

評の設置　日本の古代国家が中央集権的な律令国家体制をつくるためには地方豪族たちが伝統的に持っていた支配権を国家に統合することが必須であった。古墳時代の前方後円墳体制や六世紀頃以降の国造制・ミヤケ制などは地方を間接的に支配する方式であり、東アジアの国際的緊張や中国・朝鮮諸国との交流によって、より集権的な体制への移行が求められていた。

大化元年（六四五）の大化改新の「天下立評」によって諸国に評《こおり》（のちの郡）が置かれ、地方豪族は評督に任命され中央からの国宰の下に編成された。さらに八世紀になると、天皇を中心とする律令体制が固まり、国司として中央貴族が地方に恒常的に赴任して郡司を通して民衆支配にあたることになる。このような地方支配体制を国郡制と呼ぶが、その統治拠点が国府と郡衙であった。

評衙から郡衙へ　七世紀後半、地方統治の施設としてまず評衙が建設され、八世紀以降、郡衙（郡

家）として整備・拡充された。郡衙は、儀礼の場としての郡庁（政庁）、田租・正税出挙稲を保管する倉庫群である正倉、郡司の居館となる館《たち》、食膳・給食を担当する厨などから構成される。郡庁（政庁）、正倉、館の建物は各々群をなしてブロックを形成している。特に郡衙の主要な機能でもある正倉は広大な面積を有して棟数も非常に多く、新治郡衙《にいはりぐんが》（茨城県筑西市）のように五〇棟を越えるような事例も少なくない。

郡庁はある程度の規格性を持っており、正殿・東西脇殿・広場が左右対称のコの字型の配置をとり、五〇メートル四方ほどの区画もしくは回廊状建物で囲郭されている。郡庁には左右非対称の豪族居宅型もあり、郡ごとにまた時期ごとに多様な形態をとっている。郡衙の建物群は掘立柱建物が多く、八世紀後半以降、礎石建物化する倉庫建物でも瓦葺きは稀であるが、平面積は一般集落の倉庫よりも大きい三〇平方メートル以上の倉が多く、なかには一〇〇平方メートルを越える長大な法倉もつくられている。

一郡内に複数の郡衙遺跡が所在する事例があり、広い郡域をサポートするための別院や郡の下の郷家である場合もあるが、郡司の交代で郡衙が移転したことも想定される。また郡衙の近くには郡司氏族の氏寺も兼ねた郡寺が存在していることが多い。

国府の建設　国府が建設されるのは、発掘調査の結果、郡衙よりも遅れて八世紀前半と考えられている。七世紀後半に初期国府の成立を想定する説もあるが、国府が建設されるまで国司は拠点的な郡衙に駐在したり、国内を巡回したりしていたと推測されている。国府は、政務・儀式・饗宴などの場となる国庁（政庁）を中心として、国府の行政の場である曹司群（実務官衙群）、国司の居住する国司

館などからなる。

国庁の建物配置は、南北に軸線を置き、およそ七〇～一〇〇㍍《メートル》四方の方形区画の中に正殿の前面に広場と細長い東西の南北棟（脇殿）が左右対称に配され、南門を開くというもので、周囲は築地・塀などによって囲まれている（図5）。いわゆるコの字型配置と呼ばれる配置様式で都の朝堂院にならったものとされる。国庁の建物群は八世紀前半の造営当初は掘立柱建物であったが、八世紀後半～九世紀にかけて瓦葺きの礎石建物に建替えられる。

国府の諸施設を取り囲む国府域の外郭施設はこれまで見つかっておらず、歴史地理の概説書などにみる「方八丁の国府域」といった宮都の縮小型のイメージは考古学的には否定されている。出雲国府（島根県松江市）の十字街に見るような方格地割をともなう国府跡は多いが、条坊は伊勢国府（三重県鈴鹿市）にしか見られない。発掘によって確認された国府の姿は、国庁を中心に曹司群や国司館、正倉、厨、学校など諸施設を一定の領域に計画的に配置するものであった。

関と戍　八世紀、畿内から東国へ抜ける官道沿いには三関が設けられた。すなわち美濃不破関《ふわのせき》（岐阜県不破郡関ケ原町松尾）、伊勢鈴鹿関《すずかのせき》（三重県亀山市関町新所）、越前愛発関《あらちのせき》（福井県敦賀市疋田）の三ヵ所である。三関所在の律令国は三関国と呼ばれ、国司四等官以上が交代で「城主」として守固しなければならなかった。ちなみに三関よりも東側を「関東」と呼ぶ。

都で非常事態が発生すると関が閉鎖された。これを固関と呼ぶ。関を閉鎖するのは東国から畿内への侵入を防ぐためであるというより、中央での謀反者の東国への逃走を防ぐ目的が大きいとされる。

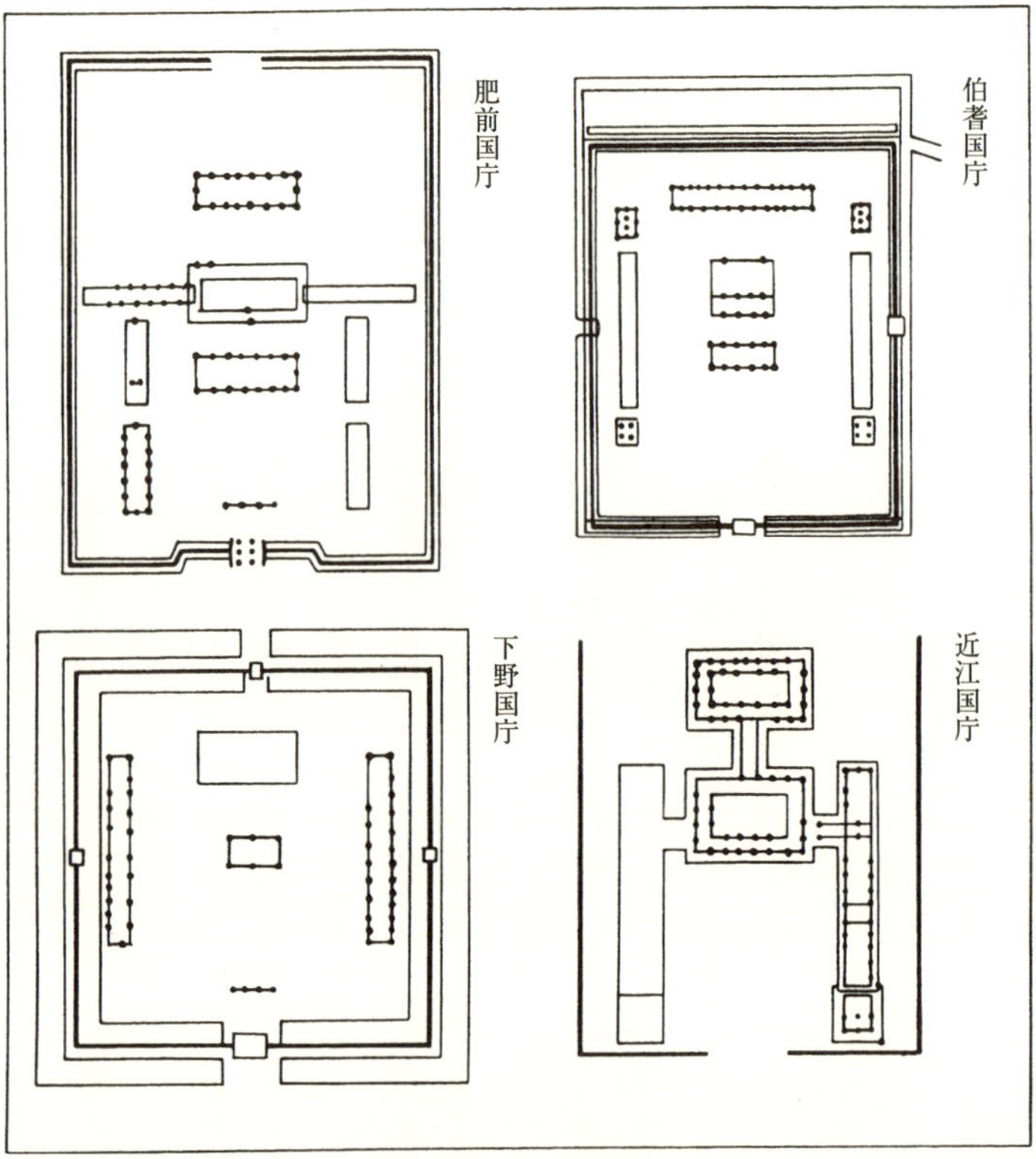

図5　諸国の国府政庁

不破関については、発掘の結果、藤古川の左岸の自然の要害（比高差八〜一二メートルの断崖）を利用した関であり、関の外郭として、基底部幅六・五〜七メートル、高さ二メートルの版築土塁がめぐっていることが判明している。土塁の規模は、北面長四六〇・五メートル、東面長四三一・一メートル、南面長一一二〇メートルで平面プランは台形状をなす。関内には東西に東山道が通過し、中央に一町四方の築地で囲まれた区画が確認されており、関の中心施設があったと推定されるが、その規模や配置などは不明である。

鈴鹿関は、平成一八年（二〇〇六）から一〇年間に及ぶ発掘調査の結果、関宿西方の観音山と城山の西側で築地塀による外郭線が設けられていることが判明し、南北六〇〇メートル以上あることが確認された。関の中心部は関宿周辺にあると見られている。愛発関も調査が進められているが遺跡は見つかっていない。

関は、三関以外では摂津、長門に瀬戸内海航路の東西端を勘過する重要な関があり、その他、律令国の国境にも設けられた。『出雲国風土記』には剗《せき》（関）と戍《まもり》の詳細な記載が見られ、律令制下の一国における様相がわかる。それによると、剗は隣国との国境にいたる官道上に設置されており、戍は海岸線の要所に設けられ、海上交通の関としての機能も持っていた。

3 西日本の古代山城

(1) 古代山城とは

朝鮮式山城と神籠石系山城　七世紀の半ば頃、朝鮮半島情勢の変化と唐・新羅の軍事的脅威に対処するため、西日本各地に古代山城《さんじょう》が築かれた。この古代山城がわが国における初めての本格的な築城となる。

西日本の古代山城には、『日本書紀』など史書に記録の残るものとそうでない山城がある。これまで記録の残る山城は「朝鮮式山城（天智紀山城）」、記録のない山城は「神籠石《こうごいし》系山城」と呼ばれてきたが、文献に記録のあるなしによる分類は考古学的分類としては実態にそぐわない。近年の調査成果によると、神籠石系山城もいくつかの類型に分けられ、朝鮮式山城自体多様であるため、「古代山城」として一括して捉えられるようになってきている。

『日本書紀』『続日本紀』などに築城・修築記事の見える山城は一二城を数え、文献に記録のない山城は、平成一一年（一九九九）に福岡県で新たに二城（阿志岐山城《あしきさんじょう》、唐原山城《とうばるさんじょう》）が発見され全部で一六

城となり、古代山城は合計二八ヵ所となった。文献に記録の残る山城（図6のA～J）は、その築城契機・築城主体について比較的明らかであるが、遺跡地や遺構がわかっていない城も多い。記録の見えない山城（図6の1～16）については、その年代観と築城主体をめぐって現在でも論争が続いている。

神籠石論争　神籠石論争は、明治三一年（一八九八）、福岡県久留米市にある高良山《こうらさん》の列石遺構の学会誌への報告を契機に始まった。八木奘三郎、そして関野貞、谷井済一の山城説に対して、喜田貞吉が霊域説を唱えることで一四年に及ぶ論争になったわけだが、こと遺跡の名称として喜田は「神籠石」の使用を繰り返した。これに対して関野や谷井は「神籠石の名称は改めねばならぬ」「普通名辞として……冠するは絶対に避けざるべからず」と主張している。確かに神籠石という名称は高良山でのみ見られるもので、各地で紹介された他の同種の遺跡には神籠石の名称はなかった——後年、古賀寿によって高良山の列石も神籠石とは呼ばれていなかったことが明らかになる。それでも喜田がこれらの遺跡に対して「神籠石」と呼ぶことをやめなかったのは、自説である霊域説に有利な名称であったからに他ならない。

喜田は明治四三年（一九一〇）に『石神問答』で柳田國男から反論を受ける。柳田は「カウゴ石（神籠石）は大抵孤立せる奇石の名なり」「カハゴ石と云ふ者もあまたあり……何故に諸国到る処に此の名の石あるかに就きては別に必ず民俗学上の理由なかるべし」と神籠石を列石遺構の名称として使用することに疑義を唱えた。これを受けて喜田は「（神籠石の遺跡を）「磯城」若くは「磐境」の称呼に改め」、「（神籠石の名称を）真の意味に於ける「神霊の鎮座せる巨岩」に附するを至当とす」と柳田

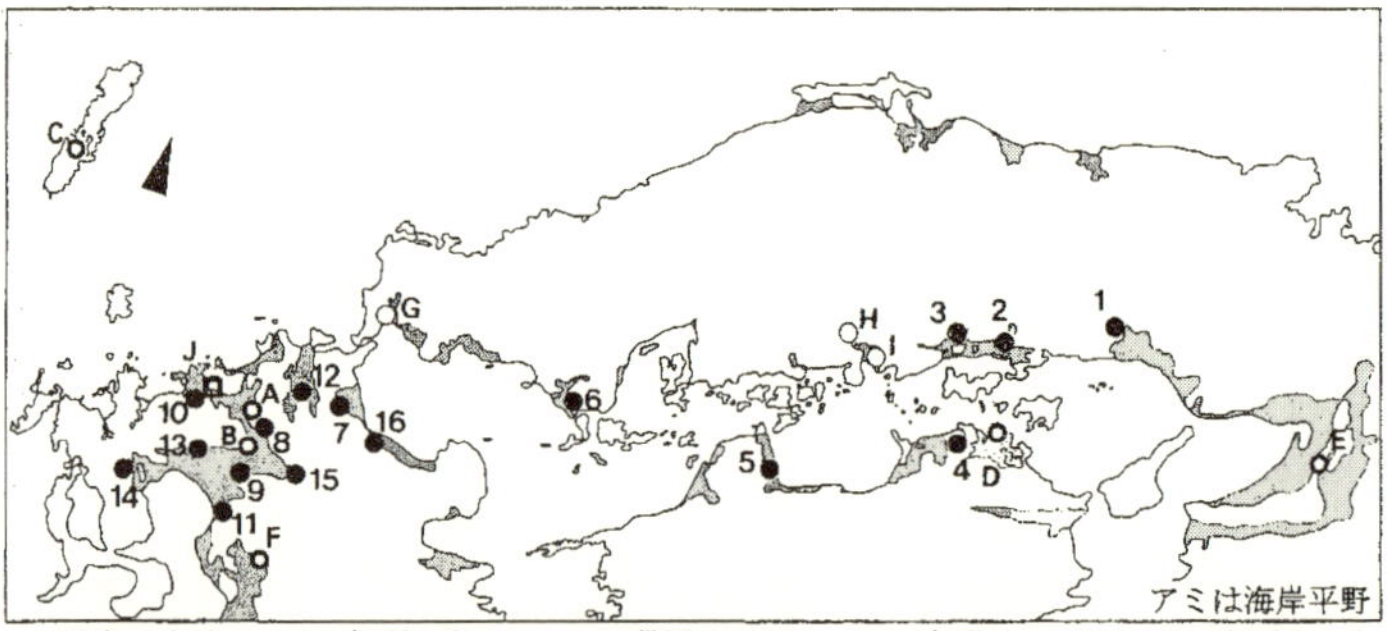

1　播磨城山城
2　大廻小廻山城
3　鬼ノ城
4　讃岐城山城
5　永納山城
6　石城山城
7　御所ヶ谷城
8　阿志岐山城
9　高良山城
10　雷山城
11　女山城
12　鹿毛馬城
13　帯隈山城
14　おつぼ山城
15　杷木城
16　唐原山城
A　大野城
B　基肄城
C　金田城
D　屋嶋城
E　高安城
F　鞠智城
G　長門国の城
H　常城
I　茨城
J　怡土城

図6　西日本の古代山城分布図

の指摘を認めているが、その後も神籠石を列石遺構の名称として使用することをやめようとはしなかった。

文献に記録の見えない山城については、現在でも「神籠石系（式・型）山城」の呼称が使用されているが、「神籠石」とは本来列石ではなく「磐座《いわくら》」を指した名称であり、現在では学史的に使われているにすぎない。なお、朝鮮式山城という用語は、朝鮮半島様式の山城という意味で用いられており、築城指導者が亡命百済人というニュアンスではない。そういう意味では神籠石系山城も広義には朝鮮式山城ということになる。

分布と配置　古代山城は北部九州〜瀬戸内〜畿内までベルト状に分布し、特に北部九州には一四城が濃密に分布、大宰府を中心とした同心円状の配置をとっている（図6）。逆に王都である畿内には高安城《たかやすじょう》一城のみで朝鮮諸国のような王都を守る防衛網はない。また大陸に近い日本海側にも分布していない。

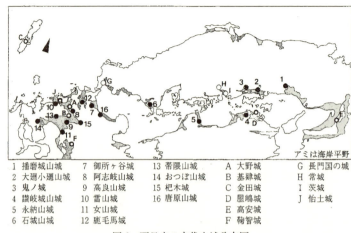

山城群の分布は一見大陸からの防衛ラインを成しているが、このように細部において疑問点も多い。その分布範囲は、六世紀後半～七世紀代の倭王権の地域支配の重点地域と重なり合うことから、その築城は、天智二年（六六三）の白村江敗戦による大陸からの防衛を契機としながらも、西日本主要部の地域支配強化を目的としたものであったことがうかがえる。

規模と縄張り　古代山城を類型化するには、立地や縄張り、城壁の構造、城門や内部施設など、さまざまな遺構の特徴を指標化する必要がある。そのうえで分布や出土遺物と照合しつつその歴史的性格を検討するのがこれからの研究方法と言える。

古代山城は山地を石塁や土塁で囲い込んで防御施設としている。形態は基本的に単郭で山の稜線など地形を利用しているため、いびつな方形、多角形、楕円形など定まっていない。朝鮮半島では、周囲が数十メートルの堡塁のようなものから数キロにおよぶ巨大山城まであるが、日本の場合、山城の規模は一・七～六・三キロで、二～三キロ程度のものが多い。また水城や小水城のような「遮断城」と呼ばれる関隘型式の城もある。

朝鮮半島の山城では占地形態からみた「包谷式」と「テメ式（山頂式・鉢巻式）」の分類が広く使われているが、両者の中間的な山城も多く実際に分類するとなると単純には分けられない。高句麗地域には大型の包谷式山城が多いが、百済・伽耶など半島南部では大部分が周長一キロ以下の中小規模のテメ式山城である。日本の古代山城は「百済式」だとされているが、山城の規模や形態は大型の包谷式ばかりで、むしろ高句麗山城を指向している。

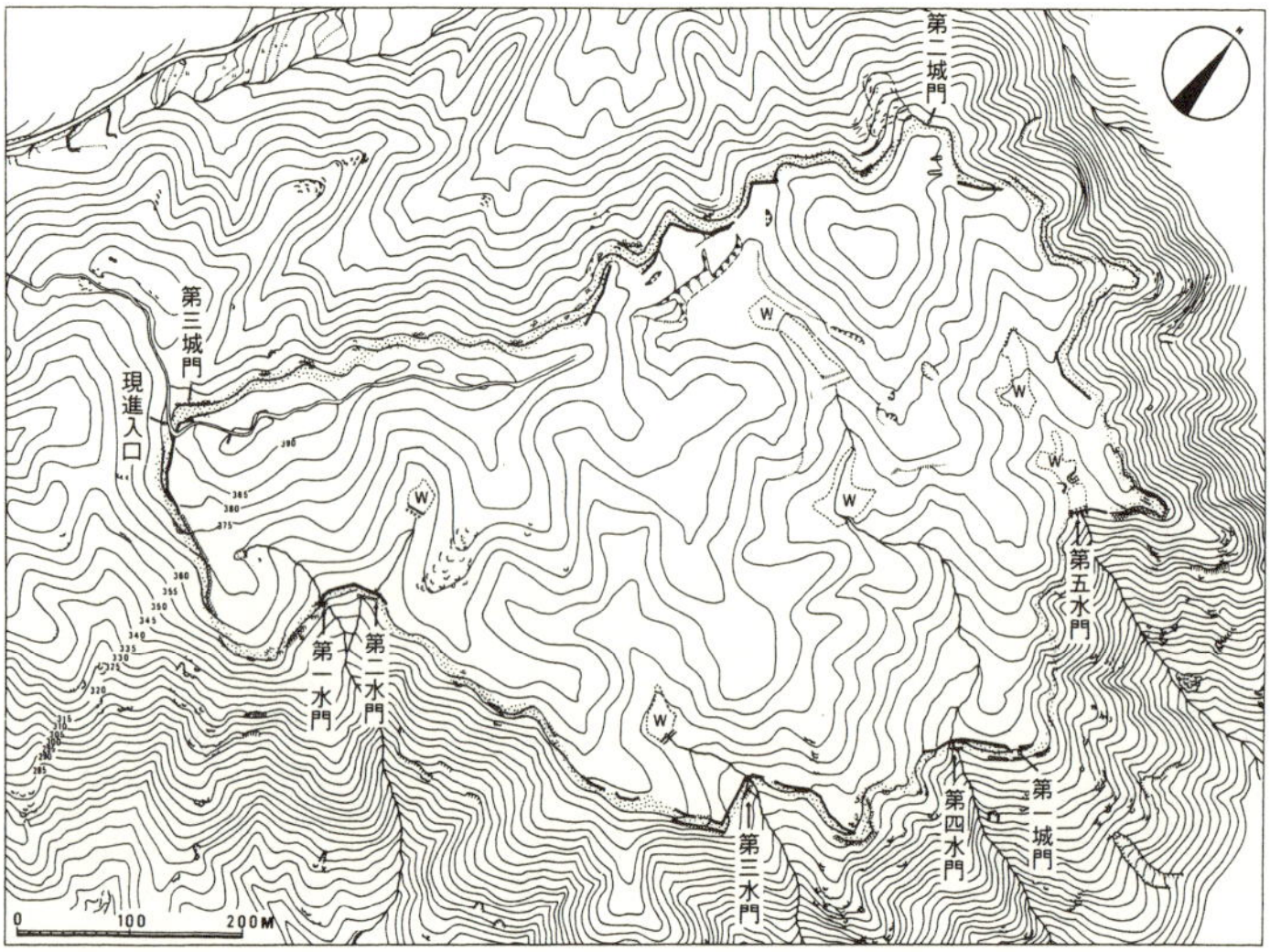

図7　鬼　ノ　城

日本の古代山城は、占地によって「嶮山城類」と「緩山城類」の大きく二つのタイプがある。大野城（福岡県太宰府市・宇美町）や鬼《き》ノ城《じょう》（岡山県総社市、図7）に代表される嶮山城の多くは独立峰に占地し、縄張りとして「複郭プラン」をとっている場合が多い。具体的な遮断線を持たなくても、周辺地形（湾、丘陵、段丘）を利用して外城ラインとし、城内最低点を背後の谷盆地側に開く状況は嶮山城の多くの山城で指摘でき、防御性を考慮した縄張りと見ることができる。

これに対し、おつぼ山城（佐賀県武雄市）や鹿毛馬《かけのうま》城（福岡県飯塚市、図8）のような緩山城は、城壁最低点である水門部が平地まで下り、平野側に正面を向けて縄張りされている。独立峰でなく主山塊を背後に持つ支峰に占地し、城域背面側には一部城壁を設けていない場合もあ

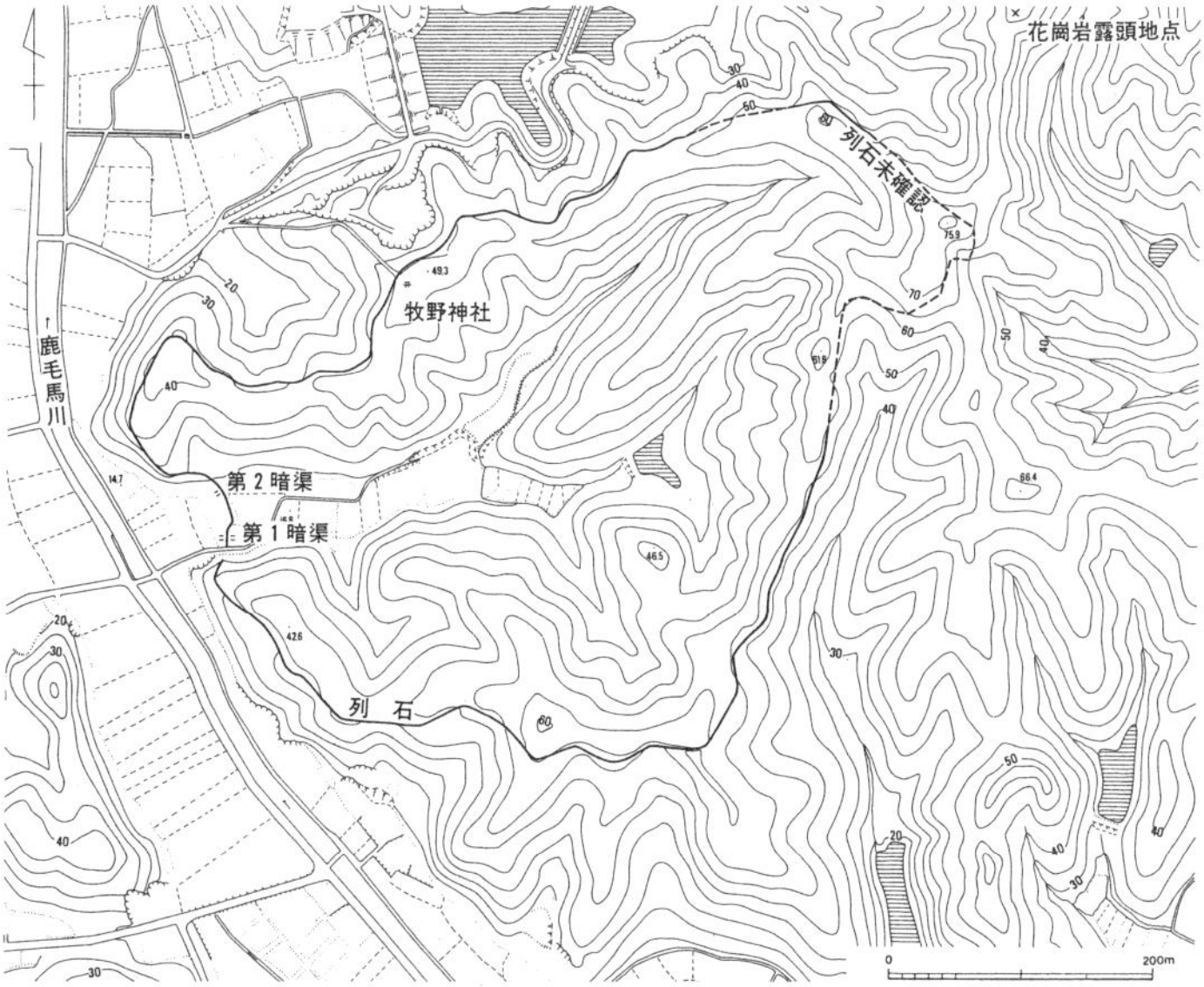

図8　鹿毛馬城

る。嶮山城に比べて防御性は劣り、特殊・様式化された占地といえる。嶮山城は北部九州～瀬戸内沿岸に広く展開するのに対し、緩山城は北部九州―なかでも有明海沿岸を中心に集中分布している。

城壁の構造　城壁には「石築」と「土築」があるが、日本の古代山城の外郭線は基本的に版築土塁が多く、朝鮮半島では石塁が主流であるのと対照的である。城壁線が谷を通過する箇所では土築城でも石塁を高く築き、石塁中に暗渠状の通水溝（水門・水口）を設けている場合もある。

　石塁の石積みには「野面積み」や若干整形加工した「割石積み」と精緻な「切石積み」があり、横に目地が通る布積みと呼ばれる技法が取られている。外壁面角度は六〇～八〇度、切石積みでは九〇度に近い。

外郭線の形態については「夾築（両壁式）」と「内托（外壁式）」の二種がある。朝鮮半島の山城では内托形が一般的であるが、日本の古代山城では城内側を山の斜面に持たせかけたような土段（壇）状の土塁が多い。内托式土塁は、城壁高は三〜五メートルと高く対人遮断性に優れ、塁の背後には城内通路が付設されている。土段状土塁の城壁高は一・五〜三メートルと低い。

外郭線が直線を一単位として走行し接続部に「折れ構造」を持つ山城が瀬戸内の諸城と北部九州の一部の山城に見られる。有明海沿岸部の緩山城は「曲線走行」を基本としており、外郭線走行に大きく東西二つのタイプが存在している。文献に記録のある山城についても折れが確認されている。

土塁構造については、神籠石系山城＝列石あり、朝鮮式山城＝列石なし、といったイメージが定着してしまっているが、最近の調査で大野城や鞠智城《きくちじょう》（熊本県山鹿市・菊池市）、讃岐城山城《きやまじょう》（香川県坂出市）でも土塁基底部の列石が確認されるに及んで、列石の有無だけでは分類指標として意味を持たなくなってきた。韓国でも土塁基底部に列石（基壇石）を持つ山城が確認されているが、割石を一〜二段積みとしており、北部九州のような切石列石は見られない。三国時代末頃から列石使用が始まり統一新羅時代（八〜九世紀）に普及している。

発掘調査では、列石前面に柱が並んでいることが判明している。柱の間隔は一・六〜二メートル（大野城）、一・八メートル（御所ヶ谷《ごしょがたに》城〈福岡県行橋市、写真3〉）など短いものもあるが、三メートル間隔の事例が多い。この柱は版築工事の際の堰板を留めるのに用いられた。韓国の山城でも列石に伴う柱列が検出されており、韓国では柱間距離が三国時代には一・二〜一・八メートルだったものが統一新羅時代以降三メートル以上と長くなっ

写真3　御所ヶ谷城
版築土塁と列石・柱穴

ていくと考えられている。

城門と内部施設　山城の諸施設として考えられるものとしては、城壁本体にともなう城門、雉城、甕城などと城内の建築物（倉庫、兵舎、管理棟、望楼など）や貯水池・井戸、石弾の集積などがある。

城門には「平門式」と「懸門式（門入口に段差を設ける）」があり、朝鮮半島での調査事例には懸門式が比較的多い。また古代山城の城門には門礎石（唐居敷）の残る事例が多く、円形や方形の掘立柱用の刳り方を持つものと礎石建てのものがある。瀬戸内の嶮山城には共通して方形刳り方を持つ「コ字型唐居敷」が見られ、様式・寸法が酷似し同一の築城主体や年代を想定させる。

城門の形態自体は単純に開口する形で、甕城や雉城のような付帯施設が設けられている事例はほとんどない。ただし嶮山城では城外からの進入経路を守城側に有利となるよう、城門位置を尾根筋から若干脇に置いて進入路をクランクさせたり、横矢をかけたり、谷部では城壁を前方へ張り出して左右から俯瞰・挟撃できるよう縄張りしている。門を入った場所に遮蔽物（塀・岩）を置く事例もある。逆に緩山城ではこのような防御上の配慮はほとんど見られない。

大野城や基肄城《きいじょう》（佐賀県基山町）では郭内に礎石倉庫建物群が四〇～六〇棟確認されているが、他

の山城では建物の検出事例は少なく、築城当初は掘立柱建物が主体だったと見られている。大野城などの多数の倉庫群も築城当初からのものではなく八世紀以降増改築を重ねた結果と考えられ、鬼ノ城では倉庫建物、兵舎、鍛冶工房など機能別の配置が判明しつつある。大型の山城では城内に渓流や貯水池があり、水の手を確保して長期の籠城に耐えられるようにしている。

出土遺物　これまでの発掘調査や表面採集による坏蓋・坏身、長頸壺、平瓶などの須恵器の年代は七世紀中葉〜八世紀前半に比定されるものが多い。遺構の切り合い関係から推定される文献に記録のない山城の年代は、帯隈山城《おぶくまやまじょう》（佐賀県佐賀市）での列石による陶棺破壊、女山城《ぞやまじょう》（福岡県みやま市）・唐原山城郭内の群集墳などの事例から、六世紀末以前にはさかのぼれない。比較的出土遺物の多い鬼ノ城の場合、城が機能していた年代は七世紀末〜八世紀初頭と見られており、築城記録のある城とほぼ同時期に併存していたことになる。そして多くの山城が八世紀以降使用継続されなかったことを遺物量は示している。

類型化と機能変化　文献に記載のない山城の歴史的性格、特にその築造年代については諸説あるが、最近では七世紀代に収斂しつつある。その築城を大野城（六六五年）以前とする説は、文献記録のないことが大野城以前とする最大の理由となっている。これまでの研究で、類型化に関しては①大野城などの朝鮮式山城（天智紀山城、嶮山城）、②瀬戸内の神籠石系山城（嶮山城）、③北部九州の神籠石系山城（緩山城）の三つの類型が想定されている。編年序列は北部九州の神籠石系諸城の編年的位置づけが論点となっており、占地、外郭構造の異なる山城が同時、同契機に造られたとは考えにくい。時

期の差は「対外防衛」から「律令制化・地域支配」へという機能差として段階的な築造過程が捉えられ、新しい時代になるにつれ軍事性は低下していくと考えられる。

(2) 白村江敗戦と山城

国防体制の強化 朝鮮半島では三国が鼎立していたが、六世紀末から隋の高句麗遠征が始まり、にわかに風雲急を告げることになった。高句麗は隋の四度の遠征それにつづく唐の攻撃も撃退する。そうしたなか、新羅は唐と同盟を結び、六六〇年百済を挟撃しこれを滅ぼしてしまう。倭は百済復興運動を支援して出兵したが、六六三年の白村江の戦いで大敗し半島から撤退する。百済復興の夢はついえ去ったが、強大な唐の陸海軍が百済征服の余勢をかって日本へ来襲するかもしれない危険が生じた。敗戦の翌年、天智三年（六六四）に対馬・壱岐・筑紫に防人と烽《とぶひ》を設置し、水城《みずき》（福岡県太宰府市、口絵1）が築造されている。水城は博多湾奥に防衛線として築造された大土塁で、高さ一〇《メートル》、基底部幅八〇《メートル》、長さは約一・二《キロ》におよぶ。博多湾側には幅六〇《メートル》の濠があった。水城の土塁基底部には低湿地での土塁の安定性を増すために樹木の枝葉を敷き並べている。これを敷粗朶《しきそだ》という。敷粗朶に使用された樹種の分析によって、伐採は五月中・下旬〜七月中旬頃—天智三年の初夏に着工されたと推定される。

烽は正式には「烽燧」というが、「烽」は夜間に火を焚き、「燧」は煙をたてて通信することを意味

する。いわゆる狼煙である。烽燧は古代中国で始まった高速通信技術であるが、大がかりな設置は白村江敗戦後が初めてとなる。烽があったと伝えられる遺称地が各地に残っているが、烽の遺構は見つかっておらず狼煙台の構造がどんなものであったかいまだ謎である。

中国西域、韓国の烽燧、そして近世日本の狼煙場などの遺跡、記録などから、烽火の通信速度は条件のよい場合は時速一〇〇キロを越えていたようで、かつて対馬から太宰府市まで行われた実験では三〇分ほどで到達している。

防人の語源は「崎＋守」だと言われている。防人は東国諸国から徴発され，三年交代で九州の防備にあてられたが、東国からの定期的な派遣は天武・持統朝の頃から始まったらしい。防人軍の総数は約三〇〇〇人で、大宰府の他、対馬・壱岐、北部九州の海岸線に防人の守備地が配置されていた。具体的に防人の守備地がわかる事例は残念ながら少ないが、『万葉集』には博多湾の能古島《のこのしま》北端の也良《やらの》岬《さき》に防人がいたと歌われている。

大宰府羅城　水城築造の翌年の天智四年八月には、百済人・憶礼福留らを派遣して大野・基肄城と長門国に築城されている。大野城は大宰府の北、四王寺山《しおうじやま》（標高四一〇メートル）に周囲六・三キロの土塁がめぐっている。大宰府南方の守りとしては基肄城が設けられ、水城・小水城と一体となって大宰府を囲む一種の羅城を形成している。

筑紫大宰は博多湾岸の那津官家《なのつのみやけ》に置かれていたが、白村江の敗戦を契機に防衛施設に囲まれた現在地に移転してきたとされる。当時は国内最大の地方都市で「遠の朝廷《みかど》」とも呼ばれた。その中心は大

宰府政庁で、回廊で囲まれた中に脇殿を配する朝堂院形式の建築であった。政庁は大きく三時期の建物変遷が確認されている。大宰府には条坊による街区が存在し、東西各一二坊、南北二二条の、東西二・六キロ、南北二・四キロにわたる条坊域が想定されている。

大野城などの築城について、文献の記事だけでは着工なのか完成なのかよくわからない。通説では天智四年（六六五）の築城年は着工と考えられている。完成までの期間については三年とか一〇年とかこれまで議論されているが、根拠はない。怡土城《いとじょう》（福岡県糸島市）が完成まで一二年かかったことから天智紀の築城にも長大な期間が想定されているが、疑問が残る。これまであまり検討せずに「着工」と見てきた想定を「完成」として見直してみる必要がある。

戦勝国・唐からの軍事プレゼンス　築城にいたる経緯を詳細にたどると、敗戦後の唐からの遣使に対応するかのように築城記事が載っている。まず敗戦の翌年天智三年五月に唐将・劉仁願の使者として郭務悰がやってきた。水城が着工されたのは郭務悰来日の直後である。五月に来日した郭務悰に対して天智政権は対応に苦慮し、劉仁願の私使であることを理由に一二月に帰国させた。郭務悰が筑紫にとどめ置かれる間、北九州沿岸の防衛プランを策定・築城にとりかかっていたことになる。大野城などが完成した天智四年八月の翌月、今度は本国の唐から劉徳高が前年の使者である郭務悰と百済人・禰軍等をともなって来日した。

これら白村江戦後の唐使派遣目的について和親を求めたものとする意見もあるが、倭国側の対応から見て平和的な外交使節とは思われない。天智四年の劉徳高の時は武官を中心とする二五四人という

大使節団であった。唐は百済復興運動の鎮圧後、百済を羈縻《きび》支配下に置こうとしており、白村江で大敗したとはいえ倭国の水軍力・渡海戦力は侮れないと見ていた。列島に引きこもって謝罪もしない倭国に対して疑心を抱きつつ、当面の高句麗戦に向けて倭国に対して大きな軍事活動を起こせないため、軍事警戒と牽制をかけるしかない駐百済唐軍の状況が推察される。

近江遷都と高安城の築城　天智五年（六六六）は唐の高句麗攻撃が再開された年である。この年の正月と一〇月の二回相ついで高句麗使が来倭している。目的は援軍要請と見られており、天智六年三月の近江遷都は高句麗との共同作戦を想定したものだった可能性が高い。大津宮の造営は同年の冬には開始されていたらしい。

戦局の悪化や高句麗政権の内訌で高句麗との連携はならず、翌七年一一月、高安・屋嶋《やしま》・金田《かねだ》城を築き、長い縦深防衛シフトの構築を開始している。着工は同年の夏頃だったかもしれない。

近江は、東海・東山・北陸道からの物流の集中地であり、列島の東西交通軸も直接掌握できる地の利を持っている。高安以西の山城が防御の正面であり、大津宮以東の東国が後背の兵站地、そして大津宮は内線作戦の中心と位置づけられる。

河内と大和の国境に位置する高安城（大阪府八尾市・奈良県平群町）は倭国最後の防衛線と言われることが多い。しかし倭京の逃げ込み城ならば、飛鳥東方の細川山や多武峰の方がふさわしい。高安城の立地は畿内全体で捉えるべきで、河内・大和両国から動員して築城する適地は高安しかなかった。畿内―特にその中心である河内・大和の兵站基地的な性格をうかがうことができる。

高安城は長らく遺跡が不明だったが、昭和五三年（一九七八）に礎石建物群が六棟見つかったことからその構造が解明されると期待された。しかし外郭線や門跡などについてはいまだに判明していない。カナド池南方には土段状の土塁線らしき遺構も見られ、高安山～信貴山《しぎさん》を中心とした周囲四キロほどの規模が想定できる。

屋嶋城と讃岐城山城　『続日本紀』養老三年（七一九）の備後国の茨城《いばらき》・常城《つねき》の停止記事「備後国安那郡の茨城、葦田郡の常城を停む」では、各々の城が郡名を冠して区別されており、天智六年（六六七）築城の屋嶋城（香川県高松市）が「讃吉国山田郡屋嶋城」と郡名（当時は評名）を記載しているのは、讃岐国内におけるもう一城の存在を暗示していると考えられる。讃岐でもう一つの古代山城というと讃岐城山城《きやまじょう》（香川県坂出市）がある。

このことからも文献＝史書には百科事典的に全記録が網羅的に掲載されているわけではないことがわかる。「天智紀」は重出や疎漏などが多く、年月すら不十分な原史料しか残されていなかったらしい。文献記録にないことに対して詮索を重ねることは、文献資料の限界を越えた解釈になりかねない。

屋嶋城は標高二九二メートルの南嶺を中心とし、平坦な山頂部の周囲の断崖の切れ目に城壁が設けられている。平成一〇年（一九九八）に石塁が発見され、平成一四年に城門が確認された。南北嶺の間の浦生に谷を塞いだ石塁がある。最近城門が復元公開された。

羅唐戦争と壬申の乱　天智七年（六六八）一〇月には高句麗が滅亡した。そして翌八年九月頃、新羅使によって唐の倭国遠征計画が倭国に伝えられた。驚愕した倭国からは同年の暮れ頃、高句麗平定

の祝賀使が派遣されている。

唐の倭国遠征計画が伝えられ、防衛体制整備が急がれたが、天智九年二月には「庚午年籍」が造られ、公民化政策に基づく徴兵によって全国的な臨戦態勢に入った。

天智九年夏頃、唐の倭国侵攻の危機は最高潮に達していたと思われるが、倭国遠征は突然中止される。同年春の高句麗旧将・鉗牟岑の反乱をきっかけに唐と新羅が戦争状態に入ったのだ。

天智一〇年（六七一）は海外からの使者が相ついだ。一月、四年ぶりに唐・熊津都督府から李守真が来倭する。百済使も二月、六月と来倭。一方、唐に敵対した新羅からも六月、一〇月と使者が派遣されてきた。この百済使は親唐百済勢力とでも言うべきもので、前年七月、旧百済領へ侵攻を開始した新羅に対抗するため唐と結んだ傀儡政権である。彼らの目的は倭国からの軍事支援であった。遣使の目的は新羅も同様であっただろう。唐・新羅両陣営から「援軍」を要請されたが、この段階では倭国は旗幟を明確にしていない。

天智一〇年一一月、郭務悰らが二〇〇〇人、船四七隻に乗って対馬に到着したと筑紫大宰から知らせが届いた。従来この大規模な使者派遣は唐による軍事的な威圧であるとか、はては倭国占領軍などといったとんでもない解釈がなされているが、これは白村江戦で唐に捕らえられた捕虜の返還と考えるべきだろう。

一二月に崩御した天智の後を継いだ大友皇子以下の近江朝廷は、朝鮮半島への再度の軍事介入に踏み出そうとしており、それが壬申の乱の原因となったと思われる。百済からの亡命者の多くが近江朝

廷のブレーンに入っており、百済復興のために唐に組みすることは心情的に理解できる。

天智一一年（六七二）の壬申の乱の際、近江大津宮陥落直前に三尾城《みおじょう》が落とされている。地名から滋賀県高島の三尾崎から東へ延びる山地が候補地とされているが、遺跡は見つかっていない。地形的には湖西の交通の要衝に当たるので、三尾城はこの場所で間違いないが、「近江京より、倭京に至るまでに、處處に候を置けり」という「斥候《うかみ》」のような監視所の一つで、本格的な城郭ではなかったかもしれない。紀路を押さえる飛鳥時代の砦・森カシ谷遺跡（奈良県高市郡高取町）も斥候的な遺跡の一つと考えられる。

(3) 天武・持統朝と山城

軍団制の形成　壬申の乱で勝利し権力を握った天武朝ではたびたび官人武装政策が出されているのが特徴である。この時期は律令軍団制の萌芽期とされ、天武一二年（六八三）一一月の陣法教習記事や天武一四年の大型武器の収公記事、持統三年（六八九）の兵士点兵率記事など軍事関係記事が頻出し、前代の国造軍的体制から軍団制への移行が進められていた。

これに対して、天武・持統朝には、高安城への行幸記事などを除いて、城郭関係記事はほとんど現れない。しかし、壬申の乱後も朝鮮半島では唐と新羅の戦闘がつづいていたことを忘れてはならない。高句麗に代わって新羅が唐の侵攻からの防波堤になってくれている間はよいものの、新羅が敗れるよ

うなことになれば、倭国は唐と直接対峙せねばならなくなる。そういう意味では西日本の防衛体制は最小限必要であったと言える。少なくとも唐が半島から撤退する天武五年までの五年間はこの状態がつづいた。

軍団は諸国に置かれた兵団で、一軍団の規模は一〇〇〇人で兵士は一戸の正丁の内、三丁ごとに一丁が徴集された。個別の軍団に関する史料はわずかでしかなく、国ごとにおよそ一～三軍団があった。軍団制は延暦一一年（七九二）に廃止されたが、陸奥・出羽や大宰府管内、長門などの辺要地ではその後も維持された。律令軍団の性格は常備軍ではなく、軍団は国府・郡衙に併設されたと見られ、軍団跡は見つかっていない。

大宰・総領制と瀬戸内の山城　天武・持統朝には、吉備、周芳（周防）、伊予、筑紫などに数ヵ国を管掌する大宰・総領（惣領）が置かれた。大宰・総領が管掌する数ヵ国は「道」と呼ばれる広域行政ブロック――一種の軍管区であった。大宰・総領の設置時期は天智朝段階までさかのぼる可能性もあるが、畿内から筑紫にいたる西日本主要部に拠点を置いて領域編成を担ったと考えられている。天武一二～一四年には国境画定事業が行われ、「道制」から国郡制にもとづいた「七道制」が成立した。全国的な直線道の駅路敷設もこの時期が有力視されている。

大宰・総領は基本的には行政官だが、壬申の乱時の吉備国守への出兵要請にも見られるように、軍事的権能も合わせ持っていたと思われる。軍事と行政の未分化は、天武一四年の郡家（評家）への武器収公からもうかがえる。評の持っていた軍事機能は大宝令以降、郡と軍団に分化する。大宰・総領

制は浄御原令制下の文武四年（七〇〇）一〇月までつづき、大宝令の施行で大宰府をのぞいて廃止された。

大宰・総領の拠点と山城は、吉備大宰―鬼ノ城（岡山県総社市）、周芳惣領―石城山城《いわきさんじょう》（山口県光市）、伊予総領―永納山城《えいのうさんじょう》（愛媛県西条市）のように対応関係が指摘できる。吉備大宰は播磨まで、伊予総領は讃岐も管掌しており、その地域の城郭も管轄下に置かれたと思われる。

瀬戸内の神籠石系山城を特徴的づけるコの字型門礎石は上記の鬼ノ城、石城山城、播磨《はりま》城山城《きのやまじょう》（兵庫県たつの市）、讃岐城山城で確認されており、その分布は大宰・総領制が敷かれた地域と重なる。コの字型門礎石には未製品や据付け前の状態で放置されたものが多い、いつ頃、工事が中止となったのか―大宰・総領との関係を考えれば七世紀末の藤原京段階だろう。瀬戸内地域のいくつかの城は並行して整備が進められていたが、ある段階で鬼ノ城を残しすべて停廃されている。

八世紀以降の状況は史料が少なく不明な点が多いが、大宝元年（七〇一）、高安城廃城―大宝令施行、養老三年（七一九）、茨・常城停止―最初の軍制改革、天平一一年（七三九）、軍団停止などが瀬戸内諸城の停廃契機として想定される。大宰・総領段階の「道制」から「国制」への移行によって、山城の管理も所管国に引き継がれたと思われるが、その後維持された形跡はほとんどない。

鬼ノ城は吉備高原南端の標高三九七メートルの鬼城山に築かれている（写真4）。周囲は二・八キロで、城内では礎石建物群や鍛冶遺構などが確認されている。西門と角楼が復元されている。鬼ノ城はこの時期を代表する城跡であり、瀬戸内の山城のなかでは最も整備されており、東南麓には小水城状の遮断城

写真4　鬼ノ城　石塁

も付設されており注目される。

飛鳥浄御原体制と筑紫新城　『日本書紀』持統三年（六八九）九月には筑紫に派遣された石上麻呂らに新しい城の工事を監督させたという。この新城については、①大野城・基肄城、②大宰府都城（第Ⅱ期政庁）、③藤原京、④神籠石系山城など、諸説が唱えられている。

確かに築城から二〇年以上経過した大野城などを〝新城〟と表現するのは疑問であるし、前段の「遣……於筑紫、給送位記」とは「且」で結ばれており、筑紫における記事と理解した方が無理がない。

大宰府第Ⅱ期政庁は中門・南門出土の鎮壇具用の須恵器（長頸壺など）から、八世紀初頭の築造と見られていたが、最近の調査によるとⅡ期政庁は八世紀第1四半期中にようやく建設が開始されたと見られており、到底持統三年ではありえない。Ⅰ期新段階の建物群の方が年代的には問題がないが、礎石建

物に改修されたⅡ期政庁ならともかく、Ⅰ期の掘立柱建物を新城と呼ぶのはふさわしくない。「給送位記・監新城」記事は、持統三年（六八九）六月の浄御原令施行を受けて、大量の官人集団が筑紫に派遣され、筑紫地域における令制化が本格的なフェーズに移ったこと―後の大宰府として筑紫大宰が正式発足したことを示すと見られている。筑紫新城は浄御原令体制下の筑紫大宰が筑紫地域での地域編成を円滑に進めるうえで支配地域に軍事威圧をかける築城だったのではないだろうか。

北部九州の神籠石系山城が視覚的効果を意識した縄張・外郭構造を持ち、城郭としての防御機能に問題があることも、上記のような軍事威圧的な施策遂行が目的ならば、何ら不思議ではない。対外国侵略軍用―天智紀山城や瀬戸内の神籠石系山城、対国内地域勢力用―北九州の神籠石系山城と位置づけられる。

むろん天智紀や瀬戸内の築城について対外防衛が第一義だったとしても、築城工事にともなう建設費・労働力・人材の徴発と兵器・兵力の集中管理は在地勢力の独自性や力を削ぎ、律令体制へのシフトを容易にしたという側面は否めない。北九州の神籠石系山城についても真の目的が北部九州の令制化だったとしても、公式には対外的な防衛拠点として建設が進められていったと思われる。

北部九州の神籠石系山城は大宰府を中心に同心円状に分布し、駅路に沿って約二〇キロごとに配置されている。御所ヶ谷城（福岡県行橋市）の第二東門からは長頸壺が、鹿毛馬城（福岡県飯塚市）の列石前の柱穴からは水瓶が出土しており、出土した須恵器からも七世紀末〜八世紀初頭の築城年代が明らかになりつつある。

三野・稲積城について　文武三年（六九九）修築の三野《みの》・稲積《いなづみ》城については、①博多湾沿岸説、②南九州説の二説がある。博多湾岸説は未発見の天智紀山城と考えるもので、古代の筑前美野駅周辺（福岡市博多区美野島）を三野城の、糸島半島の稲留（福岡県糸島市火山南麓）を稲積城の遺称地とする。南九州説は三野城を日向国児湯郡三納郷（宮崎県西都市三納）に、稲積城を大隅国桑原郡稲積郷（鹿児島県霧島市か）に比定し、国府防備の城柵—隼人支配の拠点と考える。いずれも根拠は地名比定だけで遺跡は見つかっていない。

この三野・稲積城の修築は前年の大野・基肄・鞠智城の修築とセットで捉えるべきであり、大宰府管内の北部九州地域に鞠智城のように築城記事を漏らした山城があったと考えた方が無理はない。南九州（薩摩・大隅）に柵が設けられたことは記録に見えるが、この時期の東北と同様「柵」であり「城」ではない。従来の博多湾岸説の比定地である美野島（簑島）も平地であり、山城があったような地形ではない。

ここで注目されるのが、高良山の主山塊が耳納《みのう》山であることで、神籠石系の推定年代から見て蓋然性は高い。高良山城（福岡県久留米市）が三野城に比定できるとすると、稲積城も北部九州の神籠石系山城のいずれかということになる。

隼人反乱と鞠智城　文武二年（六九八）に大野・基肄城とともに修築された鞠智城（熊本県山鹿市・菊池市）は、標高一四〇㍍前後の台地状の丘陵に築城され、周囲は三・五㌔で内部に広い平坦地を持っている。八角形建物跡をはじめ七二棟の建物跡や貯水池跡が見つかっている。

鞠智城は博多湾から六〇キロ以上離れており、対外防衛ではなく隼人対策の拠点とする見方もあるが、文武二年の繕治記事の段階ではまだ少し早い感がある。

筑紫大宰の南方進出は、文武朝の七〇〇年頃からで、薩摩隼人征討後の大宝二年（七〇二）に薩摩国（唱更国）・多褹嶋《たねがしま》が建国、和銅六年（七一三）の大隅国建国後、養老四年（七二〇）に今度は大隅で隼人の大反乱が起る。

隼人の反乱鎮圧には西海道の軍団兵士が動員されており、鎮圧軍の経路上に位置する鞠智城も活用されたと思われるが、兵員の滞在は一時的なもので城内に駐屯した痕跡はないことから、隼人対策だけを鞠智城修築の第一義的な要因とすることはできない。文武二年の繕治記事は西海道地域全体における大宰府体制の整備の一環として捉えられる。隼人反乱は養老四年を最後に収束したため、東北の城柵のように軍事的緊張はつづいてはいない。

なお大隅国分寺東方には城山《しろやま》遺跡（鹿児島県霧島市、標高一九二・五メートル）があり、養老四年の隼人の反乱拠点・曽於乃石城《そおのいわき》の伝承もある。山頂は平坦だが周囲は急崖で国府の逃げ込み城として使われていた可能性もあろう。

(4) 奈良時代の山城

相つぐ廃城　大宝元年（七〇一）、高安城が廃され、養老三年（七一九）には備後国の茨城と常城が

停止されているが、八世紀初頭、瀬戸内の古代山城の多くが廃城となり姿を消す。大宰・総領制から国制に移行して存立基盤を失ったと考えられている。

九州だけは大宰府という形で大宝令制下も西海道を総監する機構が維持されたため、大野・基肄の二城は維持されたらしい。鞠智城は九世紀後半まで文献記録があるため、大野城などとともにこの時期も継続されたと考えられてきたが、八世紀代の遺物がほとんどないことが発掘調査によって判明した。鞠智城も金田城と同様、八世紀初めの時点でいったん廃城となったと考えられる。

和銅五年（七一二）平城遷都にともない高安烽が廃止され、生駒山の南、暗峠《くらがりとうげ》に高見烽が新設された。難波方面からの通信を平城京へ通じさせるための烽ルートの変更だった。烽燧は白村江戦後、対馬・壱岐・筑紫など北部九州沿岸に設けられたが、この頃には瀬戸内海沿いに畿内・藤原京にまで達する烽ルートが完成している。

烽と駅路は、国府、郡衙そして軍団といった律令国家の主要施設を結び、さらに関、津、戍といった軍事的要地もそのネットワークに組み込んでいた。山城による防衛体制は日本では根づかず八世紀初めに廃れてしまうが、律令国家は全国的な戸籍に基づく徴兵によって巨大な軍団制と駅路・烽燧網による交通・通信インフラによって城郭を持たない新たな防衛体制を構築していった。

新羅遠征計画と怡土城　天平勝宝八年（七五六）六月から築城が始まった怡土城について、新羅征討計画に関連して企画されたということが多いが、征討計画自体の準備は天平宝字三年（七五九）から開始されたので怡土城起工が数年早い。天平勝宝五年（七五三）には長安で開催された唐の朝賀の

儀式で遣唐使大伴古麻呂が新羅の使者と席次を争い意を通すという事件が起こっている。この時、唐は日本側の主張を受け入れ新羅を下位に置いた。この年八月、新羅の景徳王は遣新羅大使・小野田守を「慢而無礼」として会見を拒絶し、田守は使命をはたさず帰国した。

怡土城築城を専当した吉備真備は、天平勝宝五年に唐から帰国した翌年大宰大弐に任命されている。小野田守は大宰少弐に再任されており、怡土城の築城計画は田守によるところが大と思われる。いわば対新羅政策に基づく新規築城と言える。

小野田守は天平宝字二年（七五八）には遣渤海大使として渤海に渡り、渤海使・揚承慶らを随行して帰国する。当時唐で発生していた安史（安禄山）の乱の状況についての田守の報告を受けて新羅征討計画が命じられたのであるが、新羅を仮想敵国とする日渤の軍事同盟の交渉に当たったのも小野田守であった。田守の渤海派遣に藤原仲麻呂政権が深く関与していることは間違いない。

天平宝字六年（七六二）を目途に準備が進められていた新羅征討計画は軍船三九四隻、兵士四万七〇〇人を動員する本格的な遠征計画だったが、この年の暮れ頃、突然中止されてしまう。新羅征討計画の中止については、仲麻呂政権をめぐる国内情勢の変化に求める意見もあるが、この年来日した渤海使・王新福によって渤海側の事情・方針の変化が伝えられたのが真相らしい。

八世紀の東アジアにおける軍事的緊張はからくも戦争にはいたらなかったが、注目すべきは日本が律令官僚の計画に基づいて戦争準備が可能な国家に成長していることである。巨大な軍団制や交通・通信インフラに支えられた律令国家の軍事力は百年前の白村江の時代とは比べられないほど強大にな

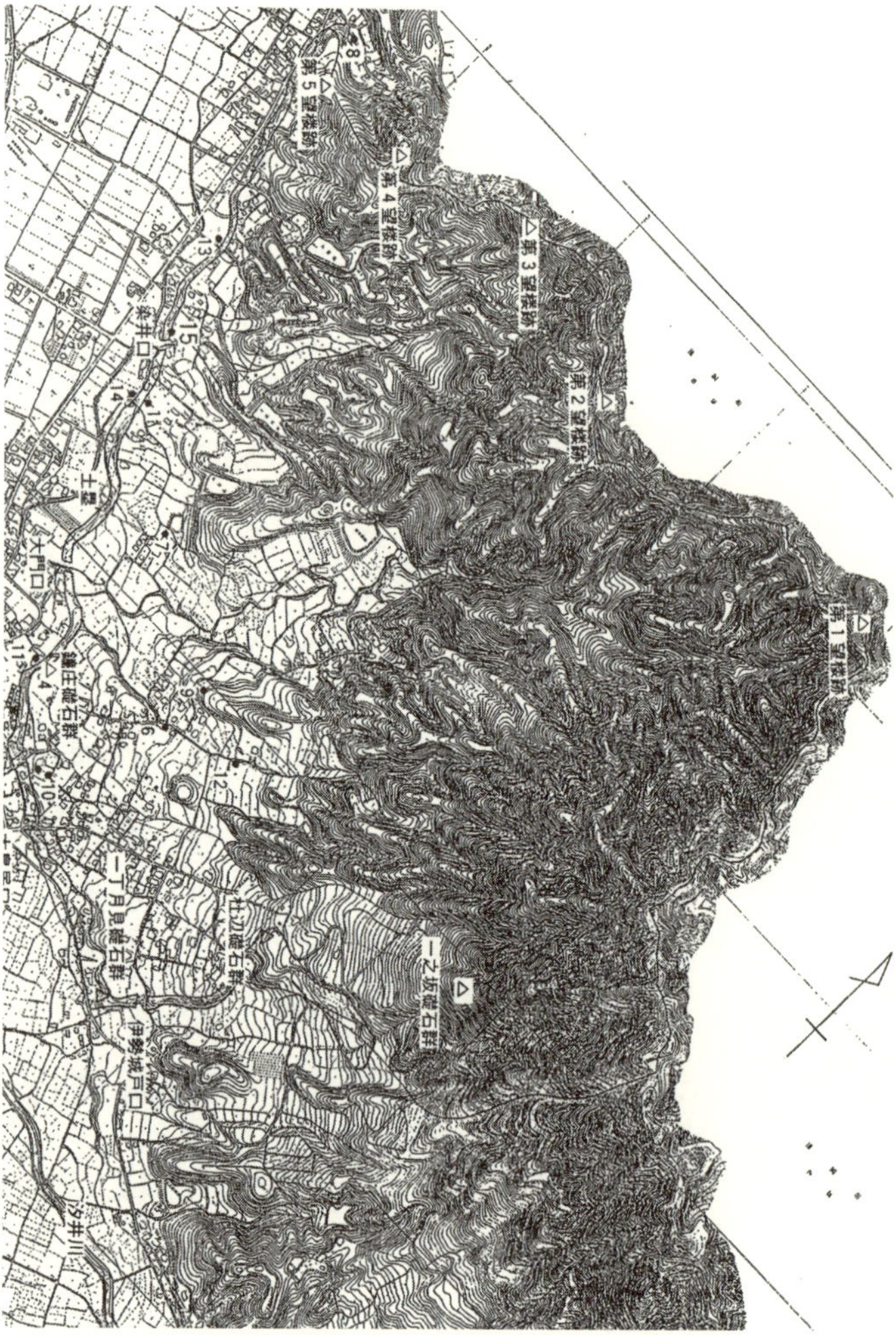

図9 怡土城

っていた。

怡土城（福岡県糸島市、図9）は、標高四一六メートルの高祖《たかす》山に築かれた周囲八キロの古代山城である。古代山城といっても七世紀後半に築かれた古代山城とはかなり構造が異なっているのが特徴で、高祖山の山頂から平地部にかけて西斜面一帯を広く囲い込むように城郭を形成しており、中国式山城と言われる所以である。山頂から尾根伝いに九ヵ所の望楼跡と西の山裾には約二・五キロにわたる土塁が確認されている。土塁の幅は場所によって異なるものの調査された地点では幅約二〇メートル、高さ約七メートル、土塁の形態は水城と類似しており幅約一〇メートルの内濠も付いている。大鳥居口、大門口、染井口など山麓の土塁に三ヵ所ほど城門が残っている。

4 東北の古代城柵

(1) 城柵の設置

古代城柵とは　七世紀半ばから九世紀初頭にかけて、東北地方には蝦夷との境界領域に城柵が設置された。これらの城柵は古代国家が蝦夷支配の拠点として造営した施設である。蝦夷の地への支配拡大は、城柵を置き、東国などから柵戸と呼ばれる移民を移配させ、新たに郡を設置することでしだいに北へと進められた。

城柵は、太平洋側では仙台平野以北、日本海側では新潟平野以北に置かれており、太平洋側では北上川を北進して志波城《しわじょう》（盛岡市）まで達し、日本海側では秋田城（秋田市）が最北端の城柵となる。約一六〇年間に設置された城柵は二〇を数える（図10）。

城柵の立地は平地あるいは丘陵地で、平地の場合は平面形が正方形だが、丘陵地では不整形になる。施設中央部には政庁を設け、その周囲には曹司（実務官衙群）を配し、外郭は材木列、築地、土塁などで囲んでいる。外郭の要所に櫓が設置されていることも多い。規模は、最大級の多賀城《たがじょう》で九〇〇㍍

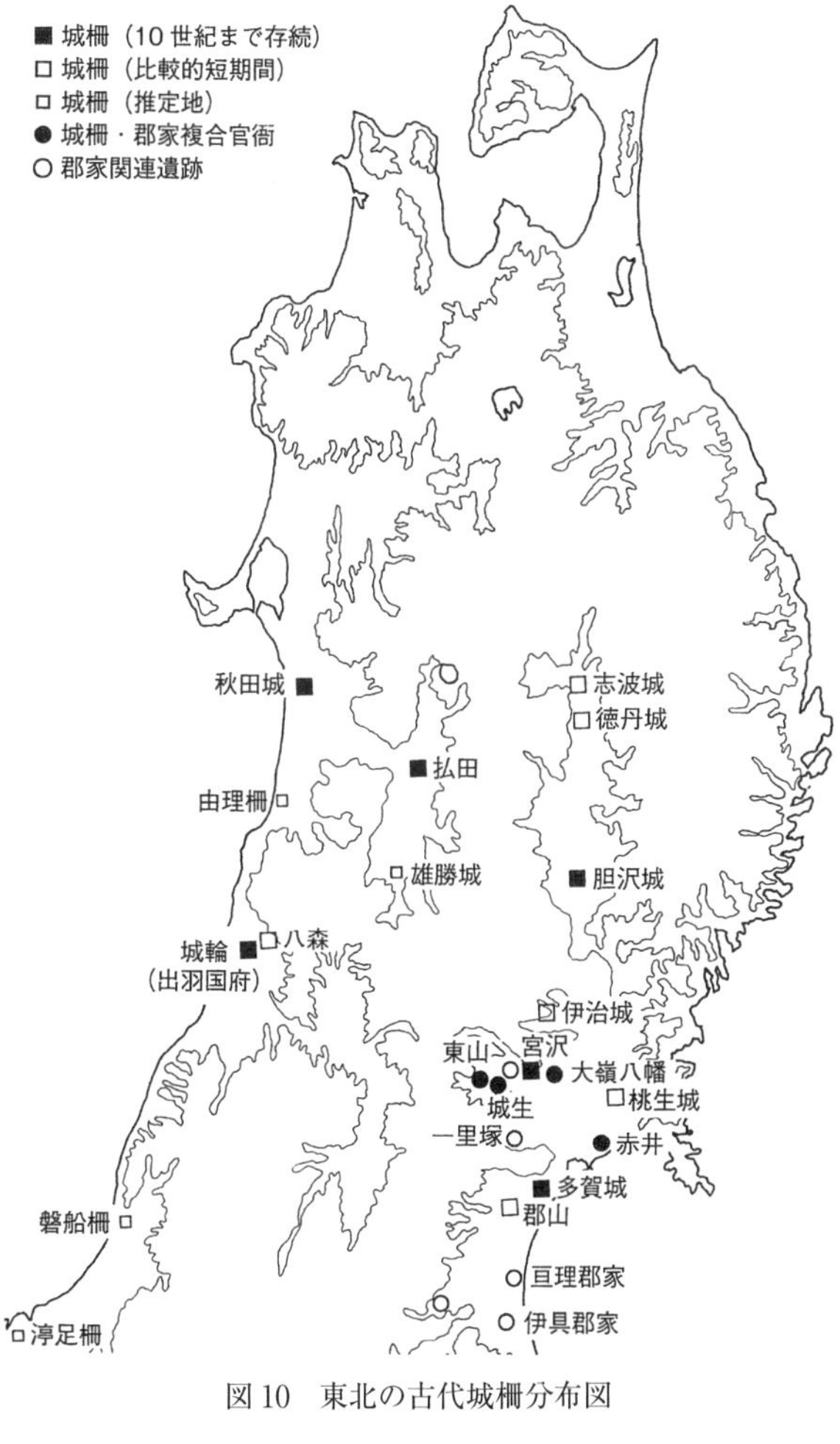

図10　東北の古代城柵分布図

四方、志波城は八四〇メートル四方でさらに外濠がめぐる。最小の徳丹城《とくたんじょう》は三五〇メートル四方である。政庁区画は一〇〇〜一五〇メートル四方を築地塀で囲み、正殿と東西脇殿がコの字型配置をとる。

基本は方形の政庁と外郭で囲まれた二重外郭構造をとっているが、八世紀後半以降、蝦夷との軍事衝突が本格化すると、城外の隣接地にあった集落を城内に取り込む三重外郭構造となった。多賀城や東山《ひがしやま》官衙群では城柵に付属する都市も形成されていた。

東北城柵は、蝦夷に対する軍事的な拠点でもあったが行政的な施設でもあり、この点が西日本に築かれた古代山城と大きく異なる点である。城内の施設内容は国府によく似ており、いわば「武装された官衙」と言える。

渟足・磐舟柵と郡山遺跡　大化三年（六四七）とその翌年、越国に渟足柵《ぬたりのき（さく）》（新潟市東区沼垂か）と磐《いわ》舟《ふね》柵（新潟県村上市岩船か）が築かれた。また越と信濃の民を柵戸として移住させ柵に付属させている。この両柵の設置記事が城柵の初見史料である。なお八幡林《はちまんばやし》遺跡（新潟県長岡市）から養老年間の木簡に「沼垂城」の文字が確認されており、渟足柵が八世紀まで維持された様子がうかがえる。

両柵について遺跡はまだ見つかっていないが、昭和五四年（一九七九）からの数十次にわたる郡山《こおりやま》遺跡（仙台市）の発掘調査によって陸奥国側にも同時期に城柵が設置されていたことが明らかとなってきた。

郡山遺跡は、広瀬川と名取川の合流点付近の自然堤防上に立地する官衙と寺院からなる遺跡で、官衙は新旧二時期ある。Ⅰ期官衙は七世紀後半に造営されており、北で東に約三〇度傾いた東西三〇〇×南北六〇〇《メートル》の長方形の区画を持つ。外郭は材木塀で内部がさらにいくつかの区画に分かれていた。郡山廃寺が付属する新しいⅡ期官衙は七世紀末頃に建替えられたもので、正方位をとる四町（四

二八メートル）四方の規模で外郭は材木塀と大溝をめぐらしている。中央にコの字型配置をとる政庁域と石敷き広場、玉石組みの方形池などが検出されており、材木塀南辺では南門や櫓建物も見つかっている。平面プランは藤原宮に類似する。Ⅱ期官衙は八世紀前半に廃絶することから、多賀城以前の初期陸奥国の国府と考えられている。

囲郭集落と柵戸　蝦夷とは、六世紀〜七世紀にかけて東北北部の続縄文系集団とその南に接する東北中部・新潟県北部の古墳文化人、さらに北海道の擦文文化人まで含めた疑似民族集団—倭王権から見た「辺民」と言える。東北中部・新潟県北部の古墳文化人たちは国造制の範囲の外側に位置したため化外の民として捉えられた。

七世紀代には東北中部で関東系土器の出土が見られる。拠点集落の南小泉遺跡（仙台市）では、一角に設けられた大溝によって区画された集落から七世紀初頭の関東系土器がまとまって出土している。このような大溝をめぐらした初期の囲郭集落は仙台平野に集中するが、福島県から宮城県北部まで見つかっている。この地域では六世紀後半代に人口が減少したため、関東系の住民が移住しはじめたと考えられる。東北中部への移住を関東勢力の独自の動きと見るか、その背景に倭王権の存在を想定するかは議論が分かれる。

七世紀後半の郡山遺跡の段階になると周囲に区画溝と材木塀をめぐらした囲郭集落が登場する。これらの遺跡からも関東系土器が多量に出土しており、関東からの移民集落であることは確実である。東北中部の拠点集落への関東から移民↓大溝による囲郭集落↓郡山遺跡のような官衙型の城柵出現↓

材木塀をともなう囲郭集落の登場というコンテクストから城柵が関東系土器の進出の後追いとしてつくられ、東北中部の交易拠点を軍事的に押さえていった様子をうかがうことができる。

多賀城の創建と天平五柵　和銅六年（七一三）の丹取《にとり》郡の設置、霊亀元年（七一五）の東国六国の富民一〇〇〇戸の陸奥への移配はこの時期最大級の規模で、大崎平野への入植が本格化したことがわかる。この動きと連動して神亀元年（七二四）に多賀城（宮城県多賀城市、図11）が造営されている。多賀城の設置記事は『続日本紀』では脱漏しておりその創建年は多賀城碑から知ることができる。天平九年（七三七）の天平五柵は多賀城創建と同じ頃、大崎・牡鹿《おしか》地方に置かれた城柵でいくつかの遺跡が判明しつつあり、多賀城創建瓦の供給関係から、大崎平野を中心として大規模な植民と城柵官衙の整備によって東北中部における蝦夷支配体制の強化が行われたことがうかがえる。この地域の郡は小規模に分割されていることが特徴で、後に黒川以北十郡と呼ばれるようになった。

多賀城は、松島丘陵の先端に立地し、外郭の形はゆがんだ方形で南辺が八六〇メートル、東辺が一〇四〇メートル、西辺が六六〇メートル、北辺が七八〇メートルである。周囲は基底部二・七メートル、高さ五メートルの築地塀で囲み、南・東・西に門が開かれている。城内中央部に重要な政務や儀式、宴会などの場所である政庁があり、城内の各所には曹司（実務官衙群）や兵士の住居などが配置されていた。

政庁は東西一〇三メートル、南北一一六メートルの長方形に築地塀をめぐらせており、内部に正殿、東西脇殿、後殿、楼などをコの字型に配置している。発掘調査の結果、政庁には、大野東人の創建（第Ⅰ期）、天平宝字六年（七六二）の藤原朝葛による大改修（第Ⅱ期）、宝亀一一年（七八〇）の伊治公呰麻呂の

加瀬沼
大久保地区
六月坂地区
丸山地区
東門
大畑地区
金堀地区
政庁
(1～6・9
16・19)
作貫地区
城前地区
西門
五万崎地区
道路跡
44大調査区
木簡出土地点
南門

図11 多賀城

乱による焼き討ちからの復旧（第Ⅲ期）、貞観一一年（八六九）の陸奥国大地震からの復興（第Ⅳ期）の四時期の変遷があった。

最近の調査によると、創建期の外郭南門は、多賀城碑がある丘の上で発見されている外郭南門跡よりも約一二〇メートル北側（内側）で確認され、創建期南門には材木塀がともなうことが明らかとなった。東南一キロの丘陵上には多賀城に付属する多賀城廃寺が設けられ、南西部には条坊を備えた都市が形成されていた。都市の範囲は東西一五〇〇メートル、南北一〇〇〇メートルにおよぶ。また国司館なども確認されている。

桃生城と伊治城　八世紀半ば以降になると、陸奥国では海道に桃生城《ものうじょう》（宮城県石巻市）が、山道に伊治城《いじ（これはり）》（宮城県栗原市）がそれぞれ築かれた。大崎・牡鹿地方の支配をさらに拡大しようと意図したものである。

天平宝字三年（七五九）に築かれた桃生城は比較的急峻な標高八〇メートルの丘陵上につくられており、東北の城柵のなかでは最も山城に近い占地をとる。外郭線は地形に合わせた不整形で東西一〇〇〇メートル×南北六五〇メートル、中央の政庁のある内郭の東西に複郭が取りつく独特な平面プランであった。神護景雲元年（七六七）に造営された伊治城は河岸段丘上に立地する。東西七〇〇×南北九〇〇メートルの変形五角形の外郭の南側に平行四辺形の内郭と政庁を設けている。

桃生城の北側と伊治城の外郭は二重の土塁になっており、それまでの城柵に比して厳重に防御を固めている。両城は蝦夷の領域への侵略拠点であり、そのためこれまで以上に蝦夷からの強い反発・抵

抗を受けることになった。実際、桃生城は宝亀五年（七七四）に海道の蝦夷によって西郭が落とされており、厳重な外郭の防御も理解できる。

東山官衙遺跡群でも外郭の丘陵地に長さ八〇〇メートル以上の二重土塁が設けられていたことが判明している。二重土塁は二条の堀と土塁からなり、東山官衙の早風遺跡の場合、堀は上幅二・八〜三・〇メートル、底面幅〇・二〜〇・八メートルで断面形はV字型を呈する。二条ある土塁のうち、南側は基底幅五・〇〜七・〇メートル、残存高は三・〇メートル、北側の土塁は基底幅五・〇〜五・五メートル、残存高は一・三〜一・五メートルある大規模なものであった。

出羽国側の城柵　陸奥国側の多賀城設置と大崎・牡鹿地方の支配強化についで出羽国側でも城柵の北進が計画された。天平五年（七三三）出羽柵が秋田村高清水岡へ移転する―秋田城の設置である（天平宝字年間に改称）。

秋田城（秋田市、写真5）は雄物川の河口近くの標高四〇メートルほどの丘陵上に位置する。外郭は一辺五五〇メートルの不整形な方形で、政庁は七時期の変遷が確認されている。外郭は基底部幅二メートルの築地で後に掘立柱塀に建替えられた。政庁の東門から大路が伸びる鵜ノ木地区から迎賓館ではないかと推定される遺構や池、付属寺院などが検出されている。

出羽柵の秋田移転と雄勝村への建郡が計画され、四年後陸奥・出羽連絡路の建設を目指した軍事行動が起こされたが、雄勝村の狄俘の動揺のため中断している。桃生城と同時に築かれた雄勝城《おかちじょう》の所在は不明であるが、横手盆地中央には第二次雄勝城と目される払田《ほった》柵遺跡がある。

写真5　秋　田　城

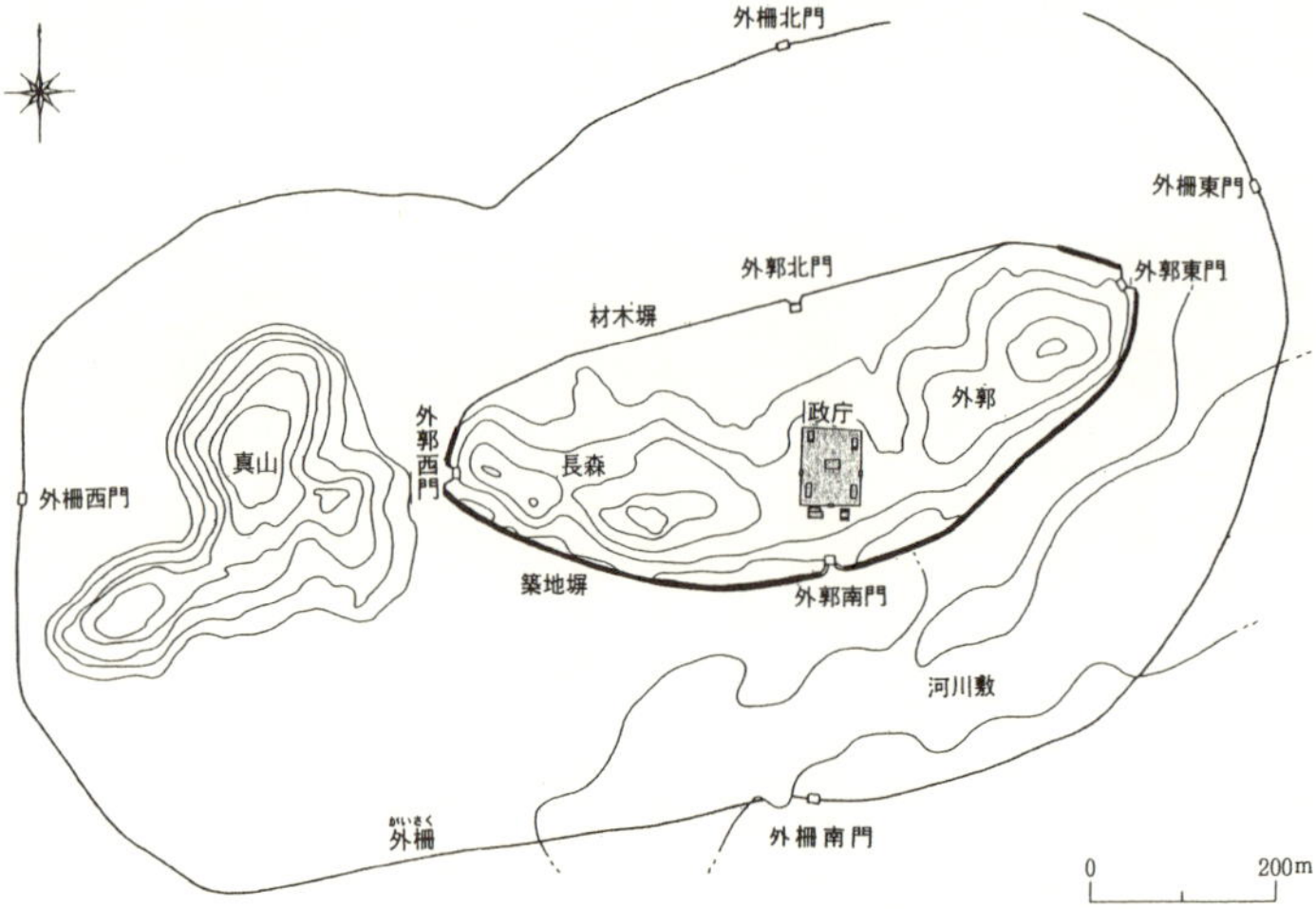

図12　払　田　柵

払田柵（秋田県大仙市・美郷町、図12）は真山と長森の小丘陵を東西一三五〇×南北七二〇メートルの楕円形に外柵で囲んでいる。外柵は角材（高さ三・六メートル、縦・横三〇センチ）を並べた材木塀で、角材の年輪年代は延暦二〇年（八〇一）頃の伐採と判明している。長森丘陵を囲む外郭内に政庁がある。遺跡の時期は九世紀以降と見られるが、「小勝」の文字のある木簡や墨書土器が出土している。

(2) 三八年戦争と城柵

伊治公呰麻呂の乱　天平宝字六年（七六二）、多賀城は藤原朝葛によって大規模に修造された。政庁内の建物はすべて礎石建てに改められ、南門は東西に翼廊が取りつき正殿背後には後殿が配され、正殿前の広場は玉石敷きになるなど、Ⅱ期政庁は荘厳化された。この時、外郭南辺も南へ拡張され、外郭の材木塀が築地塀に改修されたらしい。新しい南門の前に多賀城碑も建碑された。多賀城の荘厳化と積極的な蝦夷領域への拠点造営は藤原仲麻呂政権の施策によるものだろう。しかしこの積極策が後年裏目に出る。

宝亀五年（七七四）、海道の蝦夷が桃生城を攻撃し落城させた。桃生城の政庁をはじめ多くの建物が火災で焼失して、その後、桃生城は再建されず放棄される。蝦夷の蜂起は出羽国側にもおよんだが、宝亀九年（七七八）までに反乱はいったん収束した。これが三八年戦争のはじまりである。

宝亀一一年（七八〇）三月、伊治呰麻呂が伊治城において、道島大楯と紀広純らを殺害、伊治城は

焼かれ、呰麻呂ら俘囚軍は多賀城を襲撃して兵器・兵粮を略奪、放火した。藤原継縄を征東大使に任じて鎮圧へ向かわせたが、はかばかしい戦果を上げることができなかった。その後、桓武朝に藤原小黒麻呂が征東大使となり、翌天応元年（七八一）には乱はいったん終結に向かったが、呰麻呂の行方は知れなかった。

延暦八年（七八九）三月に、征東大使・紀古佐美らによる大規模な蝦夷征討が開始された。五万人を越える紀古佐美率いる征討軍は五月末まで衣川に軍を留めた後、蝦夷の首領・阿弖利為《あてるい》の拠点と目されていた胆沢に向けて軍勢を発したが、巣伏《すぶし》の戦いで征討軍は多数の損害を出して潰走、大敗を喫してしまう。

延暦一一年（七九二）、斯波村の胆沢公阿奴志己《あぬしこ》が降伏、さらに爾散南公阿破蘇《にさなんきみあわそ》らが入朝した。延暦一三年（七九四）には、第二次の征討軍として征夷大使大伴弟麻呂、征夷副使坂上田村麻呂による蝦夷征討が行われた。二度目の征討を倍する十万の大軍が動員され、戦果を上げた。

坂上田村麻呂の征夷　延暦二〇年（八〇一）、坂上田村麻呂が征夷大将軍として第三次の征討が行われた。この時は優勢な戦況を背景に停戦し、大墓公《たものきみ》阿弖利為と盤具公母禮《いわぐのきみもれ》が五百余人を率いて降伏したが、河内で斬首された。

延暦年間の征夷の結果として、胆沢城《いさわじょう》（岩手県奥州市、図13）と志波城（盛岡市、口絵2）が築かれた。胆沢城は延暦二一年（八〇二）、志波城は翌年の築城である。

胆沢城は北上川と胆沢川の合流点の西南の平地にあり、それまでの城柵が丘陵上に築かれたのと異

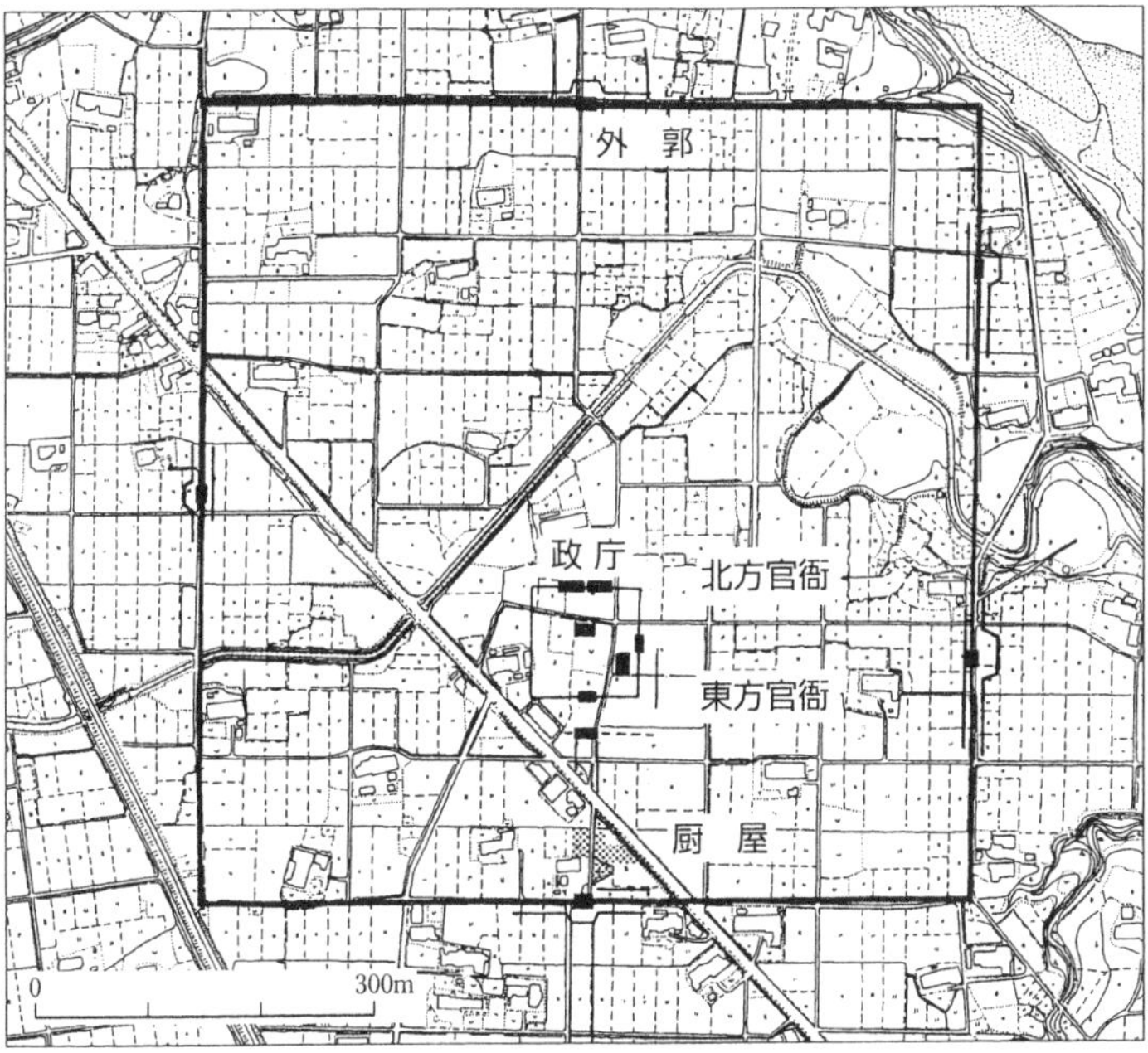

図13　胆　沢　城

なる。外郭は六七〇メートル四方で築地をめぐらされ、築地内外には大溝がつく。城内中央やや南よりに九〇メートル四方の政庁がある。櫓は東辺で二ヵ所、西辺で一ヵ所確認されている。三時期の変遷があるが、創建期は掘立柱建物であった。

　志波城は北に雫石《しずくいし》川、東に北上川が流れる平地に立地する。外郭の規模は東西九三〇×南北八〇〇メートル以上で、築地塀とその外側に幅四〇メートルの堀がめぐる。城内北部には旧雫石川の支流を取り込み、河川交通の便をはかっている。城内中央に一五〇メートル四方の政庁が設けられており、すべて掘立柱建物である。城内には官衙群だけでなく、外郭築地から一〇八

メートル（一町）の範囲に一〇〇〇棟を越す竪穴住居があると見られている。また南門の左右に各七棟、計一四棟の櫓が配置されていた。志波城はたびたび水害にあったため、北側は雫石川によって消失している。志波城は東北地方最大級の城柵であり、築城当初の重要性は胆沢城を凌いでいたと考えられる。両城は三八年戦争のさなかにつくられたのではなく蝦夷征討の終了後に築かれた。つまり両城は胆沢～志波地域を治めるための拠点であり、平地に立地し防衛的でないことが理解できる。

延暦二三年（八〇四）には田村麻呂が征夷大将軍に任じられ、第四次の征討計画が進められようとしていた。この頃、第二次雄勝城として移転・造営されたのが払田柵と考えられている。しかし延暦二四年（八〇五）の「徳政相論」によって征夷と造都は中止され、第四次の征討は不発に終わった。

(3) 蝦夷と城柵

征夷と饗給 陸奥・越後・出羽の三国では、通常の国司の職掌の他に、特別に「饗給、征討、斥候」の職掌が与えられていた。饗給とは宴会を催し、禄物を与えて蝦夷を懐柔すること、征討とは軍事力で蝦夷を討つこと、斥候とは蝦夷の動向を探ることである。城柵には国司が城司として駐在し、朝貢してきた蝦夷に対し、城司は天皇に代わって蝦夷に饗給を行った。饗給儀礼は城柵の政庁前の広場で行われ、蝦夷の有力者は位階や官職を与えられ、絹や麻布、朝服や食料などが支給された。城柵の任務は、軍事的な征服だけではなく、饗給、斥候に関わる部分も大きかった。

朝貢と饗給には、倭人側にとっても北方の特産品を入手するという経済的な意味もあった。城柵はいわば「交易センター」としての性格も持っていたことになる。熊や鹿の毛皮、馬、砂金、昆布などの北方の特産品は都の王臣や国司らに珍重されたため、蝦夷との私的交易活動の禁制が出されるほどであった。

蝦夷社会への影響　蝦夷の側でも交易によって武器や農工具などの鉄製品、繊維製品、米・酒・塩などの食料品を入手することができた。これらの倭人側の産物は集団内部での族長の権威を高め、周辺の他集団との交易にも用いられた。倭人と蝦夷の交易が、たとえ軍事力を背景とした国家権力による不等価交易だったとしても、蝦夷側にとってもメリットが大きかったのも事実である。

「朝貢・饗給システム」の影響は北海道にまで及んでいた（鈴木二〇一四）。延暦二一年（八〇二）には渡嶋《わたりしま》の狄が来朝して種々の毛皮などを貢じており、東北地方から多く発掘される蕨手刀などが北海道のオホーツク文化の墳墓からも出土している。八世紀に東北北部の土器が土師器化し、北海道の擦文土器成立にも影響を与えていることなども、倭人社会との接触が蝦夷領域へ与えた影響がいかに大きかったかを示している。

城柵の設置は、たんに軍事拠点や地域支配の官衙がつくられたというだけではなく、大量の柵戸による移民、城柵の下に支配、組織化されていく蝦夷など、さまざまな影響を地域社会にもたらしたのである。

5 古代城郭の終焉

(1) 古代山城の変貌と選士統領制

平安時代の大野城　『類聚三代格』によると、貞観一八年（八七六）頃、大野城を守衛していた兵士が四〇人いたことがわかる。非常に少ない人数だが、交代勤務なので実際はわずか一〇人となる。城内の主要な倉庫群の出入り口を守るのがやっとの人数だろう。

大宰管内の軍制は、天長三年（八二六）軍団制が廃止され「選士統領（選士衛卒）制」に移行している。選士や衛卒たちの任務は大宰府や博多大津など大宰管内の要地警備であったが、大野城の警備と修理も彼らの役目だった。

当時維持されている大野城の城門は北の宇美口と南の太宰府口だけで城壁の維持管理などはもはやできない。築城当初の古代山城とはかなり異なる実態であったと推察される。堅固な城壁に囲まれた面的に広大な施設というよりも二ヵ所の城門と数ヵ所の倉庫群を結んだだけの点と線の小規模な施設になっていたと思われる。

新羅海賊の来寇　貞観一一年（八六九）に博多湾では新羅海賊による貢船略奪や寛平五年（八九三）には有明海への侵入事件が起こっている。

軍団兵士が戦闘の役に立たない状況下で考え出されたのが選士統領制である。「弓馬之士」を募兵する選士制では人員的に律令軍団にはとうてい及ばない少人数であり（弘仁四年〈八一三〉の太政官符による減定前の西海道六国の兵士数一万七一〇〇人に対して、選士は一七二〇人、衛卒二〇〇人で、およそ一〇分の一の規模）、おまけに四交代年間九〇日勤務なので、博多湾や大宰府など要所を守衛することしかできない。もちろん新羅海賊が博多湾などへ侵入したとしても大宰府の官民が大野城に籠城する必要などないのだから、警察的な兵力で事足りた。

期待された選士制だが、寛平年間の新羅船入寇事件では活躍を見せず、大宰府管内では最終的に東北地方の俘囚軍が配備されている。

菊池城院と公営田制　鞠智城が再び文献記録に登場するのは天安二年（八五八）のことだが、この時は「菊池城院」と呼称も変わっていた。この名称変更を根拠に管理主体まで大宰府から肥後国や菊池郡に移ったとする意見が出されているが、菊池城という名称を継続しつつ、たんに城でないところに鞠智城の復興期の性格が表出されていると思われる。

九世紀代の西海道においては連年凶作・飢饉・疫病が流行していた。九世紀初め頃からの未曾有の不作と飢饉に加えて疫病の流行によって、調庸の未納、出挙稲の回収不能など律令財政の破綻が進行、死亡人口分田・絶戸田など班田農民を失った田畑が増加し、班田制への影響も看過できない事態にな

りつつあった。その対策として弘仁一四年（八二三）小野峯守によって建議、実施に移された「公営《くえい》田制《でん》」こそ、九世紀から一〇世紀まで鞠智城の存続した理由を理解する重要な手掛かりだと思う。

公営田制は、財源獲得と窮民救済を目的として、大宰府管内九ヵ国の総田数七万六五八七町の内、良田一万二〇九五町を大宰府直営の公営田とし、そこからの収入をもって財源に充てるというものである。公営田の耕作の労働力として、年間約六万人以上の百姓らを徭丁として動員し、耕作百姓は三〇日の耕作が義務づけられるとともにその調・庸は免除された。公営田の収穫のなかから、中央へ納入すべき調・庸や耕作百姓への人別米二升の食料・町別一二〇束の報酬（佃功）、溝池修理料などが支給され、その残余がすべて大宰府や国衙の収入となった。

肥後は西海道諸国のなかでも耕地面積が最も広く公営田計画の中心だった。公営田計画対象の一万二〇九五町の内、肥後では収穫量の良い上田ばかりを三六〇二町耕作することが特記されており、公営田全体の約三〇％を占めていた。実際、他国では四年の試行で中断してしまったのに対し、肥後における公営田は成功し、斉衡元年（八五四）にはその継続が申請され裁可されている。記録では弘仁一四（八二三）～天安二年（八五八）までの三六年間が確認できる。貞観一五年（八七三）、筑前で公営田の復活が許可されており、肥後でも九世紀末頃まで継続して経営されていた可能性は高い。

九世紀後半の社会不安　公営田からの収入を郡衙ではなく、なぜ鞠智城に運び込んだのか―この点については九世紀後半の社会不安を念頭に置かねばならない。それは富豪層による「私的経営」の激増と「群盗」の多発で、瀬戸内海では「海賊」も横行していた。大宰府管内の対馬と筑後では一種の

反乱とも言うべき国守襲撃事件まで発生している。天安元年（八五七）の対馬守・立野正岑殺害事件と元慶七年（八八三）の筑後守・都御酉殺害事件で、組織化された武力に対して国衙が軍事的にいかに弱体であるかを暴露した。

このような群盗行為に対して、城内であればある程度略奪などを防ぐ効果が期待されたと見たい。大野城などで倉庫群をあえて山城内に設けた理由も、倉庫の保全が背景にあったと考えられる（赤司二〇一四）。

九世紀代の鞠智城について、「新羅海賊の来寇」による新たな対外的な危機を背景として、鞠智城が重視されたとする意見もあるが、統制貿易を建前とする律令政府にとっては東シナ海で活発化する新羅海商の活動そのものが危機感を抱かせる背景であった。新羅海賊はある意味、〝幻影〟と言える。

発掘調査による考古学的な事実としては、鞠智城が九世紀代に倉庫群として活用されていることであり、その背景として大宰府と肥後国を中心とする飢饉対策―公営田制があったと考えれば疑問は氷解すると思う。鞠智城の最後の姿は大農業経営の拠点であり、これは有名な米原の長者伝説に通じるものがある。公営田制は九世紀後半～一〇世紀にかけて崩壊していく律令体制を守る施策として登場する。そういう意味では九世紀の鞠智城も律令国家を守る「城」だったと言えるだろう。

城内の寺院・宗教施設　奈良時代の末頃の宝亀五年（七七四）、大野城に四王院が新羅など異敵調伏祈願のため設けられた。現在でも山頂には毘沙門堂が残る。経塚も多数発見されている。基肄城では「山寺」と書かれた墨書土器（八世紀末頃）が出土しているが、外部からの搬入品とする意見もあ

る。基肄城のある基山には坊中山という山岳寺院を思わせる地名も残っており将来の調査が待たれる。鬼ノ城では瓦塔片が出土しており、城内の礎石建物のあった場所を再利用するかたちで平安期に山岳寺院が造られている。

ほかの古代山城の場合も廃城後、平安期に宗教施設が設けられている事例は多い。高良山城の高隆寺（高良大社）や石城山城の石城神社、屋嶋城の屋島寺、常城の青目寺、高安城の信貴山朝護孫子寺など、瀬戸内の古代山城を中心に山岳寺院や式内社が設けられている。平安期は国家仏教の時代であり、山城の跡地が国家の管理下にあったことがうかがえる。

大野城や鞠智城が山城としていつ頃使われなくなったかは、記録がなくよくわからない。八世紀の初め、唐の侵略の可能性が消えた時点で古代山城の時代は終わっていたと言える。

(2) 征夷の終了と鎮守府体制

軍備縮小と徳丹城　弘仁二年（八一一）には文室綿麻呂の建議による爾薩体《にさったい》（岩手県二戸市仁左平）・弊伊《へい》（岩手県宮古市）の二村の征討が最後の征夷として実施された。今回の征夷は国家規模のものではなく陸奥・出羽国内から徴兵した兵士と俘囚軍によって行われた。動員兵力もそれまでの征討より少ない二万人程度で俘軍の活躍が目立った。同年には和賀《わが》・稗貫《ひえぬき》・斯波《しわ》の三郡も設置されたことから、志波城を中心とする地域の安定化のために今回の征討が計画されたと考えられている。なおこ

の三郡は服属した蝦夷で構成される蝦夷郡であった。

志波城は水害を理由に、弘仁三年（八一二）頃、南一五キロの地に移転・造営された。律令国家最後の城柵となる徳丹城（岩手県紫波郡矢巾町）である。徳丹城は北上川沿いの低平な自然堤防上に立地し、規模は大幅に縮小されて一辺三五〇メートルの方形で、外郭線は築地ではなく丸太材を立てならべた材木塀である（一部に築地あり）。政庁は七七メートル四方で掘立柱塀の大垣で画されている。

爾薩体・幣伊の征討の後も蝦夷の小規模な反乱はしばらく続くが、弘仁二年には征夷の終了（三八年戦争終結）と大幅な軍備縮小（軍団数減、鎮兵廃止と健士発足）が行われた。志波城から徳丹城への移転も軍備縮小の流れのなかで理解できるもので、徳丹城は九世紀半ばまで維持され、胆沢城へ吸収される。払田柵の外柵も九世紀半ば頃にはなくなり長森の丘陵裾の外郭だけの小規模な城柵に変化する。

胆沢鎮守府　延暦二一年（八〇二）、胆沢城が造営されると、多賀城に置かれていた鎮守府が移された。胆沢城に移転した鎮守府は次第に機構整備が進められ、九世紀後半には礎石建て、瓦葺きの政庁に建替えられる。このように、移転後の鎮守府は多賀城にある陸奥国府と陸奥国を地区区分したようなかたちで—いわば第二国府のような役割を担い、その北半分を行政的に支配することになる。

一〇世紀まで存続した城柵は、合計六城柵—陸奥では多賀城（陸奥国府）、玉造塞《たまつくりのさく》（宮沢遺跡）、胆沢城、出羽では出羽国府（城輪《きのわ》柵）、秋田城、第二雄勝城（払田柵）で、これを一府二城体制と呼んでいる。

元慶の乱　元慶二年（八七八）、北秋田・米代川流域の俘囚が蜂起した。原因は秋田城司・良岑近の苛政で、反乱勢力は秋田城などを急襲し、秋田河（雄物川）以北の独立を要求した。出羽国府軍は壊滅、良岑近と出羽守藤原興世も逃亡してしまう。政府は藤原保則を出羽権守に任じ、小野春風を鎮守府将軍として派遣した。保則は朝廷の不動穀を賑給するなど、寛大な政策によって蝦夷を懐柔、春風は陸奥から入り夷語を用いて地元の豪族を降伏させた。

元慶の乱は、律令国家の軍事力が低下して武力によって蝦夷を制圧できなくなっていたことも意味していた。乱後、秋田城は再建され、出羽国司次官である介が秋田城常駐となり軍事機能も強化された。秋田城介の権限が高まるにつれ、胆沢城の鎮守府将軍に近いものになっていった。

城柵の終焉　東北の城柵は一〇世紀半ば〜後半には遺構が衰退・消滅する。城柵の周辺ではすでに九世紀後半頃から政庁に似た建物配置の遺跡が出現していた。多賀城南前面の館前、多賀前、山王千刈田遺跡、胆沢城南方の伯済寺遺跡、志波城外北東方の林崎遺跡、秋田城南方の勅使館地区などである。国司館や城司館と想定される遺構で、方一町程度の規模を持ち二〜四面庇付の掘立柱建物を中心に脇殿や前殿・後殿を備えた邸宅である。遣り水状の遺構や高級な中国製陶磁器、国産の施釉陶器なども出土している。

国司や城司が受領化し政務が徴税請負的性格に特化した体制下では、律令制的施設の維持の必要性が薄れ、国司館などに中心が移っていったと考えられている。

奥六郡の成立　陸奥側では鎮守府の支配が順次北上し、一〇世紀半ばに岩手郡が成立して胆沢鎮守

府が所管する胆沢・江刺・和賀・稗貫・志波・岩手の奥六郡が完成した。この段階の鎮守府は六郡域にとどまらず、六郡を越えた北方の蝦夷社会との交易を統括するようになる。この地域の交易は国府である多賀城の管轄だったが、鎮守府は相対的に自立し、北方権益をめぐり鎮守府将軍と陸奥国司が対立するようになった。同様に秋田城介による秋田郡域を超えた津軽や渡嶋などの北方夷狄社会の支配も進行していった。

一一世紀には奥州安倍氏が「六箇郡の司」と呼ばれる地位を与えられ、この地域で勢力を広げていく。

(3) 中世への胎動

北東北の防御性集落　一〇世紀後半になると、北東北では堀をめぐらした環濠集落や山地に立地する高地性集落など、敵の攻撃に備えた集落—防御性集落が出現する。防御性集落にはいくつかの類型が見られるが、立地から大きく二つの類型に分けられる。比高差のある高地に立地するものと台地上や岬状地形の先端部に立地するものである。また環濠のめぐらせ方からは、主要な数軒の竪穴住居を空堀で囲み、後背地に集落を配置する「上北《かみきた》型」と集落全体を囲む「津軽型」に分けられる。

津軽型の高屋敷館《たかやしきだて》遺跡（青森県青森市）は南北一〇〇メートル、東西八〇メートルの規模で、幅約六メートル、深さ三メートルの濠がめぐらされ、濠外側に幅二メートルの土塁が築かれている。濠の内部は大小の竪穴住居が重なって

図 14　防御性集落分布図

密集し、八六棟が確認されている。鍛冶工房と推定される鉄滓が出土した住居もある。

平成一二年（二〇〇〇）から調査された上北型の林ノ前遺跡（青森県八戸市）では、一三〇棟の竪穴住居が出土し、山頂には東西三〇メートル、南北七〇メートルの環濠を設けていた。頭蓋骨のみの人骨や縛られた人骨など特異な人骨が出土したほか、多数の鉄鏃や馬具、金・銀の付着した土製るつぼ片、大刀の責金とみられる銅製金具など通常の集落ではない遺物も出土している。

一九九〇年代中頃から確認されはじめた防御性集落についてはその性格をめぐって論争がつづいている。防御性集落は律令国家による征夷終了から前九年役までのいわば欠史時代に位置するため、この種の遺跡をもって、「北の世界における戦争の時代の到来」とする戦乱起因説と、南北間の交流活動の盛んな「極めて平和的に移行しつつある時代」とする説が対立している。

これは異なる側面を捉えた見方とも言え、交易による利益が大きい反面、需給キャパシティには限界があるため軋轢や衝突が生じる。羆皮や海獣類の毛皮、美しい鷲の矢羽根、昆布など北海道産品に対する和人社会の需要も旺盛だったろうが、五所川原産の類須恵器や岩木山麓で生産された津軽の鉄は北海道一円に供給されていることから、北方社会の日本産品への需要はさらに大きかったと想像される。

防御性集落が一二世紀までには一斉に姿を消すことは社会的緊張と関係することをうかがわせ、一一世紀末の平泉政権の樹立によって安定化すると考えられる。

奥六郡司となった安倍氏は奥六郡を拠点として糠部《ぬかのぶ》（青森県東部）から亘理《わたり》・伊具《いぐ》（宮城県南部）に

いたる地域にも支配を広げていった。一方、出羽の清原氏は出羽雄勝城の在庁官人で、俘囚長に任ぜられ、山北三郡を支配したとされる。

安倍氏は六郡内各地に柵《たて》（楯）を築いて、一族や有力家臣を配置し、柵を拠点として地域支配を行った。安倍氏の一二柵が『陸奥話記』などの記録に見えるが、残念ながら鳥海柵《とのみのさく》（岩手県胆沢郡金ヶ崎町）以外の柵について比定地はあるものの不明なのが現状である。防御性集落と比べて、安倍・清原氏の拠点はきわめて規模が大きく複数の区画（曲輪）に分かれていて、城内に四面庇付建物など公的な建物がある点が異なっている。しかし大鳥井山《おおとりいやま》遺跡（秋田県横手市）の空堀は二重の横堀や外土塁をめぐらす点は防御性集落の伝統と考えられる。この点は奥州藤原氏の柳之御所《やなぎのごしょ》遺跡（岩手県平泉町）や阿津賀志山《あつかしやま》防塁（福島県伊達郡国見町）まで通じている点であり注目される。

国府・郡衙の消滅と国司館　一〇世紀になると、郡衙では遺構の存在が確認できず、衰退、消滅する。郡衙正倉は九世紀前半頃までは整然とした建物配置が維持されていたが、九世紀以降の田租輸京制度や不動穀運用策などの政策変化によって永年貯穀施設としての正倉の役割が低下することになった。その後、田租や出挙稲は郡衙正倉に集積されることもなくなり、私営田経営者の倉に納められ、そこから官物として国衙あるいは受領の京宅に直接運ばれるようになる。郡衙が果たしてきた機能の多くは国府へ吸収され、国府が地方支配の実務機関として再編・強化されていった。

国府の場合、一〇世紀に入ると八世紀前半からの国庁の基本構造が変化したり、所在地が他所へ移転したりしたと見られる事例が増加する。各地の発掘調査によると、国府の政庁は一〇世紀末～一一

世紀には衰退する。これは一〇世紀頃から国司が受領化したことにより、国庁における儀式や饗宴の場としての機能が低下し、政務の中心が国司館に移転したことを示すと考えられているが、洪水など自然災害の再建事業の過大な費用負担により国司館が政庁の機能を継承した場合もある。また大宰府や多賀城などは旧来の政庁構造が一一世紀中頃まで存続しており、国府の機能が一〇世紀末にただちに消失したわけではなく、地域性が見られる（江口二〇一四）。

九世紀後半の治安悪化―群盗蜂起、俘囚反乱、東国での僦馬の党、西国での海賊の横行などの鎮圧過程で軍制の改革が進められ、国ごとに警察・軍事指揮官として押領使を任命し、中央からの追討官符を受けた受領の命令で押領使が国内の武士を動員して反乱を鎮圧する体制に移行した。こうして一〇世紀には受領は任地で国司館を中心に私的従者と地方豪族軍を中心に地域の武力集団を編成していく―国衙軍制の成立である。

平安時代の館跡　一〇世紀中頃の承平・天慶の乱の時、平将門は豊田館《とよだやかた》（鎌輪の宿）に住んでいたが、その後、石井《いわい》の島広山にある石井営所（茨城県坂東市岩井）という軍事拠点を設け移ったと伝えられる。また一一世紀初めの平忠常の乱の時、忠常は上総国夷隅郡伊志み山（千葉県いすみ市か）に軍営を置いたという。

彼らの館や軍営がどのようなものであったか、現在ではよくわからない。しかし近年、発掘調査によって九～一〇世紀にかけての館跡が発見されている（田中二〇〇六）。

北島遺跡（埼玉県熊谷市）は、熊谷扇状地末端部の二本の河川跡に挟まれた自然堤防上にあり、九

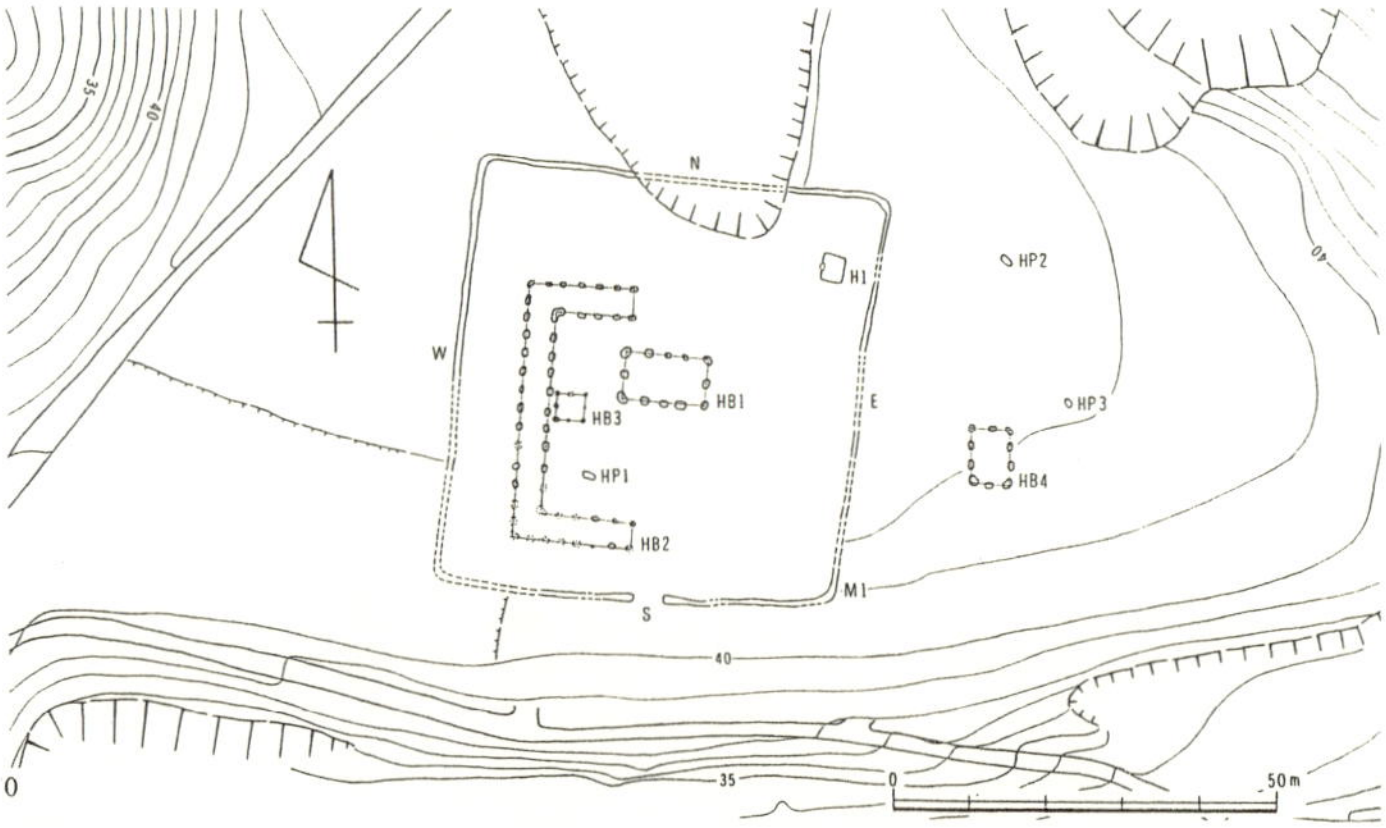

図15　神隠丸山遺跡

世紀代には九〇メートル四方の二重の方形区画溝と東側に四脚門がつくられ、区画内からは五×二間の四面庇付の大型建物と数棟の付属棟、竪穴住居などが確認されている。また大量の緑釉陶器や灰釉陶器も出土している。

　大間々扇状地の末端部に位置する諏《す》訪《わ》下《しも》遺跡（群馬県太田市）の館跡は、全体の形が平行四辺形で、東辺の堀は長さ一二八メートルにわたり確認され、南辺の堀は長さ七五メートルほどが確認されている。南辺には南北一九・二メートル、東西五二メートルの小規模な張り出し部があり、区画された内部から掘立柱建物が検出されている。館跡の東側からは同時期の竪穴住居一三棟が確認されている。館跡の時期は堀の上層に浅間山B軽石の堆積があることから、一二世紀初めにはほとんど埋没していたと考えられ、出土遺物から九世紀末〜一〇世紀初頭と考えられている。

　港北ニュータウン東端部の北川谷戸遺跡群の谷奥に、一〇世紀前半と考えられる神隠丸山《かみかくしまるやま》遺跡（横浜市、図15）がある。五〇メートル四方の居館の周囲に幅一〜二メートルの溝

が方形にめぐり、南辺に出入り口がある。中央には四×二間の掘立柱建物（母屋）が南面して建ち、その西側には母屋を囲むように掘立柱の長屋が確認されている。敷地の東側は広場で北東隅に竪穴住居がある。

このような館跡と鎌倉時代以降の方形館がどのようにつながるのかはまだ明確ではない。国司館には明確な防御施設はなく、館跡の堀もまだ狭いが、方形を意識した区画やコの字型の建物配置は前代の権威を継承するものだろう。いずれにしても平安時代後期の武力が国司館や田堵・負名など地域の有力者の館跡に結集しつつあったことは事実である。

6 東アジアの城郭文化

(1) 中　国

甲骨文字にみる中国城郭の始原　古来、中国では都市全体を城壁で囲んでいる。城郭都市の呼称がふさわしいが、都市と城郭が現在のような関係になったのには長い歴史がある。

「郭」の甲骨文字は中心の四角形の周囲に屋根形が四つ付いている。これは城郭を上から見た姿を象形化したもので、四辺に設けられた楼閣が城壁を守っている姿が表現されている。金文の段階でこの屋根形が上下二つに省略され、旁に「邑」の字が付いて「郭」となった。

それでは「城」の字源はどうだろうか—「城」は「土を盛（成）る」から版築土塁を意味するという説もあるが、城の甲骨文字は、上下に屋根型が付いた「郭」の偏に「戌」が付いている。「戌」は大型の斧（鉞）の意味があり、「城」は武器をとって城邑を守る＝すなわち武装都市を示している。意味的には同じような成り立ちの「國」に似ている。「城」は、次第に偏の「郭」の部分が消失して、後に「戌」に付いた「土」が偏に移り現在の字形である楷書の「城」となった（王二〇〇八、白川一

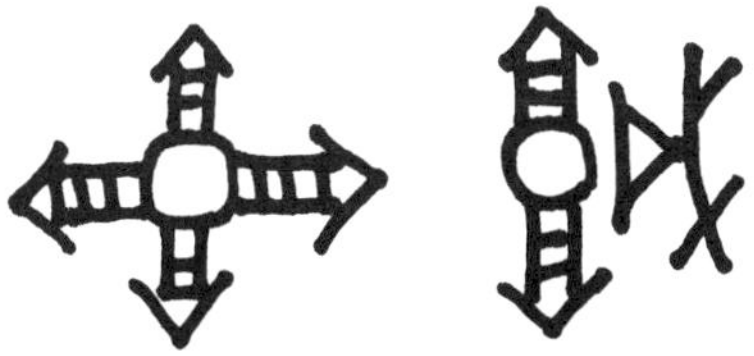

図16　甲骨文字　郭(左)と城(右)

九八四・一九九六)。

ちなみに「館」の字は「食」(食事を与える宿)+「官」(軍官)で軍官が居る宿舎を意味し、そこから転じて「地位のある人物の居宅」「公の建物」の意味となった。

中国最古の城　紀元前四八〇〇年頃の半坡《ハンパ》遺跡(中国陝西省西安市)では大型の環壕集落が確認されている。半坡遺跡の集落は幅・深さとも五～六メートルの壕で囲まれており、これが中国最古の城と言える。

仰韶《ヤンシャオ》文化につづく竜山《ロンシャン》文化期(紀元前三〇〇〇～前二〇〇〇年頃)には版築の城壁を持った城郭遺跡が出現する。王城崗《おうじょうこう》遺跡(中国河南省登封市)は方形の東西二城からなり規模は南北九四・八メートル×東西一三七・六メートル以上ある。今世紀に入って西城の西方に一辺六〇〇メートルの大城が発見され、従来の東城・西城は合わせて小城と呼ばれるようになった。城壁の外には幅一〇メートル、深さ三～四メートルの城壕がめぐる。大城の年代は小城より新しく禹都陽城に比定されている。河南省やその隣の山東省や湖北省では、竜山中晩期になると小規模な城郭が林立する状況が出現する。集落防衛のための城壁の出現については、社会の緊張状態と戦争の頻発、過激化などと関連づけられている。

近年、中国では夏王朝(紀元前二〇〇〇～前一六〇〇年頃)の実在が認められつつある。なかでも二里頭遺跡(中国河南省偃師)では一号宮殿と二号宮殿と呼ばれる大型建物跡と銅器や陶器などの各種

工房が見つかっており、遺跡の規模が東西二・五キロ×南北一・五キロと大規模であることから夏代中期の王城と推定されている。二里頭遺跡は都城の周囲を囲む城壁や壕は見つかっていないが、一号宮殿や二号宮殿を囲む形の宮城墻が発見され、それを井字形に囲む道路も確認された。宮城墻は東西三〇〇メートル×南北三六〇〜三七〇メートルの長方形で、道路の道幅は一〇〜二〇メートルもあり、すでに都市計画があったことがわかる。

殷代（紀元前一六〇〇〜前一〇四六年）に入ると、内城にあたる宮城の外側に外城が設けられるようになった。殷代初期の偃師《えんし》商城（中国河南省偃師）は一辺一〇〇メートルほどの宮城とそれを囲む小城の外側に東西一・二キロ×南北一・六キロの大城があり、城壁の外側には幅二〇メートルの城濠がめぐっている。城内には幅六〜一〇メートルの道路が一一条あった。殷代中期の鄭州商城（中国河南省鄭州市）は一辺一・七キロの方形の都城で、その外側に三・四キロ以上のいびつな形の外城が城濠をともなってめぐっていた。

春秋戦国時代と城郭の発達　諸侯が並び立った春秋戦国時代（紀元前七七〇〜前二二一年）には、防御を目的とした周長数キロにおよぶ大規模な都城が各地につくられた。平面形は不整形な城もあるが、方形が基本となる。城壁は版築でつくられ基底部幅は二〇メートルを越える。城の周囲には深い外濠がめぐらされ、城門には甕城、馬面といった防御の工夫がなされた。守城技術の発達に対し、攻城塔や衝車など攻城具や穴攻など攻城法も進歩した。

周代以降、王宮には高い基壇に礎石建ち、瓦葺きの大型建物が建てられるようになった。これが中国における瓦の起源となる。戦国時代の都城は、青銅器や鉄器などの各種の生産工房や住民の居住区

を城内に取り込むものが多い。時代背景が惹き起した変化といえる。

秦・漢代の都城と長城　中国を初めて統一した秦王朝は首都を咸陽《かんよう》（中国陝西省咸陽市）と定めた。咸陽の設計プランには独創性があり、始皇帝の豪壮な宮殿である咸陽宮や阿房宮を中心に渭水の両岸に複数の宮殿と離宮が散在する形で広大な都城を形成していた。都城の周囲には防御のための城壁は設けられていない（稲畑・劉二〇〇六）。

前漢の長安城（中国陝西省西安市）は咸陽の南にあり、東西七・六キロ×南北六キロの大規模な都城である。外城は不規則な方形をなしているが、城内には複数の宮殿が併存し約三分の二を占めている。城壁の高さは一二メートル、幅一四メートルで城外には幅八メートルの城濠がめぐる。城内に武器庫、首都の南郊には巨大祭祀建築群があった。工房や市、皇族らの邸宅は城内にあったが、役人や一般市民の居住域は城外にあった。

後漢は洛陽（中国河南省洛陽市）を首都とした。洛陽城は周代の都城を中心に春秋戦国～秦代に北と南に増築したもので、南宮と北宮が大きな面積を占めた。規模は東西三キロ×南北四キロで面積は長安城の四分の一ほどにすぎない。官衙や貴族の居住域、倉庫なども城内に置かれ、城外には天文台や大学、苑池もあった。

秦の始皇帝が築いた長城は、漢代にはよりシステマチックな防衛体制となり、辺境都市、砦、烽火台などの施設が長城沿いに設けられ、対匈奴戦線を形成した。

中国式都城の完成　三国時代の曹魏は洛陽に遷都するまで鄴城《ぎょう》（中国河北省臨漳）に首都を置いた。

規模は東西二・四キロ×南北一・七キロで中央宮殿区を北辺中央に置き、都城の設計プランに中軸線が設定された。条坊制の原型が導入され、都城南側には市民の生活空間が広く設けられ、消費・商業都市が成立したことも画期的な都城だと言える。西北端には戦争時の防御性強化から冰井・銅雀・金虎の三台が南北一列に築かれた。

曹魏は鄴城から洛陽に遷都すると、南北二つの宮殿を北宮にまとめ、その正殿を太極殿とした。完全な中軸線ではないものの宮城正門から外城正門の宣揚門までの南北大路に官庁街・銅駝街を設けた。魏の明帝がつくった洛陽西北の金庸城は鄴城の銅雀台を模したものと言われている。

北魏は漢魏晋の洛陽城の大改造を行った。従来の外城を官衙中心の皇城として、その外側に外郭線を建設し碁盤目状の京域を設け、三重外郭の都城となった。規模は東西九・二キロ×南北八・六キロまで拡大した。

漢代の長安城の東南に隋・唐の長安城がつくられた。都城は外郭城・皇城・宮城に分かれ、それらの北辺に西苑と大明宮が付け足されている。規模は東西九・七キロ×南北八・六キロで外郭は高さ五メートルの版築城壁で外濠をもつ。皇城から南面中央の明徳門までが中軸線となり、長安の外郭城には東西一四条、南北一一条の大街が走り大小五段階の坊計一一〇が碁盤の目をなしていた。大明宮は唐代になって新設された宮殿で、六六二年以降は太極宮に代わって皇帝の生活・政務の場所となった

宮城・皇城を北辺中央に置き、外郭城内を碁盤目状のグリッドプランで左右対称に区画する都城のスタイルが長安城において完成し、渤海・新羅・日本の都城に大きな影響を与えることになる。

宋～清代の都城と城郭　北宋の都である開封（河南省開封市、図17）は汴京とも呼ばれ、江南からの大運河と黄河の合流点に位置し、江南と中原を結ぶ水上交通と経済の中枢であったため、首都に選ばれる。唐代汴州城の旧子城は宮城に、旧外城は内城に利用し、唐末～五代期に旧外城の外へ市街地化が進んだため、それらを囲繞する二七キロの新たな外城が築かれた。外城内には七ヵ所の瓦子という繁華街が形成されているのが特徴で、開放的な商業都市として発展していく。唐代までの条坊制は崩れ、城内街路は不規則となった。

対モンゴル戦に備えた防衛ラインが、南宋代に四川山中に築かれた。なかでも重慶の釣魚城（中国重慶市合川区）は防衛ラインの要であり、嘉陵江、涪江、渠江の河川が絶壁を囲んで流れる崖上に城壁を幾重にもめぐらせた面積二五〇〇〇平方メートルの山城を築いている。釣魚城を中心とした防御線は堅く、モンゴルの大軍でさえ攻略に三十数年を要し、一二五九年、モンゴルのモンケ＝ハンは釣魚城攻撃時に負傷し落命している（稲畑・劉二〇〇六）。

大都は、モンゴル帝国（元朝）のクビライ＝ハンが一二六七年から二六年を費やして現在の北京の地に造営した都城である。この地には遼の南京（燕京）、金の中都がすでにあったが、大都はその北東に新たに建設された。宮城、皇城、外城の三重城壁からなり、周囲約二八キロの壮大な都城である。宮城内の主な宮殿は中軸線上に建てられているが、宮城は外城の南端近くにあった。街路は開放式で南北に大通りが、その両側に東西方向の路地（胡同）が通る。大きな特徴は内城内の大きなスペースを太液池が占め、宮殿の面積が少ないことである。

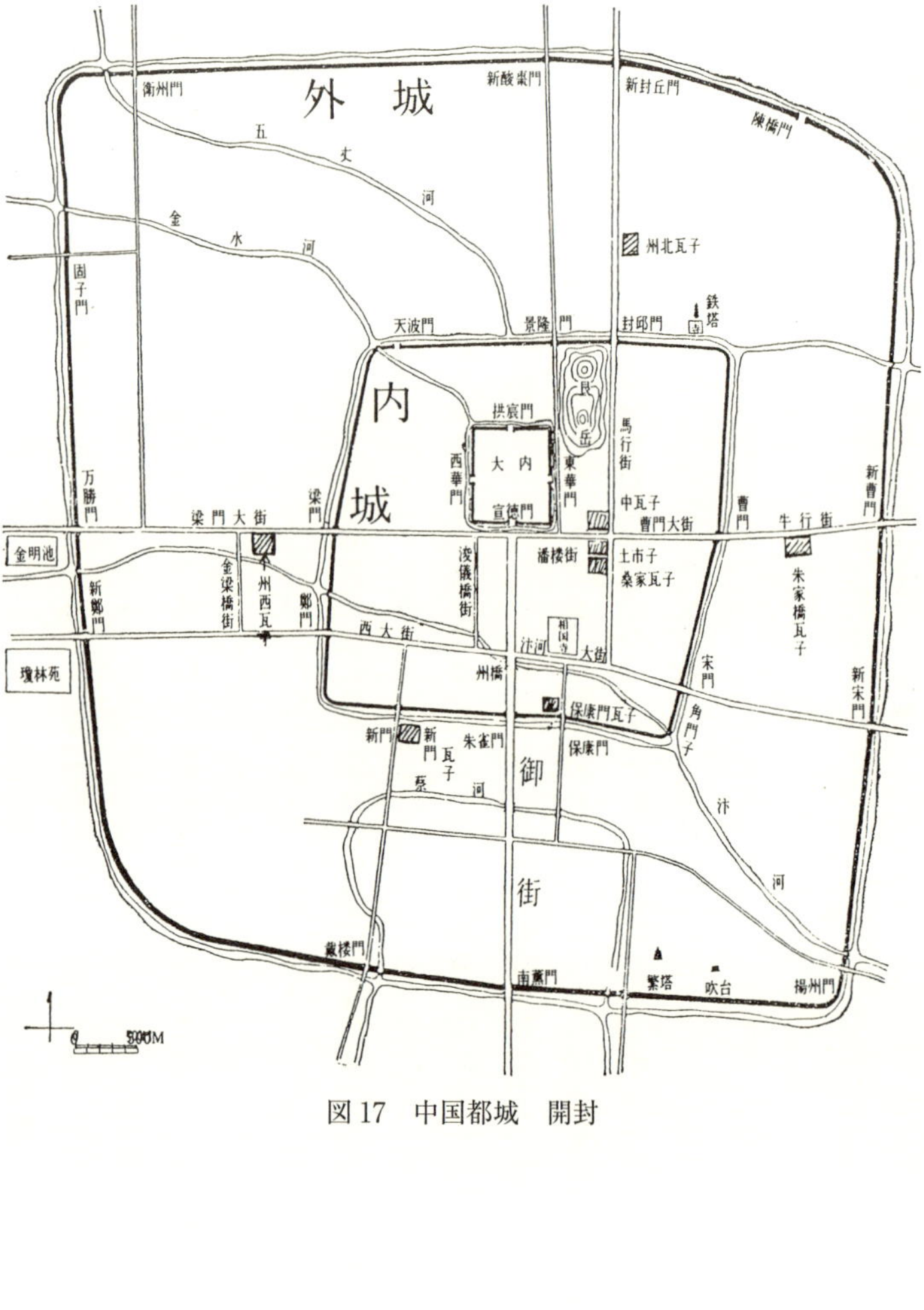
外城
内城
衛州門
新酸棗門
新封丘門
陳橋門
五丈河
金水河
州北瓦子
固子門
鉄塔
天波門
景隆門
封邱門
艮岳
拱宸門
馬行街
大内
西華門
東華門
宣徳門
万勝門
梁門
梁門大街
中瓦子
曹門大街
曹門
牛行街
新曹門
金明池
潘楼街
土市子
桑家瓦子
朱家橋瓦子
新鄭門
金梁橋街
州西瓦子
鄭門
浚儀橋街
相国寺
西大街
汴河
大街
宋門
新宋門
瓊林苑
州橋
保康門瓦子
角門子
新門
新門瓦子
朱雀門
保康門
御街
蔡河
汴河
戴楼門
南薫門
繁塔
吹台
揚州門
500M

図 17　中国都城　開封

南京は明代初期に最初の首都として建設された。南京の都城プランは伝統的な方形ではなく自然地形を利用した不整形な形をとる。この地は三国時代の呉の都・建業（建康）からはじまり、その後東晋につづく六朝歴代の首都となった。南京は周囲が約三四キロで当時としては世界最大級の首都だった。三重の内甕城など宋元以来の防衛機能を集大成した南京城だったが、建国からわずか五三年で北京に遷都し、その後は副都となる。

永楽帝は一四二一年、長年の統治基盤のあった北京への帰還・遷都を行う。明代の北京は元の大都の北壁を二キロ南に縮小して南方はやや拡大された。一六世紀半ばには内城の南方に外城が建設された。本来内城全体を囲む計画が資金不足から南側だけ築かれ、凸字形の変則的な輪郭となる。

明代には、元の残存勢力など北方遊牧民の南下侵入から北方辺境を防衛するため、長城が修築された。長城沿線は九つの防衛管区に分けられ九辺鎮と呼ばれた。前代の長城を利用して新たな長城が建設され、長城の沿線には八〇カ所以上の要塞も築かれた。火器・火薬の発達から城壁や濠が堅固であることが求められ、長城は磚や石で修築される。清代には海防のため、沿岸砲台が整備され、アヘン戦争では虎門要塞、大沽砲台、厦門胡里山砲台などで戦闘が行われた。

(2) 朝鮮半島

朝鮮半島城郭のルーツ　朝鮮半島では三国時代（三世紀頃から七世紀頃）の長い歴史のなかで、高

句麗、百済、新羅の三国が鼎立していた。朝鮮半島の城郭の特色は山に築かれた山城にある。平時には平地で生活し有事には山城に籠城して戦うという防衛システムを構築している。その数およそ数千を超える山城が残っており、各々の地方の交通要衝を眼下にする要害の高地や地方の主要な街の背後にそびえる山々に城壁が築かれている。

『日本書紀』の朝鮮関係史料では、城を「サシ」と訓んでいる。これは城郭を意味する古代の新羅語で『訓蒙字会』にもčasは城とある。白村江戦の後に築かれた大野城などは城を「キ」と発音して百済語と言われることが多い。確かに『三国史記』地理志には百済時代の表記として新羅の「潔城郡」を「結己郡」、「儒城県」を「奴斯只県」などと記していて、城をkiと訓んでいたことがわかる史料があるが、『書紀』では柵も「キ」と訓んでおり、キは日本語とする説もある。また『魏志』高句麗伝では高句麗の言葉として「溝漊（コル）」をあげ、城を意味するという。『三国史記』地理志では、高句麗の地名として城を「忽」と記していてkolと発音していたことがわかる。

朝鮮半島の山城のルーツは、現在の中国東北地方、特に遼西の夏家店下層文化（紀元前二〇〇〇～前一五〇〇年頃）の囲郭集落に求める説が有力である（徐二〇〇〇）。囲郭集落にはさまざまな形態があるが、石城が多数見つかっている。崖や急斜面のそばにつくられた集落は周囲を石壁で守られている。規模は一～二万平方メートルのものが多く数万平方メートルに達するものもある。

紀元前一〇八年には、朝鮮半島北部に前漢によって楽浪郡が設置された。楽浪郡治（北朝鮮平壌市）は大同江南岸の丘陵上にあり、東西七〇〇メートル×南北六〇〇メートルほどの不整な方形で土塁がめぐり、

楽浪富貴などの瓦当や封泥も多数出土している。また、黄海北道鳳山郡の智塔里土城は帯方郡の郡治遺跡と考えられている。

高句麗　高句麗最初の王都・卒本は五女山城（中国遼寧省桓仁）と考えられている。五女山城は峻険な断崖の山上に立地し、城下には高句麗初期の積石墓が濃密に分布している。山頂部は南北一五〇〇メートル×東西二〜三〇〇メートルの台形状で断崖に囲まれ天然の要害をなし、山腹部にも断崖を利用しながら南面と東面の一部に石塁が築かれている。五女山城西南方には渾河に面した下古城子土城があり、五女山城と対になる平地城の可能性がある。

高句麗は三世紀初頭に首都を鴨緑江中流の集安（中国吉林省集安市）に移転させた。集安には好太王碑や将軍塚など四〜五世紀代の高句麗遺跡があり、王宮・国内城とセットをなす丸都山城がある。国内城は鴨緑江の支流通溝の北岸にあり、東西七三〇メートル、南北七〇二メートルの方形で、発掘調査によって漢代の玄兎郡高句麗県城の土城を石築に改築・再利用したものであることが判明した。丸都山城は国内城の北西二・五キロにあり、周長七キロにおよぶ大型の包谷式山城である。七つの城門の他、城内から宮殿、点将台、池などが見つかっている。

高句麗は三一四年に楽浪郡を滅ぼし、南進して四二七年に集安から平壌（北朝鮮平壌直轄市、図18）に遷都した。遷都時の王宮と山城は清岩里土城と大城山城に比定されている。清岩里土城は大同江の北岸の台地上にあり、規模は東西二・三キロ、南北〇・九キロの楕円形を呈する。大城山城は平壌市街から北東七キロに位置する周長七キロの大型の包谷式山城で、城内には建物群、倉庫、将台、貯水地などがある。

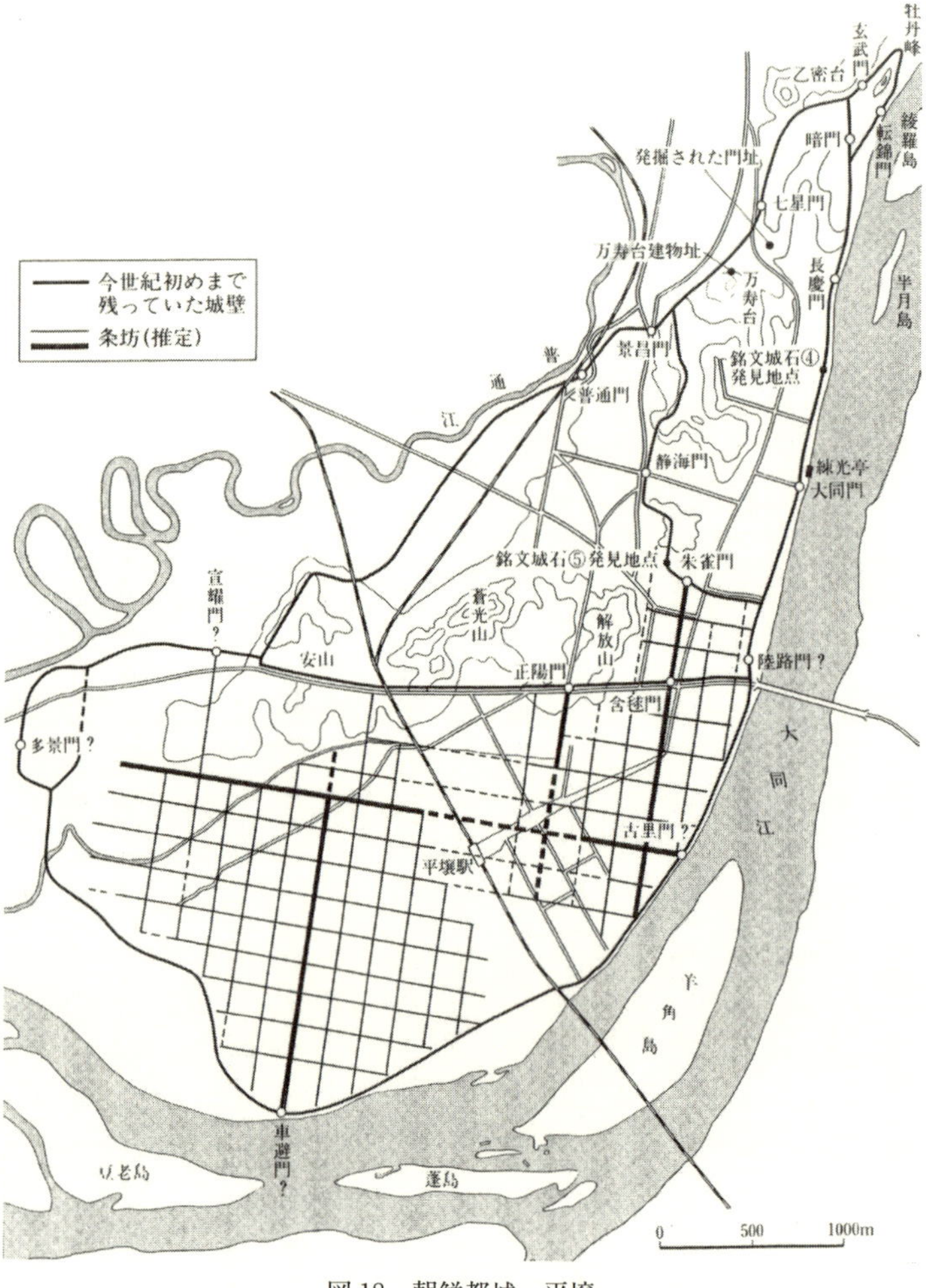

今世紀初めまで残っていた城壁
条坊(推定)
牡丹峰
玄武門
乙密台
綾羅島
転錦門
暗門
発掘された門址
七星門
万寿台建物址
万寿台
長慶門
半月島
普通江
景昌門
普通門
銘文城石④発見地点
静海門
練光亭
大同門
銘文城石⑤発見地点
朱雀門
宣耀門？
蒼光山
解放山
安山
陸路門？
正陽門
含毬門
多景門？
大同江
吉里門？
平壌駅
羊角島
車避門？
豆老島
蓬島
0　500　1000m

図18　朝鮮都城　平壌

大城山城南麓の安鶴宮は、一辺六二二メートルの城壁がめぐり、城内に南宮、中宮、北宮が並び、東西に東宮、西宮がある。各宮は回廊と翼楼で連結されている。安鶴宮を大城山城とセットをなす王宮とする説があったが、瓦の研究からは高麗期の遺構と考えられており、建築史的には渤海上京龍泉府宮殿との類似も指摘されている。

五八六年に建設された長安城は平壌城に比定されている。平壌城は大同江の北岸に三日月形を呈する全周二三キロの都城である。山城形式をとった北城、王宮・官衙のある内城・中城、整然とした条坊制による街区をもった外城からなっている。

百済 百済は七世紀の滅亡時まで三度の遷都を行っている。最初の王都である四世紀の王都・河南慰礼城（漢城）はソウル（韓国ソウル特別市）の漢江に面した夢村土城、風納里土城などが比定地とされている。発掘調査の結果、王宮があったと推定されている風納土城は周長三・五キロの紡錘形の平地城である。城壁は基底幅四三メートル、高さ一一メートルの三段築成の巨大な版築土塁で築かれ、幅一五メートル以上の外濠をともなっている。

四七五年、高句麗によって漢城は落城、百済はいったん滅びたが、熊津（韓国忠清南道公州市）で復興する。王宮のある公山城は北側が錦江に面した標高一一〇メートルの山地に占地する包谷式山城である。規模は周長二・一五キロで、内部は版築で外面を石築した城壁を築いている。熊津は錦江と丘陵を要害として、周辺の要所に多数の山城を配置した王都であったと考えられている。

百済は、五三八年に泗沘（韓国忠清南道扶余市）に遷都する。錦江が弓形に曲がる氾濫原と丘陵を

利用して王都とし、錦江に面する北側に扶蘇山城を築き、東側の山地に羅城を設けている。山城は、包谷式で標高一一〇メートルの山地に占地し、周長二・五キロで、城壁は版築土塁で築かれている。羅城は全長六・三キロで基底幅一二メートル、高さ五メートルで版築の外面を石築している。王宮などは扶蘇山城南麓にあると推定されている。

新羅　新羅は一貫して慶州（韓国慶尚北道慶州市）を王都とし遷都したことはない。慶州盆地は三方を山地に囲まれており、明活山城、南山新城、西兄山城など周囲の山地に山城を築き、防御施設としている。始祖王建国時の金城の所在は定かでないが、五世紀頃、南山の北麓に月城が王宮として築かれた。月城の周長は一・八キロで城内には宮殿や官衙があり、月城とセットをなす逃げ込み城としては明活山城があった。王都周囲の山城（南山新城、西兄山城、北兄山城など）は六世紀代に築城・整備され、七世紀代以降にはさらに外周の山城（富山城、関門城など）が築かれた。

中国都城の影響を受けて新羅王京には条坊制が敷かれている。王京の範囲は、東西四・三キロ、南北三・九キロで、北は東川洞、南は塔洞、東は普門洞、西は西川までおよぶが、外郭城（羅城）はない。坊里の整備時期は、王京中心部の整備が六世紀中頃と推定され、北西部から北川北岸にかけては統一新羅以降と見られることから、数次にわたって京域が拡大していったと推定される。

渤海　渤海は七世紀後半の百済と高句麗が滅亡後の六九八年、高句麗遺民と靺鞨によって建国された。朝鮮半島北部と中国東北地方一帯の広い国土を統治するため、全国に五京が置かれた。中京顕徳府（中国吉林省和竜市西古城）、上京龍泉府（中国黒竜江省寧安市東京城）、東京龍原府（中国吉林省琿

春市八連城）などが確認されている。

なかでも上京龍泉府は長く首都の地位にあり、外城や宮城の遺構の保存もよい。規模は東西が四・六キロ、南北が三・四キロで、北辺中央に宮城と皇城が配置されている。平面プランは唐の長安城に酷似する。城内は条坊制による街区が設けられ、朱雀大路によって左京と右京に分けられていた。

高麗〜朝鮮王朝　高麗王朝は九一八年に建国したが、首都・開京（北朝鮮黄海北道開城市）の羅城建設は遅れ、ようやく一〇二九年に羅城が整備された。開京の羅城は既存の都市構造を認めながら建設されたため、地形に沿っていびつな形をとっている。全長二三キロの土城で条坊はなく、宮殿は都城の西北に偏っている。モンゴル侵入時に都を江華島に移し、四〇年間モンゴルに抵抗した。

高麗王朝は北方辺境に多くの城を築いたが、契丹・女真族の侵入に対して鴨緑江河口から東海岸の定平にいたる千里長城を一二年かけて一〇四四年に完成させている。高麗後期には倭寇が盛んになり沿岸部に邑城を築いた。

朝鮮王朝の首都・漢陽（韓国ソウル特別市）は、建国から四年後の一三九六年に建設された。漢陽も開京と同じく山地に囲まれた盆地で、一八・二キロの羅城が地形に沿って築かれている。漢陽でも方格状の街割はない。初築時には、平地には土城を、山には石城を築いたが、一四二二年にすべて石城に改修された。また、女真族鎮圧と北進策のために鴨緑江に四郡、豆満江に六鎮が設置された。沿海部を中心に倭寇に備えて邑城の修築と築城が行われた。

(3) アジアから見た日本の城

都城（平地城）が基本　東アジアの城郭は、中国では平地城、朝鮮半島では山城が主要な城郭形態であるが、もう少し周辺地域まで含めると、圧倒的に平地城が主要な地域が多い。中国の北方から西方地域—例えば契丹（遼）やモンゴルは中国式城郭の影響を受けており、地形的な制約もあるだろうが、平地城を築いている。馬面や甕城、城濠といった城郭の防御パーツも中国と酷似している。一方、北東アジアの女真族は占地やプランは朝鮮半島の山城の影響を受けながら、城濠などのパーツ類は中国城郭から導入しており、両地域のハイブリッド型城郭となっている点は興味深い。

中国内では南北で城郭のプランに差異が見られる。明代において華北の城郭の八割以上が広義の方形であるのに対して、華中・長江中流域・華南では不整形な城郭が五割以上を占めるという（佐竹二〇〇五）。中国南部の城郭には平地立地の城もあるが、南京の建康城や石頭城のように丘陵・山地などの地形に合わせて城壁をめぐらした例も多い。モンゴル軍を撃退した四川の釣魚城などもこのような中国南部城郭の縄張りプランから発想されたものと考えられる。

朝鮮半島の城郭は、平地城の系譜に山城が組み合わされたのが特徴である。高句麗の国内城は漢代の県城の再利用であるし、百済の風納土城なども楽浪郡治からの系譜上にあると考えられる。その平地城をそのまま山上に築いてしまうという発想は高句麗に始まるが、石築城の伝統は遼西地域の囲郭

集落にまでさかのぼるかもしれない。山城と平地城を合体させるという発想は高句麗の平壌城を嚆矢とするが、高麗以降の都城や邑城によく見るスタイルになっている。

東南アジアの城郭も平地城である。形態は方形のものと不整形なものがあるが、ベトナムのコーロア城、ミャンマーのシュリクシェートラ、タイのムアン・ファデーなど、各地域の古い在地の城郭は円形や不整形なものが多い。ドンソン文化期のコーロア城は紀元前二〜三世紀の環濠遺跡で周囲八キロに土塁と濠をめぐらせている。

この地域は北方から中国、西方からインドの影響を受けており、ベトナムのルイロー城やチャキュウ、タイ沿岸部のドヴァーラヴァティーの諸都市などは方形プランをとっている。カンボジアのクメール王朝のアンコール・トムはインド式城郭の好例である。インド式城郭は正方形プランの中央に寺院を置くのが特徴である。アンコール・トムは一二世紀の城郭都市で一辺三キロ、高さ八メートルの城壁をめぐらせ、その外側に幅一一三メートルの濠がとりまいている（図19）。

統一政権と城　都城が城郭の基本形態であれば、城郭は国家のものであると考えてよい。在地勢力が勝手に城造りをすることはできない。これは規制などという以前の築城権の所在の問題である。中国における初期の城郭史を見ればわかるとおり、戦乱時に城郭が林立、発達し、統一政権が現れると王都の城壁まで消失するという繰り返し現象が見られるのだ。

都城の方形プランやグリッドプランについては、東アジアでは五世紀から九世紀に東アジアの諸地域に広がるが、一〇世紀以降、不整形な外郭城や方格状の街割りのない自由な街並み形成が進んでい

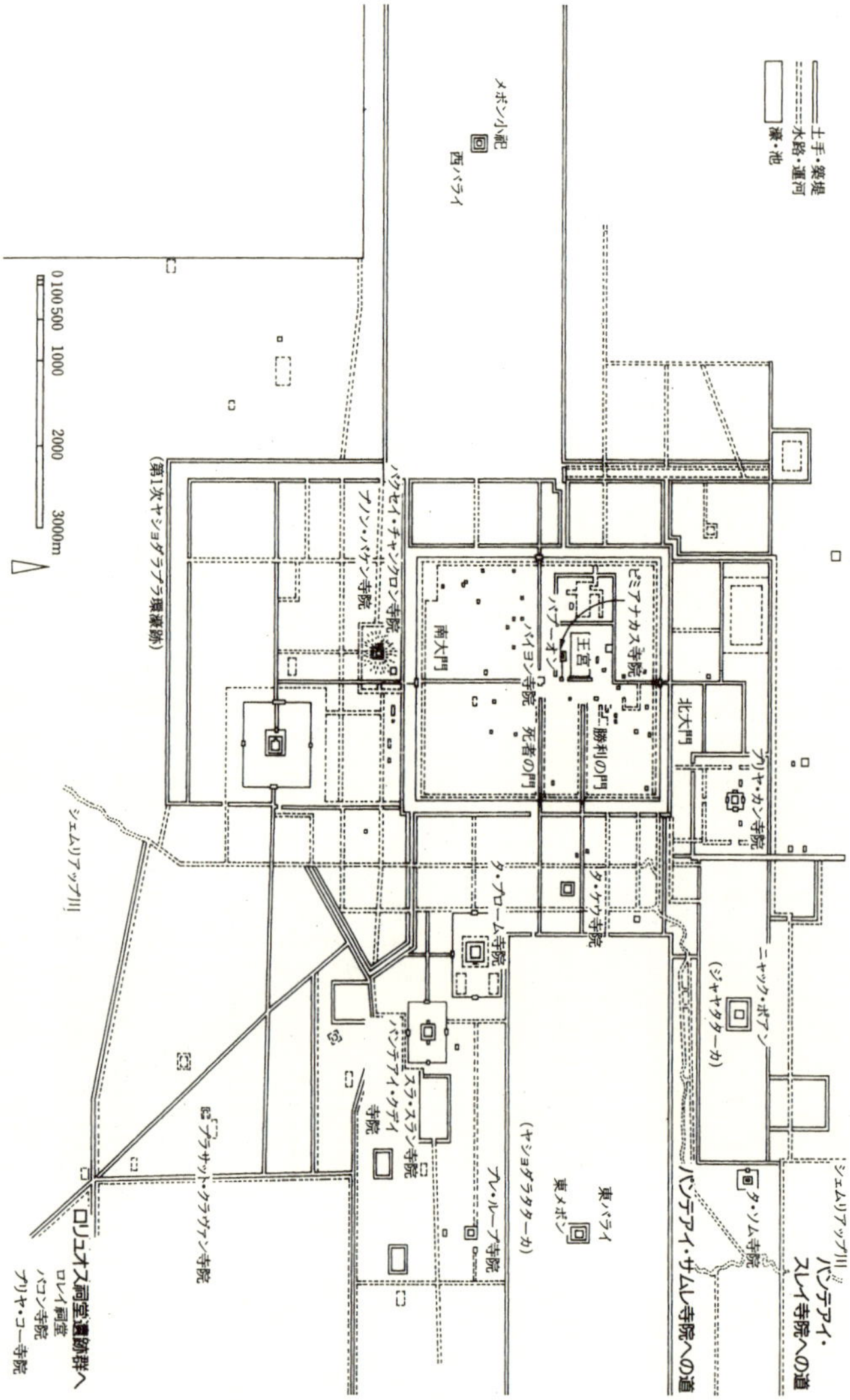

図19 東南アジア都城 アンコール・トム

く（妹尾二〇〇六）。これはインド化された東南アジア地域でも同じような現象が見られるし、長江や華南地域でも同様である。方格地割りの本場である華北では方形の外郭城は維持されても坊里の壁や夜禁の制がなくなり、開放的な都市へと変貌していく、これは南北の中軸線や宮殿の北闕型配置などが曹魏から隋唐にいたる王朝で考案された一時的な都城設計思想であり、中世的な社会の進展とともに廃れていったと考えられる。

基本的に城の数は少ないのが常態であると考えた場合、狭い地域に城郭が林立している状況をどのように理解するか—統一政権が安定している地域ではこの状態について内乱とか戦乱という理解になるが、地域政権が分立している状態が普通の地域では理解が異なってくるだろう。

北ではシベリアのゴロディシチエにはじまり女真族の山城、北東北の防御性集落や道南の館、そしてアイヌのチャシ、南では沖縄のグスク、インドネシアのブトン王国やスンダ海峡周辺のバンテン王国における城塞のように、地域政権分立型の地域と城郭の多設には強い関係が認められる（坂井二〇〇七）。東アジア地域から少し離れるが、インド北西部のラジャスタン州ではラージプート諸国が割拠し各々山城を築いている。

アジアでは例外的な存在とも言える城郭の多設地域である日本の城郭を理解するうえで、都城中心の地域と地域政権型の地域の歴史的環境の相違が、何らかの示唆を与えてくれると思う。

Ⅱ 平安時代末期から室町時代

1 平安時代末期

(1) 前九年・後三年合戦

中世成立期と城館　律令国家による地方支配のために営まれた国衙や郡衙は、およそ一〇世紀に考古学的には廃絶するとされる。文献ではその後も在庁官人などの活動が確認され、実態はかわりつつも中央政府の地方組織は維持されたと考えられている。他方、各地に荘園が立てられ、公領が設定され、あらたな土地支配の枠組みが登場した。

この時、在庁官人や荘園の管理人としての下司・公文たちが地域ごとに登場する。かれらの出自の多くは中央に系譜を引いている。下野国では秀郷流藤原氏、武蔵国では秩父平氏、伊豆・駿河・遠江国の東海地方では藤原南家流の一族らが勢力を広げた。この動向のなかに陸奥国の安倍氏や出羽国の清原氏なども捉えられるのであろう。彼らは源義家・義朝・頼朝、あるいは平清盛らの武士を主人として、新しい時代を地方から支える存在になる。

鎌倉幕府の御家人等の多くは、この在庁官人や荘園の下司・公文らであり、従前は中世初頭の開発

領主と捉えられていた。自らの屋敷を基点に周辺を開発して田地を開き、集落を形成していた。その屋敷の具体的なイメージが方形で周囲に灌漑用水に連なる水堀をめぐらしていたと考えられていた。しかし、一九八〇年代以降の中世考古学の進展が大きな影響を与える。このイメージはおよそ中世後期の事例によるものであり、中世初頭にはさかのぼらないと否定されるにいたった。

とすると、中世成立期、およそ一〇世紀から一二世紀の城館とはどのような景観なのだろうか。時代とすれば、平将門と藤原純友が蜂起した承平天慶の乱、そして源頼義・義家の前九年・後三年の合戦の頃である。まさに武士が活躍を始めた時代となる。この時の中央そして地方にいた武士はどのような城館を築いたのであろうか。実は具体的に語れる状況にはなっていないのである。その背景には史料不足がある。文献資料の絶対量、そして考古学では土器編年の未整備と当該時期の遺跡の少なさがある。文献資料からのアプローチは極めて困難な状況になるが、考古学による成果は今後に大いに期待されるところである。それにしても、一九八〇年代から今にいたるまで、あれほどまでに発掘調査が列島の各地で行われたにもかかわらず、この時代の城館のイメージは定着していない。

そもそもこの時代に明確な遺構をともなう城館はなかったのであろうか。さらには武士と城館を結びつけて考えることに誤りがあるのではなかったろうか。考えられることはさまざまであるが、現時点ではまず今後に期待したい。

前九年合戦と横手盆地　そのような状況のなかで、東北地方では様相が異なっていたことがわかってきた。そもそも一〇世紀の段階で、高屋敷館《たかやしきだて》遺跡（青森市）のような堀をともなう遺跡が発見され

ている（図1）。その系譜をまずは概観してみよう。

二〇一〇年三月二日、『朝日新聞』に「山城の出現、二〇〇年遡る」の活字が踊った。表題に続けて「一一世紀の秋田大鳥井山《おおとりいやま》遺跡　規模、戦国の山城に匹敵」とキャッチコピーが追いかける。取り上げられた大鳥井山遺跡は、先年に国指定史跡となった遺跡で、まさに後三年合戦に関連する遺跡として評価された城館だった。新聞記事は全国版だったこともあり、大きな話題となった。

大鳥井遺跡は、秋田県横手市の市街地の北方にある（図2）。旧羽州街道に沿って西側に連なる小吉山・大鳥井山に遺跡の主体部がある。そして街道の東側には台処館と呼称される小独立丘陵があるが、この丘陵も城の一部と考えられている。すなわち旧羽州街道を東西から挟むような地形を城館に取り立てた。本格的な発掘調査は昭和五〇年代から行われ、平成一七年（二〇〇五）からは史跡整備を目指した調査が開始された。調査の過程で年代検討が進み、城主は出羽国清原一族である大鳥山太郎頼遠と考えられるようになった。

発掘調査は小吉山と大鳥井山の二ヵ所の小丘陵で行われ、横堀や掘立柱建物などを検出した。規模の大きな二重の横堀はあたかも戦国時代の堀のようである。この横堀は地点によって三重の場所もあった。大鳥井山の山頂には大鳥井山神社がある。発掘調査によれば、社殿の下には庇付の梁行二間、桁行五間の掘立柱建物が検出された。遺跡内では規模の大きな建物であり、後に神社が創建され聖地性を帯びていることも考えれば、何らかの象徴性を帯びた建物だったのだろう。遺跡を考えるうえで重要な建物である。

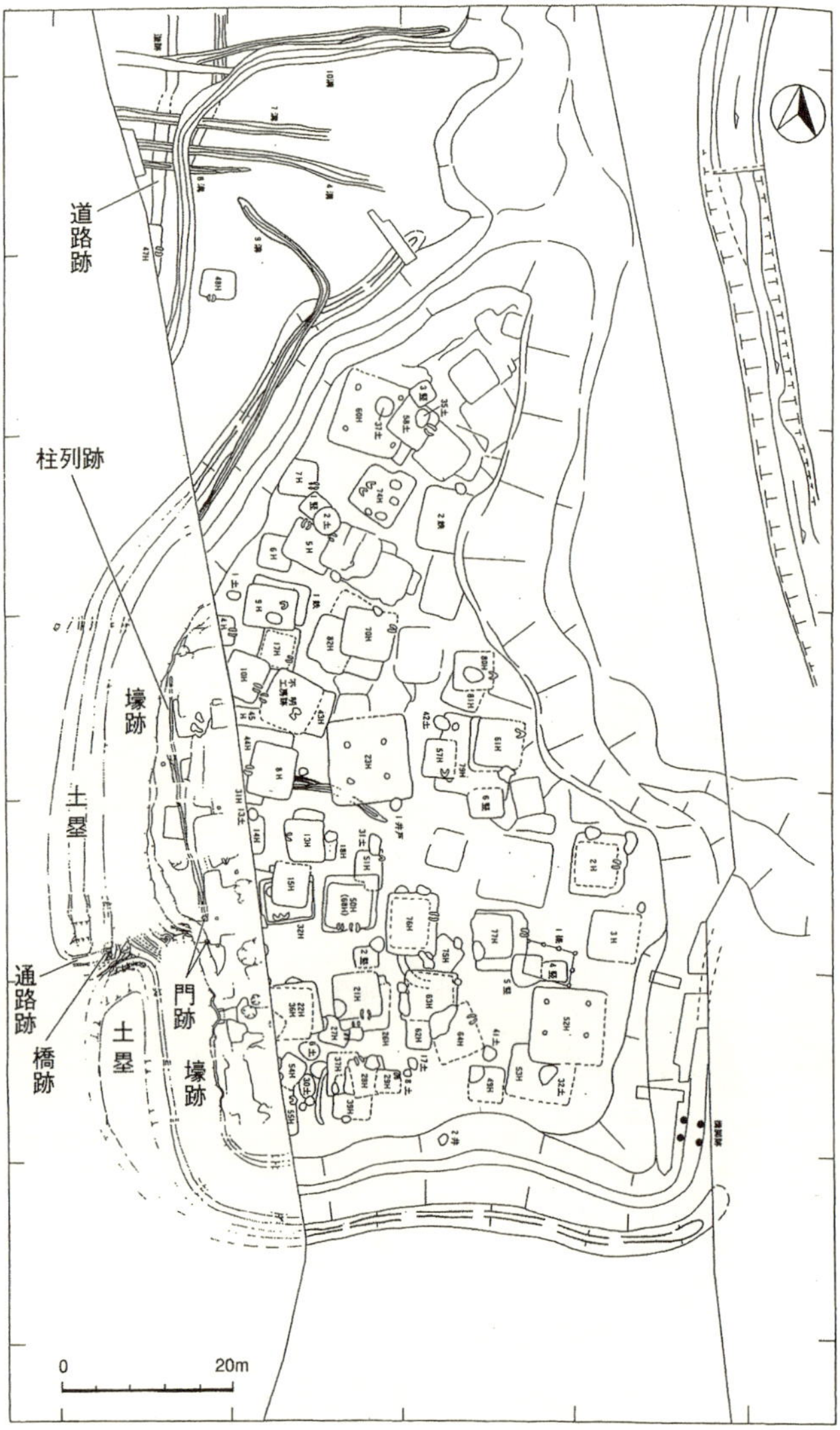

図１　史跡高屋敷館遺跡・遺構確認平面図

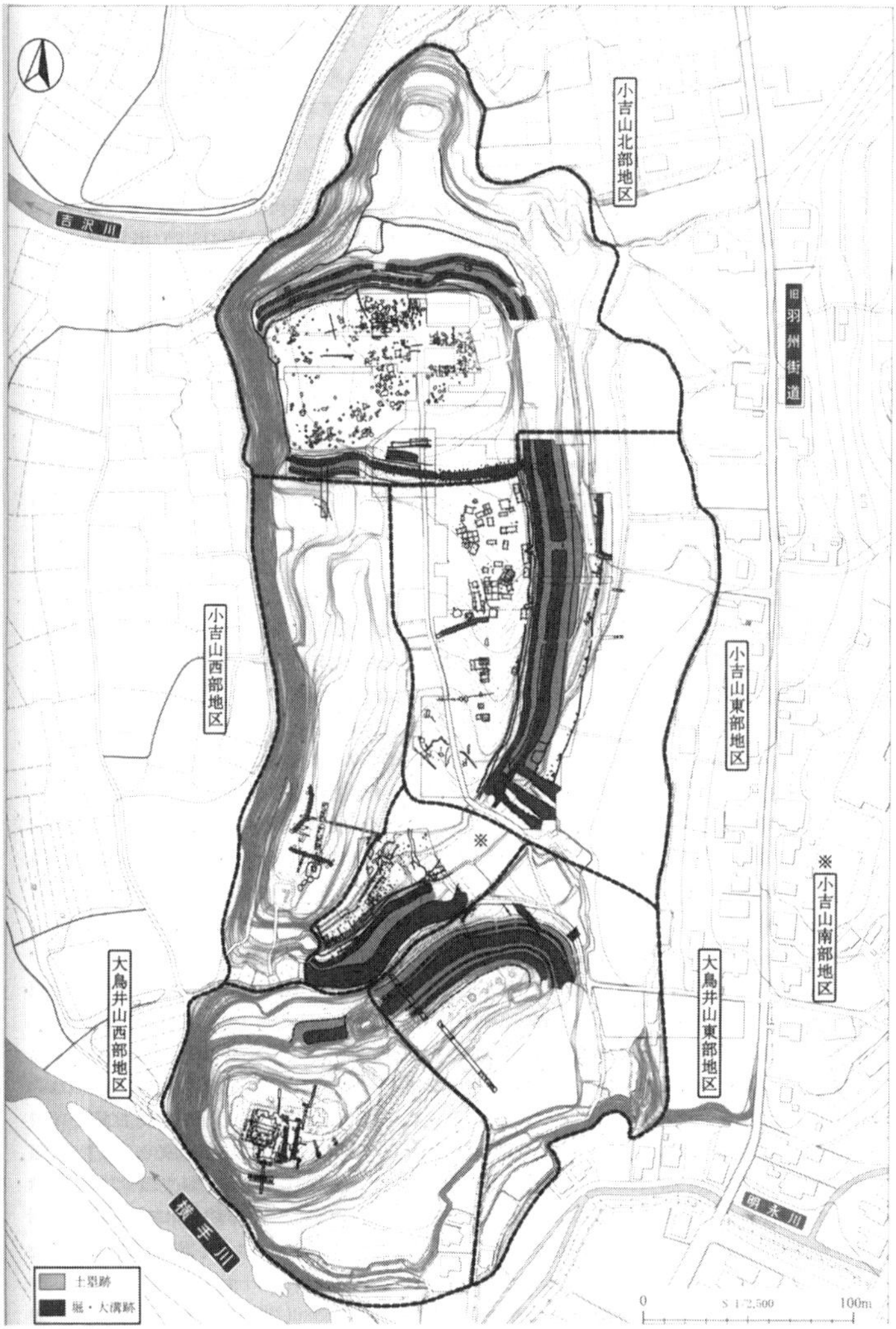

図2　大鳥井山遺跡　調査区設定図

調査で検出したうち、特筆される遺構はやはり横堀である。大鳥井山遺跡の横堀は戦国時代のように屈曲した角を持つ直線的な横堀ではない。緩やかなカーブを描き、地形に沿って山裾をぐるりとめぐる。場所によっては二重三重にめぐらして城域を囲い込む。一〇世紀の北日本に登場した防御性集落や後述する一二世紀代の平泉の柳之御所（岩手県平泉町）の堀との関連が考えられる。実に規模の大きな横堀である。戦国時代の山城の堀と比較したくなるのも当然と言えようか。それにしても千年をさかのぼる遺跡は実に手強い。この山裾をめぐる堀であるが、すっかり地中に埋没してしまっていた。現状の観察だけではほとんどが段状の平場があるとしか見えなかった。発掘調査の情報があってこそ認識できた堀だった。

とりわけ興味深かった点は、大鳥井山遺跡の開始期の遺物と古代城柵官衙である払田柵《ほったのさく》（秋田県大仙市・美郷町）の終末期の遺物が重なるという点である。交錯する時期は一〇世紀後半、時代の移り変わりのなかで、地域支配の拠点が変遷するさまを示しているかのような関係であった。

大鳥井山遺跡の周辺には沼柵《ぬまのさく》と金沢柵《かねざわのさく》（ともに秋田県横手市）という後三年合戦関係遺跡がある。また秋田県では同時代の城館遺跡の調査も蓄積されつつある。これらの様相が明らかになれば、大鳥井山遺跡を含め、一一世紀の城館の様相がより明確になるはずである。

安倍氏の館　大鳥井山遺跡は出羽国清原氏に関わる城館である。これに対して太平洋側の陸奥国では安倍氏が城柵を構えたことが記録から知られている。この安倍氏に関わる城館も調査が積み重ねられつつある。

安倍一族と源頼義・義家が戦った前九年合戦の様子は、『陸奥話記』などで知られる。物語のなかには、安倍家側の拠点である城柵は一二柵が登場する。厨川《くりやがわ》・嫗戸《うばと》・比与鳥《ひよどり》・鶴脛《つるはぎ》・黒沢尻《くろさわじり》・鳥海《とのみ》・瀬原《せわら》・大麻生《おおあそう》・藤原業近《ふじわらなりちか》・河崎《かわさき》・小松《こまつ》・石坂《いしざか》の諸柵である。無論、これらは物語に登場する柵であり、一一世紀代における安倍家が構えていたすべての柵であるとは、先学も指摘するように言い切れない。しかし、この一二柵についてさえも、具体像は明らかになっていない。

そのなかにあって鳥海柵だけは、旧在地が特定され、近年には継続的調査が実施されるにいたっている。安倍氏城館の具体像が追求されている事例である。

阿久利川事件を契機として、前九年合戦が天喜四年（一〇五六）に勃発し、安倍頼時と源頼義の抗争が激化する。翌天喜五年七月、頼義の調略によって翻意した安倍富忠を説得するため、安倍頼時は北上したが、奇襲を受け、流れ矢を受けて深手を負ってしまう。重傷の身で鳥海柵まで帰還したものの、この鳥海柵で没してしまう。その後、鳥海柵は源・清原勢の攻撃対象となり、入城を果たした源頼義は「著名な鳥海柵に初めて入ることができた」と喜びを語っている。これらの記事により、鳥海柵は重要な拠点と考えられるようになった。その意味する内容には安倍家の本拠の可能性も含まれている。

鳥海柵の地は、古代東北に律令国家が営んだ胆沢城《いさわじょう》（岩手県奥州市）の北西約二キロの地点にあたる。両者が位置する地が近接することは、先の大鳥井山遺跡と払田柵の関係を踏まえれば、何らかの関連が想定されることになる。この時期の官衙と城館の関係は無視できないということになろうか。

図3　鳥海柵図

遺跡のある地点は夏油《げとう》川によって形成された扇状地の南扇端にあたり、小さな谷によって分割され、崖端を南北に連なる四つの台地が柵域に比定されている（図3）。このうち南端を除く三つの台地には江戸期の地誌により、「本丸」「二の丸」「三の丸」という名称が付与されている。この命名から、まずそれぞれの郭の西端には線の長い堀切を普請したことを前提とし、南端に小さな郭を置き、その北側に隣接するように本丸、二の丸、三の丸を配した連郭式の城館構造を当時は想定したことがわかる。

この遺跡に大きなメスが入ったのは、昭和四七年（一九七二）から五〇年にかけて実施された東北自動車道の建設にともなう発掘調査によってであった。遺跡を南北に貫通した調査区は伝本丸の西方に南北に走る空堀を検出した。これにより東端が崖、北面及び南面が開折谷で画された台地を空堀により長方形に区画することがわかった。ほかにも櫓状建物跡や柱列跡が確認され、この地が鳥海柵であることが確定的となった。

その後、平成一五年（二〇〇三）以降は調査が継続的に実施され、各所に関連遺構が検出されている。平成一七年には伝二の丸の東南隅にL字状の堀があることが確認され、東南隅には南北およそ五〇～八〇メートル、東西およそ六〇～七〇メートルの方形区画が存在することがわかった。

発掘調査の結果、年代は四期に区分されて把握された。Ⅰ期は七～八世紀、Ⅱ期は胆沢城が機能した九世紀後半から一〇世紀中頃、Ⅲ期は安倍家の時代である一一世紀前半から中頃、Ⅳ期は平泉藤原家の時代である一二世紀となった。

とりわけ継続的な調査で判明した注目すべき成果は、伝本丸、伝二の丸、伝三の丸のそれぞれに四面庇付きの掘立柱建物跡を検出したことである。このうち伝三の丸から検出された建物跡が最も大きく、主屋は南北二間・東西三間で四面庇が付き、さらに東面を合わせて南北二間・東西一間の付属棟が連結した。主屋には床が張られ、土壁があったことも確認された。また水晶玉が出土したことから、建築にあたって地鎮祭が行われた可能性も推測された。年代は一一世紀前半から中頃と考察された。これらからこの建物は柵域のなかでもとりわけ格式の高いものであったことが考えられ、江戸時代の

考察とは異なり、伝三の丸が鳥海柵遺跡のなかで中心的な空間と考えられるにいたった。

円形と方形　出羽国の大鳥井山遺跡と陸奥国の鳥海柵、時代を代表する清原氏と安倍氏の関連城館であるが、同時代であるにもかかわらず、構造には随分と大きな相違がある。

大鳥井山遺跡の場合、小高い山を利用しつつも、地形に沿った弓なりの堀が特徴的であった。郭をめぐる楕円形の二重空堀である。主郭を取り囲む横堀は折りなどの角をもたず、緩やかなカーブを描いていた。対する鳥海柵は、段丘上ではあるが、自然地形をいかしながら、直線的な堀で方形を意識した区画を囲んでいた。時代は降るが一三世紀から一五世紀にかけて、関東地方などの東日本では方形の区画の城館が知られる。方形館や平地城館などと呼ばれるが、長方形の区画を意識した城館である。この城館への系譜を予想させる城館である。

振り返って、東北古代城柵との関連を見れば、陸奥国では多賀城・胆沢城さらには徳丹城・志波城など方形の二重区画を基本的な構造としていた。対する出羽国では、秋田城・払田柵など政庁がある内郭は方形であり、中央の規範どおりと考えられる区画であった。ところがその外側の区画はどうであろう。両者とも方形を意識していない、緩やかなカーブを描き、円弧で中心を囲んでいる。払田柵では楕円形に材木塀をめぐらしていた。外側の区画に対する考え方は、陸奥国と出羽国では異なっていたのである。

このうち方形を意識した区画は、陸奥・出羽国ともに政庁では見られることから、中央との関係で考えることは問題ないだろう。とすれば、外郭まで方形区画が見られる陸奥国では、より中央の考え

方が貫徹して城柵の築城が行われていたことになる。

対する、出羽国ではどのように考えるべきか。この時に考えるべきは高屋敷館遺跡のような存在であろう。集落を囲んで堀をめぐらせている。このような地域のあり方との関連が模索される必要があるのだろう。したがって大鳥井山遺跡の堀は地域の堀のめぐらせ方の系譜のうえに誕生していたと予想される。

大鳥井山遺跡と鳥海柵の堀のあり方の相違とは、地域の「城づくり」の差の反映なのであろう。

(2) 平泉政権

柳之御所と接待館　前九年合戦は、陸奥国安倍氏に悲劇的な結果をもたらした。その後、出羽国清原氏が勢力を増すものの、後三年合戦の後には、奥州に藤原氏の政権が誕生することになる。初代藤原清衡・二代基衡・三代秀衡・四代泰衡と代を重ねた藤原氏は、平泉に拠点を構え、一二世紀の一大勢力として東北地方を治めた。安倍氏の滅亡そして清原氏を経て藤原氏へと引き継がれた東北地方の城館づくりはどのようになったのだろうか。

いわゆる平泉とは、岩手県西磐井郡平泉町にある奥州藤原氏三代の故地である。北上川のスーパー堤防の建設に先立って、昭和六三年（一九八八）より開始された発掘調査で大きな発見があった。柳之御所、すなわち藤原氏の政庁にあたる遺跡が発見されたのだった（図4）。

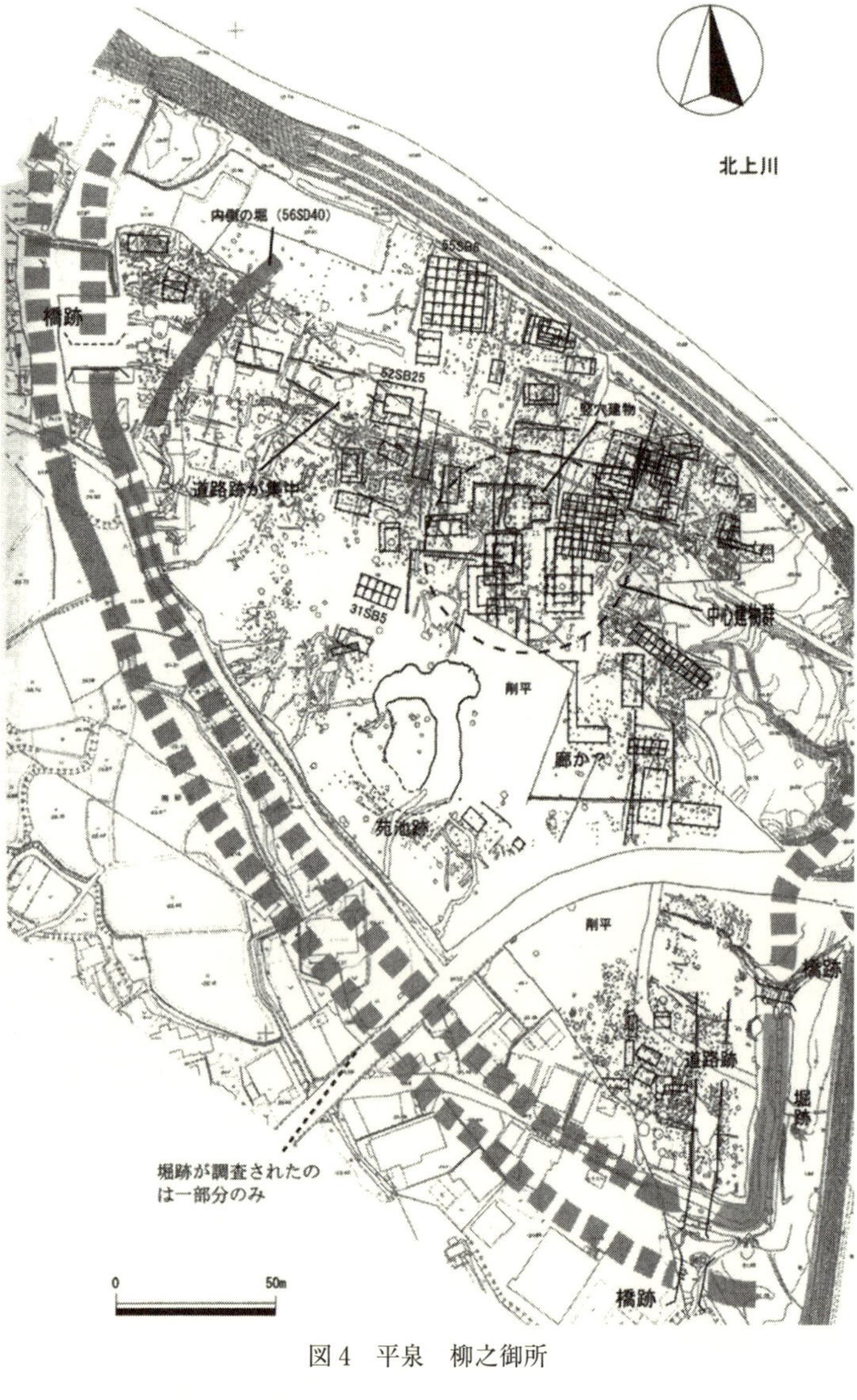
北上川
内側の堀（56SD40）
55SB6
橋跡
52SB25
竪穴建物
道路跡が集中
中心建物群
31SB5
削平
廊か？
苑池跡
削平
橋跡
道路跡
堀跡
堀跡が調査されたの
は一部分のみ
0
50m
橋跡

図4　平泉　柳之御所

柳之御所は堀に囲まれた大規模な遺構で、東半部を区画する堀は幅約一〇メートル、深さ約二〜五メートルの規模を有し、一部で二重にめぐっていた。堀の内と外とは二ヵ所で橋によって連結されているのが確認された。内部には大型建物・園池や井戸が検出され、建物・塀には三時期ほどの変遷があることが確認された。出土した遺物はかわらけ・白磁などの土器・陶磁器類、瓦、内耳鉄鍋・鏡・輪宝などの金属製品、食膳具・呪符・形代・建築部材などの木製品、硯などの石製品、動植物遺体など多岐にわたった。建物の絵が描かれた折敷など、平泉から出土する遺物はしばしば話題となった。そして、出土遺物からはさかんに儀式が行われていたことがうかがえた。遺物の中心的な年代は一二世紀後半を示していた。柳之御所遺跡の堀で囲まれた場所が、藤原秀衡時代の政庁、「平泉館」に比定される可能性が高まったのだった。

城館の構造として注目しておきたい点は、北上川を臨む台地上に立地し、地形に沿って大規模な堀で区画するという構造にあった。すなわち、柳之御所の構造は出羽国古代城柵そして清原氏の城柵に系譜を引く円形の設計がなされていたのだった。まさに東北の政治史が語るように、安倍氏の城柵で見られた方形区画はそこには見られず、出羽国清原氏の系譜を引く円弧を描く堀が普請されていた。そして、この円弧の堀に囲まれた遺跡は、平泉の北、衣川の遺跡でも確認された。

平泉の空間変遷　円弧を描く堀で囲まれた柳之御所を一角として、平泉は大きな展開を遂げていた。最近の研究では、平泉の変遷を大きく六期に分けて考える案が出されている（図5）。

一期は初代藤原清衡の前半の段階とされ、おおよそ一二世紀の初頭。この時に清原氏の系譜を引く

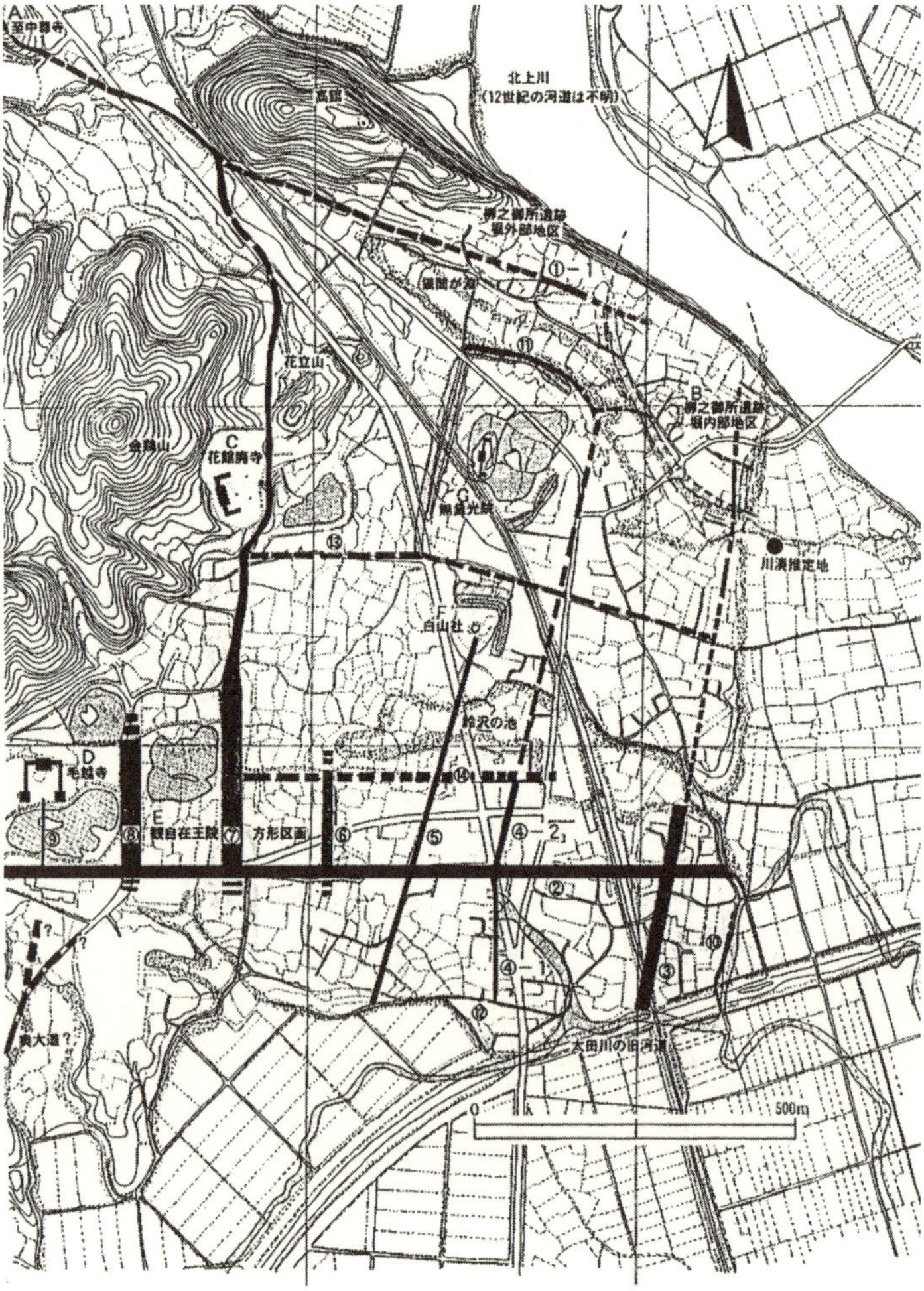

図５　藤原秀衡(後期)および泰衡の頃の平泉

柳之御所が構えられた。この段階ではいわゆる城柵を構えただけでいわゆる都市平泉とは呼べるものではなかった。

二期は清衡の後半期にあたり、中尊寺が完成したほか、花立廃寺も建立され、柳之御所の城館と寺院のセットの関係が軸となった。

三期は二代基衡の前半の頃で、おおよそ一一三〇〜四五年頃と考えられている。この段階では、柳之御所南西に毛越寺《もうつうじ》が建立される。そして毛越寺をおおよそ西端として正方位を意識した東西路が設定される。この東西道が平泉の基幹道と考えられており、この北側に毛越寺・観自在王院などの区画がならんだ。これらは方形の区画を意識しており、当時の京都の白河などの都市設計を導入したと考えられている。安倍氏が意識した方形区画はその後の藤原氏に直接的に影響を与えていないと考えられており、東北の世界では円形の区画が指向されていた。その平泉に方形区画の都市設計の考え方が導入されたのは、重要であろう。そもそも方形区画は東アジアの条坊に系譜を引くものである。その考え方が白河を介しつつも平泉に導入されたということは、「都市」平泉がアジアの共通分母をもって考えられることになる。そして平泉の広がりの一角には、地域の城館作りの伝統の系譜を引く柳之御所と呼ばれる城館があった。

基衡はこの東西路の区画と柳之御所を連結しようとした。それが四期と考えられ、おおよそ一一五〇年前後となる。続く秀衡そして泰衡の五期・六期は、この構造がさらに発展していく時期と考えられている。

いわば基衡以降の平泉とは、アジアの都市設計の考え方の影響をうけつつ、地域性を有した城館である柳之御所を一角に構え、周辺に寺社を配する都市空間だった。この空間構成は、戦国期さらには江戸期までも見通して武家の拠点を考えるうえで、実に先駆的な様相を語っている。

陣が峯城と浪岡城　会津盆地の西に陣が峯城という一二世紀の城館が確認された。東側は阿賀川の支流が浸食する崖となっており、北・西・南の三方を一部で谷を利用した二重の空堀がめぐる。主郭は東西約一一〇《メートル》、南北約一四〇《メートル》の規模を持ち、基本的に単郭の城館である（図6）。以前より『玉葉』に記載される「藍津之城」との関連が追究されており、一二世紀代の城館であると考えられていた。しかし、遺跡を訪れると戦国時代末の城館と見紛うばかりの雄大な空堀を目撃することになる。印象と遺跡年代とのギャップに驚かされる。

この陣が峯城の年代が詳細になったのは平成一四年（二〇〇二）から行われた確認調査によってであった。調査の性格上、調査面積は遺跡全体の五％（一七七〇平方《メートル》）であるが、年代を確定するために大きな成果が得られた。出土した遺物は中国産の白磁の四耳壺・水注、高麗青磁碗等の優品をはじめとした舶載の碗皿、さらには常滑産・渥美産の陶器など、多種多様な陶磁器が含まれた。これらは一二世紀代の遺物ばかりであり、一三世紀に下るものはないと報告された。調査区からは掘立柱建物・溝・土塁などの遺構も検出された。これらから陣が峯城の主は一二世紀における地域社会の支配階級に属する遺跡であると考えられるようになった。

とすると、この〝城主〟は誰なのか。『玉葉』に登場する「藍津之城」を陣が峯城と見なし、越後

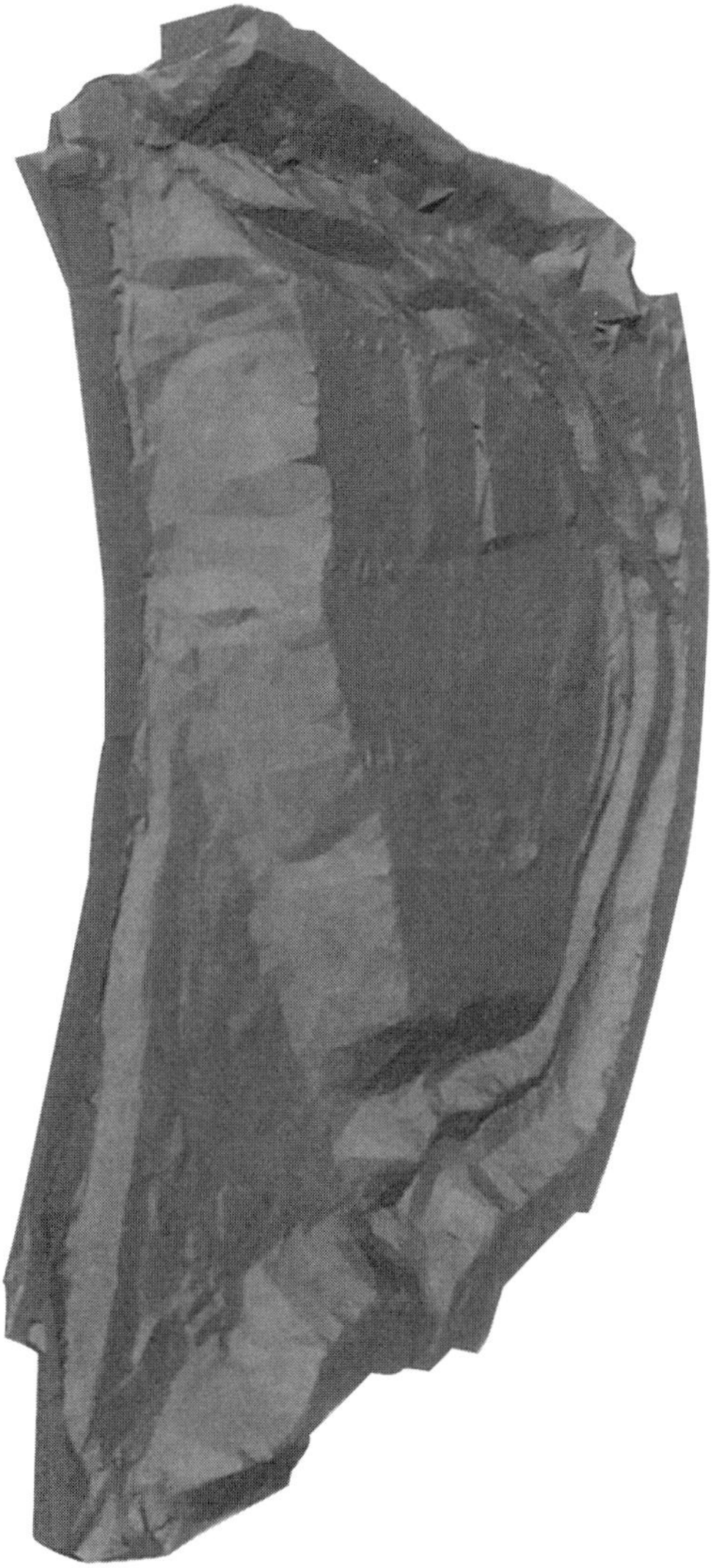

図6　陣が峯城　鳥瞰図

国の城氏に関連する城館とする説があった。さらに城氏については関連する伝承もあった。この説を是としたいところであるが、考古学的な知見は年代的なズレを主張し、両者は一致しないという研究成果を出した。現時点での到達点である。他方、この地が摂関家領であるため、藤原忠実との関係から陣が峯城の意義を説き明かそうとする研究もある。この視点の先には平泉の藤原氏の存在も予想されている。今後の展開が楽しみである。

そして注目しておきたい点は、この陣が峯城の堀も雄大な円弧を描く堀という点である。この遺跡の主は不明であるものの、奥州藤原氏にもたらされた円弧の堀で囲い込むスタイルの城館は会津の地にまで広がっていたことが確認される。

JR奥羽本線の青森駅と弘前駅の中間に浪岡駅がある。合併により現在は青森市内となったが、市内南部の浪岡に浪岡城と呼ばれた北畠家の拠点は築かれた。

この浪岡城では、昭和六三年度より発掘調査が行われた。この調査により浪岡城の地は九世紀から一七世紀にいたるまで、五期にわたって存続することが明らかになった。このうちのⅡ期が一二世紀後半を中心とする時期であることがわかった。年代的には平泉の奥州藤原家の時代であり、遺構や遺物の状況から、奥州藤原家と関連した「浪岡における政庁的な館」が予想されるにいたった。すなわち浪岡城の地は中世を通じて、地域の政治的中心地と考えられることとなった。

しかし残念ながら、一二世紀の遺構は地中深くに眠っているのであろう。したがってどのような構造であるかはわからない。おそらくは浪岡城の地であるので、平坦な地を堀で囲い込む構造だったの

だろう。

一二世紀東北地方の城館　大事なことをひとつ確認しておきたい。大鳥井遺跡や鳥海柵、さらには柳之御所や陣が峯城、これら城館は一一〜一二世紀の城館だという点である。時代は平安時代末期であり、鎌倉幕府成立以前である。一二世紀の中頃には保元の乱、平治の乱といった戦乱があり、武士が世の中を動かしはじめた頃にあたる。

では、この時代の代表的な城館を東北地方以外で挙げてみたい。

後述する大内城（京都府福知山市）などのわずかな事例が挙げられるが、全国的な広がりとして見出すことがなかなかできない。以前は開発領主の基盤が方形館であるとし、これを中世初頭の城館とみなしていた。しかし考古学の進展はこの説を克服した。なんとも見つからないのである。

また時代に通じた人ならば、あるいは武士の特質から城館の不要を説く人もいるかもしれない。武士は騎射・武射などを行い、一騎打ちをしていた。『平家物語』に見られるように、武士は名乗りをあげ、敵と組み討ちをしていたことを想起する人もいるだろう。この時代の武士は弓射や組み討ちを主とした戦闘方法をとっており、集団で戦うことはなかった。だから籠城戦は考えるべくもなく、戦争用の城館などはなかった。そのようにも想像するかもしれない。

陣が峯城に見られるような深い堀は、物語が伝える戦闘シーンとは異なり、籠城・城攻めといった集団行動により組織的な防衛・攻城を行う場面があったことを語っている。東北地方では戦国時代を思わせるような城館で実際に戦争があった。城館の実態が関東や畿内近国そして西国とは、あるいは

異なるのかもしれない。

このように一一世紀から一二世紀の東北地方では、大鳥井山遺跡にはじまり、柳之御所など、地域支配の中心に城館があったことが明らかになりつつある。およそ関東地方以西ではまだ十分に確認できない。したがって、城館づくりにおける東北地方の地域性は列島の城館史のなかでも特筆に値する。アジアの広がりのなかでの地域性として捉えておきたい。

(3) 源平合戦と畿内西国の城館

『平治物語』の六波羅邸　保元の乱以降、源氏と平家が入り乱れて、列島の各所で戦乱が起こり、城館が取り立てられるようになった。その様相は平家物語などの軍記物語や『吾妻鏡』に記されるところである。したがってこの時代の城館の具体像についてはこれらの作品などから語られることが多い。例えば、平治の乱における平清盛の屋敷である六波羅では源義朝勢との攻防戦があった。『平治物語』に描かれたその様相は、まさに城館での攻防戦を思い浮かばせる。

その場面とは、中巻「六波羅合戦の事」（岸谷誠一校訂『平治物語』岩波書店　一九三四）に登場する。攻め手の源義平は「今日、六波羅へ寄せて、門の中へ入れなかったのでは無念である。進めや者共」と下知し、屈強の兵五〇余騎が兜の錣を傾けて、矢を防ぎながら、門を突破し、平清盛の六波羅邸内へとなだれ込んだ。この時、清盛は北の台の西の妻戸の間にいたが、義平方の射た矢が妻戸の扉に多

量に当たった。そして清盛は、紺色の直垂に黒糸威の具足で身を固め、黒漆塗りの太刀を佩き、黒母衣で武装した姿で、塗り込め籐の弓を携え、黒い馬に黒い鞍を据えて、自らはそれに跨がって登場する。黒色で身構えた清盛の様相は周囲への威容を示したであろう。清盛に付き従った兵は五〇〇余騎。源義平勢と平清盛勢はここを最後と入り乱れる。この時点で義平側の武者は疲労が目立っており、対する清盛側は代わる代わる新手が抗戦。そのため義平勢は次第に門の外へと押し出され、さらには賀茂川の西へと後退を余儀なくされてしまう。まさに門の前後で攻防するさまが描写されている。この時、新手を繰り出す清盛側は、それ以前に奮闘した軍勢について「城にかゝて馬をやすめ」と、記している。まさに平清盛の六波羅邸は「城」と表現されていたのだった。「城」と表現された六波羅邸に籠もる平清盛勢と騎馬武者で攻め込む源義平勢という籠城戦が展開されていたのだった。

描写の対象となる構造物については、門・北の台の西の妻戸・妻戸の扉などの語彙が散見する。およそ寝殿造りがイメージされるものであろう。残念ながら、矢倉や堀、塀や掻き上げのような記載はない。しかし『平治物語』はこの場を「城」と表現していた。

『平家物語』と城館　続く治承・寿永の乱における城館は、『平家物語』や『吾妻鏡』に登場する。そこで登場する城館はまさに戦争にともなって構えられた防御施設であり、研究史のなかでも注目されていた。

村田修三はこれらのなかから、「防塁・阻塞類」と概括される防御設備を抽出した（村田一九八四）。村田によるこの指摘の重要な点は、この「防塁・阻塞類」の城館遺構と平安期の「館」の系譜の交点

に戦国期の「完成された中世城館」が生まれると説いている点である。この視点は従来の、「山城—平山城—平城」という教科書的通説を克服するものであった。

さらに川合康も「堀・掻楯・逆茂木は、いずれも敵の進路を遮断するために戦場に臨時に構築された、簡単な交通遮断施設（バリケード）であるが、このバリケードは「城郭」の付属施設ではなく、これ自体が「城郭」とよばれていたことに注意しなければならない」と喚起している。そして「私は中世前期における方形館の有無にかかわらず、中世城郭の起点は本書（川合一九九六＊齋藤注）であつかっているような交通遮断施設のほうにあったと考えている」と述べている。村田の視点を共有するものであった。

つまり、この時代の畿内を中心とした地域では、先の東北地方に見られるような様相とは異なり、交通遮断を意識したようなバリケードのような施設が城館の主流を占めていたと現在のところ考えられていることになる。そのバリケードは施設全体のなかでどのような位置を占めたのかは前提として考えなければならないが、特定の地点が防禦の重点とされ、そこにバリケードが作られたのは間違いないだろう。おそらくは住宅の周囲を取り囲むようなバリケードのような施設もありえたのではなかろうか。

城館の構造物　『法然上人絵伝』にはこの景観を示す場面が登場する（中澤克昭一九九九）。比叡山の堂衆が日吉八王子の社壇に城館を構えて悪行を企てた。詞書きには「城郭」と記載される。そこに武蔵国御家人猪俣党の甘粕太郎忠綱が建久三年（一一九二）一一月一五日に派遣されたと記す（年次

表1 『吾妻鏡』に見える城郭構成要素

城　　郭	木　戸	堀	矢倉	城壁	その他	典拠（条）
三井寺の城		溝				治承4.5.23
衣笠城	東木戸口 西木戸				中陣	治承4.8.26
金砂城				城壁	厳石	治承4.11.4
一谷の城郭	木戸口					元暦1.2.7
周防国得善末武地頭の城		（堀） （堀営）				文治3.4.23
阿津賀志山の城塞		口五丈堀 堀		城壁	（棚）	文治5.8.7
	大木戸					文治5.8.8
	木戸					文治5.8.9
苅田郡の城郭					大縄 （棚）	文治5.8.7
鳥坂城			矢倉			建仁1.5.14

について中澤は建仁三年（一二〇三）とする）。その攻防が絵巻には描かれる（口絵3）。画面の右から左へと甘粕忠綱の軍勢が攻め込む。甲冑武者が入り乱れる場の上部には舞台作りのような建物から射かける武者が描かれる。また画面左には小高い山のような地形が描かれる。松のような樹木が描かれ、その場所には守り手武者が数人見られる。攻め手はこの建物と小山に挟まれた隘路を突破しようとしていた。しかしながら守り手は、ここを防禦のポイントと定め、楯を構える。子細に鑑賞すると、楯の列には丸太も見える。守り手は臨時に柵列を構え、さらに楯を並べて、攻め手を迎え撃っていた。おそらく乱杭・逆茂木による柵なのであろう。まさにバリケードを構えていたのだった。この効果は抜群であったようで、攻め手の武者がバリケードの前で

表2 『平家物語』に見える城郭構成要素

城　郭	木戸	堀	矢倉	垣楯	逆茂木	その他	典　拠
『延慶本』							
アブズリの城				カヒダテ			第二末「小壷板合戦之事」
衣笠城	城口		矢倉				第二末「衣笠城合戦之事」
奈良坂・般若寺の城郭	城戸口	（切塞）					第二末「南都ヲ焼払事」
火燧城	木戸口						第三末「火燧城合戦事」
一谷の城郭	東西ノ 木戸口 西ノ 木戸口 木戸		矢倉 高矢倉	楯 垣楯	逆木	屋形 大木 大石 乱杭 大船	第五本「源氏三草山　井一谷迫落事」
『覚一本』							
奈良坂・般若寺の城郭		堀		かいだて	さかもぎ		巻第五「奈良炎上」
福隆寺縄手・篠の迫の城郭		堀	高矢倉 矢倉		逆もぎ		巻第八「妹尾最期」
一谷の城郭	大手の 木戸口		高矢倉 矢倉	かいだて	さかも木	大石 大船	巻第九「樋口被討罰」
	東西の 木戸口						巻第九「三草勢揃」
	西の木 戸口 木戸						巻第九「一二之懸」
能遠が城		堀					巻十一「勝蒲」

入り乱れている。さらに数人の撤退する武者も見られる。また薙刀を振るい、攻め手の兵を撃退している姿も描かれる。あるいはこのバリケードには出入り口もあるのであろうか。

『法然上人絵伝』のこの場面は、村田そして川合が論じた城館像を視覚的に裏づけている。治承・寿永の乱の頃、すなわち一二世紀末の畿内における城館の様相を具体的に語っていると言えよう。

このほかに、中澤克昭（中澤一九九九）は『吾妻鏡』（表1参照）と『平家物語』（表2参照）に見える城館の防御施設について検討した。その内容は表のとおりであり、具体的には木戸、堀、矢倉、城壁・垣楯、逆茂木などが見られることがわかる。

ここで注目しておきたいのは、木戸の記載である。単純に木戸としかない場合がほとんどであるが、衣笠城と一ノ谷については、東西の木戸が存在したことが確認できる。城として空間が、東西に構えられた木戸によって仕切られているのである。おそらくは城の空間は囲い込まれた一重の空間であり、その空間を東西に貫通する幹線道路がある様相が浮かび上がる。一重の囲いと幹線道路の交点に木戸が構えられている状況が想像されるのではなかろうか。当然ながらその東西の木戸は戦闘の集中地点となるのであり、先に見たバリケードが構えられることになったのであろう。衣笠と一ノ谷の基本的な構造をこのように考えておきたい。

『玉葉』と『兵範記』 他方、公家の記録にも「城」が登場している。話はやや混乱するであろうが、「城」の語彙の概念を考えておきたい。要は、われわれは「城」の語彙に特定の概念、イメージを充てている。これは先入観なのであるが。では治承・寿永期の「城」の語彙の実態はどのようであろう

か。この点を少し追究してみたい。

源頼朝が本拠においた鎌倉（神奈川県鎌倉市）を、九条兼実が「鎌倉城」と呼んだことは古くから知られている。この「鎌倉城」の実態についてさまざまな見解がある。三方を山で囲まれ、南は海に面するという天然の要害の地であるがゆえに「鎌倉城」と呼称したという古典的な意見がある。近年はこの見解に対して痛烈な批判が浴びせられている。中澤克昭も「兼実がその規模や構造を認識し、その防禦性を評価して「鎌倉城」と記したとは、とても考えられない」「兼実が「鎌倉城」と記したのは、頼朝が軍を動かしその本拠地である鎌倉が軍事的な色彩を強めていたからにほかならない」と指摘している。どのようにして兼実が「鎌倉が軍事的な色彩を強めていた」ことを知りえたのか、またその意味するところが何であるか不明な点はあるが、兼実自身が鎌倉を実見したうえでの表現ではないことは間違いないであろう。後に触れるが、そもそもこの時期の鎌倉はそれほど大規模なものではない。そして多くの論者が指摘するように鎌倉城は堀切や土塁を備えた存在でもない。

『玉葉』を点検するとほかにも多くの城が登場する。「湛覚城」「武田城」「山下城」「光長城」「蒲倉城」「安房国城」「藍津之城」「津留賀城」などである。「鎌倉城」と同様に兼実が実見したとは当然のことながら思えない。兼実が受け取った何らかの情報に基づき、兼実が認識していた概念、あるいは当時の人々が認識していた点を踏まえ、兼実は「城」の語彙を使用したのである。結果として兼実が「城」の語を日記に記していたのであるから、そこに当時の「城」の実態を解く鍵もありそうである。共通する事項が二つある。一つにはその地がその時点において戦争状態であること。そして二つ目に

はその地がそれぞれの地域での有力者が拠点としている場であることである。

治承・寿永の内乱期であるから、これらの「城」が軍事的に取り立てられたのであろうか。しかしどうやらそれだけではなさそうである。兼実は身近の熟知した場所について「城」の文字を使用している。「宮城」「城外」「平安城」「洛城」「都城」「王城」「城南」「出城」などである。「宮城外郭」と記したこともある。これらはいずれも京都を指している。『玉葉』に限らず『兵範記』には「洛陽城」の記載が見え、著者平信範自身も「宮城」の語を使用する。また『山塊記』にも「宮城」「城南」「城外」などの語が使用されている。さらに鎌倉時代の京都について「洛陽城」「平安城」と記した文献はほかにもある。兼実が使用した「都城」の語に見られるように、京都は中国の都城設計の影響を受けている。この「城」の語彙には中国の影響があることは間違いない。これらの用例は「城」の語を単純に軍事的なだけの存在とみなすことに警鐘を鳴らしてはいないだろうか。

兼実の書き記した「城」は、およそ戦国時代の「城館」とは異なる実態であったことは間違いない。同時に兼実が記した「城」の実態を、今日の我々が容易に想像できないことも確かである。また時代の変遷は「城」の語彙に変化をもたらしたはずである。しかし、兼実が「城」と表現した概念には軍事的な緊張感と日常的な拠点であることが前提としてあったと考えてはどうだろうか。「城」の語彙が意味する内容は単純ではないし、時代とともに変化をしているとまずは考えておきたい。

平家の拠点　ところで治承寿永期の城館を考えるうえで、今ひとつ触れておかねばならない事例がある。それは平家の拠点である福原と屋島である。

福原は、現在の神戸市兵庫区にあり、平清盛がこの地に別荘を営んだ。治承四年（一一八〇）には安徳天皇を擁して遷都した場所である。すでに都としての福原はさまざまな検討がなされている。しかし、平家の有力拠点ではあるものの城館研究の視点からの発言は乏しい。

近年、神戸大学の構内より、直線的な東西方向の空堀が発掘調査によって検出された。その評価の詳細については報告を待ちたいが、福原も空堀を備えた空間があったことが確認できる。そしてその空堀が直線であったことにも注意を払っておきたい。すなわち同時代の東北に見られるような円弧を描く堀ではないということである。その堀だけが線状であるのかもしれないが、空間を囲い込むのであれば、どこかで曲がることになる。福原が都を意識した場所であるなら、おそらくは方形を意識した空間になるのではなかろうか。すでに条坊を意識した堀であるとの指摘もあり、今後の解明に期待が募る。福原はアジアの都市設計のなかで考える必要があり、そのなかでどのような屋敷構えがなされていたのかに興味が持たれるところである。平泉との比較が可能となる日が来ることを期待したい。

一ノ谷で敗れた平家は屋島（香川県高松市、写真1）へと拠点を移した。拠点とされた場所は最高点二九三《メートル》の山であり、西日本古代山城が築かれた地でもある。山頂はほぼ平坦で、山腹が急傾斜な山で実に要害堅固である。基本的にこの地形に拠ったのであろうが、平家はこの山をどのように利用したのであろうか。この点も気になるところである。

ところで一二世紀の畿内の城館を話題とするのであれば、大内城に触れないわけにいかない。遺跡は京都府福知山市東南部の大内平城に所在し、標高約七〇《メートル》（比高差二〇《メートル》）の丘陵上に、南北一〇

写真1　屋島　遠望

図7　大　内　城

〇メートル・東西四〇〇メートルの規模で存在した（図7）。そのなかで注目するのは丘陵上のおよそ一〇〇メートル四方の方形単郭の城館である。この地で昭和五六年（一九八一）に発掘調査が行われた。その結果、全体で四期に分かれるものの、そのうちの第1期と第2期はおおよそ一二世紀、そして3期は一三〜一四世紀、4期は一六世紀と分析された。遺跡の中心は一二世紀にあたる1・2期にあった。この時期には、大型の建物を配置し、周囲に堀と土塁をめぐらしていた。出土遺物も豊富である。また発掘区の東北部からは、堀で区画され、円礫を敷き詰めた平安時代末期から南北朝時代にいたる墳墓も見つかった。城の主が葬られ、祖先祭祀の場所として維持されていたことをうかがわせる。このような大内城であるが、一三世紀以後は居住機能を持たなくなると報告された。

　そこで問題となるのが、城の主であるが、報告書では六人部庄《むとべのしょう》の荘官に関わる人物と指摘している。墓域もあり、妥当なところであろう。しかしなお注意しておきたい点はこの六人部庄が平家没官領であったことである。この点と城の廃絶を考え合わせれば、城の主は平家ゆかりの人物であったことが浮かび上がる。

　平家ゆかりであればなおさらであるが、一二世紀の畿内での地域支配の拠点は他例を見ない。しかし、丘陵の上を選地し、周囲に堀を構え、方形を意識した区画を構える城館の存在は注目に値する。中世成立期における城館の様相を語る事例は多くないが、一二世紀畿内でこのような城館が築かれたことは、西日本の城館を考えるうえで重要な事例となる。

阿津賀志山二重大堀　文治三年（一一八七）七月一九日、源頼朝は軍勢を率い、奥州藤原氏を攻め

るべく鎌倉を発した。同月二九日には白河関を越え、陸奥国に入り、両軍勢は衝突の時を迎えていた。藤原氏側では本陣を国分原鞭楯《こくぶがはらむちだて》（宮城県仙台市）に進め、藤原泰衡自らが指揮した。その構えは、広瀬川・名取川に大縄を引いて柵とし、前線の防御戦を伊達郡阿津賀志山《あつかしやま》（福島県伊達郡国見町）から南西に向け、谷を横断するように堀と土塁を築き、兄の西木戸太郎国衡がこれを守った。阿武隈川の水を堰き止めて往来を絶ち、征討軍の北上をここで阻止する構えであった。しかしながら、畠山重忠らはこの陣地を切り崩し、さらには結城朝光・加藤景廉・工藤行光らの軍勢がこの堅塁を三日で突破した。これにより八月一〇日、国衡は和田義盛・畠山重忠らの手にかかり討死してしまう。総大将の泰衡は平泉を目指して落ちていった。

この時の防塁が現在も伝えられている（写真2）。昭和四六年（一九七一）に実施された東北縦貫自動車道の建設にともなう発掘調査によって、二重の堀と三重の土塁跡が見つかった。さらに昭和五三年（一九七八）の圃場整備事業の計画にともなう調査によって、この遺跡が『吾妻鏡』文治五年条に出てくる藤原泰衡の防塁「口五丈堀」の跡であるとする結果が出た。この遺構は阿津賀志山中腹から阿武隈川にいたる約四キロにわたり、堀と土塁の普請によって築かれた長大な防御施設だった。

阿津賀志山二重大堀は、モンゴル戦争における博多湾の石築地と並び、中世における線状の防御線として特筆されるものである。規模の大小はあるものの、この線状の構造の考え方は村田修三のいう「防塁・阻塞類」、そして川合康の言う交通遮断施設（バリケード）とも共通点を有する。あるいは福原の堀もこの阿津賀志山二重大堀と類似するものであったろうか。戦争において防御をするために線

写真２　阿津賀志山二重大堀

状の防御構造物を構えるという考え方は、この当時の共通点として注目できよう。

しかし、重要な点は川合の指摘する交通遮断施設との相違点である。つまり阿津賀志山二重大堀の構造が乱杭・逆茂木といった障害物ではなく、大規模普請を必要とするものだった点である。この時代に大規模な土木普請による線状の構造物を築きえたのは、やはり東北地方に見られた円弧を描く堀の普請で培った技法と関わりがあるため、と考えるべきであろう。関東以西の戦争のなかでは、乱杭・逆茂木といった障害物はあっても、東北地方に見られるような堀や土塁による構造物はいまだ十分に確認されていない。この差は列島の地域相として捉えられる。

奥州戦争は、こと城館に限って言えば、異文化の衝突という側面を有していたことにな

る。しかし、城館の異文化という状況は奥州戦争で淘汰されるものではなかった。中世を通して、奥州は関東以西とは異なった城館を築き続けたらしい。

[2] 鎌倉時代から南北朝時代へ

(1) 武士の屋敷

「堀内」のイメージ　かつて中世武士の発生について、開発領主と方形館をセットにして考える研究段階があった。この時、文献資料に見える「堀ノ内」とはこの方形館であると解釈していた。しかしながら、中世考古学の進展により、少なくとも方形館＝「堀ノ内」と考える研究段階は乗り越えた。そこで問題となるのは、文献資料に登場する「堀ノ内」の語彙とは何かであろうかという点である。これについては竹内千早の見解が手がかりとなる。竹内は史料を博捜し、次の二種類の堀ノ内を提起した（竹内一九八九）。

①譲状や一族内での争論に関して出された文書に、特別な屋敷として表現されるもの。堀の内とは、屋敷一般を示すのではなく、一族内に唯一のもの、特に惣領屋敷を示すものとして使われる（「屋敷型堀の内」と呼ぶことにする）。

②対一族・対外部を問わず使われる。領域の概念をあらわす村や郷と同様に使われている。内部に

は小字等の地名をも持つ（「村型堀の内」と呼ぶことにする）。

竹内は文書から「堀ノ内」について二つの概念を抽出した。このうち①は多分に観念的な問題も含んでおり、空間で処理することが難しい場合があることには注意しておきたい。

また蔭山兼治は、中世前期の「堀ノ内」とは一町四方という範囲にとらわれる必要がなく、一定の広がりをもつ開墾地を指すと述べた。それゆえに幕府から諸役免除の権利を認められ、領家からの所領返還要求に対抗する論理の根拠にもなったと論じている。そして一四世紀中頃から一五世紀に社会状況などから、何らかの変化が生じて本来の意味を失い、地名になるという語彙の変化を見通している（蔭山二〇〇四）。竹内の指摘する②に通じた概念である。ここでは「堀ノ内」と武士の屋敷を直接に結びつける必要はなくなりつつある。

したがって、「堀ノ内」とは方形館のような屋敷を直接的に示すものではなく、一定の広がりを示す語であることは間違いなかろう。そして語彙に即して考えるならば、その空間は堀に囲まれていたと考えることは許されよう。現在のところ考古学からはその具体的イメージとして宇津木台《うつきだい》遺跡（東京都八王子市）や椿峰《つばきみね》遺跡（埼玉県所沢市）などが提示されている。

とするならば、中世前期の武士の拠点とはどのようであったのだろうか。

渋谷氏の地頭屋敷　鎌倉時代末期、相模国渋谷上庄寺尾を名字の地とする渋谷（寺尾）氏で相論があった。渋谷（寺尾）惟重の遺領をめぐってその息子重広・重名兄弟が争った。結果は元徳元年（一三二九）一〇月二〇日に重広勝訴の関東下知状が出されているのであるが、注目したいのはその過程

表3　渋谷氏屋敷の相伝

年　月　日	文書名	譲与者	被譲与・宛先	内　　容
寛元4年(1245)3月29日	渋谷定心譲状	渋谷定心	渋谷重経	**屋敷**并証文等事，(中略)一所　相模吉田上庄内寺尾村堺　東限原中新牓士堺小紀太上路同堺又田岸堺　南限古堺路　西限佃大道　北限弘成前堤通
建治3年(1277)9月13日	渋谷重経譲状	渋谷重経	妙連	てらをの**ほりのうち**
弘安元年(1278)6月3日	将軍家政所下文案	渋谷重経	渋谷重通	同国四宮郷内**屋敷**
弘安2年(1279)	渋谷為重陳状			**渋谷屋敷**
弘安2年(1279)	渋谷重経後家妙蓮等重訴状案			**渋谷屋敷**
弘安2年(1279)12月23日	関東裁許下知状案			**渋谷屋敷**
正安元年(1299)8月17日	渋谷重世譲状	渋谷重世	ひたち殿	**しふやのやしき**
嘉暦3年(1328)12月21日	渋谷重広所領注進状	渋谷惟重		渋谷上庄寺尾村内(中略)**地頭屋敷**　同山野立野壱町
嘉暦4年(1329)5月　日	渋谷重名勘返状案	渋谷惟重		吉田上庄寺尾村内(中略)**地頭屋敷**(はない)

で作成された所領注進状（『神奈川県史』二六八四・二七二五）である。

まず嘉暦三年（一三二八）一二月二二日に重広が作成し、それを受けて翌年五月に重名が反論を兼ねて作成する（表3）。注目したいのは冒頭の所領となる「相模国渋谷上庄寺尾村内」の箇条である。名字の地であり、冒頭に掲げるにふさわしい。重広は在家が二宇あり、そのうちの一宇は地頭屋敷であると記載する。これに対して重名は「重広注文によれば、二宇のうち一宇は地頭屋敷ということであるが、そのような形跡はなく、二宇ともに往代からの百姓屋敷である」と説明する。

渋谷（寺尾）重広が勝訴したことや、注進状の立項において最初に掲げられかつ名字の地に含まれる屋敷であるので、重広の主張する「地頭屋敷」は実のあるものなのであろう。しかし重名は堂々と地頭屋敷を否定し、百姓屋敷と主張する。その背景には当時の地頭屋敷と百姓屋敷はさほど相違するものではないという実態がなければならない。この実態は武家の屋敷が堀で囲まれるなどの軍事性を帯びた姿ではないと予想させる。

大久保山遺跡 早稲田大学の本庄校舎（埼玉県本庄市）の地で、校舎建築に先立って大規模な発掘調査が行われた。大久保山遺跡と名づけられたこの遺跡から、中世前期を中心とする堀・溝で周囲を区画する複数の屋敷地が検出された。児玉党の庄氏がこの遺跡を本拠としていたと考えられるにいたっている。

大久保山の山塊の南側、西を頂部として東に延びる谷に屋敷群は展開していた。谷の北側、すなわち大久保山の南斜面に屋敷群は立地する。中世における遺跡は全体でおおよそ八期に分かれ、一二世

紀中葉から一六世紀前葉まで続くと報告される（図8）。このうち庄氏に関する屋敷はV期（一四世紀前葉）までとされている。以下に報告書に導かれながら庄氏の本拠地の概況を紐解いてみよう。

まずI期（一二世紀中葉～後葉）に東西の谷の中央部（報告書ではⅢA地区）に一辺が約八〇メートルで不整形に区画された屋敷地が成立する。主屋は八〇平方メートルでほかに四棟が付属していた。

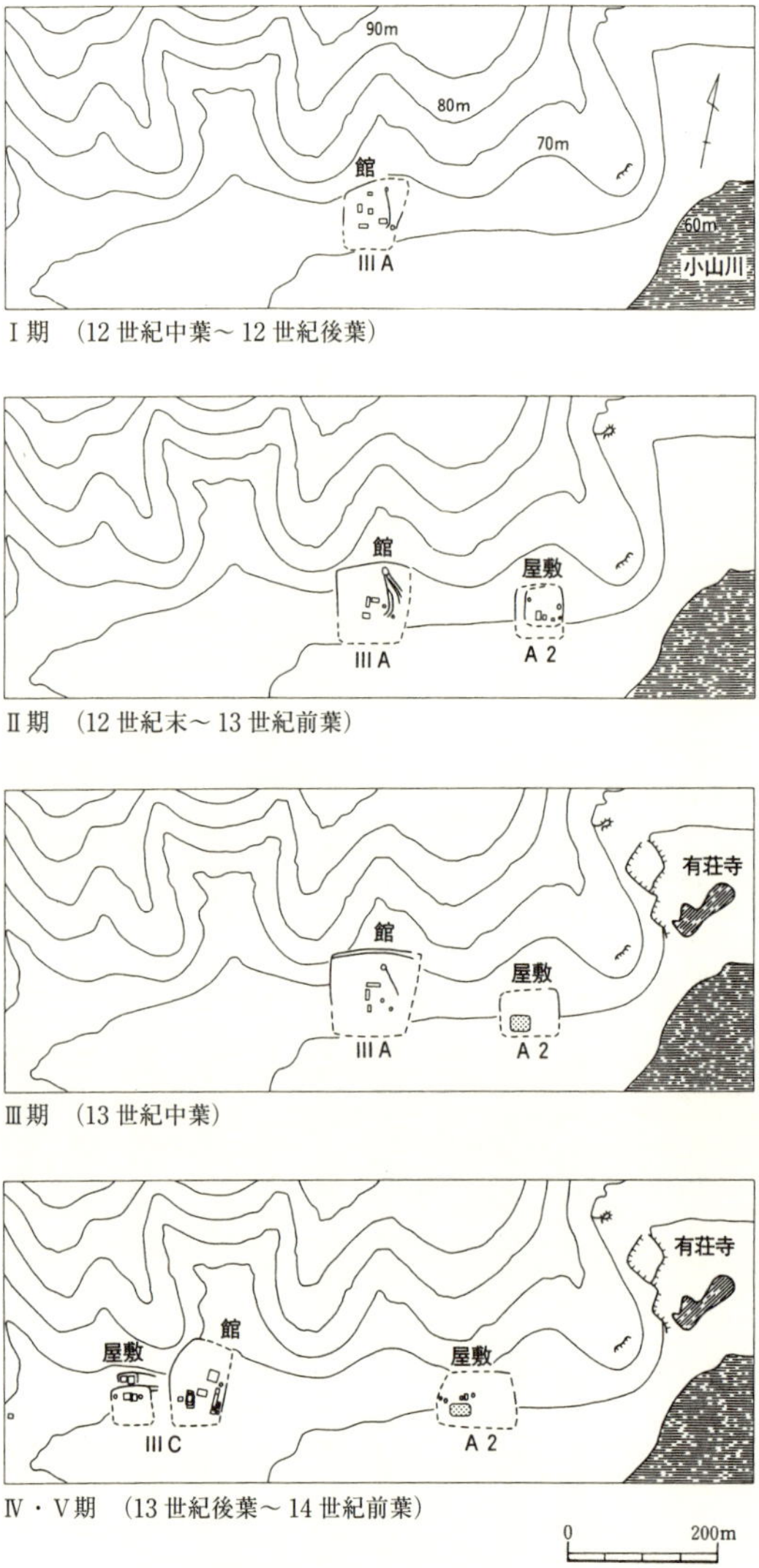

Ⅰ期　（12世紀中葉～12世紀後葉）

Ⅱ期　（12世紀末～13世紀前葉）

Ⅲ期　（13世紀中葉）

Ⅳ・Ⅴ期　（13世紀後葉～14世紀前葉）

図8　大久保山遺跡変遷図

この中央部の屋敷が先行した理由として、瑞花八稜鏡や短冊状鉄製品を出土した一〇世紀中葉に成立した積石塚状墳墓があげられている。この墳墓は主屋西方二〇メートルの場所に存在した。墳墓が成立した一〇世紀からしばらくはこの周辺に集落はなく、屋敷の設定に際しても墳墓が意識された可能性を指摘している。「祖先の眠る地に館を構え、その聖域を取り込むことで、正統な後継者であるということを地域に誇示するためであったと推測される」と述べる。注目すべき見解であろう。

鎌倉時代前半にあたるⅡ期（一二世紀末～一三世紀前葉）になると、中央部の屋敷構造に変化が生まれる。東西五間・南北二間・北側庇の主屋（約一〇〇平方メートル）と東西二間・南北六間の建物をL字に配置し、区画する溝も一回り大きく普請し、約一〇〇メートル四方の屋敷となる。

この時期、中央部の屋敷から一〇〇メートルほど東に隔たった谷の出口付近（報告書ではA2道路地区）に屋敷地が成立する。この東部の屋敷地は約五〇メートル四方の区画溝を持つ。報告書では「従者の屋敷」と推定するが、庶子の可能性もある。

Ⅲ期（一三世紀中葉）には中央部・東部の屋敷地はそれぞれ一一〇メートルと八〇メートルに拡大される。

続くⅣ・Ⅴ期（一三世紀後葉～一四世紀前葉）では大きな変化が生じる。中央部の屋敷が廃絶し、西へ二〇〇メートルほど移動して屋敷が構えられる（報告書ではⅢC地区）。西部の屋敷は区画施設が従前の浅い溝から、幅三～四メートル、深さ一メートルの薬研堀へと普請の規模が大きくなる。また区画内部には、確認の範囲ではあるが総柱の大型建物がコの字型に配置される。さらに西側に隣接して二つの屋敷区画が付属する。中央部の屋敷が西部に移転し、拡大している様子がうかがえる。同じように、東側の屋敷も

東西一〇〇《メートル》、南北四〇《メートル》規模の屋敷地に拡大している。東西二地区の屋敷地で規模の拡大が確認される。

このように西を奥とする谷の北側斜面に庄氏の屋敷地は展開している状況が確認されたのである。しかし、一四世紀前半を最後としてこの地の屋敷は廃絶する。庄氏はこの本拠地を離れたことになる。

本領内の屋敷　そもそも、鎌倉時代から南北朝時代の武士たちは、自らの本領に構えた本拠のことをどのように認識していただろうか。現代、われわれは学術用語として「居館」「館」の語を用いる。これらは研究史から考えると「方形館」のイメージを背後に抱えている。すでに述べてきたとおり、当時の武家の本拠は軍事的色彩が薄いのであり、はたしてこれら用語を現時点においてそのまま使用することは大丈夫であろうかという懸念がある。

また、鎌倉御家人の安堵状や譲状などを見てみたい。名字の地の住居はまさに資産であり、一族の象徴であった。したがって武士の住居は相続の対象になっており、譲状などには当時の認識が示されると考える。

建仁四年（一二〇四）二月二一日、北条時政が信濃国中野郷地頭であった中野能成に安堵状（『新編信濃史料叢書』第三巻「市河文書」一　本間美術館所蔵文書8）を与えた。中野能成は押領などの妨げを受けたらしく、その排除を提訴して、安堵状を得たのだった。安堵状の事書には、「信濃国中野郷内能成屋敷・名田事、」とあり、本文には「当初居住の屋敷」の文言が含まれている。明らかに中野能成が居住する屋敷が安堵の対象に含まれていた。

この中野能成は建長元年（一二四九）に譲状を認める。能成屋敷を含む中野郷については庶子四郎正康に譲られた。三年後の建長四年（一二五二）一二月二八日には譲状に基づく譲与を認めて、将軍家政所下文（同前　本間美術館所蔵文書20）が発せられた。その下文には「信濃国中野郷内屋敷壱所・田捌」と記載される。

本領内の住居が「屋敷」という語を使用して表現され、譲与の過程で文書に明記される事例である。「居館」「館」という語を使用していないことに注意を払いたい。

開かれた空間　近年、井原今朝雄らによって武士の本拠の呼称は「屋敷」がふさわしいと指摘されつつある（井原一九八八）。また考古学からは橋口定志が落川遺跡および宮久保遺跡（図9）の検討を通して、「いわゆる方形館に見られるような後世の武士居館に比べて建物群の周囲の様相は開放的なものであ」り、「極めて開放性の高い一二～一三世紀段階における居住空間の区画のあり方は、一一世紀後半段階以来基本的に受け継がれてきている武士居館の本来の姿であったと言える」と指摘している（橋口一九九〇）。

また、やや次元を異にするが、高橋修も「在地領主の「町場」の居館（「宿所」）は、市場の定期市を補う開放的な構造をもち、また寺社として開かれた信仰空間をも包摂しており、「町場」そのものを維持する機能を果たした」と指摘する（高橋二〇〇二）。

領主の屋敷について、ともに堀で区画・遮蔽された軍事性の高い空間を想定していないのである。先に見た渋谷氏の状況もこのことに見合う。そして大久保遺跡の様相は小さな谷戸を開発し、その地

を拠点に地域支配を行っている事例であり、従前の開発領主の像に近いものであった。しかしそこで見られる武士の拠点は堀や土塁で厳重に区画されたものではなかった。

Ⅰ期

Ⅱ期

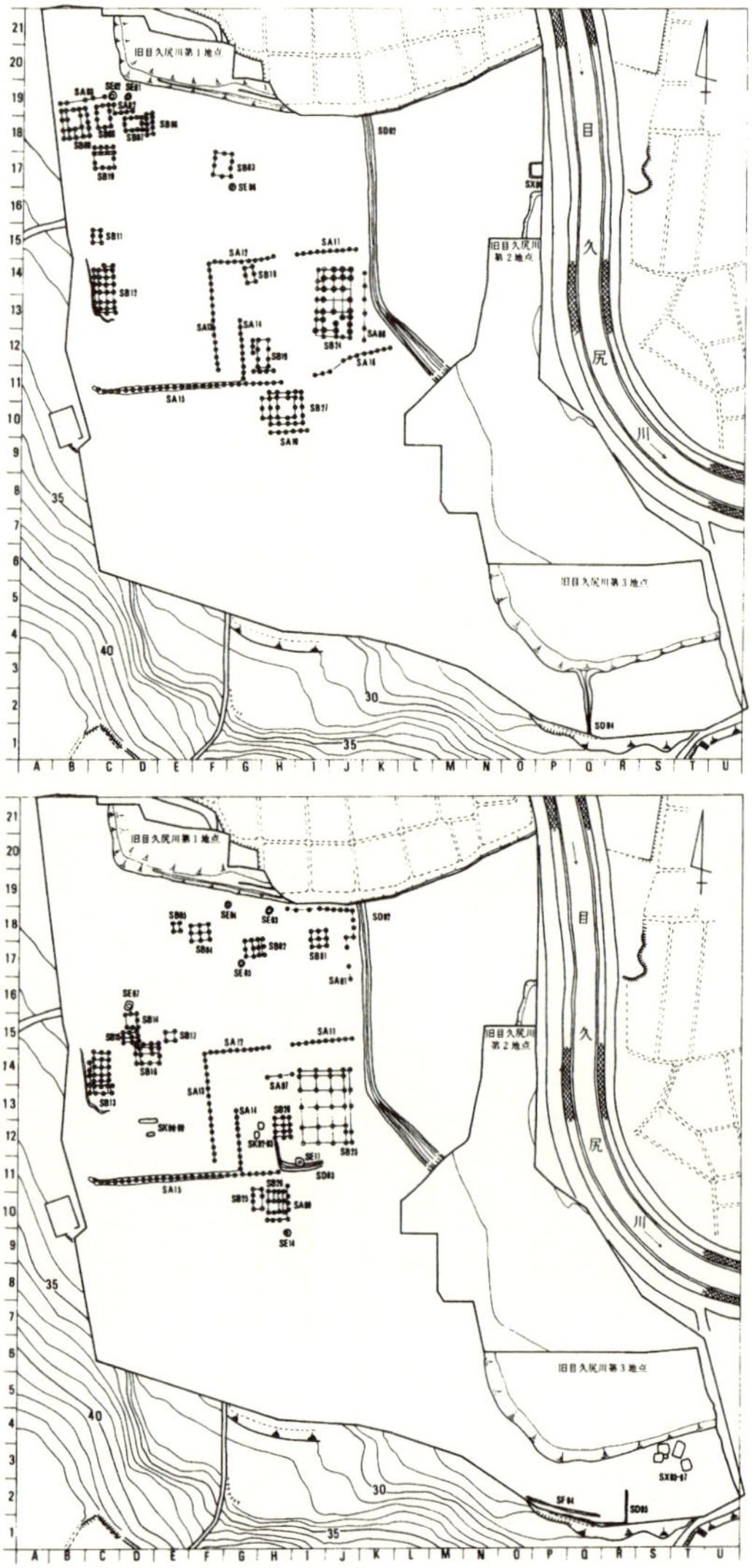

図9　宮久保遺跡遺構変遷図

写真3　『一遍上人絵伝』大井太郎館

描かれた屋敷　このように考えてくると、『一遍上人絵伝』の筑前国の武士の館や大井太郎の館や「法然上人絵伝」の漆間時国の館に対する評価を考え直さなければならないだろう。従来、周囲に堀をめぐらし、板塀で囲い、門には櫓が設けられた光景の軍事性を評価して城館が発展する一段階と捉えていた。確かに堀や櫓の存在を強調すれば、城館発展論での説明が可能なのかもしれない。しかしこれらの場面に軍事性を強調してよいだろうか。いずれも大きな屋敷ではあるが、防禦施設はさほどうかがえない。漆間時国の館には筑前国武士の館のような櫓門はない。ましてや大井太郎の館には堀も板塀もない（写真3）。庭先には屋敷境にあたる小川が描かれるのみである。近年、建築学の成果をもとにこれらの絵画を分析した玉井哲雄および小野正敏は、これらの建物は寝殿造りの影響を受けた建物と評価した（玉井一九九六、小野二〇〇八）。貴族の邸宅の系譜を引く建物が描かれているというのであ

る。しかも小野は描かれた館を絵師が居住する地域の共通認識＝モデルと捉え、中門廊（建物に付随する入口施設）が一定階層の屋敷表現の象徴であると説いている。一三〜一四世紀の社会諸階層に共通する身分標識として描かれた屋敷を読み解こうとしているのである。そこには武家特有の軍事的な性格を重視する視角はない。

このように考えると、軍事的な視点のみで堀や櫓の存在を強調することに躊躇を覚える。警備が厳重なことと軍事的な防備が施されていることは次元が異なる。現代においても、警備が厳重な家をまれに目にすることがある。それをもってわれわれは決して軍事構築物、軍事的施設とは呼ばない。すなわち、武士の館の発展が戦国期城館に直接的に結びつくという考えは、もはや短絡的であると言わなければならないだろう。

(2) 本拠のモデル

高坂の景観　埼玉県東松山市岩殿に遺跡名を伝足利基氏館跡と呼称する城館がある（図10）。東武東上線高坂駅西方の一キロ余付近を出口とする谷の中ほどにこの城館はある。谷底には九十九《つくも》川が西から東へと流れている。

城館の北側隣接地がゴルフ場と化しているが、おおよその旧景を残す。谷に臨む北側斜面を東西一八〇メートル・南北八〇メートルの範囲を区画する。北・東・西の三方には土塁と堀が残る。南側は、現在は道で

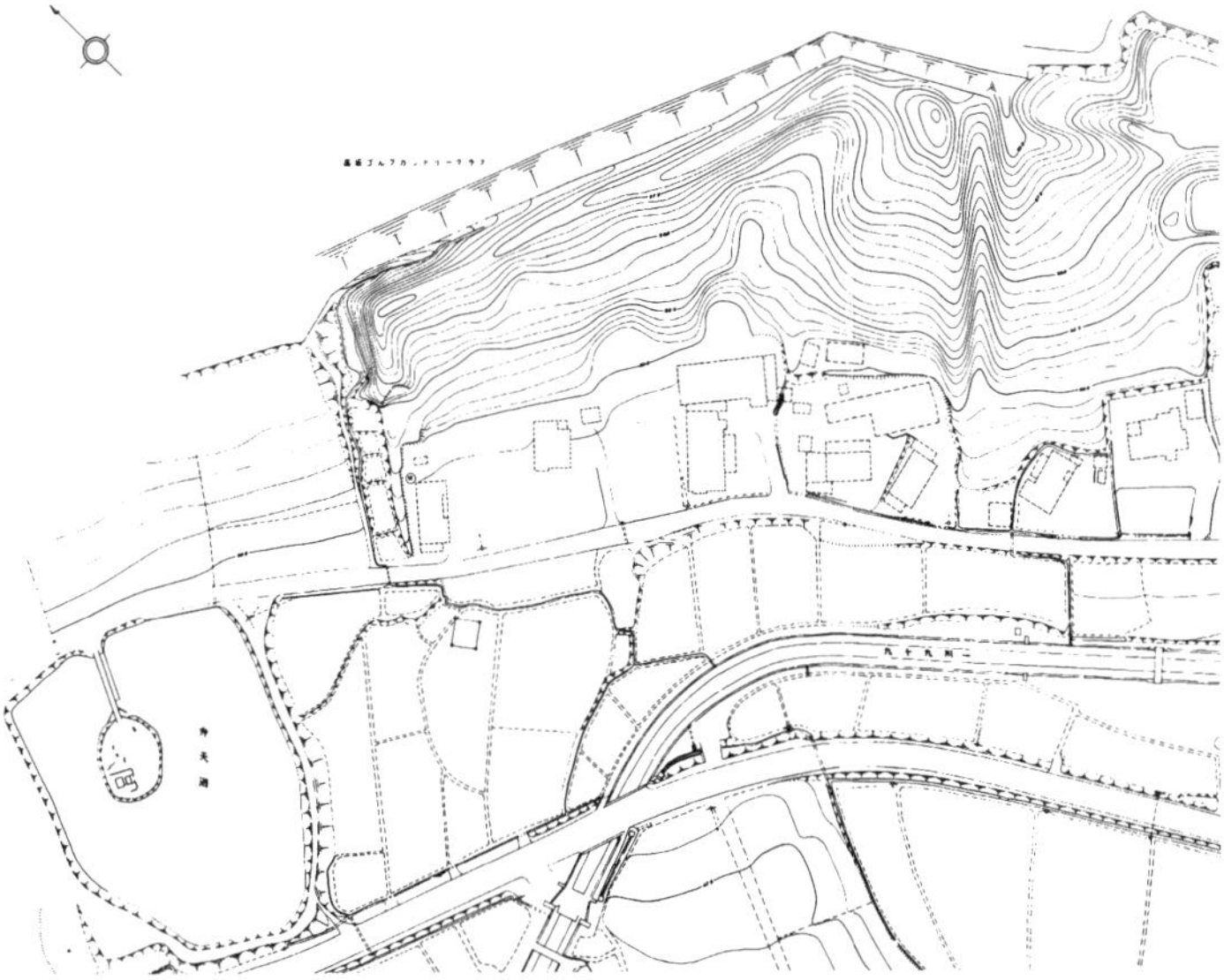

図10　伝足利基氏館跡

区切られるが、この道もしくは九十九川が境であったと推測される。

斜面地を方形に区画するあり方は大久保山遺跡や児玉町の真鏡寺《しんきょうじ》後《うしろ》遺跡にも類似する。郭内については発掘調査の履歴を持たないため、年代は明らかにできないが、この遺構のあり方と類似遺跡、さらには後述する近接して出土した遺物等から、おおよそ一三世紀後半から一五世紀前半と推察される。もちろん遺跡の年代がさらにさかのぼる可能性も有する。東松山市が設置する現地看板が解説するように、鎌倉公方足利基氏の館ではなく、この地を支配した領主の城館と考える方が妥当であろう。

阿弥陀堂と中世墓地　伝足利基氏館の西には隣接して阿弥陀堂があった。斜面地には近年の墓地が建てられているが、この墓

域は中世にまでさかのぼる。正安二年（一三〇〇）を最古とし長禄四年（一四六〇）にいたるまで六七基の板碑の所在が報告されている（『東松山市史』資料編第二巻）。周辺にはさらに多数の板碑が散在しており、この阿弥陀堂墓地より移動した可能性も捨てきれない。

阿弥陀堂墓地内からは常滑蔵骨器が出土している。偶然に墓地内参道に露出した蔵骨器を発見した浅野晴樹はその状況を報告し、後にその年代を一四世紀に比定している（浅野一九八四・一九九三）。この蔵骨器には人骨が充填されて埋設されており、その遺構の上部には、板碑と台石も確認された。これらを一群の遺構と報告している。中世墳墓の遺構と考えてよいであろう。

墓地正面の谷底には現在、「弁天沼」（約六五メートル×五〇メートル）と呼称される池が存在する。池には中島があり、弁財天が祀られている。阿弥陀堂と中世墓地の前面にある池という空間構成はまさに浄土庭園の立地であり、現況を調査した大澤伸啓もその可能性を強く指摘し、地籍図より復元案を提示している（大澤一九九三）。

板碑の年代や空間構成を踏まえた時、伝足利基氏館跡・阿弥陀堂そして「弁天沼」は関連する遺跡であることはほぼ間違いない。このように考えた時、墓地内にある一基の大型板碑の存在が重要な視点を提供する。高さ二六〇センチ・幅五八センチという巨大な応安元年（一三六八）八月二日付の胎蔵界大日如来種子板碑（東松山市指定文化財）である。板碑の建立される応安元年は争乱の年であった。当時、関東で実力を有していた河越直重ほか平一揆の諸領主が、同年二月五日に河越館に立て籠もり、鎌倉府に反旗を翻した。平一揆の乱と呼ばれる南北朝期の政治史では重要な合戦である。鎌倉府は軍勢を

派遣し、六月一七日に河越館を攻撃し、陥落させた。翌閏六月には鎌倉に引き上げるものの、八月には下野国に兵を進め、乱の処理を継続している。板碑はこの最中に建立されたことになる。

観音霊場　「弁天沼」の東端は伝足利基氏館の堀との関連があった。反対の西端にもあるいは空間設計があったかもしれない。西端から南西方向に一直線の道が丘陵を目指して延びている。あるいは在りし日の阿弥陀堂から直線で見通せる道筋であろう。そしてこの延長線上の最奥の山には坂東三十三所の第一〇番札所として知られる正法寺がある。

同寺は坂上田村麻呂ゆかりの寺院で養老二年（七一八）創建という縁起を持つ。少なくとも、伝存する「武州比企郡　岩殿寺」と記された梵鐘には、元亨二年（一三二二）四月九日の銘が刻まれており、正法寺が鎌倉時代にはさかのぼることを示す。そして坂東三十三所は天福二年（一二三四）以前に成立していたと考えられている。正法寺の本尊は千手観音である。坂東三十三所の一寺であることから、中世においても観音菩薩が主尊であったことは間違いなかろう。

そもそも観音とは、正しくは観世音菩薩といい慈悲・救済を特色とした仏で、観音への信仰は日本では鎮護国家から日常的な致富や除災など現世利益が中心であった。観音は現世の補陀落山に住むと説かれたことがあることから、各地に補陀落山に見立てられた霊場を生むことになった。すなわち中世の地域社会にあって観音を主尊とする霊場は現世での利益を生む場、祈願を受ける場として機能していたのだった。阿弥陀堂が極楽への往生を保証する来世への装置であったのに対して、観音霊場には別の役割、現世での装置が期待されていたことになる。この現世利益の正法寺が岩殿に、武家の本

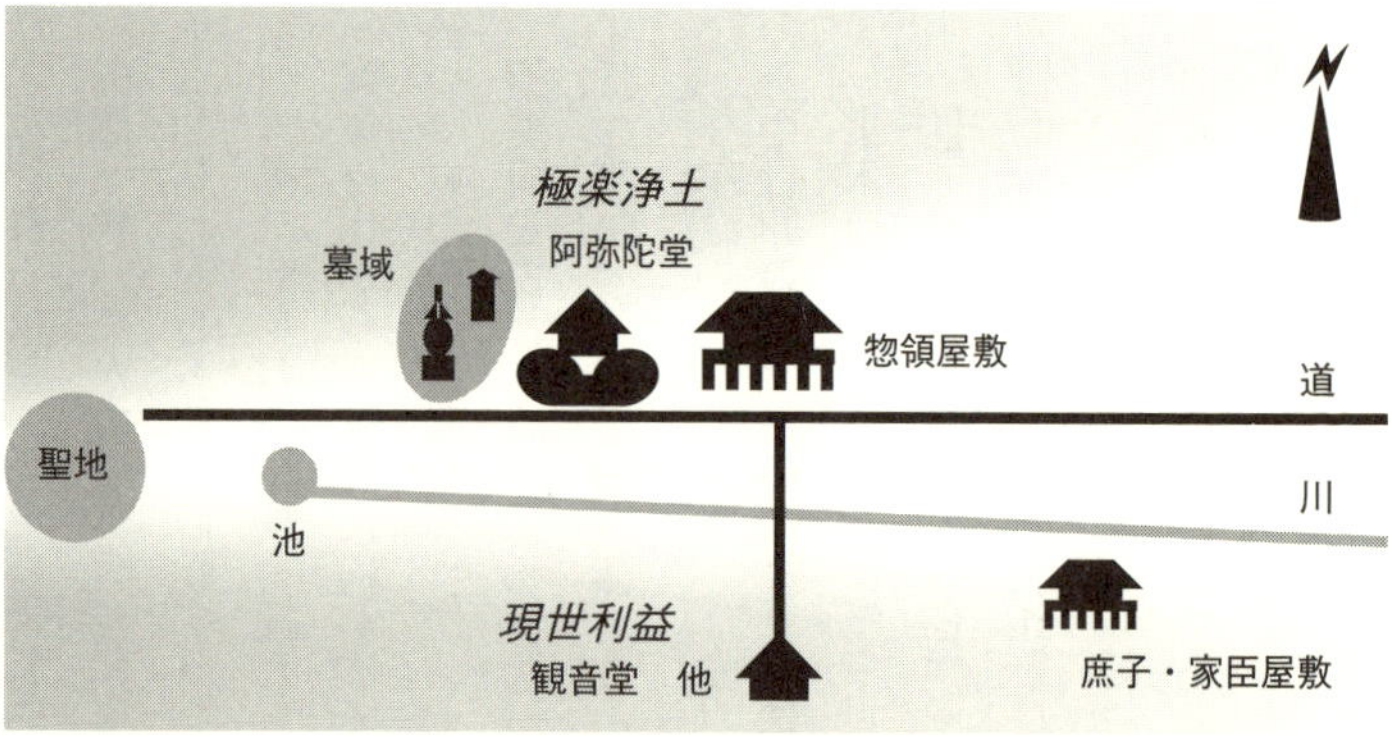

図11　本拠のモデル

拠の一角に備わっていた。

本拠のモデル　この高坂の景観や先に紹介した大久保山遺跡を意識して、武士の本拠の景観を模式的にまとめてみたい（図11）。

西を奥とする東西方向の谷がある。その谷底には河川が流れる。谷奥には溜池がある場合もある。谷の北側斜面に並ぶ武士の屋敷や阿弥陀堂。武士の屋敷は溝や堀をめぐらし、支配の象徴として存在していた。近くには馬場や的場があった。谷にある武士の屋敷は惣領だけではなかった。庶子の屋敷であろうか、それとも従者の屋敷であろうか、谷の中に複数の屋敷ブロックが存在することもある。極楽往生の装置としての阿弥陀堂には前面に浄土庭園がある場合があった。また周辺に墓地もあったであろう。阿弥陀堂と武士の屋敷その前面の谷底には東西の道路が普請されていた。道路と河川は並行していたであろう。西の谷奥には堂などの聖地がある場合もある。空間の一角には現世利益の装置もあった。観音を祀る霊場。熊野神社。氏神。大般若波羅蜜多経を備える寺社など

など。これらは谷の西奥に象徴的に配置され、聖地と重なることもあった。

無論、すべてがこのモデルに方位も正しくきっちりと当てはまるというわけにはいかないだろう。地形的制約から方位が回転するなどのイレギュラーは、当然のことながら起きたであろう。しかし武家の本拠モデルの多様性で捉えられるのではなかろうか。

鎌倉時代から室町時代にかけて、自らの所領を支配するにあたって、このような本拠のイメージを描いていたのではなかろうか。そこには安穏を模索した当時の武士の姿まで垣間見ることができる。

相模国衣笠と三浦氏　源頼朝が挙兵した直後の治承四年（一一八〇）八月二六日、畠山重忠ら秩父平氏の軍勢が、相模国三浦一族の本拠地衣笠（神奈川県横須賀市）を攻めようとしていた。この風聞を受けた様子を『吾妻鏡』は記している。

今日卯の剋、このこと三浦に風聞の間、一族悉くもって当所衣笠城に引き籠もる、各は陣を張る、東木戸口大手は次郎義澄・十郎義連、西木戸は和田太郎義盛・金田大夫頼次、中陣は長江太郎義景・大多和三郎義久等也、

詳しく状況がつかめる叙述とは言えないが、衣笠城の様子が記録されている。注目しておきたいことは、衣笠城と明示されていること。山城であるとは読めないこと。陣は東西を両端として中陣の三つの陣が引かれていることである。

この衣笠城とは現在、「衣笠城址碑」の石碑が建つ山と解されている。ところが現地に立つとおよそ山城を語る遺構を見出すことができない。岩盤の露出や山頂部の緩やかな広場は城跡であったこと

に疑問を抱かせる。山頂にある物見岩の一角から、大正八年(一九一九)に青銅製経筒・青白磁合子・青白磁唐古人形水滴・草花蝶鳥鏡・火打鎌・刀が出土した。この遺構は三浦一族が造営した経塚と考えられている。またほど近くには金峯山蔵王権現や不動堂があった。これらから衣笠山は山岳信仰の霊地であると石井進(石井一九八七)・中澤克昭(中澤一九九九)は指摘した。

ところで、衣笠城が存在した同時期、鎌倉には「鎌倉城」が存在していたことになっている。単純比較をしてみて、衣笠城は山城に比定されているが、鎌倉にはそれに該当する山城がない。この比較からしても簡単に衣笠城を山城としたことは思い込みが考えられよう。衣笠城は山城であるとする理解は、捨象する必要がある。

目を転じて衣笠山の東山麓、大矢部の付近を見てみたい。衣笠山の入口近くに満昌寺がある。東西の谷の北側斜面に寺は立地する。同寺には木造三浦義明坐像(国重文・鎌倉時代)がある。義明像は本堂背後の御霊神社に祀られる。同社は『新編相模風土記稿』によれば建暦二年(一二一二)に和田義盛が創建したとされる。背後には奥院に見立てた三浦義明墓と伝えられる石塔がある。三浦義明の霊を弔うために御霊神社が建立され、そこには木像が祀られる。非業の霊を鎮魂する作法であるが、通常、その地は由緒の地である。

満昌寺の東側には、同寺と同じように北側斜面を背負うように、近殿神社・薬王寺跡が並ぶ。近殿神社は三浦義村が祭神とされ、薬王寺は三浦義澄墓といわれる石塔がある。あたかも三浦家惣領が北側斜面に居並んだように寺社が建ち並ぶ。反対側の南側斜面には三浦家の墓塔と伝える凝灰岩製およ

図12　『新編相模風土記稿』円通寺の山腹の岩窟（やぐら）

び安山岩製の石塔を安置する清雲寺がある。同時に安置される石塔は、以前には滝見観音を本尊とした円通寺の山腹の岩窟（やぐら）にあった（図12）。その様子は『新編相模風土記稿』に図が記載される。

石井進は「大矢部村の付近こそが初期の三浦氏の本家の居館が存在していた場所にちがいない」と指摘する。満昌寺・近殿神社・薬王寺は屋敷であった場所が寺社に転じたと推測できる。清雲寺・円通寺は極楽往生・現世利益の装置の寺院に解せる。『吾妻鏡』が記載した「東木戸口大手」「西木戸」はこの谷地形を踏まえたものではないだろうか。さらに経塚があった衣笠山は霊地と言える。

するとこの衣笠も武家の本拠のモデルに当てはまる。

鎌倉との共通性　さらに踏み込んで、鎌倉の場合はどうであろうか。鎌倉は鶴岡八幡宮を中心とした都市設計で理解されているが、当初は異なっていたと指摘されている。

現在の寿福寺の場所に頼朝の父源義朝の屋敷があったとされる。その場所から朝比奈の切り通しを抜ける東西の六浦道《むつら》があった。六浦道沿いに窟堂・荏柄天神・坂東三十三所第一番の杉本寺が並ぶ。これらは頼朝が大蔵に御所を構える以前から存在していた。また鶴岡八幡宮の地には源氏の墓地があったと指摘する研究者もいる。

源頼朝はこの空間内に大蔵御所を構える。それ以後に新規の寺社がこの地域に造営される。大蔵御所の西には由比から鶴岡八幡宮を遷座させる。御所の南には父義朝を弔う勝長寿院が建てられる。東には阿弥陀堂と薬師堂を持つ永福寺が建立される。そして鶴岡八幡宮・勝長寿院・永福寺には一切経が奉納され、法会が執り行われている。このことは頼朝が築いた幕府の国家的な権威を象徴的に示している。この六浦道に沿って東西方向に諸施設が展開する構造は、まさに武家の本拠モデルに合致する。

大蔵御所にあった幕府は、北条政子の死後、鶴岡八幡宮南へと移転する。これにともない鎌倉の都市構造は六浦道という東西道に沿ったヨコ軸から、鶴岡八幡宮の若宮大路を主軸とするタテ軸へと転換する。すでに若宮大路を普請した時から都市構造の転換の萌芽は想定されるが、幕府移転は都市構造の変化が本格化したことを意味する。

源頼朝段階では西の義朝屋敷跡付近を聖地と見なした東西ラインを意識した設計がなされていた。頼朝の鎌倉の構造は、他の東国武士の本拠と考え方のうえでは大差はない。

(3) 地域支配の拠点

荘園の支配拠点　中世前期の地域支配を考える際、荘園・公領の存在は見落とせない。荘園にせよ公領にせよ、領主の権限を代行して現地に臨んだ人物がいた。預所・公文・田所ほか、さらには地頭がいたであろう。その彼らが現地で拠点とした機関は政所と呼ばれた。この政所が構造的には城館と関連するのではなかろうか。ざっくりとであるが、荘園制論から城館論へアプローチしてくると、このような道筋が入り口になる。

鎌倉時代の陸奥国好間《よしま》庄ではその様相が文献にうかがえる。建長五年（一二五三）七月一〇日、八幡宮経所の造立をめぐって負担の配分がなされた。作成された配分状では「東大行事衣谷政所十郎入道沙弥光西」と「西大行事西庄政所内舎人季吉」が判を据えた（「定本飯野家文書」3）。また徳治二年（一三〇七）六月一三日に鎌倉幕府引付頭人が奉書によって「飯野政所」に銭貨を運上するように命じている（「定本飯野家文書」12）。このように地域の役所としての政所が見える。しかしその機関はどのような景観をしていたのだろうか。武士の本拠とはどれだけ異なっていたのだろうか。疑問に思うところである。

この点について考古学はどのように応えているであろうか。具体的に荘園の政所遺跡として例示できるものはほとんどない。しかし西日本において荘園の政所と位置づけられる遺跡がいくつか存在す

る。そこでの景観は方形館にも思える。とするならば武士の本拠の景観として方形館を描いていた点は、再検討が必要なのではなかろうか。

地域支配拠点の概念　そもそも中世の地域拠点の概念を文献史学の立場で語彙を拾うと、領主制論の場合、堀ノ内・屋敷・方形館・城郭・本城などが浮かび上がる。おおよそであるがイメージが可能であろう。他方、荘園制論で説明すると、先のように政所・屋敷（公文・名主など）となるが、具体的なイメージが乏しい。地域支配の機関という共通性から構造としては近接した実態を想像したいが、概念の差がもたらす景観は一致した歴史像を結んできてはいなかった。

他方、遺構からスタートする考古学であれば、地域支配の拠点をどう説明するであろうか。多くは館（方形館）・城郭（山城・居館・平城）などの語彙で説明する。考古学はむしろ領主制論の呪縛のなかにいるようにさえ思える。

中世初頭から近世までの連続面のなかで、地域支配の拠点となる施設については、さまざまな語彙を使用してきた。古文書学的に語彙の意味するところを追究することはもちろんであるが、考古学などフィールドから語る場合でも、地域支配の拠点について類型化をはかっていく必要があろう。単純に城館と整理するのは理解しやすいものであるが、実像は奥深く豊かなものであろう。例えば、文献史学にあっては「城郭」「城」の語彙をどのように理解していただろうか。古代においては、「都城」や西日本古代山城、東北古代城柵に代表されるように政治的拠点に「城」の語を当てている。中世にあっては合戦の舞台に関して、「城」「城郭」などの語彙が見られた。江戸時代の地図ではしばしば、

政治の拠点、城下町の中心に「御城」の語を当てた。「城」「城郭」などの語彙について、その変化に注目してみる必要がある。

島名前野東遺跡　ではこの時期の遺跡を見てみたい。まずとりあげるのは茨城県つくば市の島名前野《しまなまえの》東遺跡である（図13）。つくば市西部を南流する東谷田川《ひがしやたがわ》右岸、標高一二～一四メートルの平坦な台地上に所在する。図に明らかなように、一辺約一〇〇メートル四方の方形館であり、堀は上幅で三・六～五メートル、下幅は一・三メートル、深さは一・二～一・五メートルを測る。内部には半間ほどの廊下状の建物が附属する主殿が二時期にわたって存在する。その時期と呼応するのであろうか、方形館から出る土橋をともなった門は東側と南側の二ヵ所に構えられる。

遺物はかわらけと龍泉窯青磁碗、そして常滑の甕（6a型式）と片口鉢（7型式）などが出土している。概して一三世紀後葉から一四世紀前葉と報告されている。片口鉢の存在に重きをおけば、まさに鎌倉時代末から南北朝時代初頭という時期が重要になってくる。そのことを語るように、かわらけのなかには、新田氏の大中黒紋をかわらけの見込み一杯に、そして足利氏の二つ引両紋を裏面の底部に大書したものが含まれる。どちらの側に付くかと占いでもしたのであろうか。少なくとも足利氏と新田氏の動向が気になる段階の産物であることは間違いなかろう。しかもこのかわらけは東側門の土橋の土層より出土している。城館の普請あるいは改築の年代を語っている。

この遺跡が所在する地域は中世では常陸国田中庄にあたる。御家人小田氏の影響力の強い地域ではあるが、弘安八年（一二八五）の霜月騒動のなかで小田氏の勢力が一時衰退するなかで、田中庄は北

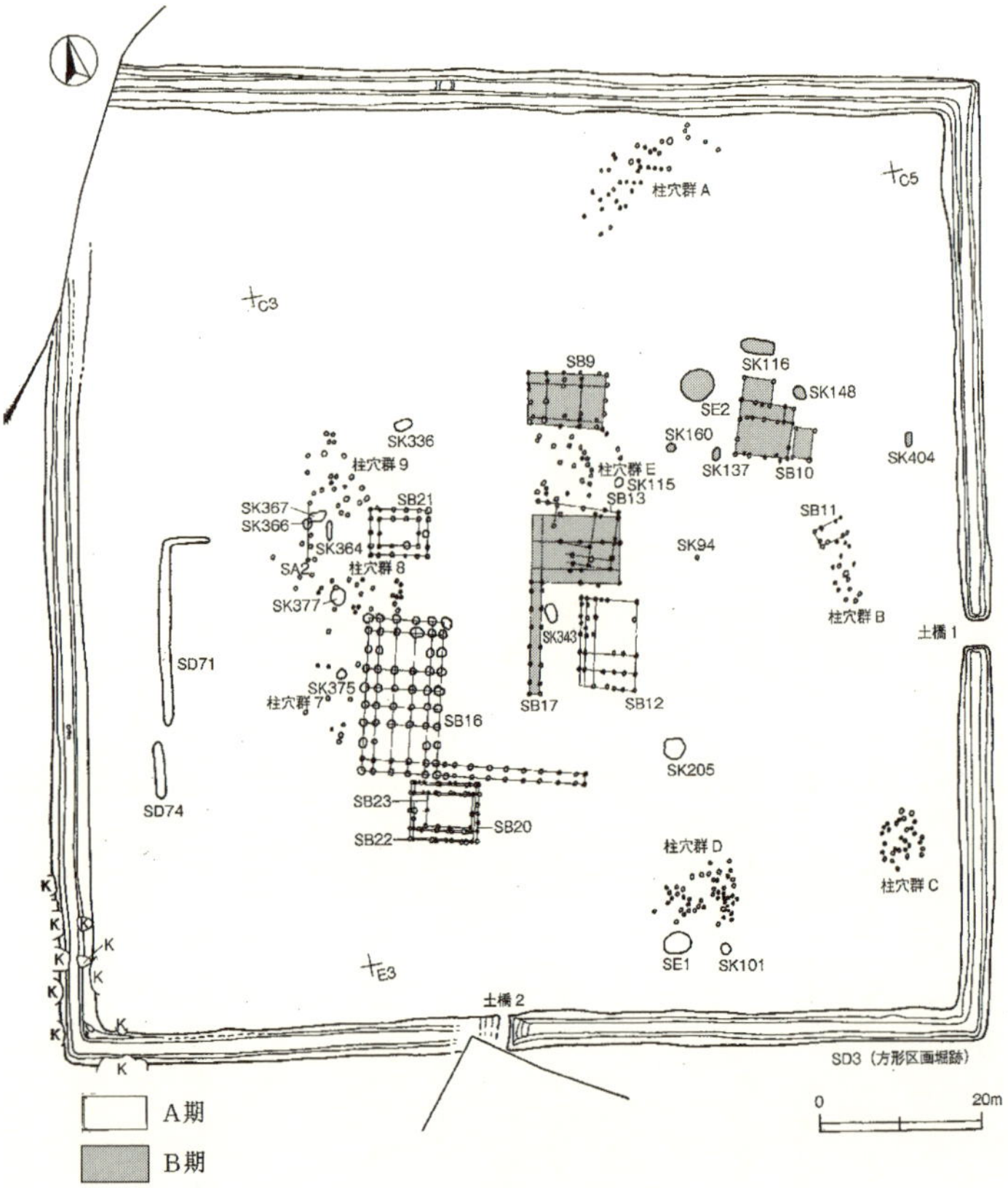
柱穴群 A
C5
C3
SB9
SK116
SK148
SE2
SK160
SK137
SB10
SK404
SK336
柱穴群 9
柱穴群 E
SK115
SB13
SK367
SK366
SB21
SK364
SK94
SB11
SA2
柱穴群 8
SK377
柱穴群 B
土橋 1
SK343
SD71
SK375
柱穴群 7
SB17
SB12
SB16
SK205
SD74
SB23
SB20
SB22
柱穴群 D
柱穴群 C
K
SE1
SK101
E3
土橋 2
SD3（方形区画堀跡）
0
20m
A期
B期
図 13　島名前野東遺跡

条得宗家の勢力下に入ったと考えられている。その時期に成立するこの遺跡について、報告書は「北条得宗家の勢力下において田中荘を管理する機能を持つ「荘園政所」的な性格をもっていたものと考えられる」と評価し、北条家の滅亡とこの遺跡の衰退を関連するものと考えている。

二つ引両紋と大中黒紋を表裏に描くかわらけの存在は、建武政権期から南北朝時代前半における東国の様相を語っており、南北朝期初頭までこの島名前野東遺跡は存続したと考えてよいであろう。当時の城館の重要な事例としてこの方形館を考えたい。

諏訪前遺跡　島名前野東遺跡は一辺約一〇〇メートル四方の方形館であったが、これと類似する遺構が岩手県二戸《にのへ》市で確認された諏訪前遺跡である（図14）。馬渕《まべち》川付近との比高約一五メートルの段丘上の平地に位置する。遺跡は二時期にわたって存在するが、その内の第二期が方一町規模の方形館と推定されている。検出されたのはその方形館の南東コーナーにあたり、幅五メートル、深さ一・三メートルの箱堀であった。堀の規模は島名前野東遺跡のそれに近似する。検出した遺物は甕類・青磁・白磁などで概ね一三世紀後半から一四世紀前半の居館と考えられている。

二戸を含む糠部《ぬかのぶ》地域は北条得宗領が展開した地域であり、この遺跡についても得宗関係の遺跡として考えられている。加えて、室野秀文は「古代末期以来の不定形な環濠居館が一般的」であり、「この地方においては方形居館の発生する土壌そのものが存在しなかった」と述べ、「在地のものとは考えにくく、他地域から来住した者の居館と考えたほうが理解しやす」く、「北奥にはほとんど存在しない方形プランの居館は、北条氏の権力を居館の構造において具現化したものではなかったか」と北

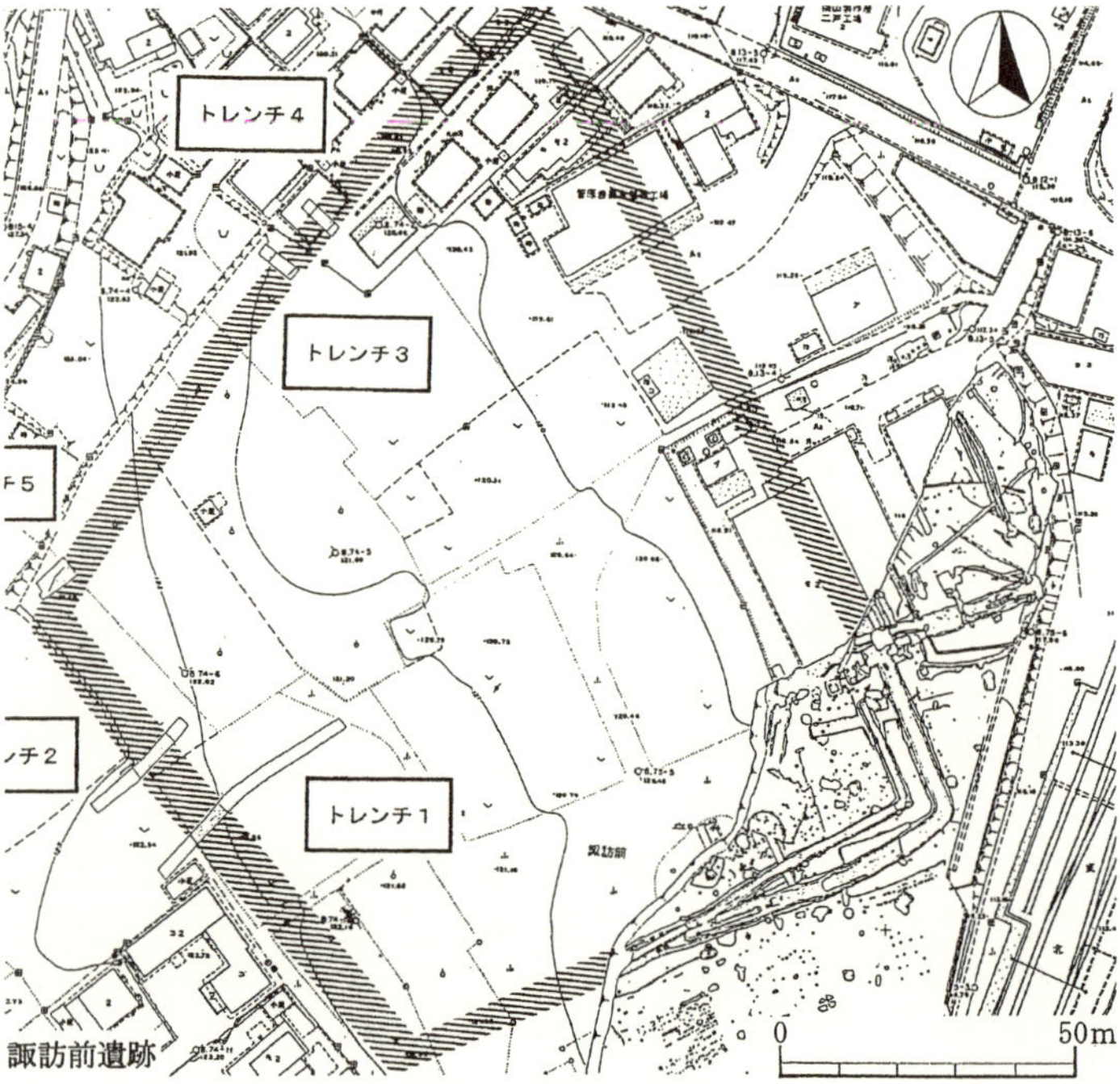

図14　諏訪前遺跡

条得宗に関わる方形館とする説を示している（室野二〇〇二）。

先の島名前野東遺跡やこの諏訪前遺跡が、筑波と二戸という距離を隔てつつも、ともに同規模のさらに同時期の方形館であった。加えて、両者ともに在地領主の拠点ではなく、北条得宗家領の現地支配機関を想定していた。北条得宗家そのものであるかどうかは推定の範囲であるが、都市領主の現地支配機関すなわち政所と想定していることには、耳を傾けておきたい。およそ本拠のモデルとして示した、中世前期の武士のあり方と異なる地域支配拠点の設計である。両者の相関関係はさらに追究しな

ければならないが、少なくとも本拠のモデルとして設定した景観は開発領主の拠点であり、この島名前野東遺跡や諏訪前遺跡の方形館で見られた様相は、本拠のモデルとは異なる荘園の政所と推定される姿であった。これらは役所とでも言いえようか、同時代のなかでも異なった背景を持ち、異なった景観を持つ拠点である。しかし従来はともに城館の範疇で語られていた。

余部城　大阪府堺市美原区に発掘調査によって確認された城館がある（図15）。以前より地名からその存在が推定されており、余部《あまべ》城として遺跡が把握されていた。昭和六二年（一九八七）より阪和自動車道の建設にかかる発掘調査が実施され、その実像が確認された。所在した地は中世では日置《ひき》荘という荘園の一角であり、河内国丹南郡の興福寺領であり、河内鋳物師が活動する地であった。城館はその鋳物師集団と関わって存在したのであろうと考えられている。

発掘調査は全面を明らかにしたものではないが、四辺に堀をめぐらしたもので、東南部東側を除き、東・南・西側に基底幅七メートルの土塁が普請されていたと考察されている。出土した遺物は一二世紀から一五世紀にいたる陶磁器などが見られたが、中心となる時代は一三世紀か一四世紀と考えられた。当初は発掘調査による情報から方形館が想定されていた。関西で一三世紀から一四世紀の方形館の事例は少なく、貴重な事例と考えられた。

その後、平成一六〜一七年度に大阪府道建設にともなって発掘調査が行われ、西側および北側の堀が検出され、堀の四辺が存在することが確定し、東西約六〇メートル、南北約八〇メートルの規模で四方に堀をめぐらす構造が確認された。基本的に条里の方向性に規制されており、おおよそ一町規模の方形館に準

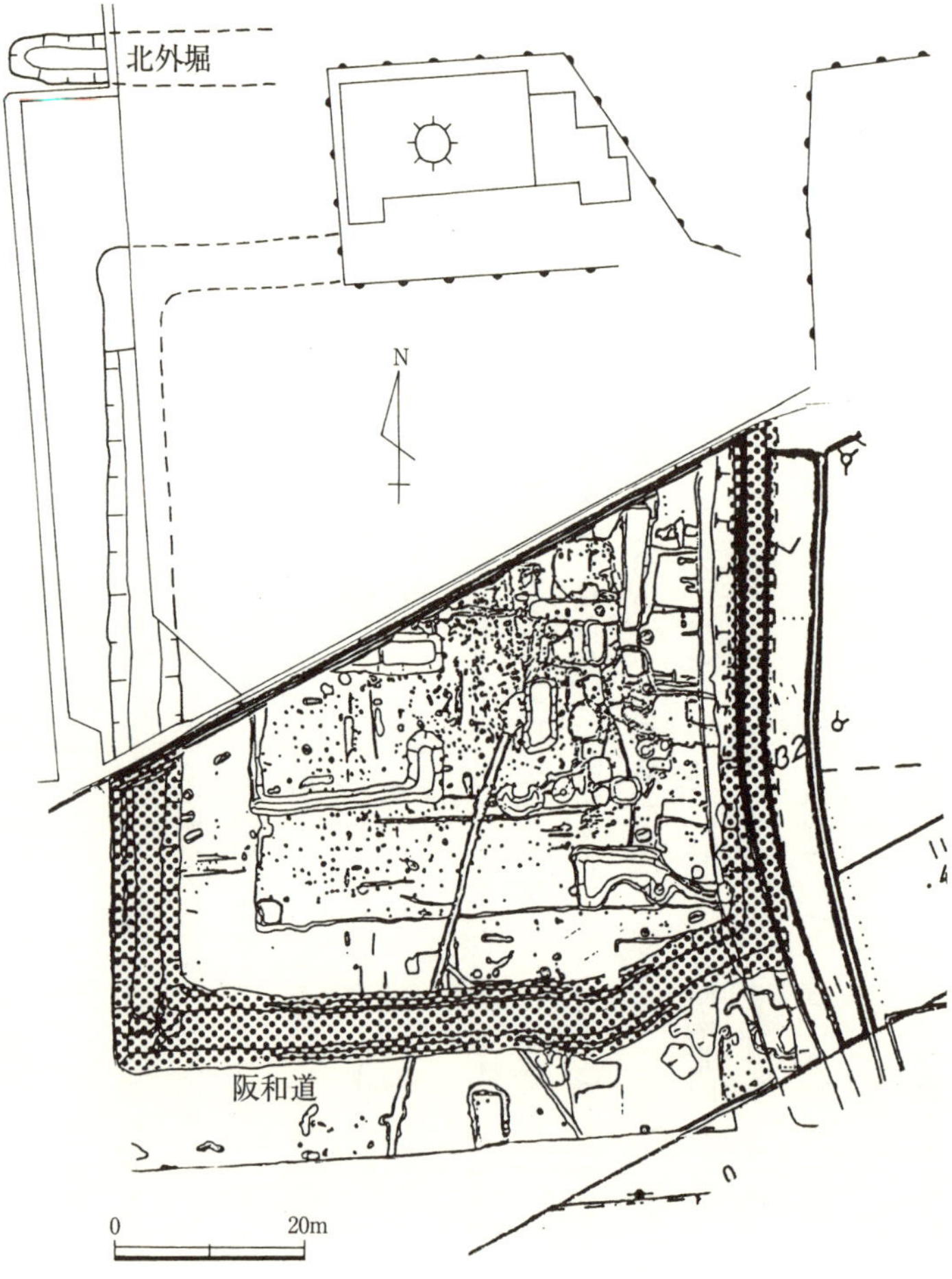

図15　余部城跡範囲復元図

じた存在である。

さらにこの時の調査では、方形区画のさらに外側、北側堀から一六・五メートルを隔てて東西方向に幅四・五メートル、深さ一メートルの外堀を検出した。報告書では「北面に城門を造り、二重の堀を設けて防御性を高めたのであろう」と推定している。外堀の全体構造は不明であるが、周辺の調査で方形館の南北堀に平行する外堀の存在が確認されていないことから、方形館を囲繞する外堀ではない。また、堀で囲まれた方形館の区画は東南隅を直線に欠いて五角形を呈するが、基本的に単純な四角であり、折り歪みもないことから、外堀も複雑な構造ではなかったことを予想させる。年代も一三〜一四世紀が中心であり、方形館の北側がやや複雑化した状況なのであろう。

この方形館が一三〜一四世紀の地域支配の拠点であることは予想されることであり、荘園領主が興福寺であることから、日置荘の政所である可能性は考えねばならないだろう。

柏原B遺跡　類似の事例は九州にも見られた。昭和五四年（一九七九）から八四年にかけて、福岡県福岡市南区で行われた発掘調査において、方形館が出土している（図16）。北側に河川を控え、段丘上にコの字形に溝を二重にめぐらす。外側で東西一一七メートル、西側南北四七メートル以上、東側南北七〇メートルの規模を有している。東側に開口部を持ち、方形区画への出入りは東側からであったことがうかがえる。しかし幅は一〜二メートル、深さは深くても六〇センチと報告されている。遺跡の年代は出土遺物から一三世紀後半から一四世紀前半と考えられている。

この柏原B遺跡は筑前国早良郡比伊郷行武名内にあるとされ、蒙古合戦勲功賞配分状（『新修福岡市

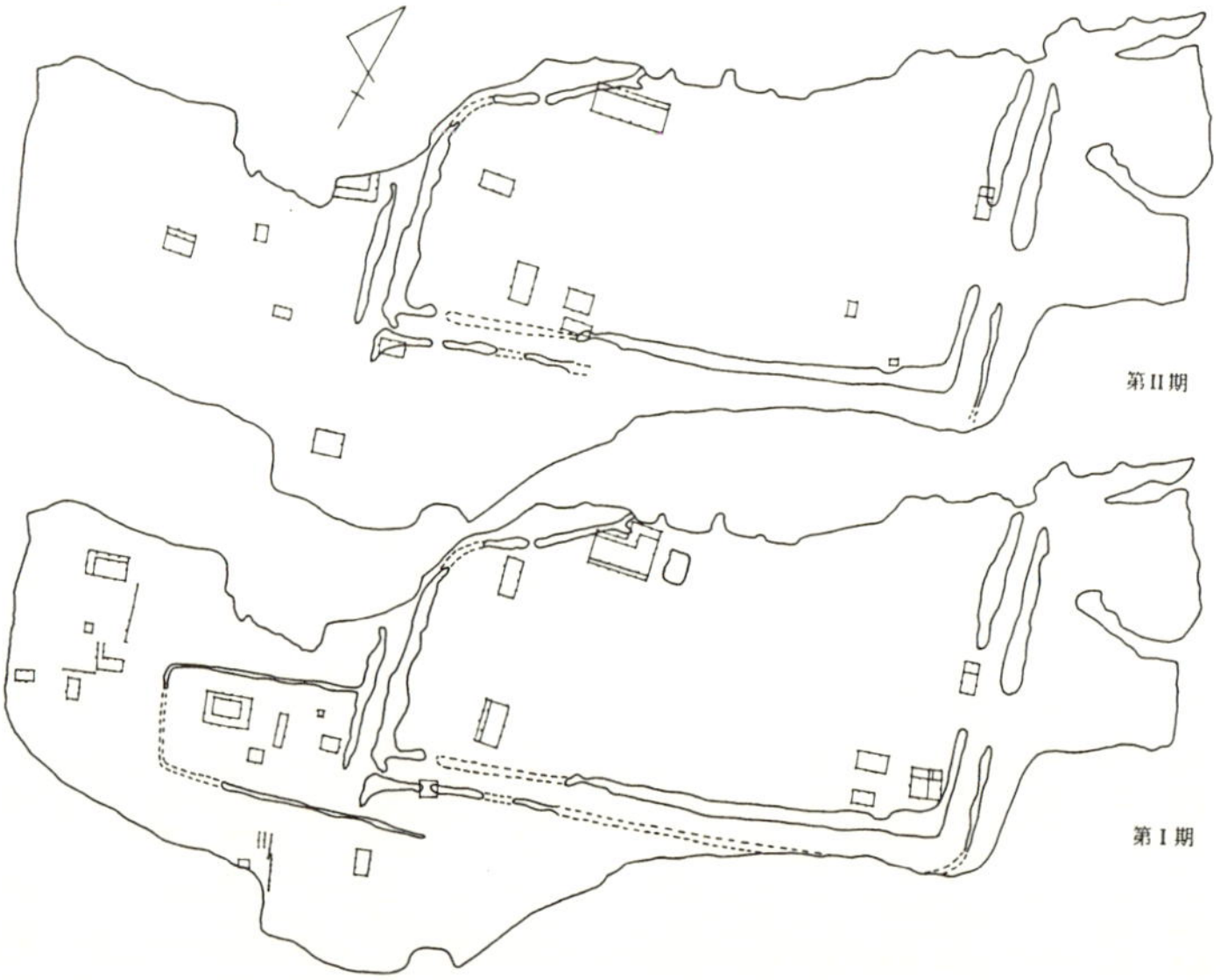

図16　柏原B遺跡　第Ⅰ・Ⅱ期建物群配置図

史』入来院家文書二）との関連が指摘されている。配分状により薩摩国御家人渋谷有重跡に恩賞が宛がわれ、その恩賞中に記載される「惣検校入道」屋敷が本遺跡であると考えられている。正応元年（一二八八）一〇月三日に配分を受けて後、渋谷家では「筑前国柏原内惣検校屋敷田畠」（同一〇）が代々相伝され、名称を変えつつも延徳二年（一四九〇）の「筑前国柏原水田屋敷」（同二二六）にいたるまで譲状に記載される。しかし、遠隔地所領ゆえに、この時期にいたる以前に不知行となっていたと指摘される。この状況は遺跡の年代観に見合う。ゆえに考古学情報と古文書の記載が相応する事例として注目されている。厳密に「惣検校屋敷」であると判断できるかどうかは慎重を期さねばならないが、渋谷家の遠隔地

所領を経営する拠点が本遺跡であったと考える必要はあろう。

本拠のモデルと政所　列島の北から南へ、方形区画の城館を散見してきた。すると一つの方向性が見いだせる。すなわち方形館と考えられる遺跡は、鎌倉御家人が本拠地に構えた城館ではない。言い換えれば、開発領主が本拠地に構えた城館ではない。従前にあって、方形館が武士による開発の拠点であると考えていた視点とは真逆の視点である。用水系と関係し、地域開発の拠点となった方形館とは、年代を異にすることもあり、新たな実態を想定する必要が生まれることになる。

およそ鎌倉時代から南北朝時代にかけての方形館とは、都市などに居住する領主が遠隔地にある所領を支配するため、いわば役所のような機関が方形館の様相で構えられたということになる。歴史学の概念では、荘園内の政所に近似する。

さらに考察を進めるならば、方形館という規範があったことにも注目できるのではなかろうか。規範ゆえに島名前野東遺跡のように厳格に守られた方形館もあれば、柏原B遺跡のように十分に型式を達成しないものもあったのだろう。しかし、方形単郭を意識した遺跡＝方形館がこの時期に存在した。

このように概観するだけでも、「城」とは平時の政治拠点と軍事拠点を両端に置き、時代的な背景のなかで、右に左へとウェートが変化しつつ、両方の意味を常に含む存在であったことが考えられる。そのなかで軍事的に多様性を帯び機能分担が極端に求められた戦国時代は、城館の歴史において特殊な時代に位置づけるべきなのだろう。従来、文献史学・考古学が中世全体の地域拠点を城館の視点で描くことに対し、城館研究にとっての城館とは戦国時代以降に主たる対象を置いていた。さらに言え

ば、戦国時代の城館像を固定化させて考える傾向があった。それゆえに戦国時代以前をどのように理解するか。このことへの対応が困難となっていたのではなかろうか。古代以来現代にいたるまで、「城」「城郭」などの城館に関する語彙は、意味するところが移り変わっている。単純化した議論が行われていたのではと反省せざるをえない。

(4) モンゴル戦争と石築地

石築地の普請　文永一一年(一二七四)と弘安四年(一二八一)の二度にわたるモンゴル軍の日本遠征は、日本史上で大きな出来事のうちの一つであろう。この戦争の最中、文永一一年の襲来を受けた後、幕府はその再度の来襲に備えるため、博多湾沿岸一帯に石築地を築いた。

『蒙古襲来絵詞』には生《いき》の松原に築かれた石築地が描かれる(写真4)。石築地の上に布陣する肥後国御家人菊地武房の前を、騎乗し大鎧をまとった同国御家人竹崎季長が行軍するさまを描いている。描かれた石築地は大きさをそろえた荒割の石材を一〇段程度、野面積みで積み上げたように描かれている。

石築地は鎌倉幕府による異国征伐の企てとほぼ時期を同じくして、建治二年(一二七六)三月ごろ築造を開始した。三月一〇日付けの少弐経資の催促状によれば、「異国警固の要害石築地事」で書きはじめ、「高麗に攻め込む輩以外の者に対して、奉行する国の者共に平均に賦課する。したがって今

写真4　元寇防塁（『蒙古襲来絵詞』）

月二〇日以前に、人夫を連れ、博多津に向かい、担当する場所を請け取り、普請をおこなうように」と命じている（『鎌倉遺文』〇一二二六〇）。

高さは平均しておよそ二メートルほどであり、調査によれば、砂丘の上に粘土を敷いて基盤を安定させた上に、基部幅三・四メートルで石を積み上げていた。陸側に傾斜を持たせて海側を切り立たせている。内部には小石が詰められており、石築地の表面だけでなく、全体として石を積んだ構造になっていた。

この石築地は八月中に完成させることを目標にしていたとされている。当初は、東端の香椎から箱崎・博多・百道《ももち》・生の松原・今宿《いまじゅく》（当時の青木横浜）を経て今津大原にいたる約二〇キロにわたった。現在は、埋め立てなどにより鎌倉時代当時よりも海岸線が沖へ延びているために風化し、土中に埋没している部分が多いが、福岡市の今津地区（西区）、生の松原（西区）、西新（百道）地区（早良区）、地行《じぎょう》地区（中央区）などは

国の史跡として整備され、露出した状態になっている。

謎の石築地 モンゴル戦争に際して機能した石築地であるが、城館の歴史という観点から考えた時、どのようになろうか。まず博多湾を囲むように石築地を線状に普請した点に着目したい。この立地は阿津賀志山防塁や鎌倉時代初頭の城とは「いずれも敵の進路を遮断するために戦場に臨時に構築された、簡単な交通遮断施設（バリケード）」と指摘した川合の見解とも関連する。そもそも郭を連ねた城館を考えていなかった点は、戦国時代とは異なり、同じ中世前期の軍事構造物という観点で考えることができよう。

そこで注目しておきたい点が今ひとつある。鎌倉幕府がこの石築地の普請命令を発した時、「要害石築地」と書き記している。「城郭」の語彙は使用せず、「要害」の語彙を使用している。この点は次の南北朝時代以降を考える時の重要な視点として注目しておきたい。

また石築地について一番の難題は、その構造が石垣であったことである。そもそも石垣構造の軍事的な構築物は、中世の歴史のなかでは、戦国城館を除いて他に類例をもたない。現状では、西日本古代山城から戦国城館の中間に取り残されたように存在する軍事的構築物なのである。そもそも築地と呼称することから考えると、築地塀との関連も考えるべきなのであろう。しかしなぜ石垣による防禦を行おうと考えたのか、その技術・技法はどこからもたらされたのか。今後の大きな課題である。

(5) 悪党の城郭

悪党と「城郭」 嘉暦二年(一三二七)頃、伊賀国黒田庄で悪党が「城郭」に籠もった。対処に困った東大寺はその追罰を六波羅探題に依頼した。すると奇怪なことが起こる(『鎌倉遺文』〇二九七五五)。

六波羅探題より使節が派遣されるが、その報告は「城墎に至っては存在せず」であった。このことに対して東大寺は「使節が入部した時は、いつも設備を取り撤し、使節が帰参した後には、またもとのように「城墎」を構え、ますます悪行を行う」と訴えている。いかにも簡便な「城郭」である。

痺れを切らした東大寺は新たな要求をする。黒田庄悪党がその行為を繰り返す原因は、「御教書において住宅を破却せよとの文言を載せないからだ」と東大寺衆徒は訴えた。すなわち「城郭」の中核は「住宅」であると断じているのである。住宅を要塞化することがいわゆる「城郭を構える」であった。

同じ嘉暦二年正月頃、和泉国大鳥庄では地頭田代基綱が「城郭」に苦しめられていた。庄内住人の等覚が「城郭を構え」て殺害行為に及んでいた。この「城郭」とは等覚の住宅に構えられたものだった。そして等覚に与同する同じく大鳥庄住人の彦三郎基宗も自身の住宅を「城郭」にして、等覚の「本城郭」に呼応していた。

「城郭」に変じる住宅は黒田庄だけの特殊な事例ではなかった。日常的には「城郭」ではない住宅が、敵対行為を構えるに際しては軍事構築物に変化する。この「城郭」の実態は視覚的には明らかではないが、簡便に築きかつ取り払われるという実態から考えると、厳重な普請を施した構築物とは考えられない。おそらく壁や柵などの作事によって簡便に構えられるものと推測されよう。

「城」と「郭」 そもそも「城郭」の語彙は、どのような語源があるのだろうか。どうやら「城」と「郭」は別の存在であるらしい。このことについて注目すべき発言は川島茂裕の研究である（川島二〇〇四）。川島は『吾妻鏡』に見える「郭」の語を博捜し、寺・院・堂のほか御所・亭第・館などに関わる「郭」を整理している。これらは本体が中核に存在し、それを囲む「郭」という用例である。

またこの語彙は中国に由来している。高橋誠一は「『太平御覧』などによれば、「城」は君主を守り「郭」は民を居住させるというように、中国では本来「城」と「郭」は別ものであった」と指摘している（高橋一九九四）。

鄭州発見の銅戈の金石や『説文』五下に「郭」が認められるし、『左伝』の魯国における三例の郭建設、関野雄の調査による山東省滕県の二重の城郭、あるいは『水経注』巻二十五南梁水の条の「城周二十里、内に子城あり」、『戦国策』巻十三斉六の「五里の城、七里の郭」、『孟子』公孫丑下篇の「三里の城、七里の郭」などによっても、二重の城壁の存在が明らかである。中国では、まず丘の上に王宮などをかこむ城のみが築かれたが、春秋時代以降は城と郭が併存し、やがて戦国時代以降になると、宮城のおかれた都城では城と郭の併存は継続するが、ほかでは、郭すなわ

ち都市全体をかこむ羅城や都市壁が主要なものとなっていった。

と続けている。高橋の指摘は古代都城制研究のなかでの発言であるが、中国で展開した二重区画による都市設計の伝統は重要視したい。

この川島の分析および高橋の指摘に準拠すれば、本来、「城郭」の語彙は「城」と「郭」に分離され、「城」に附属して「郭」が存在したということになる。

語源に照らして考えると、住宅の家屋を中心に少なくとも二重の構造物で取り巻くことにより、「城郭」が出現したのであろう。柵や塀、逆茂木などで取り巻くことにより出現した「城郭」は、逆説すれば撤去も容易ということになる。

「住宅」が「城郭」になる。先の渋谷氏の事例に即せば、武家の「屋敷」が「城郭」になる。「城郭」の中核部である「城」は、単体としては「住宅」「屋敷」「館」と近似した存在であったが、本質的には「城郭」という二重構造の空間を踏まえての中核部分ということになるであろう。このように考えてくると、「城」の本質のひとつに本拠としての居住性があると考えられないだろうか。

そして、鎌倉時代に見られた「城郭」の語彙は、「城郭を構える」のフレーズに見られるように臨時性の強いものだった。先に確認したように、中核部にあたる「城」とは、居住空間である屋敷であって、常置のものである。その地が「城郭」と称せられる時、「郭」が付設されたと考えることはまずは可能であろう。ゆえに「城郭」の臨時性の一端は「郭」の性格に由来すると考えられる。「城」だけでなく、本来は存在しなかった「郭」が構えられるとき、軍事性がともなった状態としてより強

く周囲には認識されたのであろう。

中世城館の歴史もようやく軍事性を強く帯びた時代へとたどり着きつつある。

(6) 『太平記』のなかの城郭

倒幕の拠点　鎌倉時代の城館を論じるに際して、忘れてはならないのは楠木正成らが鎌倉幕府軍を迎え打った城館であろう。元弘元年（一三三一）、後醍醐天皇は笠置寺に籠もり、楠木正成は赤坂城で戦う。翌年には護良親王が吉野に籠もり、楠木正成が挙兵して奮戦する。この間に、笠置城・吉野城・赤坂城・千早城などが登場する。そのそれぞれについて、具体像は『太平記』に描かれるが、そこに見られる城館の様相は一様ではない。おおよそであるが、そこには二つのタイプの城館が存在することがわかる。

山を活かした城　まずは山という自然を活かした要塞である。笠置城、吉野城そして千早城がこれにあたる。

笠置城について『太平記』は「かの笠置の城と申すは、山高くして、一片の白雲峰を埋み、谷深くして、万仞の青巌路を遮れり、攀折たる路、廻り上ること十八町、岩を切つて堀とし、石を畳みて塀とせり、さればたとひ防かずともたやすく上る事を得難し」と描写する（第三巻「笠置合戦の事」）。まさに天然の要害に依拠した山城と言えよう。そして、構造的には「大手の木戸、西の坂口をば、伊

賀・伊勢の兵、千余騎にて堅めたり、搦手に対せる東の出塀の口をば、大和・河内の勢、五百余騎にて堅めたり、南の坂、仁王堂の前をば、和泉・紀伊国の勢、七百余騎にて堅めたり、北の口一方をば、険岨を憑みけるにや、警固の兵をば一人もおかれず」とし（第三巻「陶山・小見山夜討の事」）、四方の備えを記すが、構造物があるような城館には見えない。とりわけ「仁王堂」などが見え、寺院を前提とした城館であることがわかる。

つぎに護良親王が籠もった吉野城であるが、こちらも「岸高うして道細く、山嶮しうして苔滑らかなり、されば、何十万騎の勢にて攻むるとも、たやすく落ちぬべしとも見えざりけり」と、嶮難な地の山城であると描かれる（第七巻「出羽入道吉野を攻むる事」）。そして、一の木戸・二の木戸・堀などの施設があることも見えている。

そして、著名な千早城（第七巻「千剣破城軍の事」）であるが、「この城、東西は谷深く切れて、人の上るべき様もなし、南北は金剛山に続きて、しかも峰絶えたり」と記し、東西は谷、南北は金剛山の尾根の山城であることがうかがえる。しかし「高さ二町ばかりにて、廻り一里に足らぬ小城」とも続けている。イメージのうえでは戦国時代の山城に近い選地であることがうかがえよう。

これら三つの城館は自然の地形に拠った山城であることが共通する。戦乱に際して拠点として取り立てられた城館と思われ、軍事的な構造物はそれほど詳細に記載されない。

平地城館の様相　これに対して注目できるのは赤坂城である（第三巻「赤坂軍の事」）。元弘元年に取り立てられた赤坂城は「已れが館の上なる赤坂山に城郭を構へ、五百余騎にて楯籠もる」と記載さ

れ、まずは山城のように見える。しかし他方において「かの赤坂の城と申すは、東一方こそ、山田の畔重々に高くして少し難所なれ、三方は、皆平地に続きたるに、堀一重、塀一重塗つたれば」と描写し、「方四町にたらぬ平城」と明示している。合戦に際しては、「城中より、三つの木戸を同時にさつと押し開いて」とあるように、おそらくは北・西・南の三方向に門を構えていたことがうかがえる。すなわち東側に山が続く平地城館、あるいは方形館の様相であったと記載している。

元弘元年の赤坂城は落城することになるが、元弘三年にも楠木正成の拠点として赤坂城は登場する。名称は同一であるが、『太平記』に記載される様子は、先の赤坂城とこの年次を異にする赤坂城が別の城館であることを思わせる（第六巻「赤坂合戦の事」）。すなわち後者については「三方は、岸高くして屛風を立てたるが如し、南一方ばかりこそ、少し平地につきて細きを、広さ深さ十四、五丈に掘り切つて、岸の額に塀を塗り、上に櫓をかき並べたれば」と、さらには「この城、三方は谷深く切れて、地に続かず、一方は平地にして、しかも山遠し」と景観を描写する。先と異なり南側が平地続きで、三方は岸であるとする。すなわち、南から北へと飛び出した舌状の台地であると予想される。おそらくは河川の合流点を選地したのであろう。とするならば、南側には台地を切る堀切が予想されるが、『太平記』にはその様子を「赤坂の城近くなりければ、二人の者ども、馬の鼻を並べて懸け上げ、堀の際まで打ち寄せて、鐙踏んばり弓杖突きて」と記している。

『太平記』の記載であるので、その描写の信憑性には慎重を要するが、この二つの赤坂はやや景観を異にしている。しかし両城ともいわゆる天険によった山城ではなく、平地に築かれた城館として記

されている。ゆえに防戦には工夫をこらした構造があったということになるように思える。

二つのタイプ　『太平記』に記載された城館であるが、このように二つの様相が見えた。天険の山を利用した山城と、地続きの平地に四方を意識して築かれた平地城館の二つのタイプである。後者の構造は鎌倉時代に見られた「城郭」との関連性を考えさせるが、基本的に方形単郭を予想させる構造であることには注目しておきたい。

そして、この両者ともに一定の空間を設定し、その空間を守るような構造をもった城館である。鎌倉時代に多く見られた交通遮断施設（バリケード）ではなかった。多分に戦国期にまで共通しそうな様相であり、城館の構造においての画期と考えておきたい。

この『太平記』の記載はどこまで、実像に見合うだろうか。このことを南北朝の城館を探ることでアプローチしてみたい。

3 南北朝時代から室町時代へ

(1) 南北朝内乱と城郭

小山大後家の活躍　建武三年（一三三六）一〇月二八日、下野国小山《おやま》で留守を預かる小山貞朝後家は、たびたびの軍忠、とりわけ「城郭」を構えたことを賞讃されて、常陸国中郡庄を預けられた（『栃木県史』二一　松平基則氏所蔵六）。この時の小山城の役割は、たんに小山家の私的な城館に留まらず、下野守護小山氏によって動員された下野御家人が籠もった北関東における足利方の拠点とされている。この拠点作りに果たした小山貞朝後家の行動が評価されて、この文書が発給されたと考えられる。

小山城が構えられた背景には、小山家にとっての危機的な状況があった。先々代の貞朝没後わずか五年にして、先代の小山秀朝は中先代の乱で自害してしまう。そのあとを小山常犬が当主となる。常犬は足利尊氏に従って転戦し、在所の小山は留守の状態になる。小山貞朝後家宛に文書が発給されているのはこの時期にあたる。さらに尊氏は畿内で破れ、九州へ下向するという状況であった。そして

関東に残された足利方は北畠顕家軍の蜂起を受けて、危機感が高まっていた。そのなかでの小山の奮闘を讃えて、斯波家長によって所領の預け置きが行われたのだった。

この時の「小山城」とは小山のどこにあった城館であるかは実は明確にできない。しかし、周辺の地形から平地城館であることは動かないだろう。同年八月二四日夜、茂木知貞の代官祐恵は「小栗城墎」より「小山乃御館」に移って、警固をしており（『栃木県史』二　茂木文書一三）、茂木知貞自身も一二月一〇日には「小山乃御館」に籠り、北畠軍に備えている（同前　茂木文書一四）。この二事例に挟まれて、先の斯波家長奉書は出されているのである。「館」は「たち」であり、仮に「やかた」と読むとしても、いずれにせよ平坦な小山の地形を考えれば、山城のような城館は考えられない。すなわち、この時に構えられた「城墎」とは日常的な拠点であった「小山乃御館」を要塞化したものと考えられる。

また「小山乃御館」がなんの変化もなく、そのまま要塞化されたのではないことも呼称の変化から指摘できる。この小山城での合戦は翌建武四年まで続くが、建武四年に発給された管見の文書は、合戦の行われた場所を「小山乃御館」と呼ばず、「小山城」としている（史料纂集『飯野八幡宮文書』一四五、『栃木県史』二　茂木文書一六、『新潟県史』六〇六ほか）。

先に鎌倉時代の悪党による「城郭を構える」という行為に、六波羅使節を騙すほどの景観変化があったことに触れた。それを踏まえれば、小山における「構城墎」にも類似の景観の変化があったと考えるのは無理なかろう。八月頃には「館」であったものが、一〇月の段階以前に「城墎を構える」と

いう行為があり、翌年には「小山城」と呼称される経緯を鑑みれば、何らかの景観的な変化が、「城墎を構える」という行為のなかにあり、「館」から「城墎」へと呼称が変化したと考えられるのである。

すでに同じ時期の考古学的事例として、島名前野東遺跡をとりあげた。発掘調査による島名前野東遺跡と文献資料による「小山城」を関連して考えることは可能ではなかろうか。

「城」の激増と臨時性　ところで、史料を散見してみると、南北朝時代の到来とともに、「城」「城郭」などの語彙が頻出するようになることに気づく。そこで、史料に登場する一三三〇年代の城館を網羅的に検出し、城館について検討を加えるべく、まず個別の城館を把握した。そのうえで当該の史料単体で解釈し、「城」「城郭」「館」「要害」「楯」の城館関連語彙をともなって把握できる個別城館に注目した（表4）。語彙の分析を重視することから、同一城館を指す可能性がある場合でも、記載の相違から分離したものがある。筆者の管見の範囲なので漏れが多々あると思われるが、傾向は抽出できるほどにはなったと考えている。その表を読み込むと興味深いことが浮かび上がる。

まず、取りあげた史料の状況である。分析の対象となった史料のほとんどが、軍忠状・着到状のほか、軍勢催促状、感状・宛行などの軍功の評価に関わる書下であった。すなわち城館関連語彙が戦争にともなって頻出していることを示している。このことは個々の城館関連語彙がもつ属性、さらには当該期の城館の性格が戦争にともなうものであることに由来すると言えよう。しかし、この時代の城館は、一五世紀さらには戦国期段階とは城館に要求される軍事性は同一ではない。このことは遺構の

表4　1330年代城館関係語彙集計表

		城郭	城	館	楯	要害
元徳2	1330	0	0	0	0	0
元徳3/元弘元	1331	0	0	1	0	0
正慶元/元弘2	1332	0	0	0	0	0
正慶2/元弘3	1333	0	2	1	0	0
建武元	1334	3	7	1	4	0
建武2	1335	4	4	0	0	0
建武3/延元元	1336	12	38	4	7	0
建武4/延元2	1337	8	55	10	22	1
暦応元/延元3	1338	2	31	0	1	5
暦応2/延元4	1339	3	17	0	8	1
1330年代合計		32	154	17	42	7

・対象地域は三重県・愛知県・岐阜県・石川県を西限とした東日本全体であり，当該の県史を典拠史料集の中心に「城」「館」「楯」「要害」「城郭」について，国別に1年刻みでカウントした．
・紙面の都合から，所見ない国については省略した．
・同一城館であるものの，「城」「館」「要害」「城郭」の語彙に言い換えがある場合は，それぞれの語彙ごとにカウントしている．

残存から想定される。

さらに視野を全国に移すと地域によって国によって城館の存在に著しい偏差が指摘できる。この時代の政治史の大きな舞台であった関東の相模国・武蔵国・安房国・上総国・下総国・上野国そして東海道の伊豆国・駿河国の城館の僅少さは特筆に値しよう。それに比べて、豊後国・肥後国・日向国・大隅国・薩摩国の多さは注目できる。すなわち、当該期の城館は史料から見る限りは全国均一に存在するのではなく、偏差をもって存在していたことを示している。後述と関連するが、当該期の戦乱の地域と密接に関連しているということにもなろう。

そして、地域によって戦乱が集中し

ている城館が見られることも特徴である。陸奥国小高《おだか》城・霊山《りょうぜん》城、常陸国小田城・駒城・関城、下野国小山城、遠江国井伊城、越前国金ケ崎《かね(な)がさき》城、近江国鮎河城、山城国石清水八幡宮城、摂津国摩耶城、河内国楠木城・千早城、安芸国矢野城、石見国高津城・横山城、筑後国黒木城、肥後国菊池城・寺尾城、豊後国玖珠《くす》城、日向国石山城・太田城・高城（兼重城）、大隅国加瀬田城、薩摩国市来《いちき》城などである。また播磨国の赤松城・苔縄城・白旗《しろ(ら)はた》城は相互に関連して全体として考えるべき城館であろう。頻出するのはそれだけ激戦があったことを示している。

つまり南北朝の内乱という状況が緊急に「城」「城郭」などの軍事施設を生み出したと考えてよいであろう。そのことは先の小山城の事例も示していた。

相馬家と小高城　惣領相馬重胤からの命により、重胤次子相馬光胤らは鎌倉から陸奥国行方《なめかた》郡小高に派遣され、「小高堀内」に「城墎」を構えるよう指示が出された（史料纂集『相馬文書』相馬文書二七）。重胤の予想通り、南朝方は小高城に攻め寄せ、激戦となる（同前　相馬文書三七）。戦闘に関わった相馬一族は恩賞を請求した（同前　相馬岡田文書三二ほか）。その申請のなかで忠節を記す内容として、相馬七郎胤治子息竹鶴丸らは「相馬孫五郎重胤の屋形を城墎に構えた」と主張している（写真5）。

先の下野国小山城の事例でも「小山乃御館」がその「城郭」にあたることが確認できた。すなわち、日常の屋敷である「小山乃御館」を「城郭」に構えたのだった。またこの小高城の事例は、明らかに同じ事例であり、日常の「屋形」＝屋敷が「城墎」に構えられたことを示している。この二つの事例

写真5　小　高　城

は明らかに日常の支配拠点である屋敷が、戦争にともなって緊急に要塞化した事例である。日常の拠点から地点を変えることなく、合戦の準備をしたことになる。小高城の場合も、視覚的な変化がともなっていたことを予想させる。

伊東祐広と八代城　日常の拠点から地点を変えない事例として小山城と小高城の東国の二事例を紹介した。はたしてほかの地域ではどのようであろうか。

日向国の土持宣栄は同国内での軍功を書き立て恩賞を請求した。土持宣栄が攻め込んだ敵方に伊東祐広がいた。伊東氏は日向国に基盤を持っており、八代《やつしろ》城・猪野見《いのみ》城等、複数の拠点を構えていた。このうち八代城が日常の拠点であったらしく、土持宣栄は、建武三年（一三三六）正月二三日に「祐広宿所八

写真6　鳥　坂　城

代」を攻めている（『伊東市史』三七七）。明らかに「宿所」と標記されているのであるが、同日付の別の史料（『伊東市史』三七八）には「祐広之城八代」と読み替えられている。すなわちここでも日常の居所が要塞化された事例を確認することができよう。

このように南北朝時代の到来は日常の屋敷の防備を計り、要塞化する傾向があったことは間違いなかろう。

臨時の築城　建武五年（一三三八）、越後国奥山荘内に鳥坂城《とつさか》（新潟県胎内市）という城があった（写真6）。隣荘の色部氏の庶子色部高長が越後国大将佐々木加地景綱に属して、この鳥坂城に籠もっている。北朝方の下越における重要拠点であったと思われる（『新潟県史』一〇五一（四））。

鳥坂城について、一世紀ほど経った享徳三

年（一四五四）に中条秀叟によって興味深い述懐がある（『新潟県史』一三一六）。この史料によれば、鳥坂城は建仁元年（一二〇一）に城資盛が使用した後、私の曾祖父にあたる三浦和田茂資が籠城し、このたび、自分、中条秀叟が享徳二年（一四五三）に再興した、と述べている。三浦和田茂資が籠城したのは観応の擾乱の頃となる。茂資はこの際に尊氏派として転戦しているが、具体的に鳥坂城が用いられた史料は残念ながら他にはない。

少なくとも文献資料より享徳二年の中条秀叟再興にいたるまで、城資盛以降、合計で三度の使用が認められる。一見してこの鳥坂城は鎌倉時代初頭より存在していたように思える。しかしながら秀叟は茂資が籠城してより後、「其中間一百二年」の期間を経て「再興」したと述べているのであり、鳥坂城は「廃城」の状態にあったことになる。

新潟県胎内市にあったこの鳥坂城は、標高四三八・五メートル、山麓との比高差、約四一〇メートルの鳥坂山頂に比定される。現在も時期不明であるがわずかの遺構を残しており、非常に要害堅固な地である。戦国期は西側に下り、現在、白鳥城と通称される山城を取り立てている。

このように鳥坂城は中条秀叟再興にいたるまで、この天険を利用し、必要に際して臨時に取り立てられていた。

山城の登場　南北朝時代の到来は日常の屋敷の防備を計り、要塞化する傾向があった。しかし、列島の城館すべてをこの傾向で説明することは難しいようである。このことは千早城や鳥坂城の事例から明らかである。ではこのような山城の取り立ての状況は、ほかの地域でも見られるだろうか。表5

から考えてみたい。

表からまず山に城館を構えた事例を検討したい。表の「山　記載」の項をたどると、「山」を含む地名はもちろんであるが、「麓」「尾」「尾頸」「西尾頸」「南中尾」「西尾」「松尾」「東尾」「中細尾」「北尾崎」「峰」「山城東岸上」などの記載を見ることができる。

「麓」「峰」などは説明を要しないであろう。また「尾」は尾根のことであり、城館にいたる方向から、「南尾」「中尾」「西尾」などと呼ばれたと考えられる。これらは山が城館に取り立てられていたことを示している。すなわち一三三〇年代の城館のうちには山城が存在したことを裏づける。ただし注意しておきたいことは、先に表4で確認した一三三六年以降の激増すなわち南北朝の対立をもって城館が激増した事実である。つまりは戦乱の危機感によって臨時に城館が取り立てられた点である。このことは普請により要害堅固な城館を求めたというよりは、山自体がもっている要害性に依拠して、臨時に城館を構えたことを予想させる。

この推測は「尾頸」の文言からも裏づけられる。この文言はその内容を推測すると、尾根に関わる語彙であることはまず確認されよう。そして「頸」の文字が推測させる内容は頭部と胴体の繫ぎ目のように、尾根のなかで細くなっている場所と考えるべきであろう。尾根の幅は地形によってさまざまであり、尾根の幅が広ければ、より多くの軍勢が展開でき、軍事的な活動が自由になる。しかしながら地形が部分的に細くなった場所も当然ながら存在するのであり、この場所では通行が制約されることになる。攻防の焦点となることは明らかである。すなわち激戦地となり軍忠状等で記載の対象にな

表5　山および寺社と城館の関係表

	旧国名	城　名	記載城名	山　記載	寺社　記載
74	美濃国	(佐竹)義教城郭	(佐竹)義教城郭	罷向義教集(構か)城**清水寺**馬場**尾**,	
111	陸奥国岩城	熊野堂城	熊野堂楯		宇多庄**熊野堂**楯築間,
112	陸奥国岩城		御城宇多庄熊野堂		御城宇多庄**熊野堂**
113	陸奥国岩城		熊野堂城		重馳向**熊野堂**城
144	陸奥国岩城	不軽堂城	不軽堂城		**不軽堂**城
153	陸奥国岩城	霊山城	(霊山)城	此間親王御座**霊山**候,	
154	陸奥国岩城		(霊山)城	此間親王宿御座**霊山**候処,	
155	陸奥国岩城		霊山城	先国司被籠**霊山**城之間,	
156	陸奥国岩城		霊山城	参**霊山**城之由,	
157	陸奥国岩城		霊山館	自伊達郡**霊山**館,	
158	陸奥国岩城		霊山御楯	自宇都宮**霊山**御楯,	
159	陸奥国岩城		霊山城	且為対治黒木并**霊山**城,	
171	陸奥国津軽	大光寺楯	大光寺楯		**大光寺**楯御合戦次第
172	陸奥国津軽		大光寺外楯		**大光寺**外楯打落之処,
196	越前国	金ヶ崎城	(金前)城	**尾頸**攻□, (中略)被攻破城時, **尾頸**壁越致軍忠畢,	
220	越前国	西方寺城	西方寺城		押寄**西方寺**城抽合戦忠節畢,

224	越前国	蕗野寺城	蕗野寺城	**蕗野寺**城并二岡城凶徒等懸出之間致合戦，焼払**蕗野寺**城**麓**一　同九月十五日，押寄浅宇津之処，**蕗野**寺城并二岡城凶徒等懸出之間致合戦，焼払**蕗野寺**城麓訖，	
253	近江国	飯道山城	飯道寺城		当国於**飯道寺**城
256	近江国		伊岐代宮城		**伊岐代宮**城
259	近江国	延暦寺	(山門)城郭		逃籠**山門**，構城郭，
262	近江国	太平寺城(霞ケ城)	太平寺		参上于**太平寺**，云城墎結構，
265	近江国	龍山寺城	(嵩龍山寺)城墎		構**油日嵩龍山寺**城墎，
266	山城国	石清水八幡宮城	八幡城		同十九馳籠**八幡**城，
267	山城国		八幡城		於**八幡**城被合戦之時，
268	山城国		(八幡山)城		御発向于**八幡**之間，
269	山城国		八幡城		於**八幡**城搦手縮口合戦，
272	山城国		男山城		攻登男山城之南屏際，
273	山城国		(八幡)城内		押寄**八幡**北搦手，
276	山城国	観音寺城郭	(粟生山観音寺)城郭		構**粟生山観音寺**於城槨
277	山城国	醍醐寺城郭	(醍醐寺)城郭		**醍醐寺**合戦仁御共仕，責落御敵，焼払数ケ所城墎，致軍忠，
278	山城国	高雄寺城郭	(高尾寺)城郭		**当寺**令与力義貞等，構城郭之由有其聞，

279	山城国		(高尾寺)城郭		**高尾寺**衆徒等，令与力義貞等，構城郭云々，
280	山城国	東寺城郭	(東寺)城墎		以**吾寺**為城郭，
281	山城国		(東寺)城郭		武将構城郭於**斯地**矣，
282	山城国		(東寺)城郭		専於**当寺**■■(城郭)凶党之難，
283	山城国	鳥取尾城(山崎城)	鳥取尾城	**八王寺山**馳参，**鳥取尾城**自五月廿九日迄六月廿二日夜，被用害警固候，	
284	山城国	仁定寺城槨	(仁定寺)城槨		**仁定寺**に構城槨，
番外1	山城国		峯堂		**峯堂**一城戸警固仕候了
292	摂津国	唐崎城	唐崎城	**麓**役所廿宇焼払，(中略)，於同城麓致合戦畢，	
295	摂津国	香下寺城	(香下寺)城		**香下寺・丹生寺**両城
297	摂津国		水田城		**天王寺**構城郭，
298	摂津国	多和城	香下寺中多和城		押寄**香下寺中**多和城夜討之時，
300	摂津国	別宮城墎	別宮城墎	取上**別宮山**之時，(中略)於**彼山**構城墎楯籠之刻，	
330	河内国	山城	山城	御敵数百人**山城東岸上**懸出之処，	
番外2	和泉国		巻尾寺		馳向**槇尾寺**之処，於于横山坪井口進一陣，打破三城戸口，
337	和泉国	巻尾寺要害	(巻尾寺)要害	楯籠当国**巻尾寺**，構要害，令警固御所**尾**，	

345	大和国	桃尾城	桃尾城		(桃尾山龍福寺ヵ)
346	大和国		桃尾城		(桃尾山龍福寺ヵ)
351	紀伊国	西光寺城槨	西光寺城槨		馳向仁儀庄**西光寺**城槨,
352	紀伊国		西光寺城槨		馳向仁儀庄**西光寺**城槨,
360	但馬国	進美寺城	進寺	責上**南中尾**,	揗籠**本堂并八角堂**凶徒等,
367	丹波国	荒河置山城ヵ	安良賀城	於嶋手**松尾**致昼夜軍忠之処,	
369	丹波国	高山寺城	高山寺城		寄来**高山寺**城致合戦候之上,
370	丹波国	雀部城	雀部城	大手**東尾**構役所致合戦之処,	
378	丹波国		和久城	和久城戌亥**尾頸**而責上,	
391	丹後国	府中城ヵ	成相寺荒河太郎三郎城		寄丹後国**成相寺**荒河太郎三郎城候之刻,
397	播磨国		赤松城	加之承**峰**役所警固,	
417	播磨国	豊地城	東条城	自**西尾責上**,	
418	播磨国	丹生寺城	(丹生寺)城		**香下寺・丹生寺**両城
421	播磨国	広峯山城	広峯山之城	楯籠于**広峯山**之城,	
番外3	播磨国			**中細尾**合戦之時,(中略),同十七日於**中細尾**同観性房被疵左本頸射疵畢,	
435	安芸国	高山城	妻高山之城	楯籠**妻高山**之城之間	

436	安芸国	日浦山城	(火村山)城	**火村山**(中略)，同廿日於搦手**北尾頸**,	
437	安芸国		(火村山)城墎	**火村山**執上,	
445	安芸国		矢野城	押寄**西尾頸**高矢庫本,	
448	周防国		敷山城		今月四日属于御手押寄彼城，自大手攻入于**本堂**,
455	石見国	木村山城郭	(木村山)城墎	**木村山**構城墎,	
466	石見国	益田城	益田城	責破**北尾崎**木戸,	
495	土佐国	安楽寺城	(安楽寺)向城		取向城於**安楽寺**之処,
496	土佐国		安楽寺城		寄来于**安楽寺**城之間,
508	筑前国		(嘉摩郡)城	御敵数百人**山城東岸上**懸出之処,	
534	肥後国	菊池山城	菊池山城	引籠**菊池山**城之間,	
535	肥後国		菊池山城	押寄**菊池山**城太手,	
556	豊後国	玖珠城	豊後高勝寺之城		豊後**高勝寺**之城
557	豊後国		豊後高勝寺之城		豊後**高勝寺**之城
574	豊後国		(高消寺)城		**高消寺**
682	大隅国	日当山城	覚乗法眼之城日当山	覚乗法眼之城**日当山**・当城**日当山**	

＊表中の左の番号は齋藤慎一 2015 の表 1 の各項目に対応する．また，表中の史料引用も同表記載の出典を参照されたい．
＊番外の番号の出典は，番外 1：『亀岡市史』417，番外 2：『泉佐野市史』南北朝 24，番外 3：『上郡町史』93.

るのであろう。

さらに注意を払いたい点は、戦国期の一般的な城館にあっては、この「尾頸」には堀切が普請されることである。その場所について、堀切あるいは「堀」ではなく、「尾頸」と記載されることは、堀切が普請されていなかったことを示唆する。つまり一三三〇年代の山城には堀切が普請されてしかるべき場所でありながら、堀切の普請がなかった場合があることを示している。すなわち堀切の普請が行われず、自然地形に依拠した山城が存在したことを示唆しており、かつ当該期の山城の臨時性という性格を語っている。

寺院と城館　この山城の臨時性という点については寺社の活用という視点にも注目しなければならない。この寺社を城館に活用するという視点は古くから注目されているほか、近年では治承・寿永期の事例については中澤が注目している（中澤一九九九）。改めて古文書のレベルで注目してみると、表5のようになる。ここで注意を払いたいのは、京都周辺では東寺・醍醐寺・石清水八幡宮などの権門寺院での要塞化が見られるのであるが、中国地方や北九州ではいわゆる山林寺院の要塞化が想定できる点である。

表5で確認したとおり、一義的には要害を欲するため、山に籠もる。しかし自然地形のままの山では活動できる平坦な面が少ない、長期間の籠城に対するインフラの整備に課題がある。これらの点は山林寺院の利用を必然にすると考えられる。加えて山林寺院では塀や壁そして木戸・城戸が存在し、あるいは堀が普請されていた場合すらもあろう。手を懸けずして城館に転用可能な存在があり、その

施設を転用することにより目的が達せられる関係になる。

建武三年（一三三六）八月日付の伊達義綱軍忠状（『兵庫県史　中世八』南禅寺文書一二）では、まさに寺院と「城」が一致していることが描写される。義綱は八月三日に「進寺」に向かった。この「進寺」とは進美寺《しんめいじ》であった。そこで「南中尾」を責め上がる。まさに山林寺院を舞台としている。そして、一三日に責めた先は「城内」とされており、進美寺こそが「城」であった。しかし戦闘の行き着くところは凶徒を「本堂」に「追籠」むことであった。まさに山・寺・城が渾然一体とした空間であったことがうかがえる。

時代背景のなかで、「城」「城郭」「要害」と称する軍事的な施設は必須であった。しかし緊急の要請は臨時的な存在を必然とし、要害な自然地形あるいは山林寺院を要求したということが一三三〇年代の事情ではなかったろうか。そこには堀切すら普請できず、「尾頸」というような自然地形の要害性に頼らざるをえなかった可能性すらあった。

山と寺社とりわけ山林寺院の利用について確認した。そこから得られる様相は、小高城・小山城という従前からの屋敷の要塞化ではなく、おそらくは従前の屋敷から離れ、天険の地形を生かした場を求めて、臨時に城館を築くという様相であった。

城館と地域性　再度、表5を概観してみたい。

まず、戦時にともなう拠点城館の取り立ての視点である。既に触れたように、内乱の勃発により、領主は城館を欲するようになるが、その際、従前の屋敷の要塞化と山等の利用の二類型があった。こ

の視点で表5を見ると、地域性の存在が浮かび上がる。霊山城をまず例外としたときに、該当する城館は越前・美濃・丹波・山城・摂津・河内・和泉以西で、四国を除き、肥後までに広がりが見られることになる。おおよそ北陸・畿内・中国・北九州を当該の地域とする傾向と言えるのではなかろうか。逆に関東平野を中心とした東国には見られなかった。この点は東国では小高城・小山城のような屋敷の要塞化があったことと対をなす。概括的に言えば、西国では山城、東国では屋敷の要塞化という傾向があったことになる。

この視点に立てば、霊山は南朝の重要拠点であり、まさに畿内の考えによって築かれた山城と言える。また、南九州については日当山《ひなたやま》城のような事例はあるが、先に確認した「祐広宿所八代」「祐広之城八代」のように屋敷の要塞化があった。この点を重視すれば、南九州で山城が希薄であったのは、あるいは屋敷の要塞化という変化の地域であったことを想定することができるのではなかろうか。

そして、次に寺社との関係である。表5からは越前・美濃・近江・山城・摂津・和泉・紀伊・丹波・但馬・播磨等の畿内に顕著に見られる。このなかには東寺・醍醐寺・石清水八幡宮などの中央の権門寺社が見られる。このような寺社を城館として活用するというあり方が畿内に顕著に見られる点は注目しておきたい。加えて、周防・土佐・豊後にも事例が見られる。このうち土佐は向城（＝陣城）の事例である。畿内と中国・四国・北九州とでは頻度に差がある点は注意したいが、おおむね先の山城と同じ地域となる点にも注目したい。すなわち、山城と寺院の要塞化は同じ地域で指向された築城法と言うことができるであろう。

北関東以北の特徴　寺院の問題では、今ひとつ注目しておきたい。陸奥国にも「熊野堂城」「不軽堂」「大光寺楯」などと散見される点である。全体として、事例が多くはないが、注意しておきたい点は、山城の記載と重複しない点である。そして、二ヵ所については「堂」という記載であることである。少なくとも、山の利用と関連しないことから、西日本の寺院活用とは異なりそうである。加えて陸奥が屋敷の城郭化の地域に属する点を加味したとき、ここに見られる「堂」からは村落などの紐帯としての「堂」など、畿内寺社とは異なった存在が予想されるのではなかろうか。

陸奥の特性は寺社の問題に限らない。名称に「楯」を用いる点がある。史料で確認できるこの語を用いた城館は陸奥全域で見られるほか、常陸では「駒楯」「佐竹楯」、下総では「千葉楯」、下野では「関河楯」の存在が知られる。関東平野東部・北部より東北にかけて「楯」呼称の城館があったことになる。

管見の限りでは、一三四〇年以降の「楯」の事例は一三五三年を最後に一三通の史料で見ることができ、いずれも先の地域内の事例となる。きわめて限定された期間に使用されていることから、臨時性の高い存在と考えられる。そのことを示唆するように、陸奥国・出羽国では要害の使用例がない。あるいは関東以西で使用する要害と近似する存在の可能性もある。

そのように地域を概観すると、寺社の利用についても共通性がある。下野国には「西明寺城」が、一三四〇年を初見（『白河市史』一七四）として見られる。このあり方も「楯」と関連して考えるべき地域性と考えられる。この西明寺は鎌倉時代初頭に成立した坂東三十三所観音霊場の一ヵ寺であり、

その過程から益子氏との関係が予想される。おそらく当時の西明寺と西明寺城は、ともに現状の山城の西明寺城の所在地とは異なる地点に営まれていたと推測されるが、寺は益子氏本拠の一翼、すなわち本拠のモデルの一部を担っていたと考えられる。すなわち、京都のような寺院の要塞化という視点でなく、ここでも陸奥に近い視点で寺院の活用を考えるべきと予想する。

このように考えると、陸奥さらには下野・常陸・下総を含め、この地域では城館をめぐって異なった地域を形成していたことが考えられよう。

(2) 城の多義性

都市を指す「城」――「平安城」 南北朝時代ともなり、「城」の実像が次第に戦国時代の様相に近づいてきたように思える。天嶮の山を舞台とする城館と従前からの屋敷や役所などの平地拠点を軍事施設に改造した城館。この二つのタイプが明確になってきた。おそらく遺跡に則して城館を考えるとそのようになるのであろう。

しかし史料に見える「城」は、この二つのタイプを示すだけでは城館の説明として了解とはしてくれない。

鎌倉幕府はモンゴル戦を想定している最中の弘安四年（一二八一）、戦費調達を西国に賦課する計画を立てる。その旨を朝廷に要請するため、執権北条時宗は南北両六波羅領探題に指示を出す（『松

江市史』史料編3　二二〇）。その文中「異賊□未入境洛城欲滅亡歟」と記載される。欠字のため文意に不安があるが、「モンゴル軍は未だ「洛城」の境を越えて入って来ていないものの、「洛城」の滅亡を考えているだろうか」という意味になろうか。すなわち京都を「洛城」と表現している。「洛」は京都の異称であり、その語に「城」が付され、「洛城」で京都を表現している。

建長寺正統庵に正和五年（一三一六）一〇月二〇日付けの骨壺銘が伝わる（『神奈川県史』二〇二九）。埋葬された人物は顗日。鎌倉後期の臨済宗の僧で、後嵯峨天皇の皇子であった人物である。この銘では顗日の事蹟を記す当初に「日本国山城州平安城人也」と記し、出生地を記載している。まさに京都が「平安城」と記される。

後宇多院庁が東寺の所領である山城国拝師《はいし》庄・上桂《かみかつら》庄ほかを安堵するために下文を出す（『相生市史』7　編年文書六一）。その文書の本文冒頭に東寺三綱等解状の文章が引用され、東寺と朝廷の関わりが述べられる。その冒頭で古くからの関係を考えると、として「東寺は延暦皇帝が「平安城」を建てられた時に」と記している。桓武天皇による平安京を「平安城」と称している。

岩手県にある大般若波羅密多経第四百二十一麗（『岩手県中世文書』中　五二）の奥書にはやや難解であるが、「平安城北岩蔵　大雲寺住僧」が書写・施入に関与した旨が記載される。大雲寺は京都市左京区岩倉上蔵町の大雲寺に比定される。そして、この経典には応永一九年（一四一二）三月二二日の日付が記載される。大般若波羅密多経であるため、この年月日の時より現所蔵先に所在していたと断定はできないが、少なくとも京都の呼称が「平安城」であったことは確認できる。

寛正三年（一四六二）一〇月、京都では寛正の土一揆が蜂起する。その様子が「碧山日録」（『加能史料　室町Ⅳ』二四七頁）に記載される。二一日には一揆勢が「城外」より鼓を打ち鳴らして攻め寄せてくる。二五日には一揆勢が「京城」の四辺を焼き、鐘を鳴らし、筒角を吹き鳴らして大騒動を起こす。これに対して細川勝元の軍勢が「城北門」を守った。ここに記載された「京城」「城北門」のいずれもが京都に関わる名称であり、ここでも京都と「城」の語の関係が認められる。とりわけこの「京城」は「四辺」とあることから、方形を意識した空間であったことがわかり、かつその空間の外側は「城外」と認識されていた。さらに京城の北辺に「城北門」があることがうかがえる。

文明一一年（一四七九）の熱田神宮修造勧進状（『愛知県史』中世3　一五五）には、神国ゆえの熱田神宮の正統性を語るなかで、帝都がまさに「平安城」に復した時、貴賤尊卑の大勢が歓び、まさに時節到来となった、と記載する。必ずしも記述が意図する年代が明らかとは言えないものの、文明一一年の勧進状のなかで京都を「平安城」と意識している。

三鈷寺住持善空が、文明一五年二月一五日に置文を定める（『富山県史』九三六）。善空が二尊院の由緒について記した箇条がある。その条文のなかで、文明三年の頃富山・柳町への還住が難しい間、「洛城」に住んでいたと記される。

赤松政則三周忌の拈香（『姫路市史』一〇七〇）が『翰林葫蘆集』に残る。政則は嘉吉の乱で滅亡した赤松家を再興した人物で、明応五年（一四九六）に没した。明応七年四月二五日に営まれた法要が「大日本国平安城万季山裏松泉禅院」で行われた。

八例だけであるが、一三世紀から一五世紀にいたるまでの京都を表現する語彙を年代順に並べてみた。「平安城」「京城」「洛城」などの語彙があったことを知ることができる。「平安城」はまさに平安京に由来する語彙であるが、その語彙が一五世紀にいたるまで使用され続けていた。また「京城」はアジアのなかで首都に関わる語であり、かつ方形を意識した空間を意味して使用していた。これらのことには重要な意味があると考えるが、まずはそれぞれ「城」の文字を付していることに注目したい。

およそ近年にいたるまでの軍事主導の中世城館研究の理解では、これら「平安城」「京城」「洛城」の語彙を説明することは困難であると言わざるをえない。しかし中世を通して、京都が「城」の文字を付した語彙で認識されていたことは間違いなく、「城」の概念のなかに、「平安城」「京城」「洛城」のような使用を許容する内容が含まれていたと考えねばならない。少なくとも現時点において、京都に戦国期の山城と同じような城館構造を想定することは難しい。紹介した事例も積極的に軍事性を語っていない用例が含まれている。軍事性を帯びない場であっても「城」の語彙は使用されることがあった。いずれにせよ中世都市京都は「城」と認識されていたように読める。

都市を指す「城」――「鎌倉城」と「武城」　ところが中世都市に「城」の語を付す事例はほかにもある。

『関東諸老遺藁』には、鎌倉に関する一文がある（『信濃史料』第6巻　四一七頁）。建長寺の九峰信虔とかねてよりの約束があった。しかしながらお互いにいろいろなことがあり、会うことができずにいた。そうしたところ、貞治三年（一三六四）冬、自分良中は「相城」に来ることがあった。ところ

が、たまたま昔よりの病気が再発し、そのために再会することが適わなかった。このような内容の一文であるが、「相城」とは「相模の城」であり、建長寺との関わりから鎌倉を指し示す。

鎌倉と城が関連する事例は「空華日用工夫略集」にも見られる。応安三年（一三七〇）九月二〇日条に、台風の被害に関わる記事がある。「「相陽城中、鎌倉諸谷」で、破壊や打ち壊されない建物は一つとしてなく、住人で圧死者はいたるところにいる」と記載される。「相陽」と「鎌倉」の対比の表現であるが、ここでの「相陽」も相模を指し、「相陽城中」とは鎌倉と解するべきであろう。

このように鎌倉について「城」を付す事例が一四世紀に見られる。この事例を見れば、九条兼実が「鎌倉城」と表現したこととの関連を考える必要があるかもしれない。そして、この事例は鎌倉だけの特殊な用法ではないことが、次の事例から知られる。

同じく「空華日用工夫略集」であるが、応安三年一〇月二一日条に、「そこで、自分義堂周信は今月三日に、足利氏満を「武城」に在陣しているついでに謁見に行った」と記載する。「武城」の「武」とは「武蔵」を意味し、「武城」とは武蔵府中と解釈されている。鎌倉府にとって武蔵府中は軍事的に重要な地点と評価されており、「武城」すなわち武蔵府中に足利氏満が在陣していることは自然である。

京都に限らず、都市あるいはそれに準じる場所の地名に「城」を付して呼称する事例は存在した。京都の事例も含め、文脈からすれば、必ずしも軍事性を問題としない場合にも。また鎌倉および武蔵府中の場合、相模国や武蔵国という国名に関わって表現されていることは見逃せない。どうやら、軍

事性だけの問題ではなく、政治的中心地やそれに準じるような場を指す場合、「城」の文字が尊称のように付けられる事例があるようである。先に見た九条兼実の『玉葉』に見られた「城」の事例も、地域の有力者の拠点を指していると考えれば、同じ範疇になるのかもしれない。

(3) 方形館と平地城館

小山義政の乱と鷲城　康暦二年(一三八〇)五月、下野国小山の領主である小山義政は鎌倉公方足利氏満の制止を振り切り、宇都宮基綱と下野国裳原《もばら》で戦った。この事件を契機として小山義政は、三度にわたって鎌倉府の軍勢を小山で迎え撃ち、永徳二年(一三八二)四月には自害するにいたった。南北朝期の東国で、一大事件となった小山義政の乱である。

足利氏満による最初の義政討伐は事件直後の康暦二年六月に行われた。九月には義政の降伏によって一時は終結するものの、その後も義政が敵対的な行動を続けたため、五ヵ月後の永徳元年(一三八一)二月に、氏満は再度の討伐を行った。

この時、迎え撃つ小山義政はそれなりの準備を行っていたと見られる。この時の様子が、権僧正頼印が鎌倉明王院別当職に補せられることを期して認めた申状に記載されている(『小山市史』二九二)。自らが行った六字経法・殿中勤行・如法愛染法などの修法との関連で乱の終結が論じられていることが興味深い。申状は小山義政の乱に際して行った祈祷の勲功に力点が置かれていた。そのなかで義政

は一二月三日に鷲城・祇園城・岩壺城・新城・宿城の五城が木戸を開いて降参したと記載している。つまり、小山義政は第二次の乱に際して、五つの城館を構えて、鎌倉府勢を迎え撃っていたことになる。

このうち、鷲城と祇園城については、現在、遺跡として伝わる鷲城と祇園城の場所であると考えられている。祇園城については発掘調査も行われ、同時代の遺構・遺物が発見されている。また新城にはついては、通説では長福寺城と考えられていたが、同所には戦国時代に龍岡城が築かれており、現状の遺構はその時のものと考えられる。したがって同所ではありえない。

当時の小山攻めの状況を古文書から分析すると、鷲城が戦闘の中心であるものの、新城でも衝突があったことが確認できる。そして鷲城以外で鎌倉府側が拠点として重視した場所は、大聖寺《だいしょうじ》（小山城南高等学校付近）であったことが知られる。この地と古道そして遺跡との関連を検討すると、新城と比定される遺跡として神鳥谷曲輪《ひととのやくるわ》が浮かび上がってくる（写真7）。この遺跡は小山家の居館の一つとも考えられていたが、発掘調査の結果、城館に先行して一三世紀後半に道が普請された（第一段階）。その後、道は閉鎖される。この時に大量のかわらけが投棄された。かわらけからこの年代が一四世紀前半と推定されている（第二段階）。その後、建物・井戸の遺構に見られるように城館が普請された（第三段階）。したがって一四世紀前半のかわらけ投棄後に居館が構築されたことから、神鳥谷曲輪が鎌倉時代以前の本拠であったとする通説は否定されることになる。その後に城館の廃絶を想定しなければならないが、現時点では全体像が明らかではない。しかし出土遺物に龍泉窯系雷文青磁

写真7　神鳥谷曲輪　発掘調査　空撮

碗が含まれることから、機能する年代は一五世紀までは下ると予想される。古道や史料から合戦が想定されることを踏まえ、さらに考古学調査の所見そして新城での攻城戦を加味すると、神鳥谷曲輪こそが新城にふさわしい城館だった。

鷲城の構造　義政の降参にいたる以前、一一月一六日に鷲城の外城が没落する。このことについて検討を深めてみたい。永徳元年一二月の善波胤久著到状写(『小山市史』二八二)によると、先の一一月一六日に「外城□破壁向内城」、すなわち「外城《とじょう》」の壁を破って、「内城《うちじょう》」に向かったという内容の記載がある。まず、「外城」と「内城」という対比が認められることがとりわけ重要であるが、まず「外城」没落の内容が、「外城の壁を破った」という内容であった。そして内部の「内城」に向かったという文脈になるため、「内城」の外側を壁で囲んだ構造が確認でき、「内城」の外側にある壁の構造物を「外城」と認識していた。ま

さに外郭ということになる。すなわち、まず外郭としての「外城」という性格を確認しておきたい。

この外城という語彙は、小山義政の乱の永徳元年における合戦において、新城でも見られる語彙である。おそらくは鷲城と新城は類似の構造をとっていたと予想される。ちなみに発掘調査や地籍から確認される神鳥谷曲輪の中心部の構造は、鎌倉時代小山家の居館と見紛ったほどの方形館であった。

話を一一月一六日の鷲城攻めに戻すが、この時にとりわけ注目しておきたいのは、「外城の壁を破っ」て向かった先が「内城」であった。すなわち、外と内の対比から、「内城」と「外城」という二重構造という城館構造が浮かび上がってくる。ちなみにこの「内城」の語彙は、同時代の史料のなかでは唯一である。

下古館遺跡　祇園城から北に約八キロの位置に下古館《しもふるたて》遺跡がある。昭和五五年（一九八〇）から数年をかけて調査された（図17）。遺跡は奥大道と推定される南北道に沿って展開する。方形竪穴建物・井戸・土坑・ピット群が道両側に展開し、その周囲を南北約四八〇メートル、東西約一六〇メートルの薬研堀が囲む。ただし土塁は確認されていない。遺物の年代は概ね一三〜一五世紀とされている。
報告書によれば下古館遺跡の時期は四段階に区分される。第一から三段階で注目すべきは「うしみち」から西に分岐する道である。この道に沿って台形区画も普請されており、台形区画は「うしみち」が続く南方面より西方面を意識した位置に立地する。第四段階では二重方形大規模区画が成立し、一〜三段階の街道であった西への道が閉ざされ、「うしみち」しか通行できなくなると論じている。そして第四段階になった時に調査範囲西側にあった台形区画も西の街道沿いの地点から「うしみち」

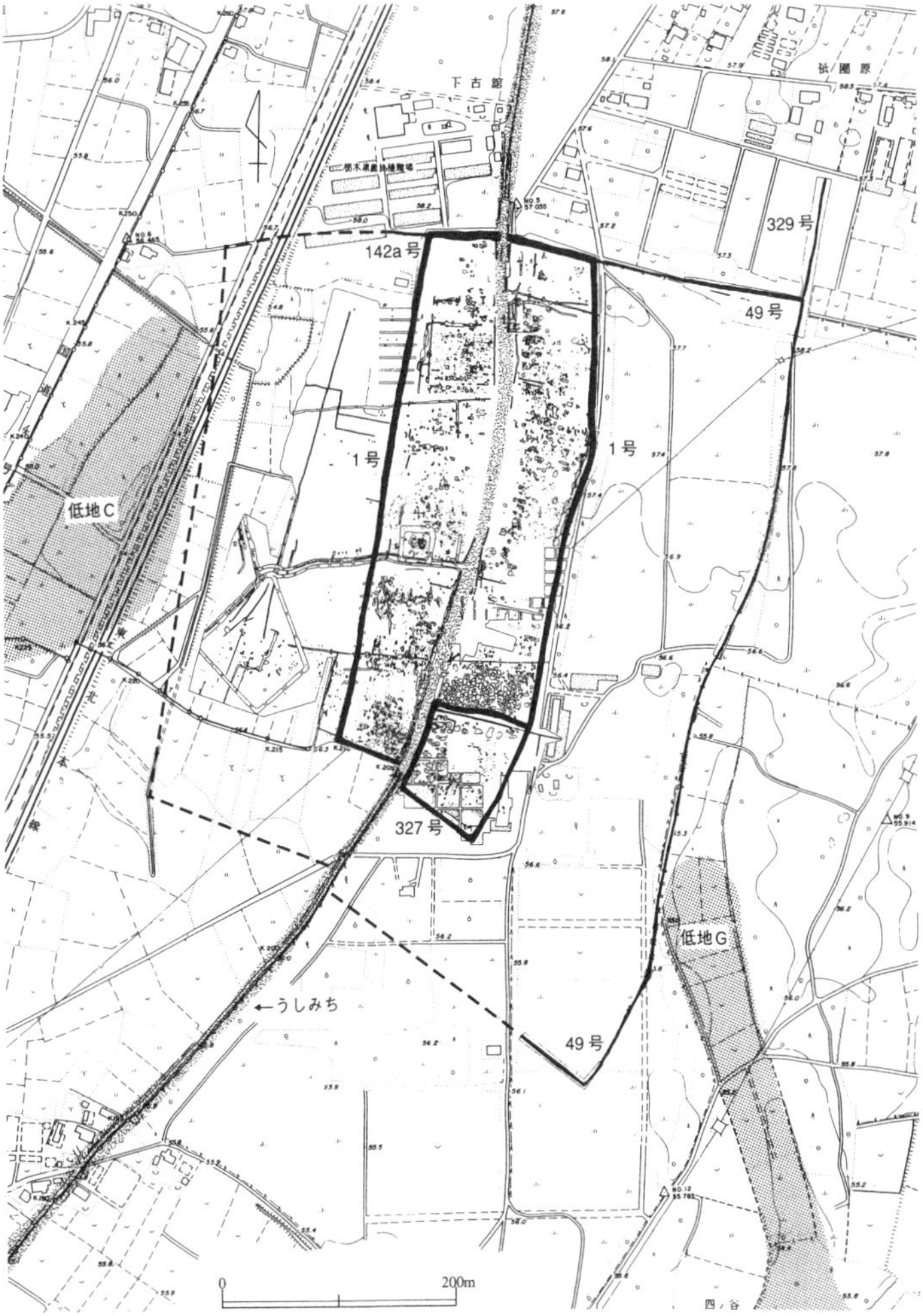

図17　下古館遺跡　全体図

沿いに移転する。すなわち西方面の道より「うしみち」への交通路の変更・規制がなされたことが予測されている。

そして調査者である田代隆は報告書において次のように述べ、小山氏との関連について指摘している。

> 発掘調査の結果からは明確にしえないが、交通の要所をしめることの権益は大なるものであったことは想像に難くない。また、こうした大規模な事業を推進し得たのは在地領主などの存在を抜きには考えにくい。当地においては、小山氏、宇都宮氏の両者が権勢を張っていたことは周知のことであり、当時の勢力範囲からみて小山氏が遺跡に関与した可能性は高いものと思われる。

「うしみち」と呼ばれる幹線道を軸とした遺跡であることから「市」や「宿」との関係で論じられることが多かった。しかし指摘されるごとく二重方形大規模区画の遺構はまさに小山氏との関係を示唆するものであろう。

二重方形大規模区画の形状であるが、外側の溝は幅約三・二メートル、深さ約一・五メートル、対する内側の溝は、平均で幅約四・七メートル、深さ一・六八メートルを計る。規模は内側が大きい。外側の溝は内側の溝を平面相似の形状で囲む。この点を強調し、報告者は相似形を根拠に計画的に掘削されたと判断し、関連をもって同時期に開口していた可能性が強いと指摘している。

下古館遺跡は幹線道路に面する流通の遺跡としての性格が強く、軍事的な性格の強い鷲城・新城とは直接的に同列で論じることはできない。しかし、下古館遺跡について小山氏が関与すると指摘され

ている点は重要であろう。そして小山義政の乱の鷲城・新城と同時期に二重方形区画の構造が存在したことになる。この共通点は大きく評価したい。

「外城」と「郭」

小山義政の乱における城館の分析を通して、「内城《うちじょう》」「外城《とじょう》」という名称を持つ二重区画の城館が存在すること、下古館遺跡から二重方形区画の事例があることが指摘できた。この「内城」「外城」という語彙は、都城制に関連する学術用語であり、かつ文献資料の語彙である。二重方形区画で構成される都城の内側が内城《ないじょう》、外側が外城《がいじょう》（＝羅城）となる。すなわち小山義政の乱に際して登場していた「内城」「外城」の語彙、さらには下古館遺跡の構造＝二重方形区画の城館構造は、東アジアの都市設計の影響を受けていたことになる。

先に「城郭」について、語源から考えると、本来は「城」と「郭」に分離され、「城」に附属して「郭」が存在したことに触れた。ここで見た内城・外城という二重構造と類似の状況を予想させる。しかし「郭」については臨時的な構築物と指摘した。これに対して「外城」は戦国時代まで使用される語彙であり、恒常的な施設であると予想される。すなわち臨時的存在であった「郭」が、時代の経過にともなって常置されるようになった。その施設が「外城」と呼ばれたという関係になるのではなかろうか。語彙の使用状況もその前後関係に見合う。

(4) 一四世紀とはどのような時代か

都城制の論理　アジアの都市を考える場合、まず考えねばならないのは都城制である（図18）。羅城・外城などと呼ばれた堅固な城壁や堀（以下、外城と呼称）が四周をめぐり、四方に城門を構えて都市を囲い込む。一般に城郭都市などと呼ばれる。城壁内部の中核には政庁である宮殿が据えられ、宮殿は一般に堀や塀などで方形に囲郭される。この空間は内城・皇城・宮城（以下、内城と呼称）などと呼ばれ、城郭都市の中央北よりに構えられた。

宮殿の空間は平入り（建物側面の直線部分を正面とした出入り口）の東西棟を中心建物とし、前面には広い空間＝庭がある。この両者を方形に囲い込むように回廊や塀がめぐる。このような構造の宮殿が東アジアに限らずアジア各所で考古学的に確認されている。日本でも現在に残る京都御所の紫宸殿は、建物構造はともかくも、空間構成はまさにこの構造となっている。

内城の外側は南側正面の大路を中心に南北の大路と東西の大路を碁盤目状に配し、左右対称に区画された方形の都市計画が実施される。南北の大路を〝坊〟、東西の大路を〝条〟と呼ぶことから条坊制と概念化されている。この条坊制は、中国・朝鮮半島・日本に広く見られる都市プランである。

都市設計の理念　条坊制は儒教の古典である『周礼』考工記の次の記載との関連が指摘されている。

匠人営国、方九里、旁三門、国中九経九緯、経涂九軌、左祖右社、面朝後市、市朝一夫

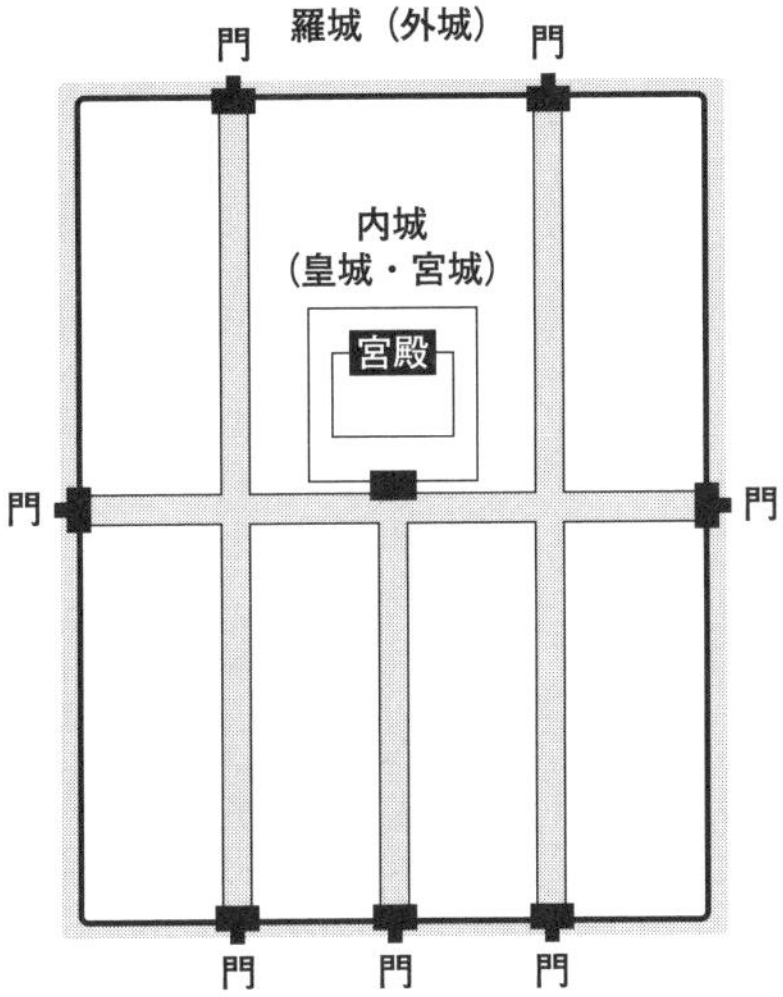

図 18　都城制　概念図

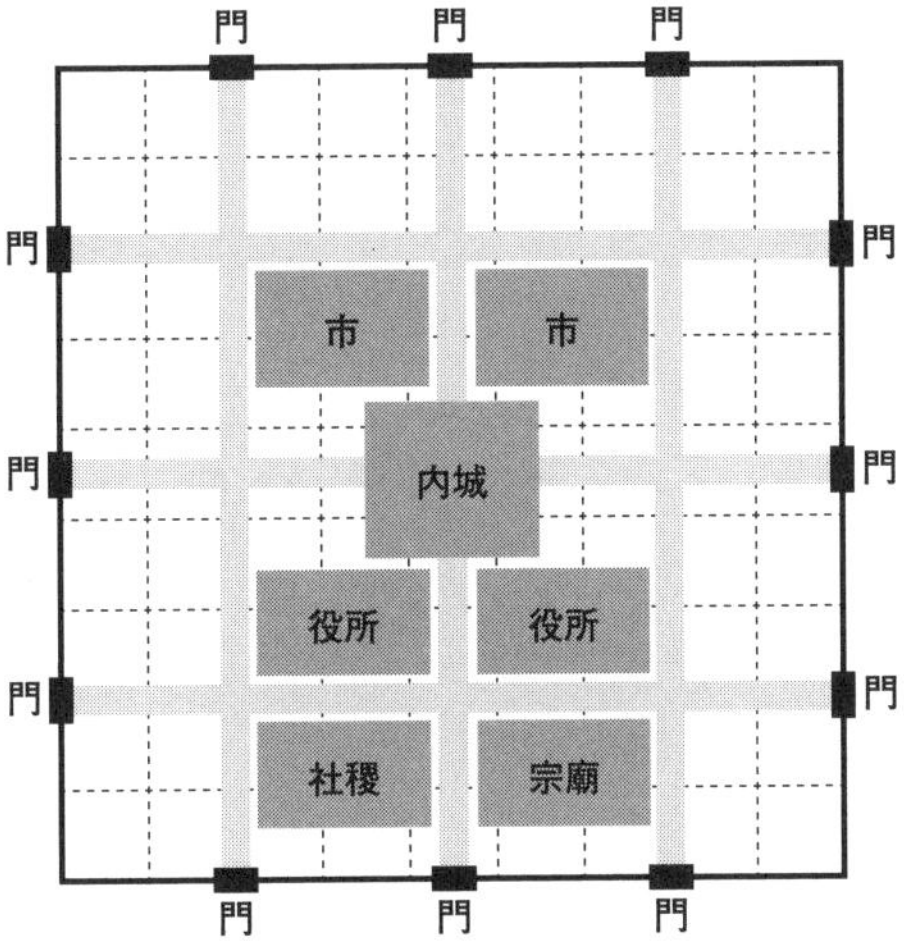

図 19 『周礼』考工記の都市概念図

都城は一辺が九里の方形であること、南北九条・東西九坊の街路が走り、その幅が車の轍の九倍であること、中央に宮室を置きその左右に一族が先祖に対する祭祀を行う廟である「宗廟」および社（土地神を祭る祭壇）と稷（穀物の神を祭る祭壇）である「社稷」を配置し、国家祭祀の中枢を担う場を置くこと、前面に役所、背面に市を置き、役所と市の長さは一夫（一〇〇歩）と記されている（図19）。ただし、この『周礼』に記された都城構成が、いつ成立したかは明らかではなく、また中国歴代王朝

にあっても、厳格に規定に則った都城はほとんど見ることができない。
また日本古代においても、古くから中国の都城制が知られていたと考えられており、実際に持統天皇八年（六九四）の藤原京遷都によって、初めて都城制が導入されたと言われている。この藤原京は『周礼』考工記と関連するか否かについても検討されている。

ただし、日本の都城の特徴として注目しておきたい点は、中国に見られるような宗廟と社稷が見られず、さらには外城が存在せず、存在したとしても羅城門の東西数十㍍にすぎなかったことである。これらが藤原京から平安京、そして特にその後の京都を考えるうえで大きな視点となる。

通説では、日本における都城制は古代史のなかで考察される概念であり、平安京をもってその系譜は断絶し、継承されないと考えられている。継承の可否については平安京の終末とともに、その後の中世史のなかでも検討されるべき課題であるが、その検討は決して十分ではない。仮に日本における都城制による都市設計が古代にピークを迎えたとしても、変容して形骸化しつつも同種の都市設計は存続してよいはずである。しかし中世の地方において都城制による都市づくりが行われたという指摘は、現状ではまだ行われていない。都城制の論理による都市設計は、日本では古代のなかのことと考えられているのが実情であろう。

しかし、都城制による都市設計はアジアのなかでは再生産され、新しい都市を生み出し続けていた。北京はその事例である。とすれば日本列島はアジアの動向と没交渉であったのだろうか。少なくとも教科書においてすら日宋貿易・日明貿易など日本とアジアとの交流は認められるのであって、都市構

造に関連する知識・情報が日本にもたらされたと考えることに無理はない。その代表的な事例として取り上げるべきは『太平御覧』である。

『太平御覧』　一〇世紀に宋の太宗が勅命によって編纂させた類書、いわゆる百科事典が『太平御覧』である。内容は皇統や地理ほかで、分量は五五の部門に分かれ一〇〇〇巻に及び、関連する書籍からあらゆる事項を網羅しようと編纂している。当初、編纂の目的が宋の皇帝が自ら利用することであったため、他国が本書を入手することはきわめて困難であった。朝鮮よりのたび重なる依頼にも拒否したほどの書籍だった。この書を、平清盛は日宋貿易において初めて入手し、言仁（のちの安徳天皇）に献上した。かつ書写本を作成して手元にも留め置いている。平清盛の東アジア交易の実力者としての姿を、また近年では新しい政治を模索していた政治家清盛の姿を表現しているとも考えられている。その後、『太平御覧』は金沢文庫にも所蔵されたことが確認され、江戸時代にあっては榊原家の蔵書にも含まれるなど、中世・近世をとおして領主階層にとっての重要な書籍となっていた。中世から近世の為政者として備えるべき知識のひとつと考えられていたのであろう。

この『太平御覧』の「居処部」に都市設計に関わる部がある。この部には「宅」「第」「邸」などの屋敷や「瓦」「井」などの屋敷を構成する要素に関わる項目とならんで、「城」「郭」「濠」「櫓」など、まさに都城制に関わる項目が立項されている。ここに中国歴代の都市がいかなる様相であったかが、中国の古典籍のなかから抜き書きされ、編集されている。中国の歴史的な都市がいかなる景観であったか、その一端を知ることができる。

写真８　雪舟筆「四季山水図巻」

『太平御覧』のような書籍のほかにも、都市に関する多様な情報がもたらされたのではなかろうか。まず考えられるのは渡来僧や渡唐僧の見聞であろう。またあるいは舶来の絵画などが視覚的情報をもたらしたのではなかろうか。室町時代ではあるが、雪舟筆「四季山水図巻」（毛利博物館蔵）には中国の都市の景観が描かれている（写真８）。このような都市に関するさまざまな情報、すなわち中国で再生産されていた新しい都市設計の論理が日本列島にもたらされていたのではなかろうか。

唐物と渡来僧　そもそも鎌倉時代末から南北朝時代とはどのような時代であったろうか。例えば日本美術史の分野では唐様の定着の時代と評価されている。また足利義満の時代を中心に日明貿易の盛行により絵画や陶磁器を中心として、室礼となる文物に嗜好が集まっていた。考古学の分野で見れば、龍泉窯産の鎬蓮弁文青磁碗は全国各地の

遺跡から出土し、時代決定の標準的な指標となっている。その莫大な量たるや想像を絶する。

また文献史学の分野ではどうであろうか。例えば、笠松宏至はこの時代の政治について徳政を解明するなかで、鎌倉時代後期から南北朝時代にかけての政治理念として徳を意識したもので、宋の影響を受けたものと説いた（笠松一九八三）。また村井章介は禅宗寺院を大陸の影響を受けたエキゾチックな場と説いた。京都や鎌倉に建立された五山が政治・文化の中心地であり、その場に柏槇や銀杏などが植えられて、独特な景観を呈していた。村井はそのような場に注目していた。加えて、南宋滅亡後に本格化し、およそ一〇〇年間続いた日中禅宗界の活発な交流による禅僧の渡来の状況を〈渡来僧の世紀〉と表している（村井一九九二）。禅宗寺院の景観はこのような人的な交流によりもたらされたと考えるのは自然であろう。

つまり、宋の時代に始まり、元を経て明にいたるまで、日本列島は中国大陸の影響を受け続けていたのだった。このように考えた時、都市・拠点作りへの影響はなかったと言えるであろうか。研究史は疑問を投げかけている。日本列島の城館史研究においても欠落していた視点である。

マクロな目で見ると　実はこの「内城」「外城」という語彙は東アジアのなかでの共通性が確認できる語彙なのである。事例はいずれも『高麗史』であるが、恭愍王世家七年（一三五七）三月甲子に「即下獄　命修京都外城」と「外城」の語彙がまず見える。首都の外郭の修理命令である（『高麗史』巻三九）。また人物伝のなかであるが、「崔瑩伝」には「又日京城大広、雖有十万兵未易守也、請築内城備不虞」（同前、巻一一三）、「金湊伝」には「乞於農隙、集諸道丁夫、更広内城、旧基修築之」（同

前、巻一一四）などと「内城」の語彙が見える。都城の修築を議論するなかでの発言であり、それぞれ具体的な対象が実在するのではなく、普通名詞として登場している。このように都城の概念として「内城」「外城」の語彙が存在しており、二重区画の存在を知ることができる。

海を隔てた朝鮮半島と日本列島、この二つの地域で同じ語彙を使用していたことは偶然では済まされない。都市・城館について、知識の共有があったと見なす必要がある。ある種の規範が存在し、その規範は受け取られた地域で独自に消化される。日本列島においてまったく同一の形態で出現することはないであろうが、前提となる規範は東アジア世界で広範に広がっていたのではなかろうか。

「城」「城郭」の展開　ここで戦国時代直前の城館の様相を振り返ってみよう。

そもそも、地頭御家人屋敷は屋敷であって、一義的には軍事的な存在ではない。景観的にも上層農民の屋敷と間違えられることもあったようなものだった。無論、それなりの格式や構造はあったのだろうが。そして、その屋敷は、戦争に際して何らかの造作をして「城」になり、外側に郭をめぐらして「城郭」になった。このような変化は悪党の活動でも見られることであった。日常に「城」の基盤になる屋敷はあっても、「郭」は存在しない。平穏な時にあっては、「城」「城郭」は存在しえないものだった。すなわち、中澤克昭も注目するが、「城郭」は存在悪のものとして考えられる場合があった（中澤一九九九）。

他方、京都や地域拠点となる場所については、地名に「城」を付加した地域呼称は中世を通じて存在していた。その背景には都市などの主催者の存在があると言いうるであろうか。中心となる人物の

居住が前提となり、伝統的な政治的な中心地都市やそれに準じるような場を指す場合、「城」の文字が尊称のように付けられた。この「城」の語彙の用法が城館の理解に困難をもたらしているように思える。しかし背景には都城制の影響とでも言えようか、東アジアの共通性が想定されることに気づくであろう。鎌倉や衣笠が「城」と呼称された背景にはこのような概念があることによる。同様に武士の屋敷が「城」と呼ばれる可能性もここにあったと考える。

そして、鎌倉末期以降に「城」「城郭」は続発する。明らかに戦乱の時代の反映である。「城」「城郭」の実態を論ずる際に、軍事性の問題が避けては通れない時代となっていく。考古学的には方形館はこの過程で多く築かれている。文献史学から描かれる状況と考古学の成果を結びつけるならば、方形館とは、すなわち「城」であるという様相が浮かび上がってくる。また、この方形館については、政所との関連も考えられたことにも注意を払いたい。

方形館＝「城」とするならば、「郭」はどのように視覚的に認識されるか。具体的には遺構として指摘されている事例はない。おそらくはその臨時性と関わるのであろう。撤去が簡単であるという構造は、乱杭・逆茂木などの構造物が想定され、考古学的に確認しにくいものが考えられる。加えて、平時にあっては存在しないため、おそらく日常的には予定地が設定されている程度なのかもしれない。ゆえに今日の我々には、方形館としか認識ができない存在なのであろう。

そして、一四世紀には内城・外城の城郭が存在した。このふたつの語彙は、本来は都城制に関連する学術用語であり、二重方形区画で構成される都城の内側が内城、外側が外城（＝羅城）にあたる。

明らかに都城制との関連で考えるべき構造である。文献資料に見られる変化は、「城郭」の語彙が減少して、「外城」の語彙が出現するようになる。背景には臨時的な「郭」が恒常的な「外城」に変化していくと考えておきたい。

さらに「内城」の遺構が方形館と結びつき、そして当該期の「内城」「外城」の構造を都城制との関連で考えた時、一四世紀を中心として「城郭」および「内城」「外城」の構造は二重方形区画を前提にしていると考えることができるのではなかろうか。下古館遺跡の構造はまさにそのことを示している。

このように「城」「城郭」の語彙は、間違いなく軍事的性格を帯びた存在である。しかし、同時に都城制の影響があった。「城」「城郭」は軍事的性格のみではなく、国や地域における支配拠点をも指し示す語彙なのである。

Ⅲ　戦国時代

1 戦国時代の到来と城館

(1) 城館と建物

鎌倉武士の屋敷構え　江戸城の起源として重視されるのは、やはり太田道灌による築城である。太田道灌が江戸城を築いたのは長禄元年（一四五七）とされ、『赤城神社年代記録』は三月一日、『鎌倉大日記』は四月一八日の日付を記している。ともに年代記の記述である。この道灌築城によって江戸の様相は大きく変わることになる。

この江戸城内部の様相が「寄題江戸城静勝軒詩序」（『北区史』記録四一）に記載されている。城内の静勝軒に掲げられた詩文ゆえに、多分に誇張があるが、その描写には興味深いものがある。江戸城の塁壁が「高十余丈」、垣が「数十里許」という外観の描写に始まる。基本的な構造としては切岸と塁そして水堀が周囲をめぐっており、「巨材」を架けた橋があり、厳重に構えられた門がある。その後、右に左にと道を上ると、太田道灌の居所があった。

注目すべきはこの居所に関する記述である。日常の空間である「静勝軒」とその背後に構えられた

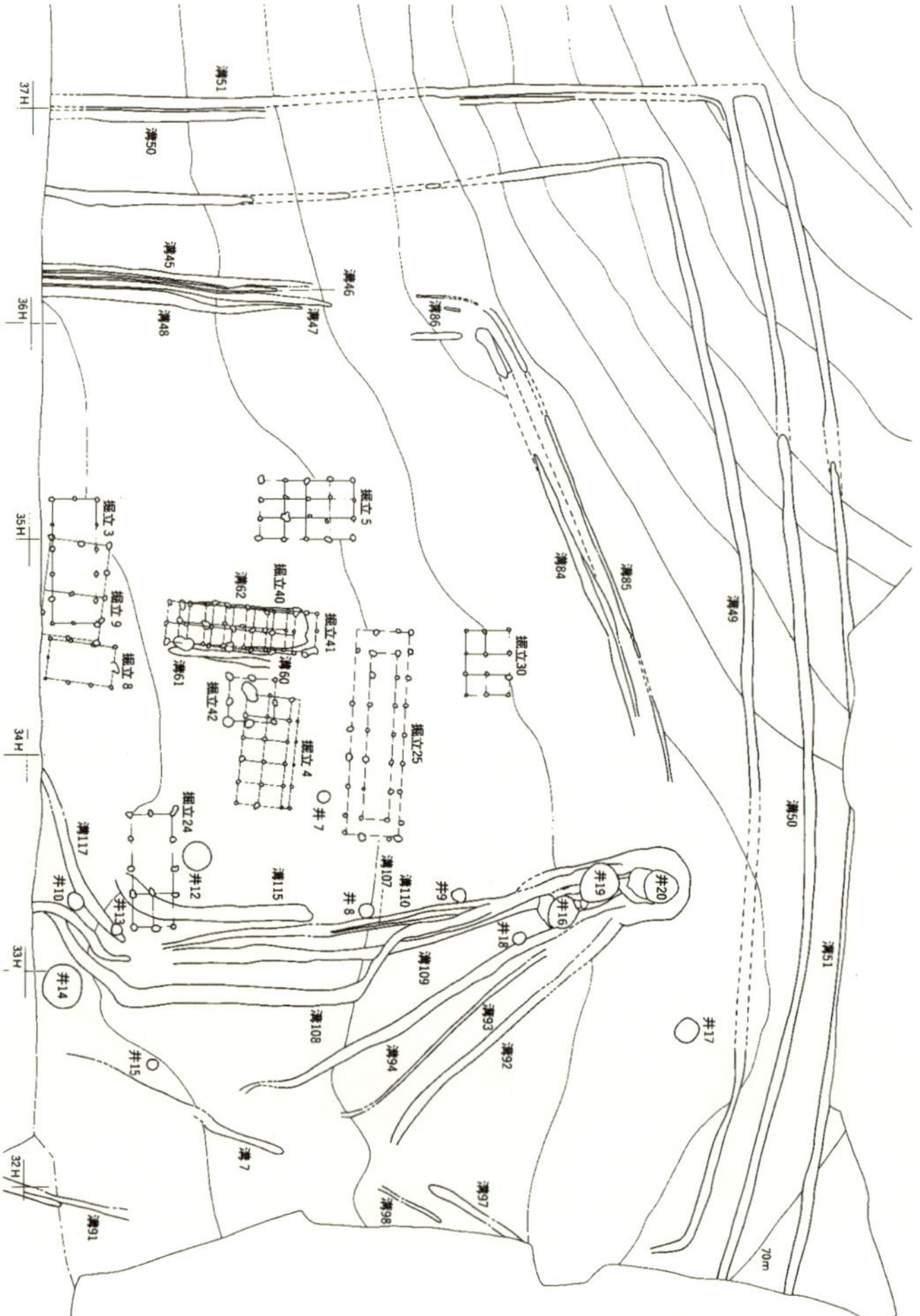
溝51
溝50
溝45
溝46
溝47
溝48
溝86
溝84
溝85
溝49
掘立5
掘立3
掘立9
掘立8
掘立40
掘立41
溝62
溝61
溝60
掘立42
掘立4
掘立25
掘立30
掘立24
井7
井12
溝115
溝107
溝110
井8
井9
井19
井20
井16
井18
溝117
井10
井13
井14
溝109
溝108
溝93
溝94
溝92
井17
井15
溝7
溝97
溝98
溝91
70m
37H
36H
35H
34H
33H
32H
31H
31G
31F
31E
31D

図1 大久保山 ⅢA地区

「閣」がある。そして「静勝軒」の側面には翼のように「直舎」、おそらくは真っ直ぐな長い建物が建てられていた。そのほかに櫓、番所、倉庫、厩屋などの建物が若干であったと記載している。この様相は近年の考古学調査と比較が可能である。具体的には大久保山遺跡（埼玉県本庄市）である（図1）。主殿に想定される建物の西側には「直舎」に相当する長細い建物が翼のように建てられている。大久保山遺跡の場合、この二棟を中心に複数の建物群が溝に囲まれている。主殿と「直舎」のほかは数棟の建物が見られる。この建物の様相を「寄題江戸城静勝軒詩序」は描写しているようである。つまり、太田道灌の江戸城中心部は、鎌倉時代以来の御家人が構えた屋敷に系譜を引く構造であったと評価できることになろう。しかし、近年の研究成果は戦国時代には従前と異なった独自の空間が設定されるようになったと主張している。まずはその点から確認しよう。

室町将軍の京の屋敷　一六世紀に描かれた洛中洛外図屏風には京の町のなかに構えられた将軍邸などが描かれる（写真1）。この描かれた邸宅から、小島道裕は武家の屋敷構成を読み取った。「正副二つの門の内側には広場があり、建物には、玄関に当たる遠侍、公式の接見の場である主殿、庭園に面した会所、そして日常生活の場である常の御殿、などがありました」と方形の屋敷空間の構成を、絵画からこのように読み解いた。そしてこの建物構成について「公家邸宅の模倣ではない、武家独自の様式を確立した」と評価した（小島二〇〇五）。

さらに、このスタイルは京都で行われていたさまざまな武家儀礼の装置であることにも着目する。能、連歌、茶など様々な催しが、部屋飾り＝室礼《しつらい》の様式化とセットになって、独自のハードとソフト

写真１　足利将軍邸（上杉本「洛中洛外図屏風」）

のスタイルが形成された。これらの要素を武家の屋敷を分析する視点とした。

この京都で確立されたスタイルのうち、室礼の様相については『君台観左右帳記』が代表的な存在として注目されている。この書は、足利将軍家が会所の諸室を飾るために用いた宋元画の筆者名と茶器および文房具の類を列記した秘伝書にあたる。足利義満以来、屋敷内に会所という建物が建てられるようになった。そして茶湯の盛行にともなって会所の客間や書院の道具の飾り方が定形化していった。その室礼の決まりや唐物の絵画、陶磁器の飾り方などの知識を集大成したものが『君台観左右帳記』だった。

この京都で確立されたスタイルが、屋敷づくりを通じて、武家の政治的権威として地方へと拡散する。この様相は将軍邸が花の御所と呼ばれたことにちなんで、「花の御所」体制と呼ばれた。

写真2　江馬氏館

地方への展開　「花の御所」体制の代表的な事例として掲げられているのは、近年に整備が完成した江馬氏館《えましやかた》である（写真2）。

江馬氏は北飛騨の吉城郡高原郷を本拠とした領主で、岐阜県飛騨市神岡町殿にあった下館をその本拠地の館とした。この館が江馬氏館として整備されている。高原川の河岸段丘上に位置しており、背後の東側山稜に本城の高原諏訪城《たかはらすわじょう》があった。このほかにも土城跡、寺林城跡、政元城跡、洞城跡、石神城跡などと一括されて、江馬氏城館群の名称で国史跡に指定されている。

江馬氏館では昭和四九年（一九七四）から発掘調査が行われ、建物跡や土塁跡、堀跡、庭園遺構が確認された。遺物から見られる遺跡の年代は一三世紀後半から一六世紀中頃までであるものの、一五世紀前半の時期にまとまりがあるとされる。方形の屋敷内からは二時期の建物が確認され、屋敷区画の南西

写真3　一乗谷朝倉氏遺跡　朝倉館

には石組みの庭園が確認された。この建物について、主殿・会所・遠侍・常の御殿などの検討が行われた。

地方への「花の御所」体制の展開を考えるうえで忘れることができないのは、大内氏館と一乗谷《いちじょうだに》朝倉氏遺跡内の朝倉館であろう（写真3）。ともに戦国大名にまで勢力を伸ばした領主であり、戦国時代の代表的な大名である。その彼らも京都の将軍邸の構造を自らの屋敷に持ち込んでいた。屋敷区画の一角からは組石の庭園が見られるほか、会所などの建物も検出された。とりわけ朝倉館内の空間構成は戦国時代の領主のあり方の重要事例ということになる。

戦国時代の到来　およそ一四世紀頃にはじまった足利将軍家による屋敷づくりのスタイルは、規範となり列島の各地に伝播した。室町幕府権力の衰退と反比例するように、その規範によって語られる権威が列島に広まった。戦国時代以前の屋敷づくりのあり方を変更させる。つまりは鎌倉時代以来の武家の

屋敷づくりは、戦国時代に新しい形へと移り変わったことを予想させることになる。武家の屋敷の画期はどうやら一五世紀頃にあったらしい。この変化は江戸時代へと引き継がれていくことになる。

このように考えてくると、各地の守護所はどのようだったかが気になってくる。ところが鎌倉時代以来戦国期にいたるまで、守護所の様相はよくわかっていない。屋敷づくりだけではなく、どのように堀や土塁を構えていたかなどの城館構造についても不明なのである。守護所の概念で括られて検討される事例に大内氏館、湯築《ゆづき》城、大友氏館などがある。いずれも中世後期の守護であった大名の居所であるが、調査結果はほとんどが一六世紀の様相を呈している。一六世紀の守護論についてまで議論を及ぼすのは、ここでは避けたいが、いわゆる戦国大名の時代の遺構が確認されている。したがって理論的には下層遺構の確認はできず、また新規の建設により古い遺構は破壊されることになる。これら大内氏館、湯築城、大友氏館の事例にとどまらない。実は戦国時代以前の守護所の実態は不明な状態と言ってよい。これまで論じてきた経緯から考えれば、方形館を中心に据え、外城が存在するような都市設計を想定したいが、それを語るだけの蓄積はまだない。以下ではその断片をも含めて論じていくが、こと守護所については今もなお今後の課題である。しかし、屋敷空間の画期があったこの時代、屋敷空間を囲む城館にも大きな変化がおとずれたことは間違いない。

(2) 「要害」の恒常化

中条房資の遺言 戦国時代を迎えた頃、越後国揚北《あがきた》地方の奥山庄中条《なかじょう》を領する中条家では、一人の人物が自らの家の歴史、そして自分の生涯を振り返り、その内容を記録に認めていた(中条秀叟記録〈『新潟県史』一三一六〉、写真4)。

すでに一四世紀の鳥坂《とっさか》城について、その記録の一節に触れたが、その文章の続きには、鳥坂城は享徳二年(一四五三)に「再興」されたと記していた。中条氏一族の事績を書き記した記録に鳥坂城再興を含めるのは、秀叟自身が一族の重要な事績として評価しているからにほかならない。さらに「子孫においては(鳥坂城を)捨ててはならない」と書き記し、常に維持することを求めている。基本的に中条秀叟記録は南北朝期初頭以降より自身の時代にいたるまで、中条家の事績等について事実関係を記したものである。そのなかにいくつか申し送り的な内容があり、さらに二ヵ所ほど置文の役割を期待するような文章が含まれている。その一つがこの部分である。すなわち、中条秀叟は、記録のなかに自らの考えを書き記すことで、強い意志を示し、鳥坂城を恒常的に維持するように子孫を規制したのだった。

このような意図を秀叟が持つにいたった背景にはいかなるものがあったのであろうか。その一端は記録の四年前、宝徳二年(一四五〇)に中条秀叟が子息朝資に与えた譲状(『新潟県史』一八二二)に

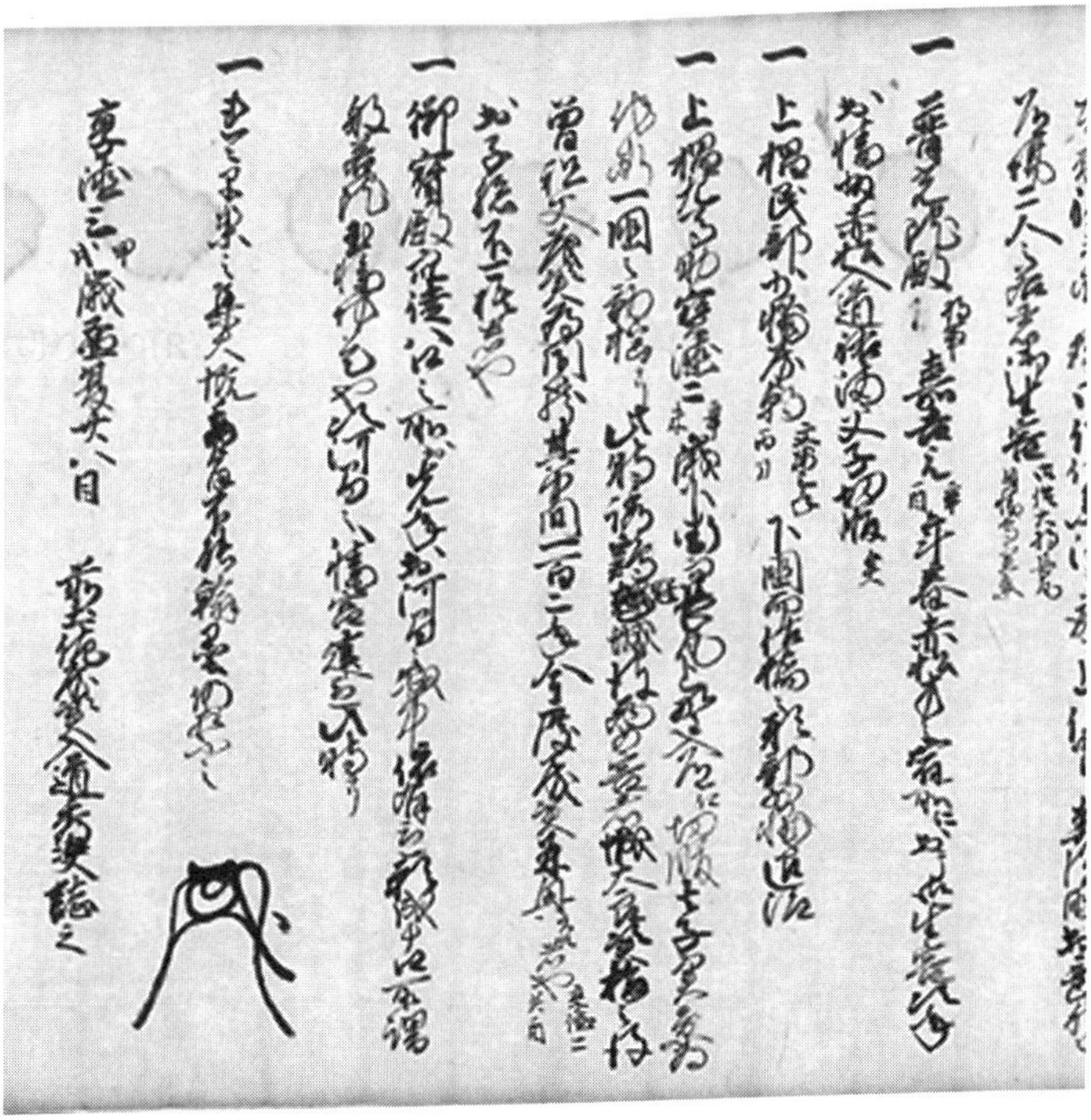

写真4　中条秀叟記録

うかがえる。譲状の冒頭に書き立てられた奥山庄中条は、名字の地をともなった中世後期の中条氏の本領である。また最後には他国所領として、当時不知行化した所領があることを明記している。秀叟先代の中条寒資の譲状（『新潟県史』一八一〇）に書き載せられた阿波国勝浦山などであるが、何よりも不知行化した所領のうちに、三浦和田一族の本領である相模国津村が含まれることを忘れてはならない。この津村が他国と意識されていることは、中条氏の歴史のなかで画期となるのではなかろうか。津村と奥山庄中条の価値が逆転

し、津村が他国所領となって切り放され、本拠としての中条の位置が不動のものと化していく。他国が不知行となるまでに社会が変わってしまったが、自らの名字となった地は守らなければならない。このように考える危機感が秀叟にはあったのだろう。時はまさに戦国時代を迎えようとしていた。そのような背景があって、鳥坂城は築かれているのである。

真壁朝幹の危機感　中条秀叟が記録を書いたほぼ同じ頃、常陸国真壁《まかべ》郡でも真壁朝幹が要害に関わる置文を書いていた。

先に鎌倉公方足利持氏に攻められ所領を失った真壁氏であるが、永享の乱後、真壁朝幹が所領を回復する。そして約三〇年後に譲状を作成し、あわせて置文を書く（『真壁町Ⅰ』三五、写真5）。

ともゝ《（朝幹）》とかしそん《（子孫）》たるへく候ハゝ、ようかい《（要害）》をこしらへ、ようしん《（用心）》ちうや《（昼夜）》ともにゆたん《（油断）》あるへからす候、ようかいをこしらへ候ハん事、身のついせん《（追善）》と存へく候、

寛正七年（一四六六）三月二六日に作成された置文の一部である。朝幹が子孫に対して恒常的に維持される要害の築城を要求している。「昼夜ともに油断あるべからず」という決意は、前代の「城墎を構える」という段階と差がある。

そして、要害を築くことは、自身＝朝幹に対する追善供養であると宣告している。このことは中条秀叟にも増して強い決意と言えるのではなかろうか。真壁朝幹はこの翌年にも再度、置文で「世上物騒の間は、この要害あるべく候間」として、その重要性を説いている（『真壁町Ⅰ』三八）。一時とはいえ自らの所領を手放したことによるのだろうか、朝幹は要害の必要性を認識し、強く訴える。この

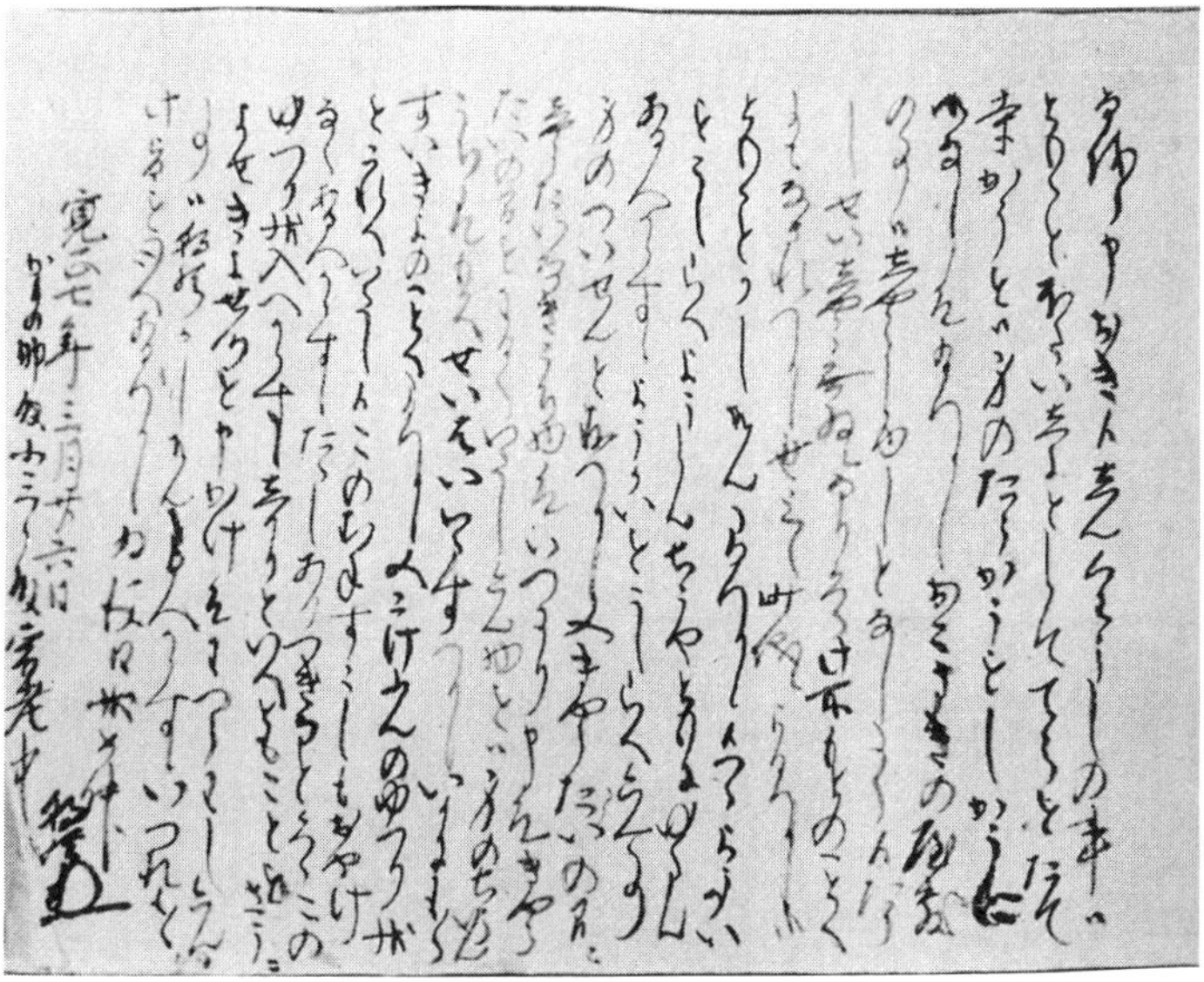

写真5　真壁朝幹置文

意識は中条秀叟の心境と同様と言えるのではなかろうか。

中条氏と真壁氏の二例を見たのみであるが、一五世紀中頃に領主が自己の恒常的に維持される要害が必要であると認識していたことが確認される。この時期以後、現在我々が見ることができるような遺構の城館が築きはじめられる。

太田金山城の築城　一五世紀に領主が自らの考えで恒常的な要害を必要としはじめたとすれば、各地で在地の本拠に要害を取り立てはじめたはずである。上野国新田《にった》庄でも岩松氏が金山《かなやま》城を築いていることが、『松陰私語』に見える（『群馬県史　資料編5　中世1』）。

金山城は新田庄の東の金山丘陵南端に築かれている。『松陰私語』の記載によれば、

文明元年（一四六九）に「事始」されたことになっている。源慶院殿＝岩松家純の代官として松陰が鍬入を行い、地鎮祭を経て築城したと記している。岩松家純がどのような意志を持っていたか、詳細に知ることはできない。しかし領主の意志のもとに「事始」が計られたことを知ることができる。中条秀叟や真壁朝幹と同じ認識をもっての「事始」であったことはまず間違いなかろう。

二月二五日の地鎮祭後、約七〇日間の普請を行う。さらに約三ヵ月の作事工事を経て、八月には大略が完成したとしている。約五ヵ月強の期間を要している。一五世紀後半の築城期間を知るのに貴重な記事である。

この『松陰私語』の記載の続きには、金山城完成祝言の着座次第へと続く。ここに記された着座次第はその後の規範とされたようで、「為後代記之畢」と締められている。この座次第を峰岸純夫は「両流（礼部家と京兆家）が、嫡流によって統一された形式をとり対座する」とし、「岩松氏の家臣団は一族、被官、賞翫の牢人衆という三大区分の構成をとっている。ここに禅秀の乱以前の岩松氏の統一された状態が出現したのである」としている（新田町一九八四）。『松陰私語』には金山城の完成と家臣団の統一という二つの事実が、まとめてしかも象徴的に記されているのである。松陰はこの儀式のなかになんらかのエポックを感得し、重要な事項として記しているのである。

七沢要害　七沢《ななさわ》（神奈川県厚木市）は扇谷上杉家の拠点であった糟屋（神奈川県伊勢原市）の北方の谷間に所在する。山間部の七沢を通る道は宮ケ瀬から津久井方面にいたる。甲斐国から相模国にいたる幹線道である。その幹線が相模国の平野部に達する直前に、七沢は位置している。

宝徳二年（一四五〇）五月一二日に出された足利成氏書状写（『群馬県史』一五六一）に七沢要害が築かれた様子が見える。江ノ島合戦の後、扇谷上杉家を支える長尾・太田勢は相模国糟屋に撤退したものの、さらに戦闘を継続するために七沢山に要害を築いたという状況が記載されている。平野部の糟屋での交戦を避け、山間部の七沢に拠点を設けたことが位置関係から読みとれよう。

その後、扇谷上杉家はこの七沢の地を自らの拠点としていた。山内上杉家と抗争する長享の乱に際してもこの地に「七沢要害」があり、越後勢の攻撃を受けて陥落したことも古文書に見えている（『伊東市史』五九一）。

この七沢要害であるが、近年にいたるまで開発にともなってすべて消滅したと考えられていた。ところが推定されていた地より西側の山間部に、山城の遺構が残っていることが確認された。山城は標高三七五の山頂を主郭とし、主として四方に延びる尾根に郭を造りだし、堀切や竪堀で遮断している（写真6）。随所に虎口も見られるが、簡略な構造のものである。山頂は南北に細長く延びる地形を二分して郭を設けている。中央の堀切状の遺構はおそらくは虎口の機能を果たしたものであろう。

この山城がある場所は、小字で「見城台《みじょうだい》」と呼ばれる。戦国時代前半頃の史料に、城館の部分名称として「実城」という語彙が散見する。「見城台」はまさに「実城」と関連するのであろう。「見城台」という語彙の使用年代からも、この山城が戦国大名北条家以前、すなわち扇谷上杉家の山城であることを示唆する。

全体は素朴さを感じさせるほど、小さくて簡略な山城である。扇谷上杉家の本拠といえども、この

写真6　七沢城の堀切と城内の巨石

ような小さな要害なのか、と感じさせるほどの簡略な山城である。戦国時代前半の山城の実像を思わせる遺構である。

扇谷上杉家が七沢に拠点を設定したのは、享徳の乱に直面した政治的危機状態のなかで、より要害な地を選んだ結果と推定される。そして重要な拠点であった糟屋が史料に見られなくなることを勘案すると、七沢は最終的には糟屋の機能を吸収・継承し、相模国中郡の拠点となったと思われる。長く評価して、宝徳二年（一四五〇）四～五月以降、長享二年（一四八八）二月にいたるまで、この間の扇谷上杉家の相模国における拠点が七沢であったことは間違いなかろう。

戦乱の予感　一五世紀中頃より、領主は自己の要害を恒常的に維持する必要性を認識し、本拠に要害を取り立てる。その多くは鳥坂城

のように前時代までに使用したことのある城館を「再興」したものであろう。一見すると連綿と続くように見える各地の城館の歴史も、この一五世紀中頃という時期に大きな画期を持っているのである。

そして背景には、中条氏に見られたような自己所領の限定と在地化、および「家中」の創出などがあり、これらの事態と関連をもって「要害」が取り立てられていた。先に見た真壁朝幹の場合、置文を嫡男尚幹のほか、「皆川殿」ほかの「宿老中」に宛て出されていた。中条氏の場合は、秀叟の跡を継いだ中条朝資の寛正五年（一四六四）譲状に個条書きで、築地、羽黒両庶子に対する権限が含まれ（『新潟県史』一八二六）、さらに越後守護上杉房定に「御当知行并庶子分事」として安堵状を得ている（『新潟県史』一九一六）。また中条氏に隣接して存在する同じ三浦和田一族の黒川氏は、文明一二年（一四八〇）に「黒川家被官中連署起請文」（『新潟県史』一三三七）を書かせている。このように要害が必要であると認識した時期、庶子が惣領に取り込まれ「家中」が成立していくのである。この両者は別の次元のこととすることはできず、なんらかの関連性を考えねばならない。

もちろん真壁氏に見たように「世上物騒の間」というような政治的インパクトは存在した。時代は戦国時代へと明確に変化していた。時代の変化は領主のイエさらには本拠のあり方にも変更を迫ったのだろう。

(3) 平地城館の複雑化

二重方形区画の城館　一四世紀代に「内城」「外城」の二重方形区画の城館があった。この構造は一五世紀になっても維持されるのであろうか。

福島県会津盆地に新宮城《しんぐう》(福島県喜多方市)と呼ばれる城館がある(図2)。『塔寺《とうでら》八幡宮長帳』にも「新宮城」の名称で登場し、新宮庄の地頭として勢力を伸ばした新宮氏が城主にあたる。近隣の新宮熊野神社には中世成立期にさかのぼる長床《ながとこ》(国指定重要文化財)がある。この神社周辺には今でも大般若波羅蜜多経転読札による結界が見られ、中世の雰囲気を色濃く伝えている。

新宮城は濁川《にごりがわ》西岸の河岸段丘上の平坦地に位置し、本丸を中心に、二ノ丸・三の丸に想定される郭が残る。本丸は南北約一二〇メートル、東西約一〇〇メートルの方形で、内部には土塁をめぐらしていた。その本丸から南北ともに一〇〇メートルほど隔てて、濁川に続く沢が自然の要害となる。したがって東西方向に台地がのびるが、濁川に面する東側には南北の堀が普請されている。西側については台地を区切る施設が現状では確認されていないが、本丸西辺が外部に露出することは考えにくいので両沢を結ぶなんらかの施設があったのだろう。そして南東隅にはおよそ八〇メートル四方の小郭が附属している。西辺の区画が確認されていないが、一五〇メートル四方の方形区画を中心とした二重方形区画が意識された城館と評価してよいであろう。

200
199
198
197
196
195
194
193
192
191
190
189
188
187
186
185
184
183
0
100m

図2 新宮城

昭和四七年（一九七二）以降、断続的に発掘調査が行われた。調査地点は多くにのぼるが、出土遺物には珠洲系の甕・擂鉢、古瀬戸の卸皿・縁釉皿・平碗・折縁皿・香炉・瓶子、天目茶碗などの国産品、無文端反青磁碗・口禿白磁皿・端反白磁碗・白磁八角盃・高麗象眼青磁などの船載陶磁器が出土し、おおよそ一四世紀から一五世紀前半代が主体であると報告されている。

戦国時代直前の段階にあっても、二重方形区画を意識した築城が行われていたことが確認できる。

青鳥城　東武東上線沿いには立派な遺構を残す中世城館が多いが、青鳥城《おおどり》（埼玉県東松山市）もその一つである（図3）。南側に崖を持つ台地縁に、方形の主郭と主郭を囲むように構えられた長方形の外郭線という単純な構造で、明確な虎口もなかった。このような青鳥城について、戦国時代の遺構であることは間違いないものの、直線的な二重方形区画の構造に対して、その単純さから以前よりなんとなくの違和感を覚えていた。

この青鳥城は古くに発掘調査が行われており、その遺物について再検討が加えられた。遺物は一三世紀末から一四世紀末および一五世紀〜一六世紀前半とされる。このうち後者の年代に属する遺物のうち、瀬戸美濃製品は古瀬戸後期第Ⅳ段階から大窯Ⅰ段階であった。また出土遺物のなかには高麗青磁も含まれていた。これらの遺物が含まれた遺構は中世墓であった。そしてこの中世墓を埋めて三の郭土塁が構築されていたのだった。すなわち、青鳥城の年代は中世墓以後の年代となる。

具体的に青鳥城を使用したことを示す文献資料は存在しない。しかしこの考古学的な年代、および太田道灌状のなかに「青鳥」が見られることから扇谷上杉氏が拠点としたことが推測される。

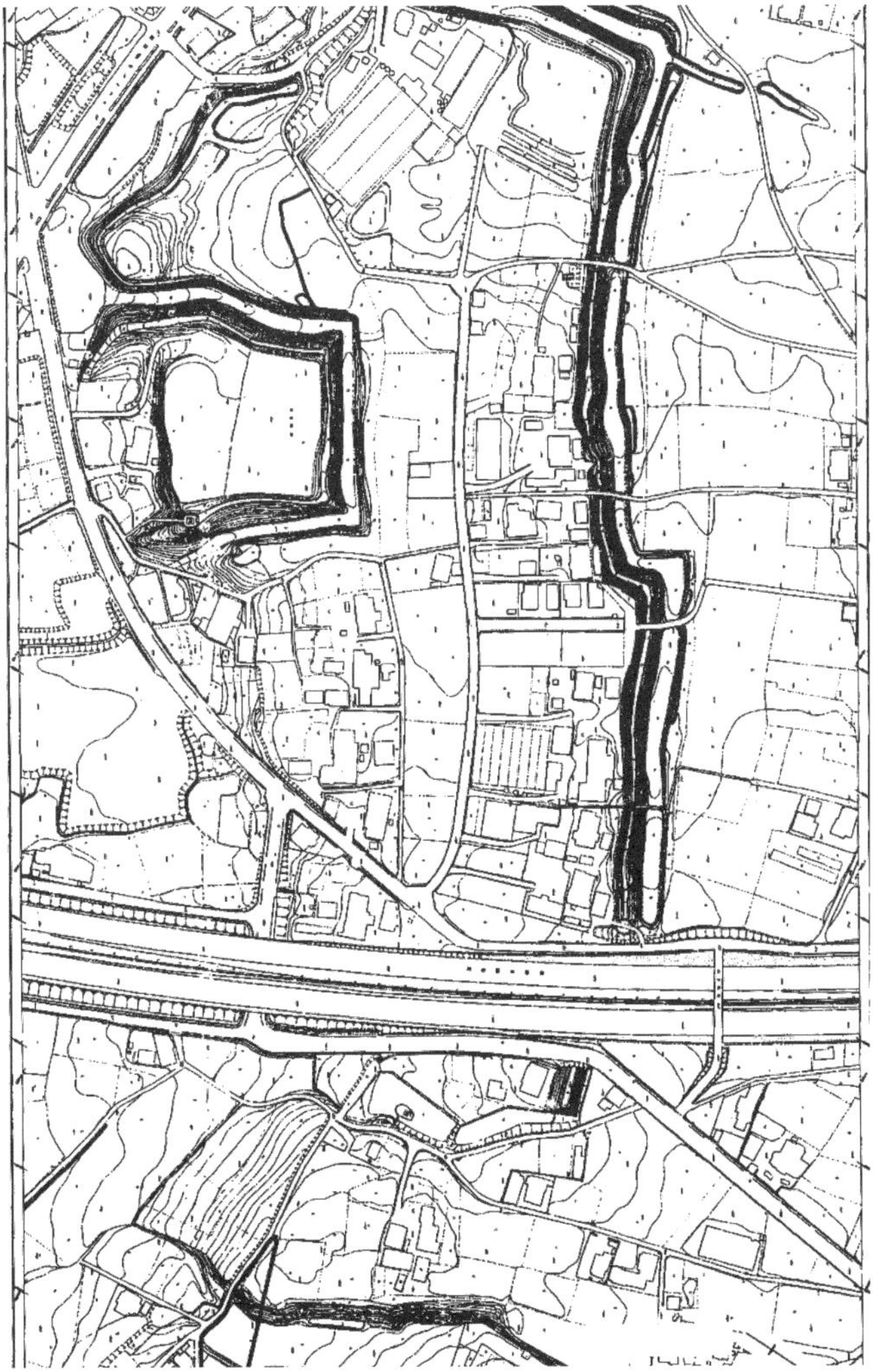

図3 青鳥城跡全体図

長方形の主郭を広い区画の外郭で囲い込む構造は、二重方形区画の城館設計が規範として存在し、一五〇〇年前後まで継承されていたことを明らかにしている。

高田土居城　近畿自動車道松原那智勝浦線のみなベインターチェンジの地は、かつての高田土居城の地にあたる。インターチェンジ建設にともない二〇〇一年から三ヵ年わたって発掘調査が実施され、城館の概要が明らかにされた（図4）。

発掘調査により、遺跡の年代は、一五世紀前半に築かれたと考えられ、一五世紀第Ⅳ四半期に大改修が行われ、一六世紀前半代に廃城になったと考えられた。城館としては二時期の変遷を想定している。そして高田土居城は紀伊国守護畠山氏により築かれ、城館が占める面積から、紀伊国の守護館に準じる城館という位置づけがなされるにいたった。

調査は城館の全域に及んでいないものの、城館の中核部の構造を明らかにするものであった。また時期は二時期にわたるが、中心は北西・南東方向で約六〇メートル、北東・南西方向で約四五メートルの長方形の主郭である。その区画を囲むように外堀が方形に区画する。改修前では約一〇〇メートル×約一五〇メートル、改修後では約一〇〇メートル×約二二〇メートルを推定している。内郭は改修以前より二重に水堀がめぐっており、改修後の外郭は場所によって二重ないしは三重に堀を普請していた。

下古館遺跡や新宮城などと比べると規模は小さいことになるが、厳重に堀をめぐらした二重方形区画の城館と言えよう。すなわち、西国にも二重方形区画による城館普請の考え方は存在したと考えてよかろう。

改修前の高田土居城（推定）

改修後の高田土居城（推定）

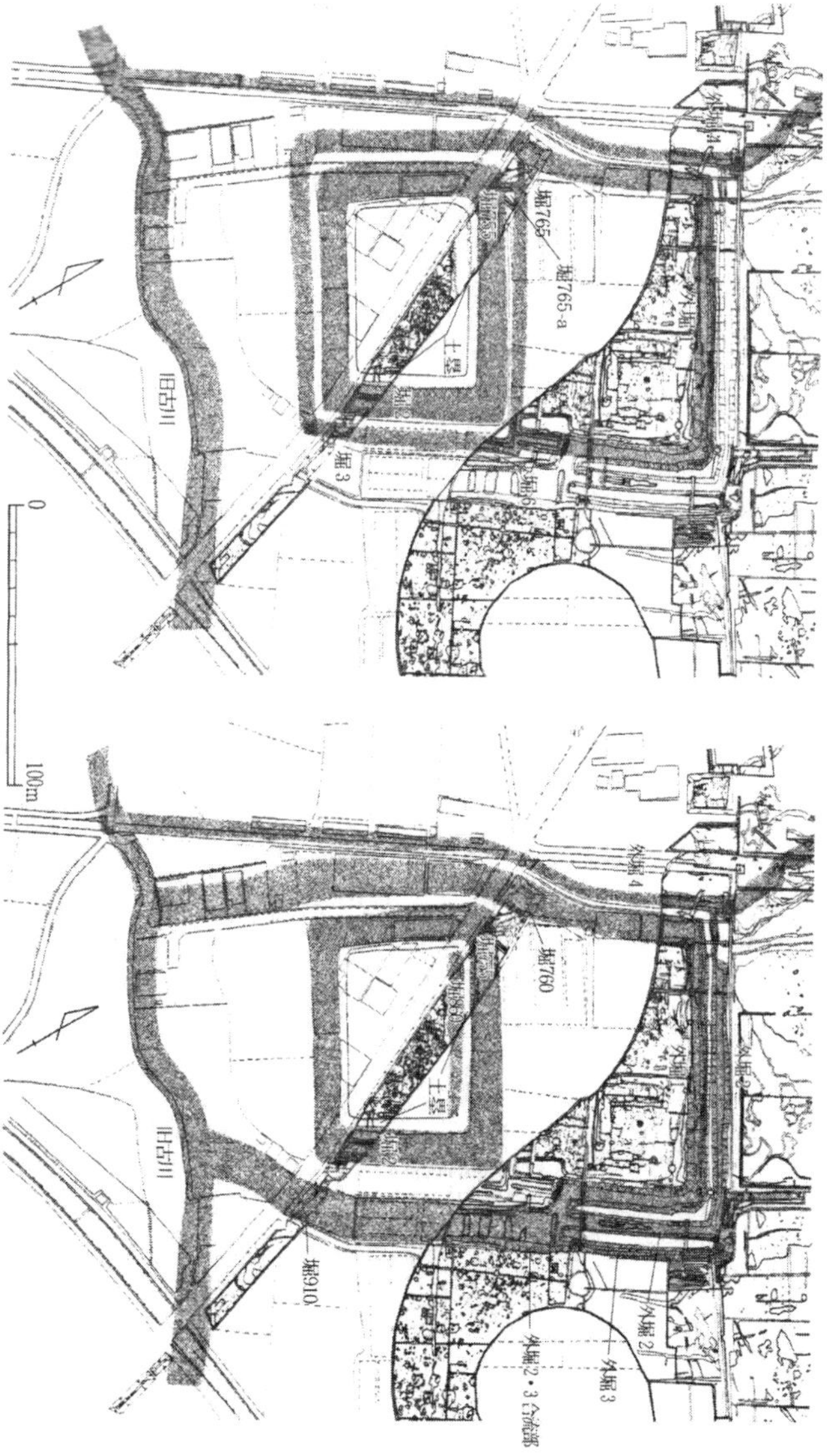

図4 高田土居城変遷図

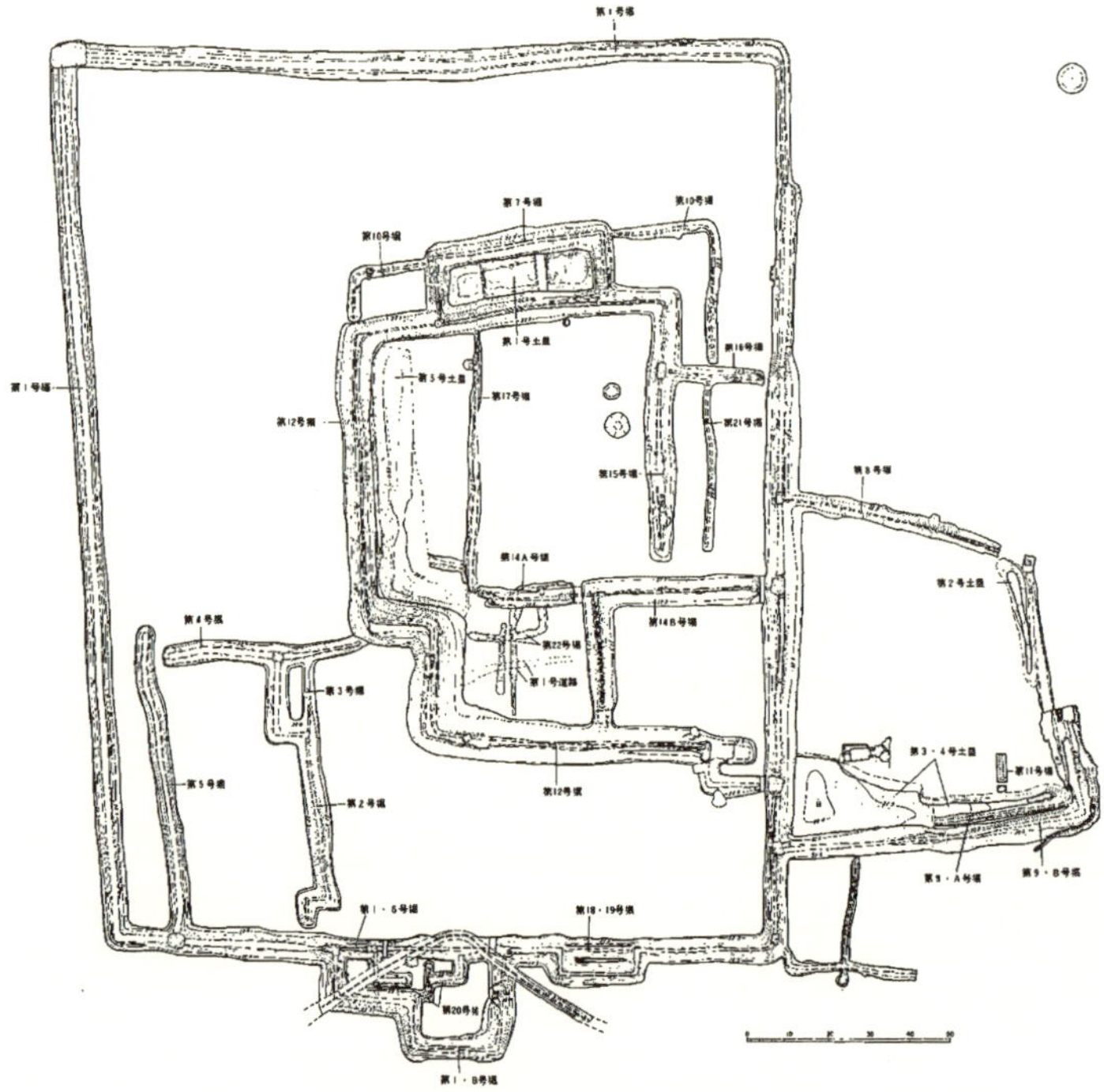

図5　屋　代　城　　0　50m

複雑化する平地城館　このように二重方形区画の城館は確かに戦国時代まで存続していた。しかし、単純に継承されたのではなく、複雑に変化していた様相が認められる。その具体的な事例は茨城県龍ヶ崎市に所在する屋代城である（図5）。所在地は常陸国東条庄内で、御家人屋代氏が領主とされている。昭和五八年（一九八三）～六一年に発掘調査が実施され、およそ一四世紀から一五世紀の城館と考えられた。遺物の中心は古瀬戸後期で大窯期の遺物は見られなかった。また常滑産の甕は一〇形式であった。

報告書では時期は三期に区分されている。Ⅰ期は、方八〇メートル前後の方形館と推定する。続くⅡ期は外郭に東西一六六メートル、南北二一二メートルの外堀を構築したとする。そして、Ⅲ期は大永三年（一五二三）の合戦と関連する時期とする。概して、「北条氏によって方形の「館」が造られ、永和三年屋代氏の入荘によって城郭として改築され、大永三年に最終的な「回字型」の城郭に発展していった」と評価している。

このうちⅢ期は文献資料による設定であり、遺物の状況からは確定できないし、むしろ疑わしい。とするならば、Ⅰ期の方形館の段階から、Ⅱ期には二重方形区画へと変化したことになる。しかし、検出された遺構は単純な二重方形区画ではないことは明らかであろう。おおよそ一四世紀から一五世紀のなかで、二重方形区画だけでなく、複雑な折や区画などを備えた城館へと展開したことになる。

同様な展開と思われるのは、茨城県水戸市田谷町にある白石《しらいし》遺跡である（図6）。鎌倉後期には大仏北条氏領とされる常陸国吉田郡か国井保に所在した方形の城館である。正長三年（永享二年、一四三〇）五月三日付、佐竹義憲感状（『茨城県史料』Ⅳ―「秋田藩家蔵文書」二一―一五）に見られる「田谷《たや》城合戦」の「田谷城」とは白石遺跡と考えてよいであろう。

報告書によれば白石遺跡の時期は四期に区分される。

Ⅰ期は一三世紀から一四世紀前葉とされる。この時期に関わる遺物としてはⅢ類双魚紋青磁碗がある。東西七七メートル、南北八〇メートル、深さ二〇センチの溝で方形に区画される段階とする。

続くⅡ期は一四世紀中頃から一五世紀前葉。東西六五メートル、南北八〇メートルの堀で台形に区画される段階

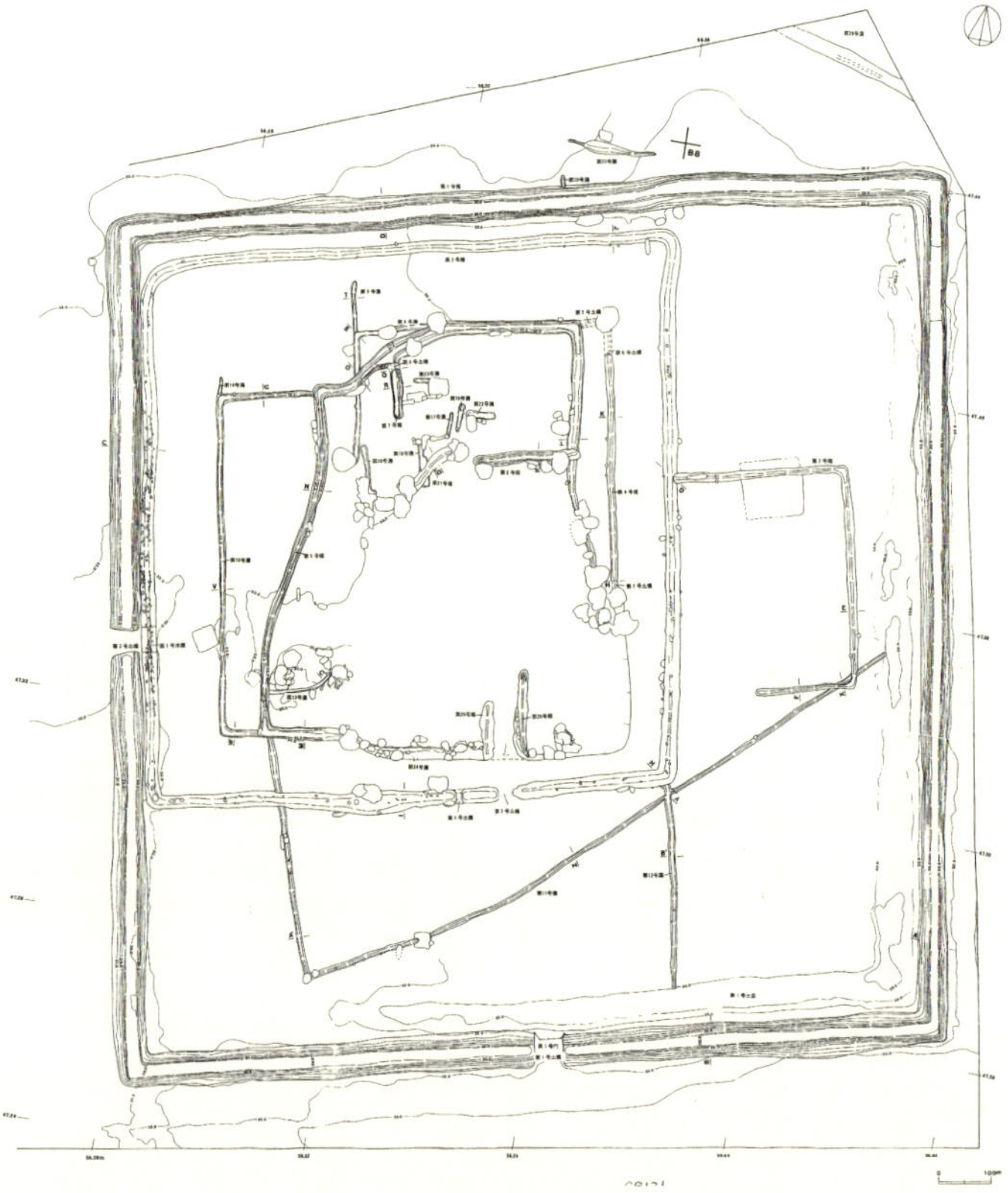

図6 白石遺跡　0 200m

とされる。

Ⅲ期は一五世紀中葉から一五世紀後半で、Ⅱ期の堀の外側に一〇三メートル四方の方形の堀を設け、東側に副郭を付設する段階とする。

そして最後のⅣ期は一五世紀後半から一六世紀中頃とし、Ⅲ期の外側にさらに一六五メートル四方の堀（SD1）を設ける。この四段階に区分し、年代的には一五世紀が中心としている。

このうち、Ⅳ期は盛期を過ぎた段階にもかかわらず拡大するという状況となっている。そもそも時期区分は城域が次第に広がるという発展論で整理しており、Ⅳ期の中核となる外堀（SD1）の切り合いは明確でない。厳密に言うならば時期が不明のようである。私見に照らすならば、他例との関連から一四世紀から一五世紀のなかで外堀（SD1）が掘られ、二重方形区画の城館として成立していたと考えたい。

仮に外堀（SD1）の存在を除いたとしても、中心となる区画が折りをもつなど複雑な様相を呈していることが確認できよう。この状況は屋代城の状況と同じと考えてよいであろう。

戦国時代となり、平地城館は単純な二重方形区画のみでなく、副郭が添えられたり、折り歪みが設けられたりと、戦乱に対応する構造を帯びはじめていると評価することができる。

ではこの状況を文献資料で確認することはできないだろうか。

(4) 「中城」の発生

『松陰私語』の金山城攻め 明応四年(一四九五)に上野国岩松家では内紛が起こった。その事件を記す『松陰私語』のなかに、金山城の構造に関連する叙述がある。

岩松尚純と横瀬成繁の対立に際して、岩松尚純の縁者である佐野小太郎(佐野泰綱の父、通説では秀綱とされる人物)が金山城を攻める。この時に横瀬国繁は由良の館に隠居しており、子息の横瀬成繁は草津に湯治に出かけていた。そのため金山城の警固は手薄であったという。記事によれば佐野勢は「呑嶺坂」を打ち上がり、佐野小太郎が金山城の「真城」に懸け入り、佐野家「執権」の大貫三河守が「中城」に押し上がった。構造の詳細はわからないが、金山城山頂付近に「真城」と「中城」があったことがうかがえ、名称をもった空間の存在を確認することができる。『松陰私語』はこの合戦を「大油断」と述べており、通常はもっと警戒堅固な場所であったことになる。

さてこの「真城」であるが、おそらくは「実城」の誤写もしくは誤記であろう。「実城」は一五世紀後半からの文献資料に見ることができる語彙であり、後の時代の本丸に相当する空間である。注目したい点は、今ひとつの目標となった「中城」という空間である。この語彙も戦国時代の史料に見ることができる。

まずこの「真城」と「中城」は並立した記載になっているのだろうか。両者は別々の攻撃目標とさ

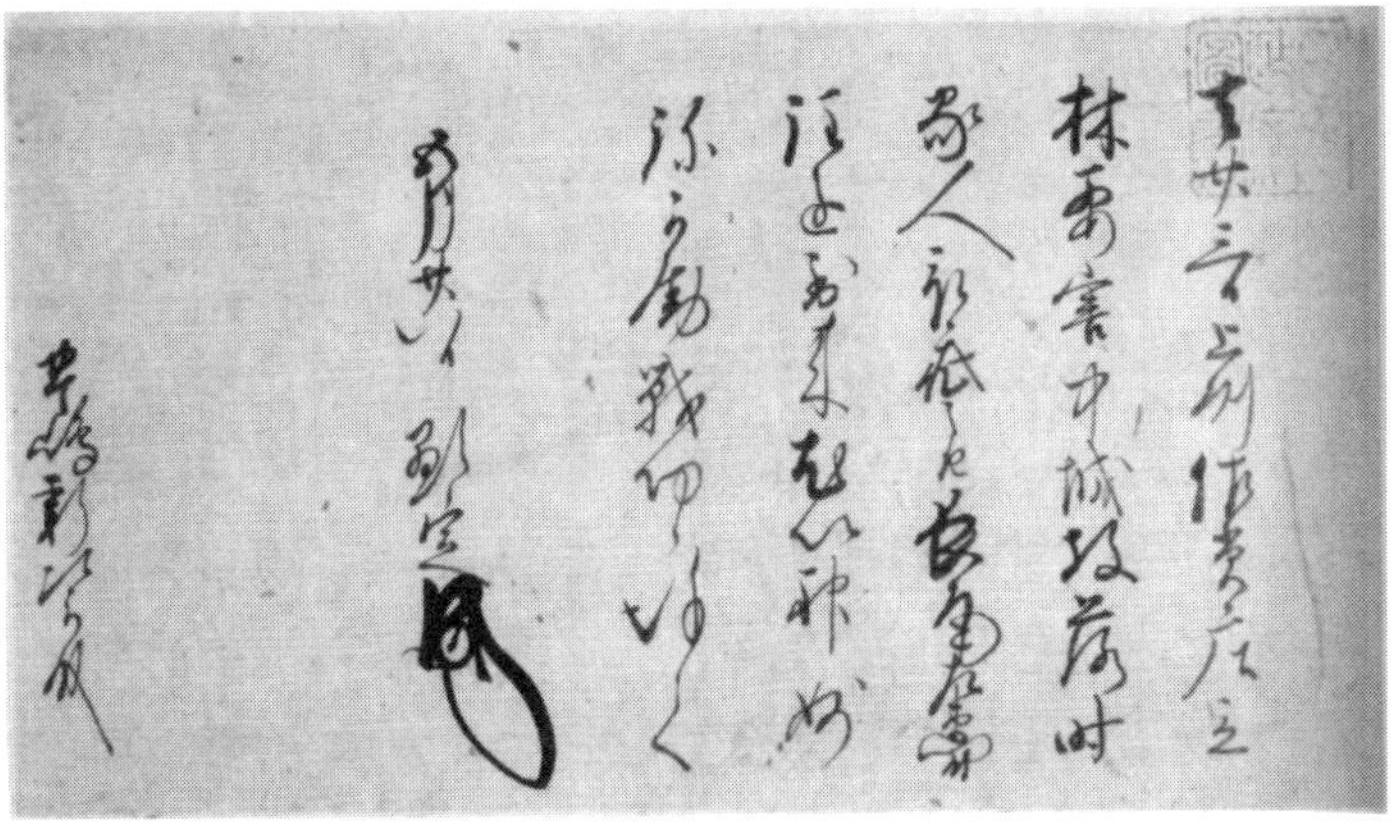

写真7　山内上杉顕定感状

れている。理念的ではあるが、一般の戦国城館の構造は、同心円状の（もしくは直線的な）構造を呈すると考えられている。したがって、いきなり中心となる郭に敵勢が到達することはまずありえない。いわゆる二の丸を攻め落とし、そのうえで本丸を攻めるという段階的な攻城順序が戦国城館の構造に見合う。このように理解するならば並立の表現は、金山城のどのような構造に由来するのであろうか。また一五世紀後半から一六世紀初頭のほかの城館に照らして、この金山城の構造はどのような関係にあるのだろうか。

「中城」の語彙　そこで「中城」であるが、この語彙は『松陰私語』のほかにも事例を確認することができる戦国時代の城館の語彙である。文明三年（一四七一）五月二八日付けの山内上杉顕定感状（『北区史』一九五および一九六、写真7）では、豊島氏の「上州佐貫庄《さぬきしょう》立林《たてばやし》要害中城」での勲功が称されている。この時、山内上杉顕定は古河公方足利成氏の基盤を削ぐため、足利・佐貫という上野国東部・下野国西部に軍勢を進めた。樺崎《かばさき》（栃木県足利市）・八《やっ》

椚《くぬぎ》(同前)・赤見(栃木県佐野市)などが戦場となるが、その戦場のうちの一ヵ所が「立林要害中城」であった。

管見の限りこの「立林要害中城」が「中城」の語彙の初見となる。そして、文章から判断すると中城は「立林要害」を構成する一空間と読める。文書を深読みすれば、たんに「立林要害」と記載されずに「立林要害中城」と記載されるのは、それだけ独立性の高い空間であったということになろうか。

同時代の「中城」の語彙は江戸城にも見られた。万里集九が著した『梅花無尽蔵』のなかに江戸城の景観を記した部分がある(『北区史』記録四六)。その様相に見られる構造が重要である。城門の前には市場が設けられていることに加え、塁の構成は子城・中城・外城の三重の構造であったと記載している。具体的な構造は不明であるが、三重の構成の中核に「中城」があったことになる。

この「中城」の語は、天文年間以前に確認できる事例はさほど多くはない。しかし天正年間まで関東各地で使用されることは間違いない語彙である。例えば天正一三年(一五八五)霜月一五日に岩付城の城主である北条氏房が城内の「中城車橋内戸張之番」を定めている(『北区史』五〇二)。

宮城泰業は北条氏房から岩付城中城の番を命じられた。この時期に北条氏は下野国攻めを敢行しており、本文書はその留守居のために発給されたものらしい。この宮城氏が番を命じられた場所は冒頭の文言より、「中城車橋内の戸張の番」であった。しかし一書の一箇条目に「中城構の番を申し付け候」とあることから、「中城車橋内の戸張の番」と「中城構の番」は同義と考えられる。そのことは六箇条目に「構番のほかの者は、一人も車橋より内にいれてはならない」と明記していることからも

追認できる。

つまり天正一三年の岩付城には中城と呼ばれる空間があり、この時に宮城氏に管理が任されていた。そして中城への出入りは厳密を期されていた。また宮城氏はこの中城を中心に惣構の管理もしたことを確認できる。一般的に考えて惣構のなかに「中城」が含まれる構造であったと考えられる。その「中城」から宮城氏が岩付城全域を管理できたことにも注意を払っておきたい。

戦国期東国の「中城」の語を散見してきた。さほど史料が多いわけではないが、戦国期の東国の城館には、「中城」と呼ばれた空間が確実に存在した。文明三年（一四七一）を初見とし、一六世紀にいたるまで見られた。戦乱の激化にともなって、「中城」と呼ばれる空間が、この時期に出現したことは間違いなかろう。

「中城」の位置　この「中城」の位置について考えてみたい。文献資料に見える様相は、「内城」「本城」「子城」などと表現された主郭と、外側にあたる「外城」との間にある。三重構造と記載されることもあった。これらをヒントに現状の遺構と地名との関係で様相を見てみたい。

まずは北畠親房が入城したことで著名な小田城（茨城県つくば市）である（写真8）。現状の遺構は慶長期に出羽国に移転し、廃城になった頃の様相で、各所に角馬出や折り歪みが残っている。また本来は家臣の屋敷地であった方形区画なども取り込んで、縄張りを複雑化している。実に平城ながら要害堅固な城である。おそらく、発掘調査の結果や地名などから一五世紀後半頃は二重方形区画の城館の延長線上で考えられる城館であったと推測される。

写真8　小田城跡米軍撮影航空写真

現状の本丸の郭について「城内」という小字が伝わる。あるいは「城郭」の「城」にあたるのであろうか。形状も方形であり、古い段階には一回り小さい方形区画であったことも発掘調査によって確認されている。その「城内」の北及び東側に「くの字型」の郭がある。この曲輪に「中城」の呼称が残る。ちなみにこの「城内」と「中城」を囲い込むように郭がめぐるが、これらが「外城」にあたる空間なのであろう。

小田城の北に、真壁氏が一五世紀中頃以降に本拠とした真壁城（茨城県桜川市）がある（図7）。この城も織豊期に浅野長吉が入城

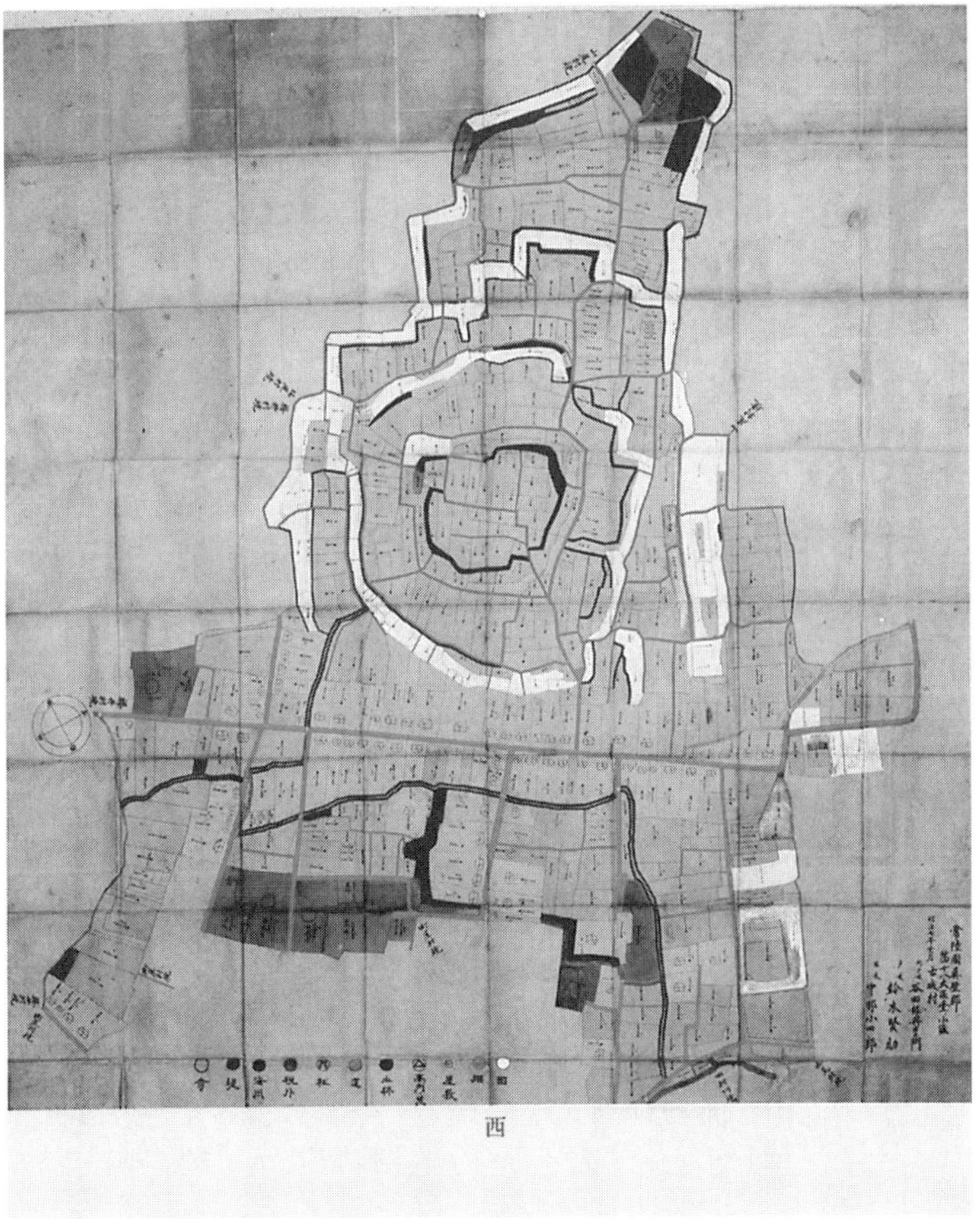

図7　真壁城図（明治7年古城村地籍図）

しており、大きく改変されていることが予想される。本丸はおおよその方形であり、その本丸を囲むように二の丸が構えられる。この二の丸の南東側に接するように郭が構えられる。この郭に「中城」の呼称が伝わる。あるいは本丸と二の丸が一体の郭であり、「実城」であったのかもしれない。

このように主郭に付属するように「中城」と呼ばれる空間が存在したことがうかがえる。

真壁氏はこの真壁城に移る以前は、桜川を挟んだ対岸の亀熊城《かめくま》(茨城県桜川市)に本拠を構えていた。この城について、現地調査や聞き取り調査によって復元したのが図8である。

北から南へと突きだした半島状の地形に、大きく長方形の空間を囲い込む。この空間は南北で二分され、北側は「釜内《カマウチ》」、南側は「南館《ミナミダテ》」という小字がある。享徳五年(康正二年、一四五六)六月三日付けの古河公方家奉行人連署状(『真壁町史料Ⅰ』二六)には「堀内南方」という表記が見られる。この連署状は所領相論を折中で解決したものであることから、「堀内」が南北に二分されたことが理解される。この状況から「釜内」と「南館」は「堀内北方」と「堀内南方」に相当し、長方形の区画は「堀内」と把握されていたことが理解される。

この「堀内」の空間の南東に主郭となる方形区画がある。この地は廃城後に寺院になったようで、「オテラヤマ」の地名が伝わっている。注目したいのは、この方形区画の西側に土塁をもった小区画が存在していることで、「ナカジョウ」という呼称を聞き取った。おそらく漢字での「中城」の表記が、いつしかこのように発音されるようになったのであろう。やや推測を差し挟むが、「実城」=「オテラヤマ」、「中城」=「ナカジョウ」、「外城」=「堀内」という空間で構成されていたことを読み取れる

亀熊城
1989.10.30.
1992.12.13.
1993.1.30.
42.5
上谷津池
38.9
小字原山
弁天沼
40
35
38.2
小字白田
31.1
34.0
小字道中子
小字館内
推定線
39.3
30.4
亀熊八幡神社
ナカジョウ
オテラヤマ
亀熊新橋
31.9
小字与市五郎
小字南館
30.1
39.1
推定線
33.7
30
亀熊大橋
N
0
100

図8　亀熊城縄張図

のではなかろうか。

このように「中城」とは「実城」に付属するように構えられた副郭という様相が見えてくる。先の屋代城や白石遺跡にも主郭部に付属する副郭の空間が所在していた。「中城」とは城館の構造が複雑になる過程で「実城」に付属する副郭として登場したと考えられる。

二重方形区画の変化　茨城県東海村の石神《いしがみ》城という城館がある（図9）。久慈川の流れを東に望む段丘の縁に築かれており、平成元・二年（一九八九・九〇）の二ヵ年わたり、保存整備のために発掘調査も実施されている。

中心の構造は三つの郭からなる。段丘縁に長方形の「遠見城」と称されるⅡ郭。Ⅱ郭を西側から囲むようにⅠ郭が連なる。「御城《ミジヨウ》」と呼ばれる。Ⅰ郭のさらに西側にはⅢ郭が連なる。このⅢ郭は小字「城ノ内」と呼ばれる。これらの三つの郭は外側に対して土塁をもち、東側の崖面を除く三方には郭を囲むように空堀をめぐらせている。地形は三つの郭の南北に、久慈川からの支谷が刻みこまれ、西側へと続く。Ⅲ郭の西側虎口からおよそ六〇〇メートルの地点には、舌状の台地を隔てる堀切が長く普請されている。三つの郭と外郭線からなる戦国城館と評価できよう。

Ⅰ郭に「御城」の呼称があるのは、戦国期城館の呼称である「実城」に通じると考えられ、中心となる郭であったと評価される。このことを踏まえ、かつ地形の状況から考えるならば、構造的にいわゆる本丸に見えるⅡ郭は、時代の経過のなかでⅠ郭より切り出された郭と予想される。この修築であるが、より戦国期的な城館へ、戦う城へと変化したと考えることは可能であろう。しかし、後述する

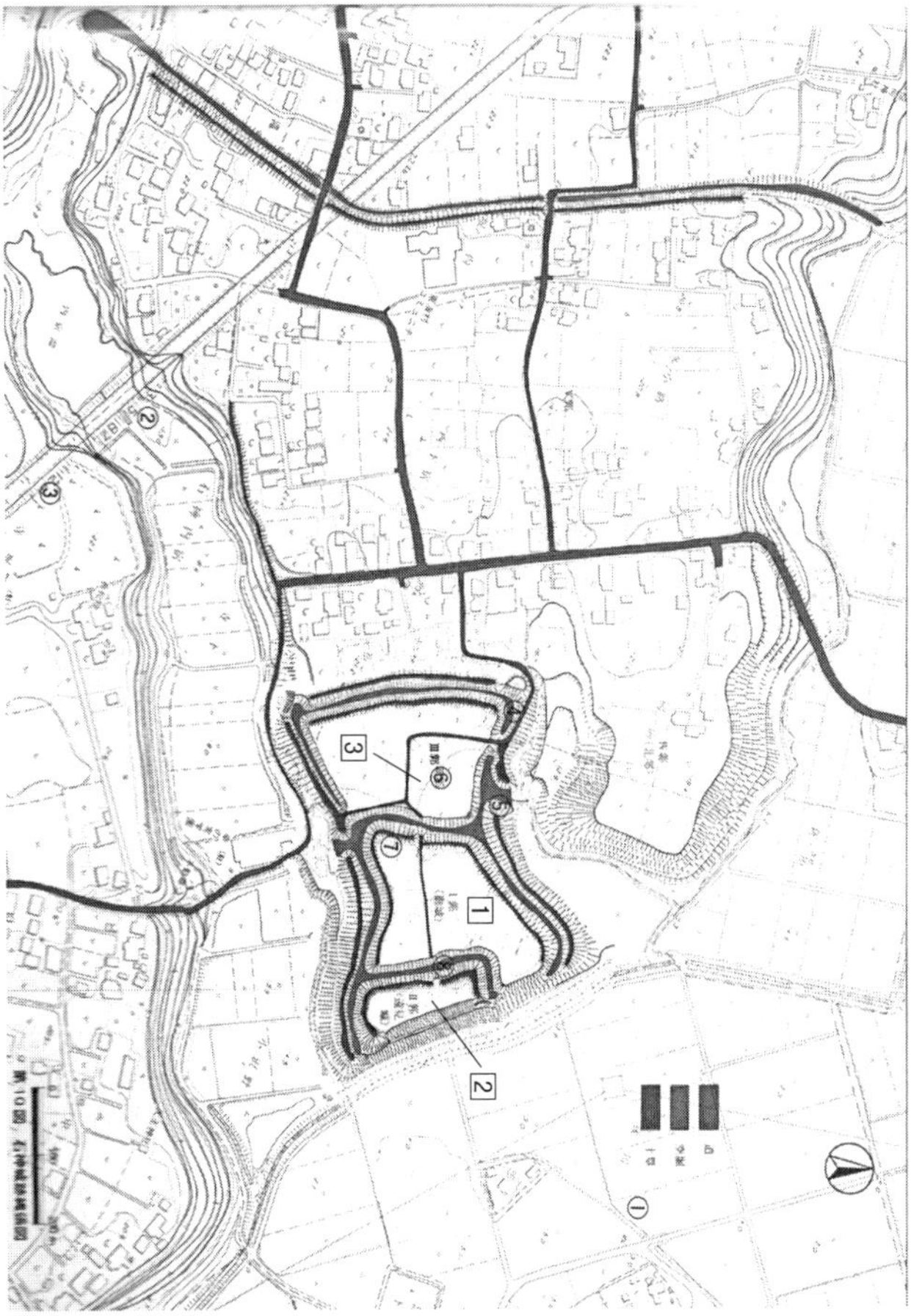
1
2
3
0
200m
1 Ⅰ郭（御城）
2 Ⅱ郭（遠見城）
3 Ⅲ郭

図9　石神城縄張図

が一六世紀まで下らないという状況を踏まえた時、別の理由も考える必要もあろうか。例えば、陶磁器の組成を見ると、土師質土器がⅡ郭では五八・三％に対して、Ⅰ郭では二五・三％と相違を示している。Ⅱ郭で土師質土器の比率が高いということは、なんらかの儀礼的な意味をもった空間があったことを示唆している。あるいはこの儀礼的な空間が「御城」の一部が切り出され、「御城」がⅠ郭とⅡ郭に分離されたということも考えさせる。

この石神城に関係する古文書がある。永享四年（一四三二）三月二〇日付の鎌倉公方足利持氏御判御教書（『茨城県史料』Ⅳ「阿保文書」九）であるが、そのなかに文字の相違があるが、「常州石上城合戦の時において」と記載される。合戦の背景については明らかにならないが、石神城での合戦があったことになる。「城」と明示されて石神城の存在を語るのはこの一点である。この文書と相応するように発掘調査によっても、この文書の年代と見合う遺物が多数見られる。舶載陶磁器では、鎬蓮弁文青磁碗・端反蓮弁文青磁小碗・青磁細描蓮弁文碗・青磁稜花皿・白磁丸皿・白磁抉り高台皿・青白磁梅瓶・褐釉四耳壺・染付皿（B1群）・天目茶碗、古瀬戸製品では古瀬戸中期の瓶、古瀬戸後期では、折縁皿・香炉・鉢・天目碗・縁釉皿、大窯期の皿、常滑甕（9～10段階）、そのほか在地産の鉢や土鍋が見られた。おおよそ一四世紀から一五世紀の遺物が中心となっており、一六世紀にまで存続したとは考えにくい。したがって石神城の中心的な年代は一五世紀にあると見てよいであろう。

文献・考古学ともに一五世紀の存在を裏づけ、一六世紀の機能を証明できなかった。現状では石神城は一五世紀に機能した城館であると考えられる。その時の石神城とは、中心となるのは郭が三つ

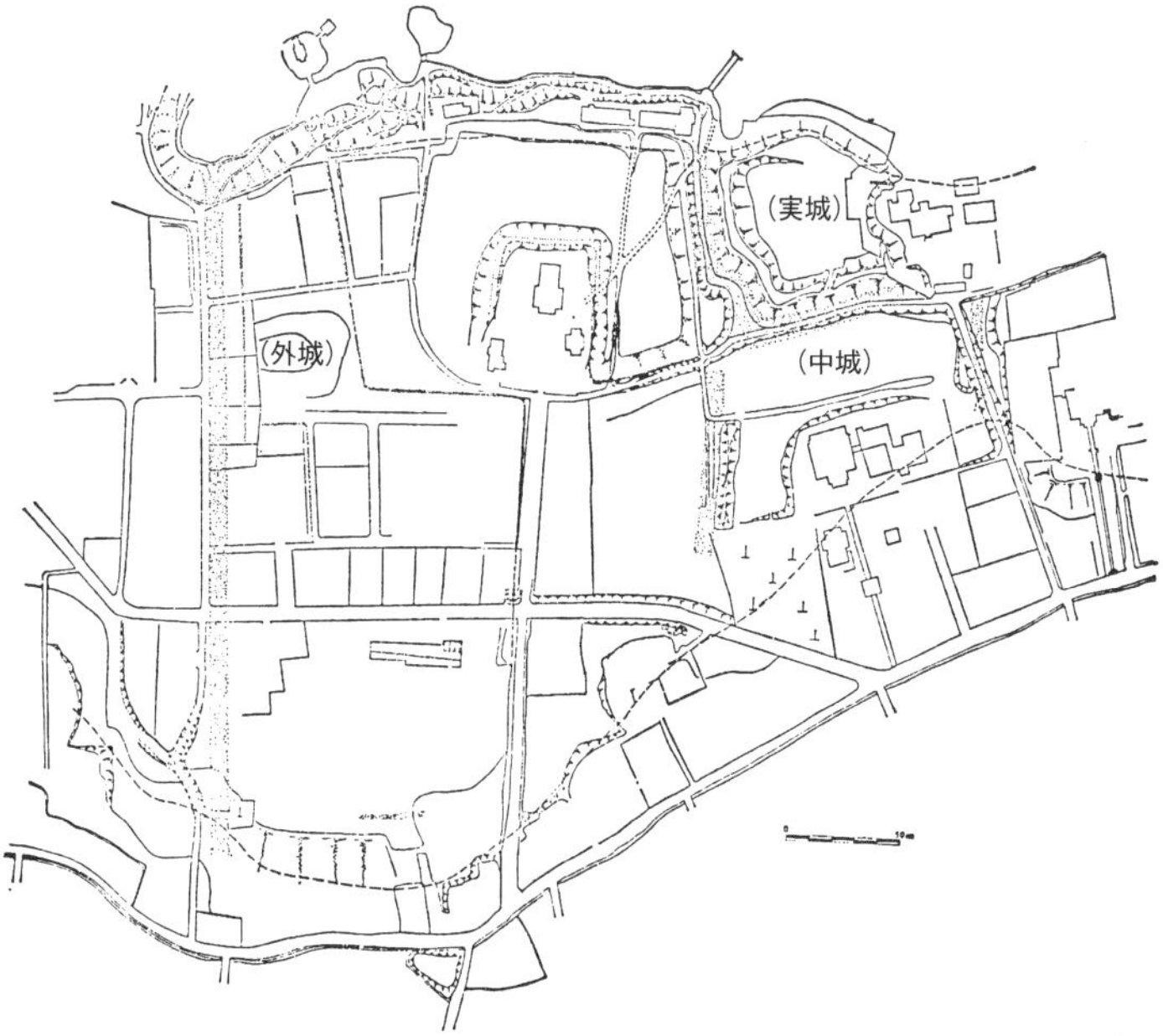

図10　石神井城全体図

（おそらく当初は二郭）で、その地は「御城」「城ノ内」と称されていた。地名にあるようにこの三郭の地が「内城」にあたる。中心となる三郭は方形を基調としつつあるが、後に切り出されたと考えられるⅡ郭をⅠ郭に含めて考えれば、やや広い二つの空間から成り立っていた。「御城」はまさに「実城」であり、Ⅲ郭の「城ノ内」の空間は「中城」にあたる空間であると理解してよいであろう。そして離れた場所に外郭となる堀切が普請されて、広大な空間を囲い込んでいた。この堀切によって仕切られた空間が「外城」となる。すなわち、一四世紀の「内城」「外城」の構造と関連をもち、かつ地形を活かしつつ「実城」「中城」「外

城」へという戦国時代の城館へと変遷している姿を示していると言ってよいであろう

石神井城　この石神城と近似した構造を持つ城が石神井城《しゃくじい》（東京都練馬区）である（図10）。石神井公園の一角、三宝寺池を北側に控え、南側は石神井川が流れる西から東へと伸びる台地上に築かれる。主郭は方形を意識した空間で西および南に規模の大きな土塁と空堀が普請される。その主郭の南側に土塁を持つ空間がある。削平により旧状は不明であるが、郭であったと考えられる。この二つの郭の西側に広い空間があり、南北に台地を切る線の長い堀切があった。構造的に石神城と類似するのは明らかであろう。

石神井城は長尾景春の乱に際して、太田道灌に攻められて落城する。その状況は太田道灌状に記載されるが、そのなかに太田勢が石神井城の「外城」を攻めたことが記載される。すなわち主郭が「実城」であり、南側の郭が「中城」、そして西側が「外城」という空間構成になることが予想される。石神城も石神井城も一四世紀の「内城」「外城」の構造と関連をもち、「実城」「中城」「外城」へという戦国時代の城館への変遷過程にあると考えられる。しかし、平地における二重方形区画という構造から外れ、かつ地形を活かした構造になっている。戦国時代へという移り変わりのなかで城づくりも変化している様子を示している。

(5) 東アジアとの交流

『李朝実録』の首里城　『李朝実録』「世祖実録」巻二七、八年二月(天順三年〈一四六二〉)に首里城の構造が記載されている。琉球人が漂流し、朝鮮にたどり着いた。その漂流人を送還する場面で登場する。そこで描かれた首里城は「外城」「中城」「内城」の三構造であり、どのような建造物があったかも報告されている。そして内城にある二〜三層の閣を見た使者は、おおよそは朝鮮王朝の宮殿景福宮の正殿である勤政殿と比較して、「同じである」と感想を加えている。

首里城を訪れた使節は朝鮮人であるので、「外城」「中城」「内城」は厳密に言えば、朝鮮半島での用語ということになろう。しかしこの使節は首里城にもこの概念が適用できるとして記載していることにもなる。琉球の実態はさておいても、少なくとも「外城」「中城」「内城」の語が東アジアで共通して使用されていたことを確認してよかろう。つまり、一四世紀後半から一五世紀前半に小山《おやま》で確認できた内城・外城、さらには戦国期に見られた「中城」という城館構造は、東アジアの都市設計と関係を持って使用されていたのだった。

(6) 群郭の城館

城なのか、村なのか? かつてこのような議論が巻き起こった遺跡があった。篠本城跡・城山遺跡(千葉県山武郡横芝光町篠本)である。平成五年(一九九三)一月から同一〇年三月までの長期にわたって発掘調査が実施され、遺跡の年代は縄文・弥生・奈良・平安・中世・近世にわたっている。中世は一三世紀段階の墓地を中心とする時期が先行し、一四世紀から一五世紀にわたって城館が存在した。

遺跡の中心的な時代は一五世紀である(図11)。この時期に堀が台地上に縦横に掘られる。堀によって区画された平地には、およそ一〇ヵ所程度にやや規模の大きな掘立柱建物が建つブロックが存在する。ところが、この篠本城は一見して堀はあるものの、各平地間の主従関係が明確でない。掘立柱建物群のブロックを見ても、堀で区画された空間に主従の関係は見えない。つまり、一定の空間に数家族が堀を掘りつつ全体として完結性をもちながらも、分立しつつかつ集住した景観を示している。要するにどこが中心となる郭かわからなかったのである。ここから村ではないかという議論が起きたのである。

郭が並立する城館 篠本城跡・城山遺跡ほど極端ではないが、同心円的な構造ではない城館が東北地方や南九州など列島の各所に見られる。そのひとつが浪岡《なみおか》城である(図12・写真9)。

JR奥羽本線の青森駅と弘前駅の中間に浪岡駅がある。合併により現在は青森市内となったが、市

図 11　篠本城跡　15 世紀の遺構分布

内南部の浪岡に浪岡城と呼ばれた北畠家の拠点は築かれた。勝山館《かつやまだて》（北海道上ノ国町）や志苔館《しのりたて》（同函館市）、さらには根城《ねじょう》（青森県八戸市）と並び、北日本の代表的な中世城館として知られている。これらの城館は一乗谷朝倉氏遺跡（福井市）の保存整備に続いて実施された中世遺跡の調査・整備の事例であり、浪岡城も列島全体のなかでは先駆的な整備事業の遺跡として評価されてきた。

城館は北東へと続く丘陵の南端を選地し、台地上に郭群を普請する平城である。城館南面にある急峻な崖下では浪岡川と正平津川《しょうへつがわ》が合流し、幅約五〇〇㍍以上の氾濫原を形成する。また北側には鷺谷堰による流れが接する。この流れに挟まれた東西方向の台地上に、浪岡城が築かれている。

昭和六三年度より、整備事業にともなう発掘調査が行われた。この調査により浪岡城の地は九世紀から一七世紀にいたるまで、五期に分けて把握された。このうちⅣ期が一五世紀中頃から一六世紀末の戦国時代に相当する。浪岡御所北畠家の時代ということになる。

城の中心部は規模の大きな八つの郭で構成される。それぞれは幅一〇～三〇㍍の二重堀（場所によっては三重堀）で分けられる。郭群の中央部南側には、内館と呼称される郭がある。発掘調査では政庁と想定される建物も検出され、まさに中心の郭であった。この内館を北側からコの字で囲むように、西館、北館、猿楽館と呼ばれる郭が配置される。さらに一群の西側には検校館、そして東側には東館、通称無名の郭、新館が配される。郭のおおよその配置は地形に規制されつつも、内館を中心とした同心円状の配置と読み取れる。しかしなにぶんにも郭の規模が大きい。内館だけでも東西約一二〇㍍、南北約八五㍍の規模を計り、他の郭もこの大きさに匹敵する規模がある。どの郭も単独で居館となれ

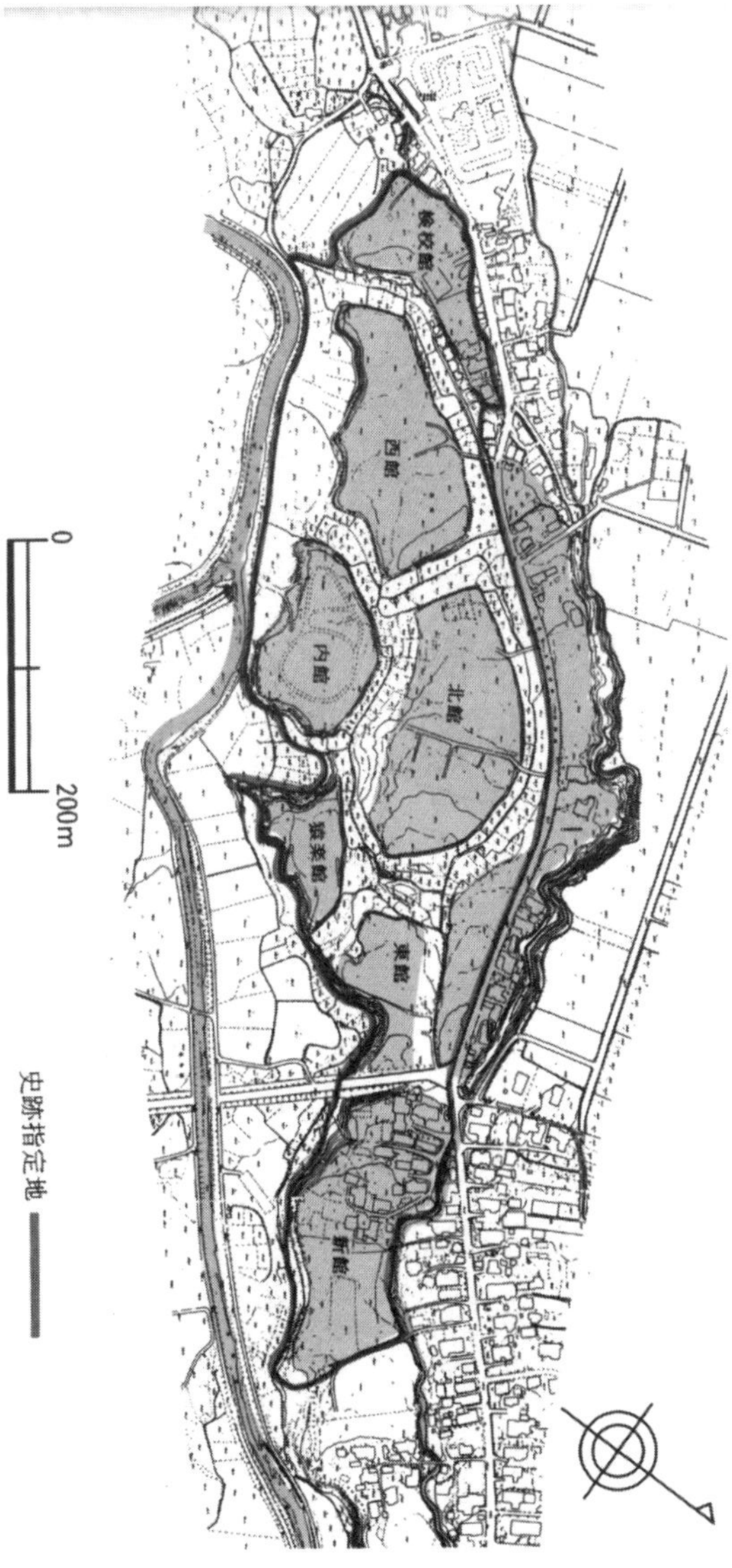

図12　浪岡城全体図

写真9　浪　岡　城

るほどの規模であるが、独立した八つの郭で複合した城館が浪岡城である。構造上の特徴がこのように指摘できる。

この構造のためであろうか、発掘調査ではそれぞれの郭がどのように連絡していたかが追究された。近世城館であれば、本丸を中心に郭が同心円状に連なり、本丸にいたるためには、二の丸、三の丸などそれぞれの郭を通過しなければならない。城館はこのような構造をとることが一般的であった。しかし、浪岡城においてはそれぞれの郭が直接に連絡せず、二重堀のなかの土塁を通路として移動し、それぞれの郭の門で結ばれていることがわかった。浪岡城は内館を上位としながらも、内館に〝最後の砦〟としての役割を期待していたのではなく、八つの郭群を並列な関係で連結させていたことを示していた。ここからう

かがえる北畠家の構造は、一門が寄り集まった状態ということになろうか。

横地城　日本茶の茶園が広がる遠江国東部の牧ノ原台地の一角、静岡県菊川市奥横地に、室町幕府奉公衆の一員である横地氏の本拠があった。

この横地氏が東遠江の歴史舞台から姿を消すのが、文明八年（一四七六）である。時代はまさに応仁・文明の乱の時である。駿河守護今川義忠が遠江国に攻め込む。横地は近隣に基盤を持った室町幕府奉公衆の勝間田氏とともに防戦につとめたが、ともに滅亡してしまい、東遠江の歴史の舞台から去ってしまった。詳細を記す史料を欠くが、横地城そして勝間田城ともにこの時に落城したと考えられている。他方、勝利した今川義忠は、駿河国への帰途の塩買坂《しおかいざか》において横地・勝間田両家の残党に襲撃されて、落命する。その後、駿河国では今川家の家督をめぐって争いが勃発することになる。

本拠の一角に構えられた山城は、西に向けて開ける小さな谷の奥に築かれた（図13）。三つの頂を利用して築かれ、東の城・中の城・西の城と呼称される小さな山城が一群となって構成されている。地形や規模そして遺構などから考えて、東の城が山城の中心となる。部分的な横堀は掘られているものの、概して削平地と堀切そして短い竪堀で構成されている。残念ながら城内を通る通路や虎口は明らかでなく、山城の詳細な構造はまだ解明されていない。

平成八年（一九九六）〜一〇年、当時の菊川町教育委員会が実施した総合調査によって、この山城に本格的な考古学的調査のメスが入れられた。発掘調査は遺構確認を目的としており、東の城・中の城・西の城の城内各所に試掘溝が設定された。部分的な調査であったが、青磁碗・皿、古瀬戸（後期

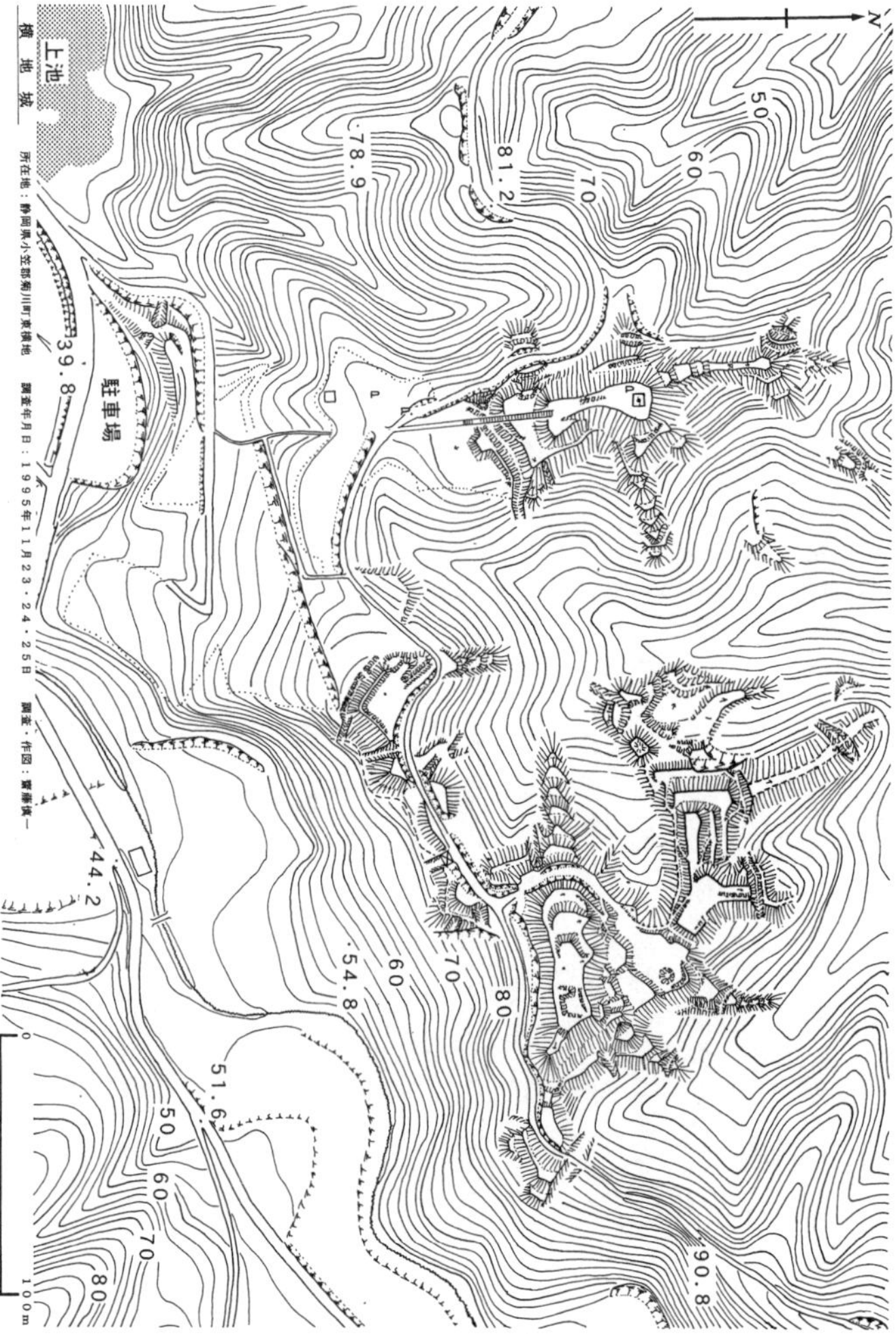
横地城
上池
所在地：静岡県小笠郡菊川町東横地
調査年月日：1995年11月23・24・25日
調査・作図：齋藤慎一
駐車場
N
50
60
70
78.9
81.2
39.8
44.2
54.8
60
70
80
51.6
50
60
70
80
90.8
0
100m

図13　横地城　縄張図

段階）の碗・皿など多数の遺物が出土した。出土した遺物が語る年代は一五世紀中頃から後半の年代で、一六世紀に下るものはなかった。戦国時代初頭段階で廃絶する山城として確定されたのだった。

山城の麓、西に開く横地の谷には多数の中世遺跡があった（図14）。横地城下遺跡・伊平遺跡・五郎兵衛遺跡・小田屋敷遺跡などである。これらは横地氏の関連遺跡と考えられている遺跡で、とりわけ殿ケ谷遺跡は重要な遺跡と評価された。

この殿ケ谷遺跡は緊急調査によって調査されたのみで、その全体像は残念ながらまだ把握されていない。しかし数次にわたる調査で、古瀬戸前期の遺物（一三世紀）から大窯期（一五世紀）にいたるまでの瀬戸美濃製品のほか、多数の舶載磁器が出土した。このうち白磁四耳壺・酒海壺・泉州窯産緑釉洗・青白磁梅瓶・古瀬戸前期入子などは、武家の本拠地の出土品にふさわしく、横地惣領家の屋敷である可能性が指摘された。また、殿ケ谷遺跡よりやや谷の奥に所在する伊平遺跡についても出土品から同様な年代観や類似の性格が考えられた。惣領家のみならず、谷のなかには一族の武家屋敷が存在する可能性が考えられ、図中のA・B・Cの単位が想定されたのだった。

一族が基盤とする遺跡が谷に分立する。そしてその個々の遺跡と対応するように、東の城・中の城・西の城が存在し、これらの小さな山城が一群となって横地城は構成されていた。ここでも武家のイエ構造を表現するように、並立しつつも全体としてひとまとまりになる城館が見られた。

群郭の城　以上のように、三つの事例を見てみた。これらは一五世紀から一六世紀初頭の城館であり、その特徴は独自空間が並立する構造とまとめることができる。

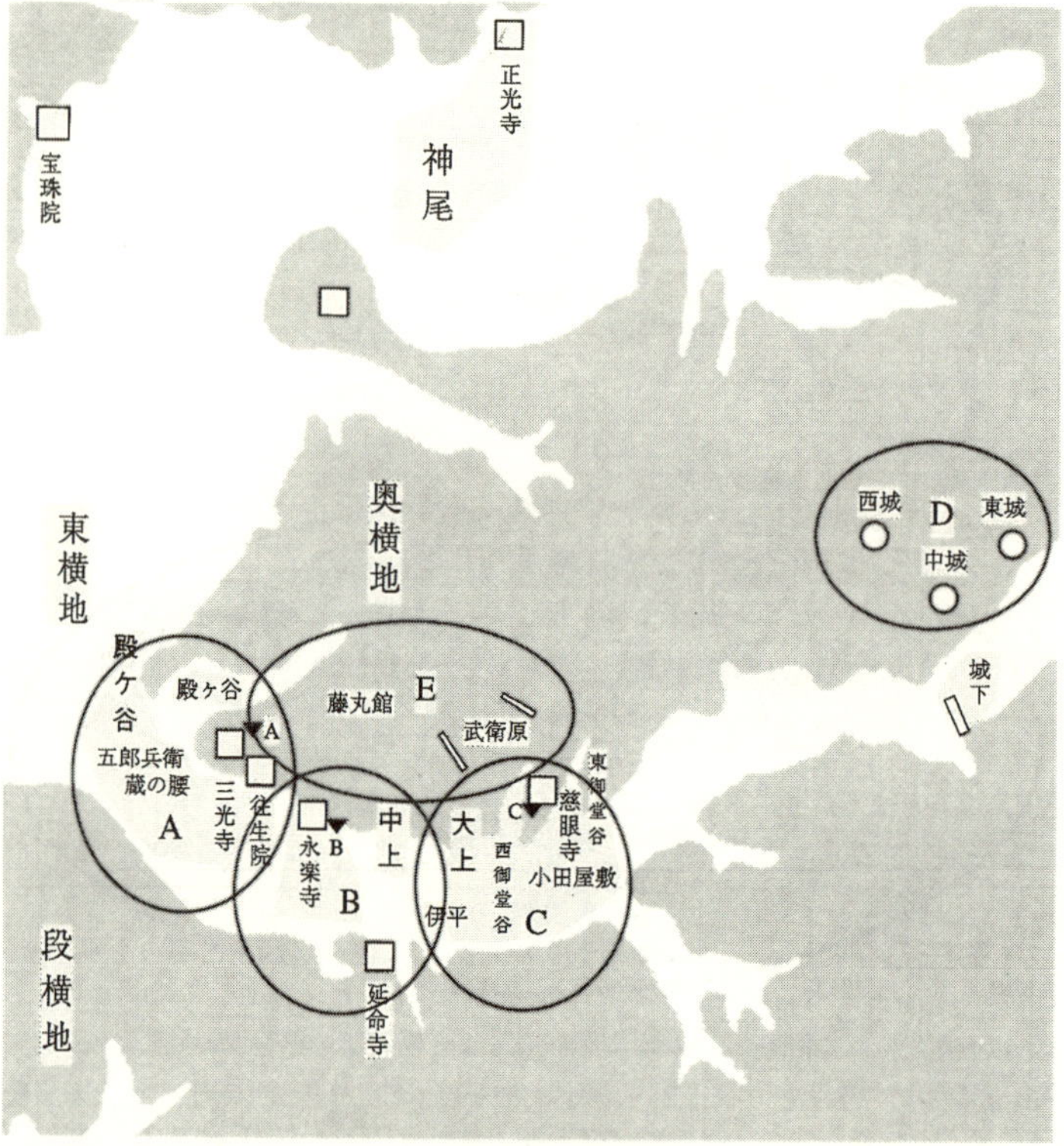

図 14　横地城の空間構成

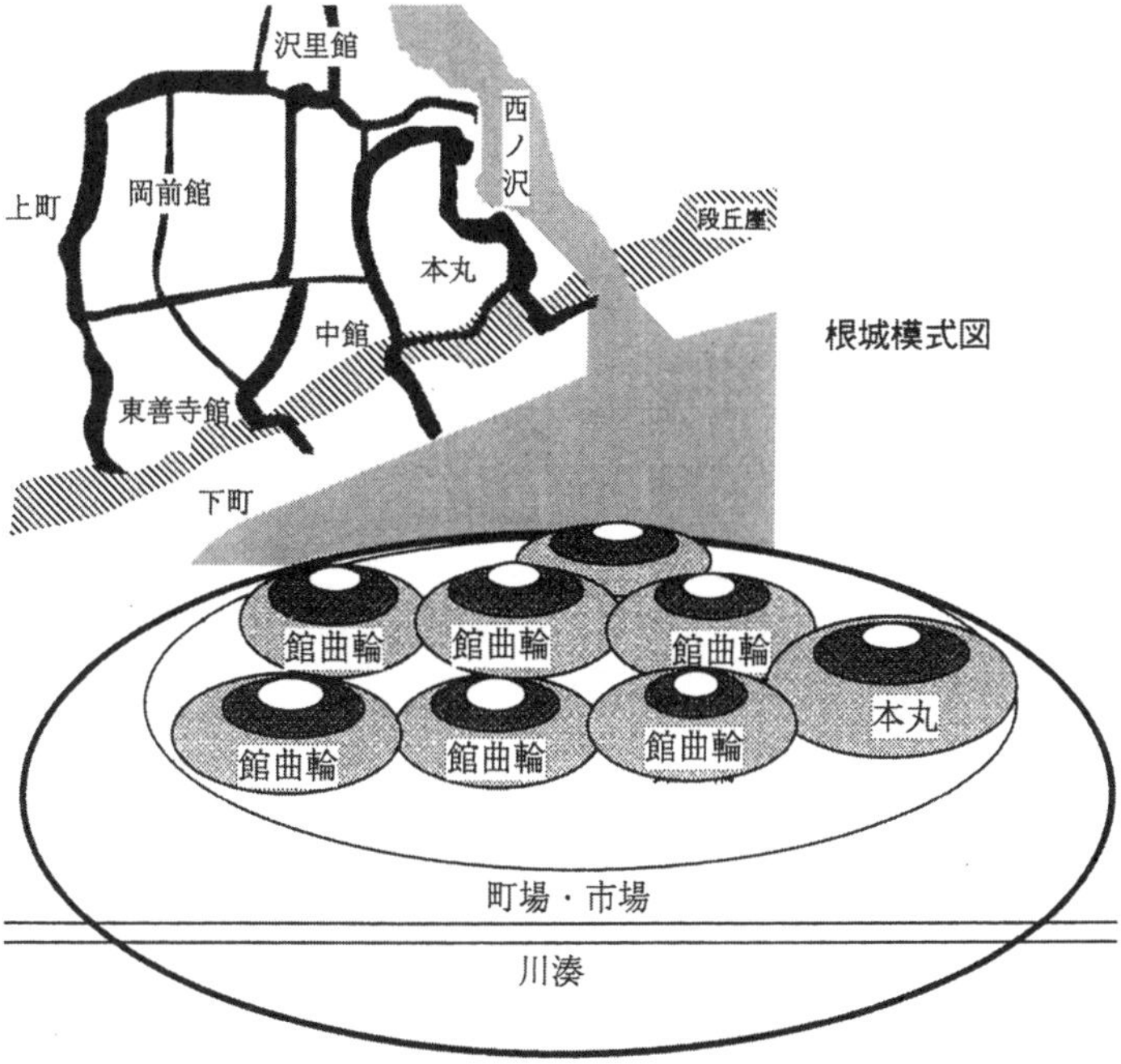

図15　同心円の集合体構造の城下町（根城）

この問題については研究史上においては千田嘉博と小野正敏の議論に接点がある。村田修三による列島内の城館構造の地域性の議論（村田一九八七）を千田は引き継ぎ、各地の城館を大きなまとまりとして考察し、地域によって異なる城館構造に着目した。そのなかで問題とする構造について館屋敷型城郭（群郭城郭）という範疇を設定し、地域性の問題を論じたのである（千田二〇〇〇）。これに対して小野正敏は城下町構造をモデル化し、一乗谷朝倉氏遺跡を例とした同心円構造の城下町―モデル1と根城を例とした同心円の集合体城下町―モデル2（図15）を対比さ

せた。そして城下町モデルの相違を、求心力の強い統一政権型と一揆的結合・連合政権型という権力体の構造と関連させた（小野一九九七）。

千田の議論は列島という平面的な視点で扱うのに対して、小野は領主制構造という異なった次元で指摘を行った。この両者の整合性は今後さらに追究される必要はあるが、まずは小野の議論に着目したい。領主のイエ構造と一揆構造すなわち領主連合のような構造として議論されることが多いのは、一揆契状の残存から一四・一五世紀のことである。とりわけ一族一揆の問題は一五世紀に説かれることが多く、小野の指摘はそのまま年代的な背景を有することとなる。この視点と本書において検討した事例はきわめて密接な関係と言えるのではなかろうか。つまり、ピラミッド構造ではなく、連合による領主のイエ構造がそのまま城館の構成に反映していると考える視点である。

群郭式の城館は求心構造が弱く、空間が独自併存するとした点は、まさに歴史的背景を浮かび上がらせていると言いうるのではなかろうか。

(7) 南西諸島の城館

グスクの時代　奄美諸島や沖縄などの南西諸島では、観光名所として首里城にはじまり、今帰仁《なきじん》城、勝連《かつれん》城などの著名なグスクに加え、ブッシュに埋もれた数多くの多様なグスクが確認されている。琉球列島全体ではその数は二〇〇～三〇〇に及ぶとも言われる。

南西諸島では、地域の歴史を理解するうえで、当時の京都を中心とする日本列島とは異なった時代区分が適用されている。紀元前後～一〇世紀前後を示す貝塚時代に引き続き、中世に相当する時代をグスク時代と呼んでいる。貝塚、グスクともに考古学で理解される遺跡であり、文献史学によらない時代把握が行われていること自体が、中世までの日本とは異なる地域であったことを実感させる。同時にグスクがいかに時代を語るうえで重要な存在であるかがうかがわれる。

グスクは、一二世紀以降に登場するとされる。新生代第四紀更新世のサンゴ礁に起源する琉球石灰岩で普請された石垣が象徴的な存在である。原始社会から階級社会へ移行する象徴的な存在として理解されている。しかしその様相は一様ではない。そのため、二〇世紀後半以降に〝グスクとは何か〟をめぐってグスク論争と呼ばれる議論があった。論点は多岐にわたるが、聖域説、集落説、城館説などの論点から論じられ、その多様性が指摘された。おそらくは今後も研究の進化により、グスクの様相は細分化され、研究視点にしたがってその内容は深化するであろう。

首里城　琉球のなかでとりわけ著名なグスクは首里城（写真10）であろう。創建は一四世紀察度王代とも、それ以前とも言われる。グスク時代後半の沖縄本島は戦乱の時代であり、北部では本部《もとぶ》半島の今帰仁城を拠点とする勢力、中部は浦添《うらそえ》城さらには首里城の察度王統の勢力、南部では南山《なんざん》城（沖縄県糸満市）を拠点とする勢力が鎬を削っていた。それぞれの勢力を北山、中山、南山と呼び、この時代を三山時代とも称した。一四二九年、中山の尚巴志によって三山が統一され、琉球王国が成立した。尚氏の拠点であった首里城の規模が整えられ、第二尚氏の尚真・尚清代にさらに整備拡張された。

写真10　首里城　正殿

首里城は、隆起珊瑚礁の標高一五〇メートルの高所を中心とし、南西には那覇港を見下ろす位置を占める。基本的な構造は、内郭（内側城郭）と外郭（外側城郭）に大きく分けられており、正殿をはじめとする城内の各施設は東西の軸線に沿って配置されている。中心となる正殿は第二次世界大戦にいたるまで伝えられていた。平入りの建物で前面に前庭をとり、周囲を囲繞する構造は、アジアの伝統的な宮殿配置構造であった。

先にも触れたが、一五世紀に朝鮮が漂流民を琉球に送り届けた時、使節が首里城を訪問している（『李朝実録』「世祖実録」巻二七、八年二月（天順三年〈一四六二〉）。これによれば首里城は「外城」「中城」「内城」の三構造であったと記載される。さらに「外城」には倉庫や厩が、「中城」には侍衛軍が、「内城」には二～三層の建物があったと報告されている。そしてこの二～三層の建物を見た使者は、お

写真11　勝　連　城

およそは朝鮮王朝の宮殿景福宮の正殿である勤政殿と比較して、「同じである」と感想を加えている。

朝鮮使節の報告は大きな違和感を語っておらず、おそらく首里城は東アジアの伝統的な王城の系譜のなかで理解される構造であったことが予想される。

この首里城は琉球王国の中心となった。しかし様相は中近世日本の城館とはおよそ趣を異にするものであった。独特の文化ではぐくまれた沖縄のグスクのうち、首里城、中城《なかぐすく》城跡、座喜味《ざきみ》城跡、勝連城跡（写真11）、今帰仁城跡の五つのグスクは世界遺産となっている。

石灰岩の石垣　グスクの特徴はなんといっても琉球石灰岩による石垣である。中世日本では戦国時代にいたるまで元寇防塁を除きほとんど話題とならない石垣が存在する。サンゴ礁が起源の石灰岩であるゆえ、きわめて軟質で軽量な石材であるため、普請を容易な工事とした背景があるのであろう（写真

写真12　下田原グスク　石灰岩の石垣

12)。首里城などで見られる造形美は日本よりむしろ中国・朝鮮との親近性を抱かせる。

石垣は、織豊城郭と同様に、積み方の布積みと乱積み、石材加工の度合いの相関関係で考えられている。概して石材加工が次第に進み、積み方が布積みに向かって整っていくという様相を示している。首里城に見られる石垣は隙間も見られず、元和・寛永期(一六一五~四四)の石垣、すなわち大坂城・二条城の様相を思わせる。一五世紀以後は石垣の築石面が方形ではなく、五ないし六角形などの多角形に加工した石垣も登場している。相方積みと呼ばれるこの技法は一六世紀に中城城に登場するとされ、以後、沖縄の石垣の主流を占めた。

他方、一五世紀以前の石垣には、人一人が運べる程度の大きさの石材を積み重ねた程度の石垣も見られる。無論、石材は無加工で野面積みとなる。石垣普請というよりは農作業によるような簡易なもので、

写真13　マシュク村遺跡　海側外壁

腰高程度のものまでもある。グスクについて聖域説、集落説が登場する所以でもあろう。

先島諸島のグスク　二〇世紀末に国立歴史民俗博物館を中心に先島《さきしま》諸島の中世村落の調査が行われた。その調査により波照間《はてるま》島のマシュク村遺跡（写真13）、竹富《たけとみ》島のハナスク村遺跡ほかの測量調査が実施され一四～一五世紀における村落の一端が明らかにされた。

これらの村は自然石の琉球石灰岩が野面積みで普請された石垣で区画されていた。海に面しては崖の場所が選地されていた。崖に加えて石垣による壁面を構えている場所も存在した。いわゆるグスクの一例として解せる遺跡である。

調査にあたった小野正敏は、大きな特徴として、次の点を指摘する。

①道路がないこと。

②石垣による屋敷割りが不整形な区画であるこ

と。

③遺跡内には現在のような型式の御嶽が存在しないこと。

これらの諸点を踏まえ、当該期には現在において意識されている村とはまったく異なる村があったと指摘し、これらの村が琉球に征服される前の、八重山時代のものであり、「外から攻めてきた琉球に対する抵抗の拠点、特に防禦された村」と考えた。これらの調査からグスクの語彙の持つ性格が、「グスク＝城としての狭義の理解の延長に固定化される傾向」に警鐘をならした。集落説としてのグスク論として整理されかねない議論であるが、グスクを単純に城館として見なすことは現時点でも難しいとする成果である。

グスクの性格　概観した時に注意を払っておきたい点は、グスクの性格をめぐって、軍事施設か聖域や集落などの生活の場としての施設かという視点で議論が行われている点である。さらに言うならば、非日常的な軍事施設か、宗教施設すなわち御嶽を含む日常的な生活の施設かである。

結論から言えば、この議論の結末はおそらく二者択一の問題ではないのだろう。この両者が並存し、時と場面によりその性格が前面に出てくる施設である。この聖域説と要塞説の対比はグスクに限られたことではなく、古くは西日本古代山城や北海道のチャシにも見られた。さらにはヨーロッパではモン・サン・ミッシェルなどのように教会と要塞が同一化している事例もある。つまり、グスク論争は城館の性格を考えるうえでの基本的な問題を提示しているのである。課題がより鮮明な形で眼前に提示されていると考えるべきなのであろう。

振り返ってみれば、中世城館をめぐる議論でも軍事性と日常性をめぐる二者択一の議論がある。グスクに比べて宗教的な性格をくみ取りにくい中世城館であるが、グスクの研究に学ぶべきところがある点は肝に銘じたい。

(8) 道南一二館と上ノ国勝山館

和人の世界 古代以来、蝦夷が島・東北地方の北日本には、畿内を中心とした日本列島の中央部とは異なった独自の世界があった。その境界は岩手および秋田の南部から次第に北上し、鎌倉時代になると津軽海峡が境界となっていた。

室町時代になると東北地方北部では、アイヌとの交易がさかんになった。蝦夷が島では鮭・昆布が、千島列島ではラッコの皮などが特産物となり、交易によって日本海の湊を経て畿内にもたらされた。とりわけラッコの皮は日明貿易によって中国へも高価な品として送られていた。交易の代金としての銭は、北陸地方の特産物であった甕などの陶器とともに、蝦夷が島へともたらされた。昭和四三年(一九六八)、北海道函館市志海苔町から、三七万枚もの古銭がぎっしりとつまった大甕が三個出土した。銭のほとんどは宋銭などの中国銭であった。

そもそも、中世の北海道は「日本」であったか。鎌倉時代には、外ヶ浜《そとがはま》から鬼界ケ島《きかいがしま》までの範囲を「中世日本」とする考えがあったが、この考えに基づけば渡島《おしま》半島は「国外」ということになる。そ

の地に本州から和人と呼ばれる人たちが進出するのは、一五世紀のことである。この時代に作成された日本地図には渡島半島が描かれている。次第に日本に吸収される様子が的確に表現されている。

この時期、渡島半島の沿岸に一二の館が築かれた。これらは道南一二館と総称されている。その最北端の館は花沢館といい、上ノ国にあった。

道南一二館　和人の進出はしだいにアイヌの生活を圧迫するようになった。そのため長禄元年（一四五七年）、大首長コシャマインがたちあがった。一七世紀の半ばに著わされた『新羅之記録』に、コシャマインを指導者とするアイヌ民族の大蜂起が勃発した際、渡島半島南部の海岸地帯の一二ヵ所に、和人の拠点があったことが記載されている。志苔（写真14）・箱館・茂別《もべつ》・中野・脇本・穏内《おんない》・覃部《およべ》・大館・禰保田《ねぼた》・原口・比石《ひいし》・花沢の諸館であり、これらを総称してこれを道南一二館という。館の立地はいずれも沿岸部に近く、中小河川の河口部や天然の良港を控えていた。また、館主には安東氏嫡流の「季」の通字を諱に用いている人物が多く見られる。津軽安東氏と深い関係をもっていたと考えられる。この点は渡島半島の和人たちが津軽との交易によって存在基盤を得ていたことを示している。

コシャマインの乱において茂別・花沢を除いて、他の館は陥落した。当初、コシャマインは和人の拠点である道南一二館を攻め、アイヌ勢力側が優勢であった。追い詰められた和人側であったが、花沢館主・蠣崎季繁の客将であった武田信広がコシャマインを殺害し、乱を鎮圧した。信広はこれを機に蠣崎家を継ぎ、花沢館の近傍に上ノ国勝山館を築いて地域支配の拠点とした。また蠣崎氏が大館へ

写真14　空から見た志苔館

移り、渡島半島全域を固めるに従い、館主の多くがこれに臣従していった。それにより道南一二館は廃絶していったと考えられている。

志苔館　道南一二館のうちで発掘調査が実施され、全容が解明されたのは、函館空港に隣接する志苔館である。

南方に海を望んだ丘陵上に館は所在し、方形に土塁をめぐらした簡略な構造の城館である（図16）。南面の海には湊があり、先に触れた一括出土銭の出土も含め、本州との交易は遺跡を見る重要な視点である。

調査によると、遺跡の存続はおおよそ一四世紀末から一六世紀中頃以降にまでいたるとされるが、館として機能したのは一四世紀末から一五世紀後半までと考えられている。館は大きくは二期、細かくはさらに

図16　志苔館跡周辺地形図

二分され、四段階に把握される。方形にめぐらされた土塁の内には柵をめぐらした大小の二区の居住区画が検出された。このうち一方は館主の居住区画に相当するであろう。

コシャマインの乱は些細なことから勃発したと言われている。アイヌが志苔の鍛冶屋村の鍛冶に小刀を注文したところ、小刀の善し悪し・価格について争いが起り、鍛冶は小刀で注文主を突き殺したという。志苔館の周辺は異民族との交易の場だった。その場の統括者であったのは、この館主ということになろうか。交易の場を確保し、保証していくことは、館主としての使命であったと言えよう。津軽地方より海峡を越え、蝦夷地へと進出し、本州との交易の利権を梃子に地域に基盤を固めた和人の姿をこの志苔館から読み取ることができようか。

上ノ国勝山館　渡島半島の南西部、松前半島の付け根部分に上ノ国という町がある。上ノ国勝山館は日本海を臨む町の南側の丘陵にあった。この城館は一乗谷朝倉氏遺跡とならび、中世遺跡の整備に取り組んだ先進事例として注目されてきた。特に一九九〇年から二〇〇〇年にかけての活発な情報発信は、各地で始められた中世遺跡の調査・整備を刺激しつづけてきた。

長年にわたる調査によって、瀬戸・美濃焼、中国製青磁など、五万点をこえる国産陶器や船載磁器が出土したほか、金属製品や木製品など膨大な遺物が検出された。これらの遺物は活発な日本海交易を物語っていた。加えて建物・井戸・空堀・橋などの跡が多数見つかった。遺構や遺物から館内での様々な生活が描けるようになった。

館は一六世紀代に機能した城館であるが、その構造は列島各所の城館と比べて複雑なものではない

（図17）。北にむかってのびる幅広でかつ緩やかな尾根に、城館の中核が築かれる。尾根の北側先端近くと南側に堀切を普請して、空間を作り出し、その内部を階段状に平場を設けている。

館の南端からは八幡宮の跡が検出された。一般に城館の最高所には天守のような櫓に相当する建物が建つというイメージがあるが、上ノ国勝山館ではその場所に八幡宮があった。館の精神的な中枢を表現していると考えてよいだろう。

八幡宮から尾根の中央を山麓に向かって一本の道が貫く。発掘調査によって道の両側には整然と並ぶ家々の痕跡が検出された。南北の堀切に挟まれた高所の空間に、多くの人がひしめき合うように暮らしていた様相がうかがえる。忘れてならないのは、館の中心的な建物、すなわち武田氏が儀礼を行ったと考えられる建物もこの館の主郭内北西隅に見つかったことである。

高所の八幡宮、一本の道、立ち並ぶ家々という遺構は、まさに計画的につくられた集落を思わせるものである。そして高所に集住するという様相は、対外的な緊張感を表現するように感じられる。眼下の天の川より北はアイヌの世界。和人世界の最北端に位置した館。そのような北日本の緊張感が上ノ国勝山館には漂う。

上ノ国勝山館で注目すべき特徴のひとつに、多数の骨角器が出土したことがある。同時代の関東や関西の遺跡で骨角器が出土することはほとんどなく、これらの骨角器は当時アイヌの人々が使っていたと考えられた。館の調査・整備に関わった網野善彦は「この館にアイヌと本州人が混住していたことは、この資料によってほぼ明らかといってよいのではないだろうか」（網野二〇〇七）と述べている。

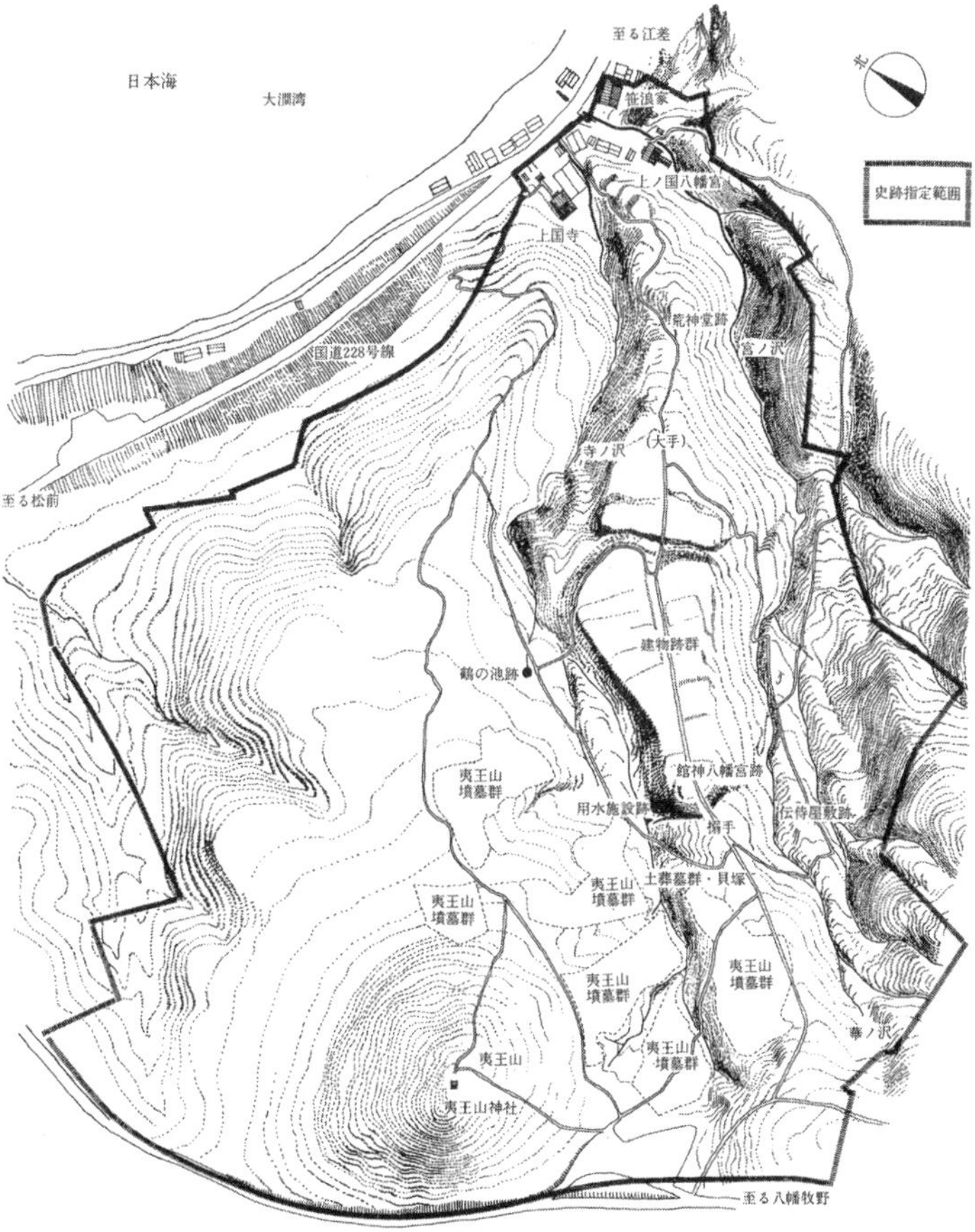

図17　勝山館遺構位置図

まさに遺跡の特質を深く切り込む発言である。このほかにも周辺からも含め、イクパスイというアイヌの祭祀具やアイヌの小弓も出土している。もはや上ノ国勝山館は和人だけの世界でないことは明らかであろう。和人世界とアイヌ世界の境界にある上ノ国勝山館という特質が語られている。

とかく日本中世史では民族問題が忘れられがちであるが、勝山館は日本列島にも民族の相違があることをあらためて認識させ、中世の日本の境界がどのような様相であったかも感じさせてくれる。上ノ国勝山館は訪れる人に遺跡のスケールの大きさを体感させてくれる。

北海道の城館　近年では道南一二館の概要がより知られるようになったが、一般に北海道の城館といえば、チャシが知られていた。北海道全体で五百余ヵ所の存在が指摘されている。その存在形態は立地から次のような分類案が提示されている。

①丘先式：岬や丘の一端を弧状の堀をもって区切ったチャシ
②面崖式：崖に面する台地の一部に半円形または四角形の堀をめぐらしたチャシ
③丘頂式：小丘の頂部に周壕をめぐらした御供え餅形のチャシ
④孤島式：湖中や湿地中に孤立している丘や島などをそのまま砦として利用したチャシ

この分類が組み合わされたものがあるとしている。しかし、このチャシについても研究史が浅く、一概に言いうる状況にはない。また性格についてもグスクと同様に聖域説があり、一筋縄では理解できない。

ところで、アイヌの世界として知られる北海道は、南と北からさまざまな影響を受けていた。城館

に限ってみれば、すでに触れたように一五世紀を中心に和人の館が渡島半島に築かれ、アイヌとの交易の場を形成していた。これに対して北はサハリンさらには沿海州との関連がある。一三世紀後半から一四世紀初めにかけて、サハリン北部およびその対岸黒竜江の最下流域に分布している民族とされるギリヤークとアイヌ民族の抗争があった。この抗争にアムール川下流域まで勢力が及んでいたモンゴル帝国（元）が関与した。モンゴルはアイヌ民族を骨嵬と呼び、その討伐を開始した。元とアイヌ民族の交戦は、おもなものだけでも、①一二六四年（至元元）一一月、②一二六五年（同二）三月、③一二七三年（同一〇）九月、④一二七八年（同一五）九月、⑤一二八三年（同二〇）七月、⑥一二八四（同二一）年八月、⑦一二八五（同二二）年一〇月、⑧一二八六年（同二三）一〇月、⑨一二九七年（大徳元）五～八月の九回を数える。モンゴル帝国は、骨嵬の根強い抵抗に手を焼いたが、一三〇八年（至大元）には、ついに服属させることに成功した。アイヌ民族は、年々毛皮を貢納することになった。

その後、明により極東支配体制が固められた。一四〇九年（永楽七・応永一六）には、アムール川河口の特林に奴児干都司が設置され、その下部機関にあたる衛・所がサハリン内の三ヵ所に設置された。それぞれ一四一〇年・兀列河衛、一四一二年・囊哈児衛、一四二八年・波羅河衛とされる。考古学的にも中国の影響を受けたと考えられている方形に土塁をめぐらした「土城」がサハリン内に確認されている。白主土城（図18）・亜港の土城・小能登呂土城・馬群潭土城・クリリオン土城・多来加川右岸の土城・シュトルマヴォーエ遺跡の七ヵ所である。これらは一三世紀から一六世紀と考えられ

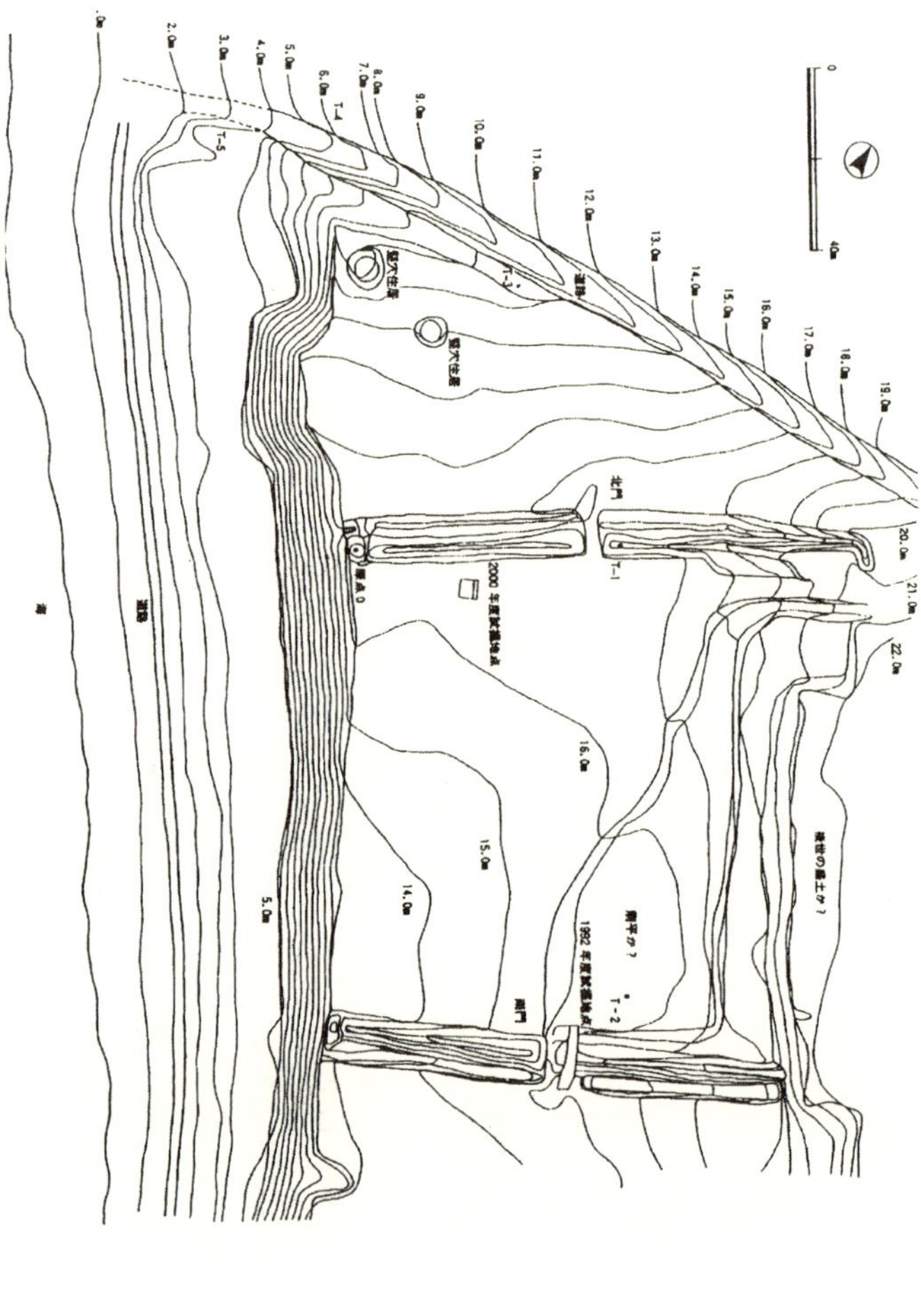

図18 白主土城

ており、モンゴル帝国および明との関連が想定される城館である。つまり中国大陸の「城づくり」が間宮海峡を渡り、宗谷海峡を望む地までいたっていたことを語っている。

しかし、北海道内に明による支配が及んだとされる記録はなく、また方形区画の城館が確認されたとは報告されていない。すなわち、北海道は元や明による支配が届かなかった地域と理解されている。右代啓視はこの状況を踏まえ、チャシは南と北からの圧力と関連させ、近隣から危機感が醸成されるなかで、アイヌ文化独自に成立させたのではないかと考えている。北奥と呼び辺境を意識することが多い地域ではあるが、城館の存在についても独自の地域性を持っていたことをうかがわせている。

[2] 戦国大名と城館

(1) 戦国城館の課題

杉山城の年代と城主　この数年でもっとも話題にのぼり、そして議論の的となった中世城館といえば、この杉山城（埼玉県嵐山町）であろう。なにしろ、杉山城の調査成果をめぐって少なくとも三度のシンポジウムが開かれ、各回とも多数の来場者が詰めかけ、そして成果が書籍として出版されているのだから。

埼玉県のほぼ中央部に、景観が京都嵐山に似ることから、武蔵嵐山《むさしらんざん》と呼ばれる風光明媚な地がある。その名所にほど近い場所に杉山城はある。周辺には鎌倉幕府成立期に活躍する畠山重忠や源義賢などの秩父平氏にゆかりの史跡、そして戦国時代には北条氏康、武田信玄、上杉謙信が関わった城跡など、中世史の舞台となった場所が多数ある。歴史散策にはこのうえない地域である。畠山重忠ゆかりと考えられていた菅谷《すがや》城（埼玉県嵐山町）は従前より国指定史跡になっていたが、二〇〇八年に菅谷城に追加して松山城（埼玉県東松山市）、小倉《おぐら》城（埼玉県ときがわ町）そして杉山城が指定され、比企城館

跡群として国指定史跡となった。

この国指定に先だって行われた発掘調査が話題を呼び起こす原因となった。そもそも杉山城は戦国大名北条家が築いた典型的な城館だと、長年にわたって信じられていた。かくいう筆者も調査が行われるまではそのように思っていた。なぜなら、堀切と竪堀を駆使して縄張りを構えることが主流である多くの戦国山城に対して、杉山城は横堀と土塁で郭を囲い込み、技巧的な虎口を配置する構造が特徴的で、全体として洗練された構造であったからである。それだけに設計の考え方が大きく異なる。郭に構えられた虎口は土橋や木橋で外と連絡する。その橋に対しては横矢と呼ばれる側面攻撃を可能にするための折り歪みが土塁・堀に設けられていた。さほど大きくはない山に、考え抜かれた設計で普請が行われていた城が杉山城だった。まさに戦国時代盛期を思わせるのにふさわしい様相を呈した城館なのである。加えて遺構の残りもよい。それゆえに過去に多くの〝お城ファン〟を魅了してきた。何度となく関東平野を奮戦する上杉謙信に対して、松山城や鉢形城（埼玉県寄居町）とともに防備の拠点として築かれた戦国大名北条家の城、そのように杉山城は思われてきたのだった（図19）。

考古学調査の結果　この名城杉山城に考古学調査のメスが入ったのは平成一四年（二〇〇二）だった。その結果、まず遺構は一時期しかないことが確認された。調査によって郭の拡張や堀の付け替えなどが確認されることがままあるが、杉山城にはその構造の変更がなかった。なによりも石積みをともなった虎口はたった一時期しかなく、廃絶後そのまま埋まっていた。遺構面でも時期は間違いなく一時期だけ。そして郭の平坦面の造成が不十分であることが注目された。この点から杉山城は本格的

図19　杉山城測量図

な拠点城館ではなく、陣城などのような臨時的に築かれた城館と予想された。

遺構からは比較的多くの遺物が出土した。染付皿・白磁皿などの中国製の磁器、常滑焼壷、瀬戸美濃産擂鉢・天目茶碗、地元で作られたかわらけ・鉢や鍋である。これらの遺物はごく一時期の年代を示していた。一五世紀末に近い後半から一六世紀初頭に近い前半。これが遺物から得られた年代だった。そして遺物のなかには火事で焼けた痕跡を示すものもあった。その被災した陶磁器は、焼土とともに遺構の溝を直接に埋めた土から出土していた。遺構廃絶時の陶磁器ということになる。

この状況を発掘調査報告書は「遺物と遺構とが同時期のものと捉えることができ、一五世紀末に近い後半から一六世紀初頭に近い前半のなかに位置づけられ、これまで想定されていた後北条氏段階の城ではなく、扇谷・山内上杉氏による北武蔵での抗争の最前線に位置する城であった可能性が強くなった」とまとめた。

この報告に多くの人が驚いた。「納得できない!」「あの技巧的な城がそんなに古いわけがない!」という声が、特に城の構造を研究する人を中心に列島の各地で多数上がった。この声が高まるものの、具体的な反証を挙げての反論もないまま事態は進行した。しかし他方において、〝考え抜かれた設計だから北条氏による〟とする考え方では、なんの論証にもなっていないことに多くの人が気づいたのだった。城館構造を研究する人たちにとっては〝杉山城ショック〟と言える状況だった。

文献資料の発見　北条氏の城館であるという論拠が提示されないまま経過していた。そんな時に一通の古文書が発見された。その古文書は古河公方足利高基が発給した書状写(写真15)で、「椙山之

陣」と記載され、かつ文言のなかには山内上杉憲房との関係が示されていた。この「椙山之陣」は戦争の存在を明示しており、考古学調査の年代は、この古文書と見合うものであった。すなわち「椙山之陣」が示唆する遺跡こそが杉山城であると考えられた。その結果、杉山城は永正九年（一五一二）から大永四年（一五二四）の間、とりわけ大永元年から同四年正月にいたる三年余の間に構えられた可能性が高くなった。城主は書状に登場した関東管領山内上杉憲房である。

遺物の年代は基本的に生産された時点の年代が基礎となる。そのため、発掘調査で出土した陶磁器を根拠に遺跡の年代を考える場合、一部の陶器を除いて消費の時間を考慮する必要があり、遺跡の年代は陶磁器の生産された年代より下る傾向がある。杉山城の場合、考古学が導き出した年代観と、古文書によって考察された年代の両者に齟齬はない。したがって、杉山城は北条氏段階ではなく、一六世紀第一四半期の城館であることが確定した。

総合的な城館研究　一九九〇年代以降、歴史を古文書だけでなく考古学調査の結果や歴史地理学、建築史学などの学際的な成果をも踏まえて、多様な方法論で歴史像を描くという取り組みが盛んになった。ひとつの歴史事象を描くのに多様な方法論を用いて複眼的に描こうという、学際的な歴史研究の動きである。もし、描かれた歴史像に年代などのズレが生じた場合、いずれかの方法論になんらかの問題

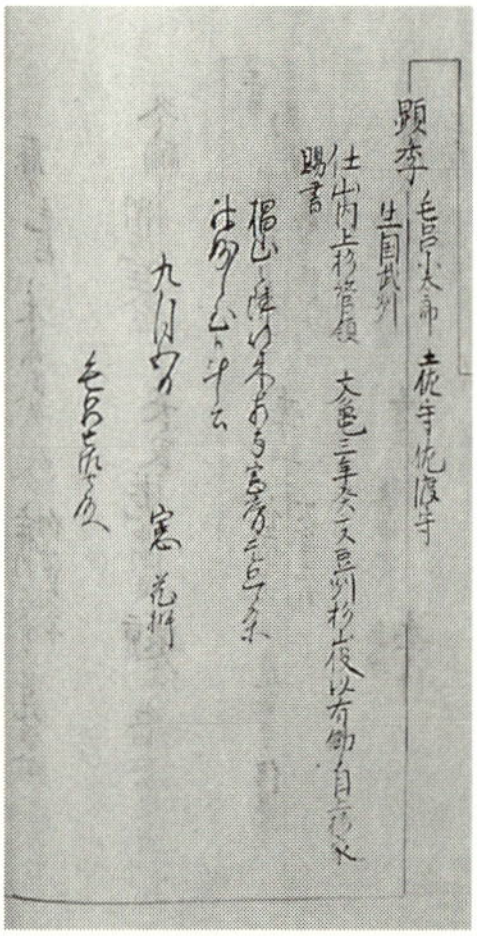

写真15　足利高基書状写

があることになる。学際的な研究は今まで決定的なズレが生じることはなく、推移していた。しかしこの〝杉山城ショック〟は決定的なズレを生じた大きな事態となったのだった。

それゆえに今、縄張り研究は大きな岐路に立つことになった。しかしこれによって縄張り研究が決して無用な方法論になったとは思わない。今後、どのような研究の道筋を模索するのかが課題になった。また解決にいたる道筋も決して一つではないだろう。

私見ながら、解決の道筋として見出される一つの方法は、構造から城館の機能をあぶり出す、すなわち構造の読解にあると考えている。読み込みによって一定の地域のなかでどのような城館はどのような機能を期待されていたかが理解できる。逆説するならば城館がいかなる機能を期待されてその地に築かれたかが浮かび上がる。この読み込みから空間へ位置づける作業を行えたとき、政治史とのリンク、すなわち実年代があたえられるようになると考えている。

(2) 戦国大名と城館

戦国大名の本城 戦国時代、実に数多くの城館が築かれた。しかし、その機能は一様ではない。多様な城館が築かれたというのも戦国時代の特性の一つである。さらに言うならばこの点こそが、世界史のなかで日本史独自の特徴と言いうることであろう。従前は本拠の城館と軍事的に築かれた臨時の城館という視点で城館が考えられたが、戦国時代はより多様な城館が築かれたのである。その一端を

見ていきたい。そのスタートとしておもな戦国大名が本拠とした城館を、近年の調査・研究状況も踏まえつつ巡ってみたい。

さて、概観するにあたってひとつのイメージと対峙したい。すなわち今日の一般的なイメージとしての戦国大名の本拠とは、要害堅固な山城と居館という姿ではなかろうか。例えば織田信長の山上と山麓のセットによる岐阜城、要害と居住が一致した長尾・上杉家の春日山城や毛利家の郡山城などではなかろうか。この視点の中心には要害堅固な山城がある。以前の通説では山城は戦乱の減少にともなって、平山城、平城へと遷ると語られたことがあった。単純な変遷論はもはや意味を持たない。しかし戦国時代には山城が有効性を持っていたことは間違いなかろう。戦国時代にふさわしいイメージである。このイメージとの対比を念頭においてみたい。

なお、本書の構成の関係もあるが、以下に触れる城館の構造を考えるにあたって、元亀四年（一五七三）の足利義昭の京都追放すなわち室町幕府滅亡までを戦国時代としてとらえて、概観することにする。ここで区切ることは、城館の時代区分を考えるうえでも一定の有効性があることによる。

伊達家の本城　東北地方を代表する名門伊達家であるが、同家は奥州合戦の功により陸奥国伊達郡を与えられ、伊達氏を称した。入部以来の拠点については定かではないものの、一五世紀には梁川城《やながわ》（福島県伊達市）を本拠とし、周辺の整備を行っていた。一四代稙宗は桑折西山城《こおりにしやま》（福島県伊達郡桑折町）を天文元年（一五三二）に本城としたという。平地をのぞむ小高い山が選地され、本丸・二ノ丸・中館・西館などの広い面積を有する郭を構え、要所に横堀が普請されている（図20）。二ノ丸南

図20　桑折西山城縄張図

面の谷は大手道とされており、上り詰めた地点では発掘調査により門が確認されている。谷底を登る大手道を進むと、正面に門が聳える景観は、領主の象徴性が示されており、桑折西山城のなかでも重要な〝見せる場所〟だったのだろう。

桑折西山城が本拠であった時、天文の乱が起こる。天文一一年（一五四二）から一七年までの六年間、当主稙宗と嫡男晴宗父子間の内紛にともなって、南奥羽で対立が生じた。乱後、勝利した晴宗は本拠を米沢に移すにいたった。仙台城に拠点を移した政宗は晴宗の孫にあたる。

戦国期の伊達家の本拠として、梁川城・桑折西山城・米沢城が知られるのであるが、概して要害堅固な山城を築くのではなく、平地もしくは平地を望む小高い場所に居住性のある郭を中心とした城館を築いている。戦国の雄伊達氏ではあるが、周辺に本拠の一角を構成する要害が見当たらず、軍事優先で城館を取り立てていないことに注意したい。梁川城の近年の成果では、周辺の寺社も含め、都市としての様相が追究されている。戦国期の伊達家ではいわゆる戦国城館と戦国城下という関係ではなく、前代以来の本拠の空間を継承し、都市を経営していた。

北条家と韮山・小田原　戦国大名北条氏の歴史は、延徳三年（一四九一）の伊勢宗瑞による堀越公方足利茶々丸の打倒に始まる。宗瑞はその後、韮山城《にらやま》（静岡県伊豆の国市）を拠点として生涯を終える。この当時の韮山城の様相は明らかになっていないが、発掘調査による出土遺物の状況などから、標高一二八㍍《メートル》の天ケ岳《てんがたけ》山を要害とし、その西側山麓に屋敷地を配置したと予想される（図21）。

宗瑞死後、嫡子北条氏綱は拠点を相模国小田原（神奈川県小田原市）とし、以後、五代氏直にいた

N
伊豆の国市役所
韮山庁舎
韮山農村
環境改善センター
本城
三の丸
県立韮山高校
権現曲輪
二の丸
本丸
「塩蔵址」
熊野神社
城池
郷土史料館
江川邸
江川遺構群
城池親水公園
本立寺
韮山中学校
蛭ヶ小島
歴史民俗資料館
御嶽神社
土手和田遺構群
天ヶ岳遺構群
天ヶ岳
水神宮
若宮八幡神社
荒神社
昌渓院
0
250m
(S=1:6,000)

図 21　韮山城跡縄張図

るまで北条家四代の本拠は小田原となった。戦国期小田原の様相は必ずしも明らかではないが、現在の小田原城南西方向の平地、松原神社から箱根口にいたるまでの東海道沿いが城下の中心であったと考えられ、次第に南および東へと都市域が拡大していった。また佐々木健策の分析によれば、小田原は方格地割りであったとする（佐々木二〇〇五）。文献資料には小田原について「相府」の表記が見られる。これは「相模府中」の略のため、北条家は小田原を府中と認識していたことになる。甲斐国をはじめ府中が方格地割りであったことと関連することになろうか。あるいは北条一族の屋敷地もこの地割りと関係をもって建ち並んでいたのかもしれない。

豊臣秀吉との対決が明確となった天正一二年（一五八四）から一五年頃にかけて、北条家は小田原の「大普請」を命じる。この時に惣構えが建設された。本格的な大城郭としての小田原城はこの時に誕生したことになる。

越後長尾・上杉氏の山城　上杉謙信と春日山城（新潟県上越市）は、戦国時代を語る代表的な人物であり城であろう（写真16）。

越後国守護代であった長尾家が能景・為景・晴景と代を重ねるなかで守護上杉家を傀儡化し、越後国主となる。能景の諱は守護上杉房能の偏諱であり、晴景のそれは将軍足利義晴である。このことだけをとっても、その地位が上昇していることがうかがえる。そして晴景の弟景虎の代にいたり、関東管領上杉家を継承し、上杉政虎すなわち謙信が登場するにいたる。

守護上杉家時代の守護所は現在の直江津（新潟県上越市）にあった。発掘調査によって元様式の染

写真 16　春日山城　遠望

付ほか多量の威信財が出土した伝至徳寺跡は、守護館の一角であったと考えられている。この越後府中から離れた地に守護代であった長尾上杉家の本城である春日山城は登場する。春日として史料に登場するこの地は春日神社の門前町として発達した地域と想定されている。この地に長尾氏が林泉寺を創建する。その年代は明応年間（一四九二〜一五〇一）とされることから、春日山城の整備もこの頃であろうと推測されている。

春日山城は近世初頭まで使用される。そのため現状から長尾上杉家時代の状況を理解することはなかなか難しい。しかしながら、史料には「実城」などの文言も見られ、拠点として充実していた山城であったことは予想される。ところで注意しておきたい点は、春日山城の整備は守護代長尾家によって推進されており、守護上杉家の拠点は越後府中であったという点である。守護の府中と守護代の要害と本拠は別の論理、空間で営まれていたことである。

今川家と駿府　足利氏の一族で東海の有力大名であった

今川氏は、駿府（静岡市）を本拠としていた。江戸時代の駿府城の下層にその遺構があると考えられており、過去の発掘調査でもその片鱗をのぞかせている。

南北朝時代の今川貞世（了俊）以後、代々が駿河国守護職を世襲し、戦国時代にいたった。氏親の時、遠江を斯波氏より奪い、領国を広げ、嫡子義元はさらに三河を領国化した。しかし、永禄三年（一五六〇）織田信長に敗れ討死した。その後、氏真が当主であった同一二年、武田・北条両家と結んでいた三国同盟が崩壊し、戦国大名今川家は滅亡した。この間、今川家の本拠は駿府と考えられているが、いつの段階から駿府が拠点として成立したか、実は明確でない。

江戸時代の駿府城の地が今川家の本拠とする駿府である。地形は平地であり、守護職を継承していることから考えると、大内家や甲斐武田家のような方形館を基調とする城館であり、周辺は方格地割りの都市であったと予想される。

この時にセットとなる要害が問題となるが、積極的に今川家の本拠の要害と考えられる城館は指摘されていない。近隣であれば、賤機山《しずはたやま》城がその機能を担ったことも予想されるが、規模および構造ともに大名今川家の詰めの城と言えるような存在ではなさそうである。したがって、今川家は本格的な本拠の要害を保持していなかったと考えておきたい。

武田家と躑躅が崎館　清和源氏の流れを汲み、甲斐源氏の一族であった武田氏が、紆余曲折をともないながらも甲斐国守護として戦国期にいたった。

戦国時代にいたるまで、甲斐国武田家の本拠は現在の山梨県笛吹市周辺にあったと考えられている。

一五世紀後半の当主である甲斐守護武田信昌は、小石和《こいさわ》（山梨市）の拠点を、川田館（甲府市）に移したとされる。以後、孫の信虎の代にいたるまで武田家の拠点となった。

武田信虎は永正二年（一五〇五）に家督を継ぎ、川田館を拠点としていたが、永正一六年八月には新たに甲府盆地の中心地に居館を移し、躑躅《つつじ》が崎《さき》館を中心に家臣団を集住させて都市甲府の建設を実行した（『高白斎記』ほか）。そして、大永元年（一五二一）八月に、館の背後、扇状地の扇央付近に要害である積翠寺《せきすいじ》城を完成させたとされている。

武田家滅亡後、近世の甲府城が築城される期間においても、本拠であった躑躅が崎館および積翠寺城は機能しており、武田家時代の具体的な様相は明らかではない。しかし甲府盆地北部を流れる相川がつくり出す扇状地の扇央に積翠寺城が所在し、扇状地の中間に躑躅が崎館が位置する。この構成は武田信虎の時代にさかのぼることは確実であり、扇状地に方格地割りの都市が営まれていたと分析されている（図22）。

しかし積翠寺城は、武田勝頼が天正四年（一五七六）に大規模な修築を行っている。すなわち、勝頼以前の段階においては積翠寺城も十分な要害であったかどうか。さらに武田勝頼は新たに新府城（山梨県韮崎市）を築き、本拠を移転する。築城は天正九年（一五八一）から開始され、同年末には勝頼が躑躅が崎館より移転した。城名に明らかなように、新たなる甲斐府中への移転を意識したことは間違いなかろう。武田家が天正三年の長篠の戦い（設楽ヶ原の戦い）で織田・徳川連合軍に敗北した後であり、織田家による武田領国への侵攻が懸念される時期であった。この時期での新府城築城は、

躑躅が崎館を中心とした府中を拠点とすることに不安があったためと指摘されている。この点を重視するならば、武田家による積翠寺城という要害は存在はするものの大名間戦争においては実用性があったかどうかという疑問が生じることになる。現状の石垣を持った遺構からも指摘されているが、積翠寺城の充実は武田家没落以後であると考えた方がよかろう。

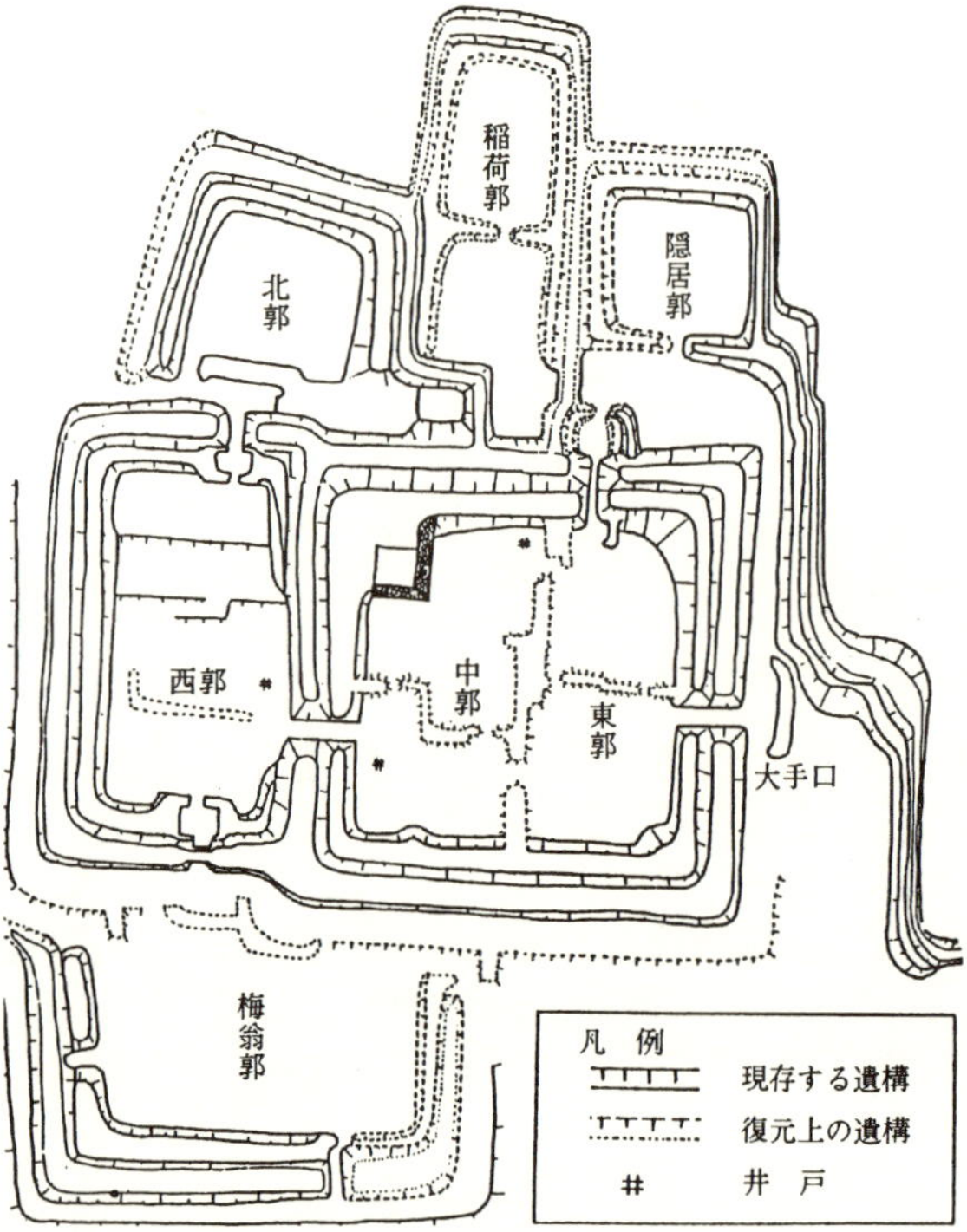

図22　躑躅が崎館（武田氏館）概要図

清須・井之口　尾張国と美濃国の濃尾平野が広がるところには守護所の故地が各所に存在している。近年、着実に研究成果が積み重ねられている。

尾張国は清須を中心に成果が積み重ねられている。起源についてては詳細にはなっていない。一説に応永一二年（一四〇五）、尾張・遠江・越前

守護の管領斯波義重によって築城されたという。また、永和元年（一三七五）とする説もある（『海邦名勝志』）。当初清須城は、尾張守護所は下津《おりづ》城であったが、文明八年（一四七六）の守護代織田家の内紛により、同一〇年に守護所が清須に移転したという。同時に尾張下四郡を支配する守護代織田家の本城として機能した。

他方、美濃であるが、守護は室町幕府四職であった土岐氏である。この土岐氏の美濃における実権は最終的には斎籐氏に奪われることになる。この土岐氏から斎籐氏にいたる間、美濃の守護所は数度の変遷をたどることになる。この変遷について、内堀信雄は守護所シンポジウム2@清須「新・清須会議」において、最新の発掘調査による情報をも踏まえ、次のように整理した。

(1)一五世紀中頃～一五〇九年頃・革手《かわて》・加納《かのう》
(2)一五〇九年頃～一五三五年頃・福光《ふくみつ》・枝広《えだひろ》
(3)一五三五年頃～一五四四年頃・大桑《おおが》・井ノ口
(4)一五四四年頃～一五六七年頃・稲葉山城・城下町

このうち、革手・加納・福光・枝広は平地に立地しており、方形館を軸に検討され、当該地区には方格地割りの存在も考察されている。要害の出現は大桑城であり、その後の稲葉山城すなわち岐阜城へと引き継がれる。

このうち岐阜城について言えば、天正一三年（一五八五）から同一九年まで城主であった池田輝政の段階にいたるまで、山頂には伊奈波神社が鎮座していたと指摘されている。このこと自体は戦国期

の山城を考えるうえで重要な視点を提供しているが、まずは現状の遺構ほどの山城ではなかった点を確認したい。現状を観察しても山頂部の遺構は比較的範囲は狭い。さらに本丸周辺が神域であることを踏まえれば、規模の大きな山城であったことは想定しにくいように思える。

この濃尾平野に点在する守護所の多くは、方形館を中心として方格地割りの都市設計であった。美濃国にあっては大桑城や岐阜城などの要害を築いているが、必ずしも要害堅固な山城を必須としていない。平地の方形館を中心として都市設計を施した空間が本拠の中核であったことを確認しておきたい。

小谷城　戦国大名浅井家の本城である小谷《おだに》城は、滋賀県長浜市湖北町伊部に所在する標高約四九五メートルの小谷山の南側の尾根筋に築かれた。初見は大永五年（一五二五）であることから、おおよそ一六世紀第一四半期の後半に築かれたと考えられており、元亀・天正の騒乱のなかで四年間にわたり織田信長に攻められ落城し、浅井家は滅亡する。この間の浅井亮政・久政・長政の三代にわたる本拠であった。その後、湖北を領した羽柴秀吉が本城としたが、およそ一〇年の後に長浜城を築き、小谷城を廃城とした。おそらく現状の遺構は羽柴氏段階で改修された後の構造を示していると考えられるが、主たる構造は浅井氏段階と考えられており、浅井氏本拠の様相をうかがわせると評価されている。

本丸を中心とする南北に連なる尾根に主たる郭を配置する構造を採る。本丸背後には深さ一〇メートル、幅一五メートル、長さ四〇メートル規模の堀切があり、尾根を南北二地区に区分している。小谷城の構造を考えるにあたっては、このように二地区に分けて考えることが通説的な理解である。

写真17　小谷城　千畳敷

南側の本丸は主として高い石垣を境に南北二つに分かれる。下の段は千畳敷と称され、居住空間であることに加え、浅井家権力の中枢であったと推察される（写真17）。また堀切より北側は、中丸、京極丸、小丸、山王丸と続いている。中丸は大堀切の北側にあり、三段からなる階段状の郭が配置される。京極丸は浅井家の主家であった京極氏の居住空間であり、山王丸は山王社が祀られた空間とされている。山王社は比叡山の地主神であり、近江国に影響を与えた荘園領主である。浅井家は自らが体現する北近江における権力関係を、そのまま城館の構造に投影した配置で、空間を構成していたのだと指摘されている。

同時に最高所に山王社が鎮座した点は、岐阜城の伊奈波神社とともに山城と聖域という宗教性を考えるうえで興味深い事例である。

観音寺城　安土城の背後にある繖《きぬがさ》山は戦国大名

写真18　観音寺城　虎口の石垣

六角氏の本拠であった。六角氏は方形館である小脇《おわき》館（滋賀県東近江市小脇町）さらには金剛寺遺跡（滋賀県近江八幡市金剛寺町）に拠点を構えていたと考えられている。このうち前者の小脇館は二町四方で幅約八～一一メートル、深さ約二メートルの堀で囲まれていたと推定されている。そして次第に自らの拠点を繖山に移すようになり、観音寺城を構えるにいたった（写真18）。

この観音寺城については、多くの研究者に違和感をもって受け止められていた。なぜなら西国三十三所観音霊場である観音正寺と同居していること、また山中に展開する郭群は求心性がなく、群在する様相を呈していたからである。そのため勝俣鎮夫をして「一揆型の城」（勝俣一九七八）と評せしめた。いわば例外的な構造の城館として理解されてきたと言えよう。

そもそも六角氏と繖山との関係は南北朝期から始

まる。軍事的緊張が生じた折りに臨時に六角氏は観音寺に籠っていた。しかし応仁・文明の乱以降は陣所であることが恒常化し、一五世紀末には六角氏の拠点としての性格を強く帯びるようになったと考えられている。そして、この観音寺城の性格を分析した新谷和之は、その政治拠点としての性格を重視し、「総じて主要街道に対して開放的な構造をとり、防御の側面が強くみられないのは、六角氏が観音寺城を「戦うための城」として整備しなかったからである」（新谷二〇一五）と述べている。

阿波三好家の畿内支配　畿内近国には織田政権に先行して、三好氏が地域政権として存在していた。近年、一六世紀前半の畿内近国の政治史研究は精緻を極めている。その一連の研究のなかで三好政権と城館との関わりにも視線が向けられるようになった。以下、天野忠幸の研究（天野二〇一五）によって概観してみよう。

まず注目すべきは、三好長慶が領国の拡大にともない、本貫地の阿波から摂津の越水城《こしみず》（兵庫県西宮市）、芥川山城《あくたがわやま》（大阪府高槻市）、そして河内の飯盛山城《いいもりやま》（大阪府大東市・四条畷市）へと本拠を移転させる点である。越水城段階では畿内における本拠地の形成、芥川山城段階では在京しない京都支配、飯盛山城段階では畿内だけでなく近国への領国拡大という段階ごとの政治課題に対応したものと評価している。

そのうえで「長慶は自らの政治的地位を示すため、既存の城郭の由緒や立地を利用した。越水城段階では下郡郡代、すなわち事実上の摂津守護代格であること、芥川山城段階では旧主細川家と同様に東瀬戸内諸国や京都を支配する存在であることを表明した。そして、飯盛山城段階では細川・畠山両

管領家を越えるだけでなく、将軍の居る京都を見下ろす飯盛山城に在城することで、京都から追放した軍事力、天皇よりの信任、将軍並に上昇した家格などで足利氏に優越することを視覚的に示し、幕府を支えてきた秩序の克服を目指す。そうしたなか、飯盛山城の聖地化が進められる」と、城館の持つ政治性に注目した。軍事的な視点だけでなく、移転にともなって、城館の存在自体に政治性を求めた点は斬新な視点と言えよう。

置塩城　戦国期の播磨国では、赤松氏が置塩《おしお》城に政治機能を集約しようとする一方で、旧守護代層の地域権力化が進み、全体として多極分散的な様相を示していた。

標高三七〇㍍の城山に城は築かれた。構造は山頂部に位置する第Ⅰ郭とその西の尾根上に配置される第Ⅱ郭の主郭曲輪群の大きく二区画で構成される（図23）。このうち、第Ⅱ郭の郭群は庭園も持つほどの居住施設が営まれており、城の中心区画をなしている。

赤松氏が拠点とした置塩城であるが、発掘調査によって考古学的に変遷が考察されている。

（第一段階）　一六世紀第2四半期頃・天文年間。この頃は掘立柱建物が中心であり、自然地形に依拠し、地形を大きく改変することはない。

（第二段階）　天文年間末～永禄年間前半。居住空間を持つ第Ⅱ郭の主郭曲輪群と同所を貫通する通路が形成される。

（第三段階）　永禄年間前半～天正年間。主郭群に瓦葺建物が出現する。遺物も多く、考古学的には城館が機能した中心的な時期とされる。

図23　置塩城全体図

（第四段階）　天正年間、塼を列に並べた建物が出現する。その後、廃城となる。

このように変遷が説明されている。さらに全体を概観すると、いくつかの特徴的な事項があげられる。

①堀切・横堀がわずかしか認められない。堀による遮断を意識していない。

②高い切岸を構築し、隣接する曲輪と隔絶する。この点は堀を持たない点と関連しよう。

③規模の大きな曲輪が多い。この点は居住空間であることと関係する。

④主郭の優位性が乏しい。郭に主従関係がさほどなく並立した状態で配置される。

⑤明確な虎口が見られない。おそらくは普請をともなわない作事による門で構成される。

⑥城内を幹線道路のように通路が貫いており、通路を軸とした設計がなされていたことを予測させる。

⑦瓦葺建物が存在する。発掘調査からは第Ⅰ-1郭、第Ⅱ-1郭に集中することが確認される。

⑧郭内に庭園が散見する。

⑨前項の⑦や⑧などから格式の高い屋敷が曲輪内に存在することが予想される。

⑩各所に石垣が多用される。崩壊した状況も見られ、壁面には石垣が多用されていたことが予想される。

⑪第Ⅱ郭が居住性のある空間であるのに対して、第Ⅰ郭とりわけ第Ⅰ-1郭は塼列建物や瓦葺建物の存在から象徴的な空間であることが予想される。

このように置塩城は東国の城館とは異なり、山上に中心的な空間を持つ。戦乱の時代ゆえの危機感

がこのような城館を築かせたのであろう。その点を踏まえ、観音寺城や小谷城などと比較ができるが、畿内近国の本拠のあり方を考えるうえで重要な視点を投げかけている。

毛利家と郡山城　戦国大名毛利家の本拠郡山《こおりやま》城は広島県安芸高田市吉田町に所在した。現在、国指定史跡毛利氏城跡の一城館を構成している。

毛利氏は鎌倉幕府の吏僚大江広元の四男季光が、相模国毛利庄（神奈川県厚木市）を領したことから始まるが、安芸国毛利氏は、建武三年（一三三六）七月、吉田庄に下向したことにより本格化する。中世を通して毛利家は吉田の地を本拠とした。しかしながら、郡山城の起源は諸説あり定かではない。天文九年（一五四〇）には三万に及ぶ出雲尼子氏大軍の包囲攻撃を受ける。籠城戦は九月に始まり翌年正月までの五ヵ月にわたり、毛利勢は尼子勢を撃退した。

標高約三九〇メートルの山頂部を中心に、放射状に延びる尾根に大小の郭を配置する（図24）。当初は小規模な山城であったが、毛利家が勢力拡大するとともに郡山城も拡張され、山全体を城域とする巨大な城館になったと考えられている。

郡山城は戦国時代から安土桃山時代にかけての毛利家の本城であったが、同家が豊臣家に臣従し、天正一九年（一五九一）に広島城を築城すると、郡山城の重要性が次第に減じ、廃城となった。

郡山城は山城であり、かつ尼子氏と激戦もあったことから、いわゆる戦国山城のイメージにふさわしい城館と言えようか。

尼子家と月山富田城　出雲国守護代であった尼子氏が本城としたのが月山富田《がっさんとだ》城である。築城の起

矢倉の壇
内堀跡
勢溜の壇
釣井壇
姫丸壇
二の丸
本丸
三の丸
釜屋の壇
厩の壇
羽子の丸
旧本城
300
250
0
300m

図 24　郡山城要図

源は明らかではないが一五世紀後半には機能していた。天文一二年（一五四三）春、大内義隆・毛利元就の軍勢が富田城を攻めたが、尼子晴久がこれを退けた。また、永禄三年（一五六〇）に毛利元就は出雲に攻め込み、翌九年まで富田城を攻めた。籠城の末、城中では食糧欠乏し、同年一一月二一日尼子義久はついに降服し、戦国大名尼子氏は滅亡する。富田城は毛利家の属城となり、関ヶ原の戦後堀尾吉晴が入城して出雲・隠岐二四万石を領した。堀尾家は松江に築城し、慶長一六年（一六一一）に富田城は廃城となった。

現在に残る遺構は堀尾吉晴段階であると考えられている。しかし、尼子氏の段階にあっても標高一九二メートルの勝日山（月山）を要塞化したものであることは間違いなかろう。

大内家と山口　百済聖明王の第三子琳聖太子を祖先とすると伝える大内氏は、一二世紀より周防国在庁官人として姿を見せる。鎌倉時代には鎌倉御家人となり、南北朝期に山口に本拠を移し、発展の基礎を築いた。

現在、龍福寺（山口市）の境内が大内氏の居館とされ、隣接する築山《つきやま》館（築山御殿）とともに大内氏の本拠の中心を形成している。この大内氏館では発掘調査および整備事業が継続的に続けられており、館には大きな池泉庭園と枯山水庭園が普請された実に優雅な空間であったことがわかっている（写真19）。

また都市山口の西側の山には高嶺《こうのみね》城という山城がある。標高三三八メートルの鴻ノ峰にある山城で、頂上部の主郭を中心に四方に延びる尾根へ郭を配している。大内氏の詰城であるが、弘治三年（一五五

七）、大内義長が毛利氏の進軍に備えて普請を開始した山城とされ、大内氏の最末期に築かれたことになる。

河野家と湯築城　愛媛県松山市道後町の県立道後公園の地である湯築《ゆづき》城が、河野氏の本拠である。河野氏は南北朝期以降、伊予国守護として活躍し、湯築城は守護所であったことになる。

同城は一四世紀には構えられていたとされる。中心部に標高三六㍍の小高い山があり、その山を二重の堀と土塁で囲い込む（図25）。概して方形がやや崩れ亀甲形に近い形の平地城館と言える構造をとる。城内の南西側の内堀と外堀の間を中心に発掘調査が行われ、屋敷跡などが検出された。発掘区での年代はおおよそ三期に分かれ、第一期は、整地層に礎石建物や土壁が構えられた天文一五年（一五四六）頃。第二期は引き続く天文二一年（一五五二）頃。第三期は、第二期が一六世紀中頃の火災で焼

写真19　大内氏館　庭園

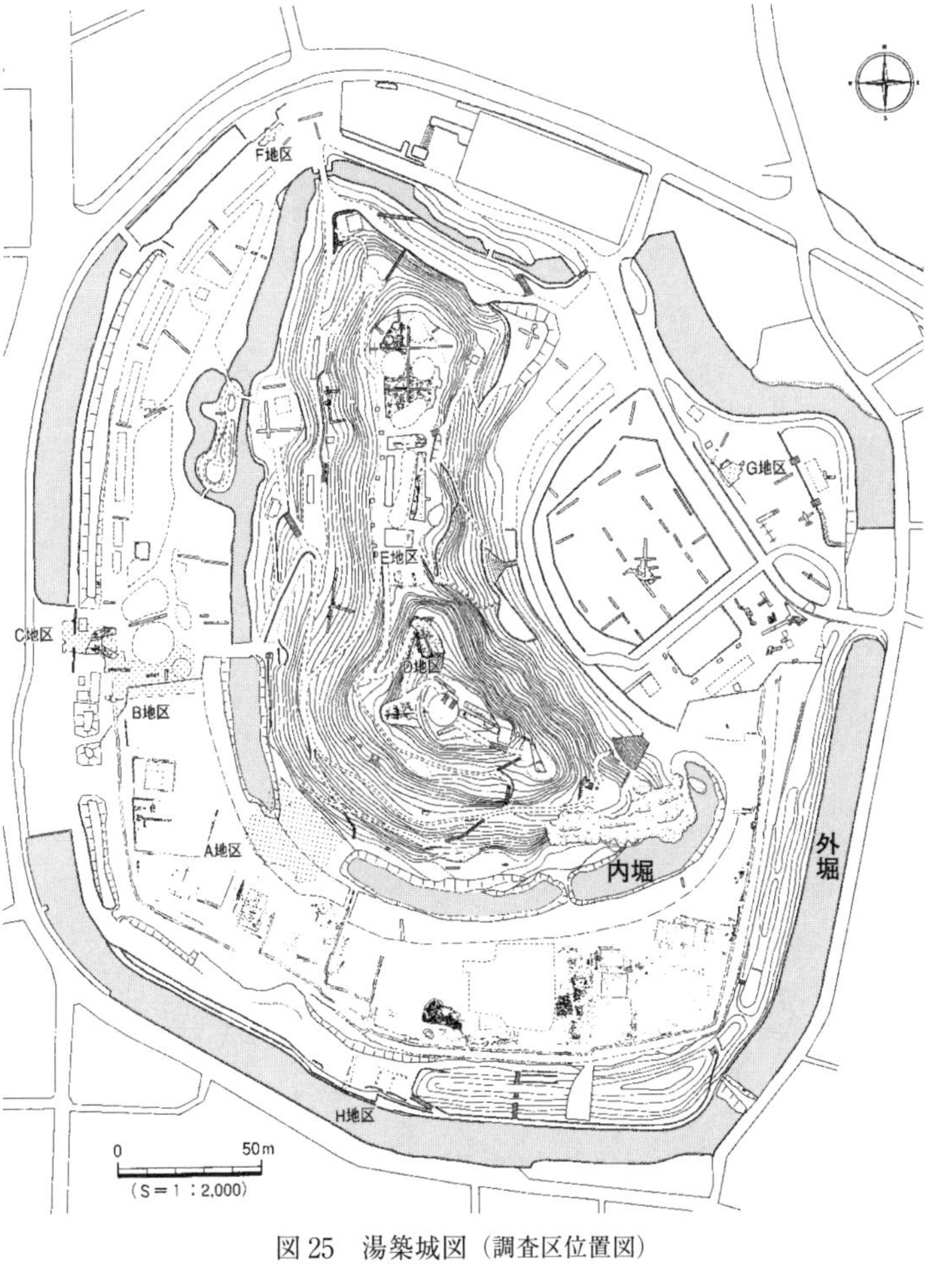

図 25　湯築城図（調査区位置図）

失し、その後に建物が建てられた時期。このように整理する。湯築城が一四世紀から存在することを踏まえれば、さらに下層に遺構面が存在することが予想される。内堀内部の検討がさらに進むことを期待したい。

河野氏は天正一三年（一五八五）の四国征伐に際して滅びる。その後、湯築城は廃城となり、伊予国の中心は松山城へと移っていった。

戦国時代の本拠　いわゆる戦国大名の本拠の様相を概観してきた。このほかにも触れるべき事例は存在するものの、まずは以上の事例から戦国大名の本拠とはどのようであるかを考えてみたい。

まずは、山上に居住する小谷城・観音寺城・置塩城などの事例である。畿内近国の城館である。小谷城については一見すると構造に主従関係を想定できそうであるが、本丸の上位に京極丸と山王丸が配置されている点を重視すれば、構造上、大名の居住空間を中心とした求心的な構造ではないことになる。とすれば観音寺城や置塩城との類似性がさらに認められることになる。畿内近国の本拠のあり方として重要な示唆を与えている。

もはや古典的な議論となったが、戦国大名の出自について守護家の系譜を引くか、あるいは国人から成長するかという議論があった。この議論は守護権の保持という視点で議論の視点が深められたが、戦国大名の本拠のあり方を考えると、今一度、守護家であるかどうかが一つの視点になるように思える。

大内家・河野家・武田家・今川家・斯波家（織田家）の事例など、守護の系譜を引き継いでいる本

拠は、いずれも方形館と方格地割りが基調になった都市づくりをしており、本格的な要害を保持していなかったようである。大内家の高嶺城は最末期であり、武田家の積翠寺城も武田勝頼段階で修築を行っている。今川家も明確な詰めの城の要害は見られなかった。また、詳細には触れなかったが豊後大友家の場合もこのグループと考えてよかろう。

さらには伊達家や北条氏綱以降の小田原はこのグループとの関連が考えられ、守護職を意識した都市づくりと考えられる。

これに対して、守護家ではなかった大名家は山城を構えた事例が多い。越後国守護代長尾家の春日山城、美濃国守護代斎籐家の稲葉山城、安芸国国人毛利家の郡山城、出雲国守護代尼子家の月山富田城、さらに越前国守護代朝倉家の一乗谷はこの範疇であろう。そして伊勢宗瑞の韮山城もこのグループに属すると考えておきたい。

このような傾向を踏まえるならば、守護職であること、さらにはいえば守護所を構える必要性が存在する場合、その守護家による本拠の空間のあり方は方形館と方格地割りを基調とするという規範に規定されていた可能性が浮かび上がってくる。つまりは足利将軍家と京都の関係を模倣した都市づくり、すなわち本拠づくりを必要としていたと考えられる。この視点に立つならば、北条家の場合の韮山から小田原への変遷は、伊勢姓から北条姓への変化と合わせ、同氏の権威のあり方、言いかえれば守護職の保持との関わりで変化があったことを想定できる。

冒頭に示したイメージ、要害堅固な山城と居館という姿は戦国大名全般に言えるものではない。方

形館と方格地割りを基調として要害を持たないというあり方もあった。また畿内近国では山頂に居住域を求めるというあり方も見られた。戦国大名の本拠のあり方は一様ではなかった。

拠点の城　いわゆる戦国大名の要害は実に雄大である。春日山城や郡山城はその代表事例である。しかし山城などの要害の機能を持った城館は、それ以外の階層の領主も築いている。すでに何度か紹介した常陸国真壁家の真壁城（茨城県桜川市）、上野国岩松・由良家の金山城（群馬県太田市）、越後国中条家の鳥坂城（新潟県胎内市）などはそれぞれの地域の重要拠点であった。彼らは戦国大名佐竹家・北条家・上杉家に従った領主である。戦国大名はそのような領主の城館も視野におさめながら領国を形成していた。

また、さらに下層の階級にあっても城館は保持されたと考えられている。具体的に論証を経た存在ではないものの、存在が肯定的に考えられているのが「村の城」である。村落が領主に対する抵抗の拠点として築いたものである。このような考えが定着した背景には、文献史学のなかで議論された階級闘争論がある。一揆などの拠点は山に求められたという考え方とリンクしたと考えられる。

他方で、厳然として存在する小規模な城館の位置づけをどうするかという疑問が存在する。「村の城」論はここからも要請された。およそ築城術は高度なものでなく、かつ小規模な城館が無数に存在する。それらすべてに大名などの領主権力が介在したとは思えない、という感覚から考察された見解でもある。

この両者の見解を背景として「村の城」論は登場した。戦国時代を村落からの視野でより深みを帯

びさせる存在と言ってよいであろう。しかし、村の歴史を語ることが困難であるように、眼前に存在する小規模城館を「村の城」であると論証する術も、実はまだ完全ではない。

戦国時代、実はあらゆる階層の人々が自らの拠点として城館を築いた。自らの立場を保つために。ゆえに戦国の時代になったのであろうか。現代の安全保障の議論に近似性を感じる。

(3) 機能分化 境目の城

鵜津山城の様相 大永七年(一五二七)四月、連歌師宗長は遠江国鵜津山《うつやま》城を訪れた。この時、鵜津山城は領国の境目に位置していた。宗長は境目の城の様子を、「三ケ国の敵のさかひ、昼夜の大鼓夜番の声、無寸暇きこゆ」と記している(『静岡県史 中世三』九六九)。日常とは異なり、夜昼となく響く太鼓や夜番の声という、境目の城の騒擾感を伝えている。境目であるがゆえの緊張感が、そのまま騒擾感に繋がっている。

戦国時代、領国の境界は政治的緊張にともない、日常的に非日常性が維持される空間となった。その状況が城館の取り立てに繋がり、領国内部から番が派遣されるなどして、敵の攻撃や情報の流通に対処していたのだった。

北条氏照と境目の城 永禄七年(一五六四)五月二三日、小田原北条氏の一門である北条氏照は、「清戸《きよと》番所」の警固のために番の兵を送る。命令された武士は青梅《おうめ》・飯能《はんのう》付近の旧三田領の人々であ

った。命令の史料のなかには「境目大切の番所」と記載され、境目の警固であることが明らかである。派遣地の清戸は現在の東京都清瀬市の東北部にあたり、志木街道（浦和・東村山線）に沿って上清戸・中清戸・下清戸の地名が並んでいる。現在はこの志木街道を東北に進むとおよそ二キロで川越街道（国道二五四号線）の野火止《のびどめ》の交差点にいたる。この交差点の東側には膝折《ひざおり》（埼玉県朝霞市）の地名が残ることから、中世の膝折宿の故地であることが知れる。この地点からさらに東北に進むと、志木・浦和と繋がり、国道四六三号線に接続して敵方となっている太田氏の本拠地岩槻へとほぼ一直線でいたる。

警固につく期間は、先番の二番衆は五月一九日に在所を立ち二〇日から警護にはいり、六月四日までの中一五日とされている。一五日程度という日数が番の勤務日数であったらしい。おそらく六月五日は交替日で三番衆は六月六日からの警固となるのであろう。

この「境目大切の番所」であるが、どのような構造であったかは定かではない。しかし、清戸から柳瀬川《やなせがわ》を隔てた対岸には、滝の城（埼玉県所沢市）という戦国時代の城館があった。この城と番所の関連が予想されている。軍事的緊張のなかで、領国の境を守るため、城館が取り立てられるのは、先の鵜津山城の事例により、明らかである。

境目の城への派遣　清戸番所に派遣された武士は政治状況により他所にも派遣されている。永禄一二年（一五六九）、武田・北条・今川三家による三国同盟が決裂し、戦国大名今川家は滅び、北条領国と武田領国は緊張関係となった。その際、武蔵国・上野国の境は領国境となり、北条方は金鑽御嶽《かなさなみたけ》

写真20　高山城　障子堀

城（埼玉県神川町）を、武田方は高山城（群馬県藤岡市、写真20）をともに境界に向けて取り立てて睨み合った。この時、清戸三番衆を構成した武士が金鑽御嶽城に派遣されている（『戦国遺文』北条一二七八）。

さらに天正六年（一五七八）、祇園《ぎおん》城が境目の城となり、番が派遣されている。在城衆は天正五年（一五七七）の春以来の在城であるらしく、現在の城衆が任務を終了するのに際して、新たな番が派遣される様子が古文書に記載されている。上杉謙信死去により小山《おやま》近辺が謙信による越山の脅威から解放され、祇園城の維持の体制に変化が生じたのであろう。

派遣される番であるが、「往復は不自由であるので、三〇日分の支度を一度に持参して、ことに当たるように」と指示されている。支度が自弁でなされていることがうかがえ、番に赴く

武士の負担を考えさせる。

派遣される武士は、領国の拡大にともなって、より遠方へ、より長い期間、より周到な準備を持って赴くことが要請されていた。直接の戦争に参陣するのではなく、境目という戦乱の可能性を有する地域の日常に、領国維持のために赴くのである。

領国の境目を守るために、派遣された武士によって守られる城館が存在した。境目の城の様相は、自らの領域支配の本拠となる城館とは異なっていただろう。いわゆる経済的な町の存在はなかったかもしれない。また寺社などの施設もである。領国を支配する中心としての城館とは異なり、領国の境界を守るためだけに存在した城館がこの当時に生まれていた。

(4) 機能分化　小さな境目の城

戦国期の関所　一口に境目の城と言っても、実はバリエーションがあった。先の北条氏照が関連する境目の城は、敵方からの攻撃、すなわち大名間戦争を想定した城館であった。これに対して、大名間戦争には役立たないような小さな境目の城が存在した。

中道《なかみち》往還の要衝である本栖《もとす》城（山梨県富士河口湖町）については文献資料が伝えられ、かつ関連が推測される遺構が存在することから、武田氏の境界に関する好事例とされている。

図26に見るように本栖地域の遺構は本栖城を中心に展開している。本栖城は国道一三九号線に面し

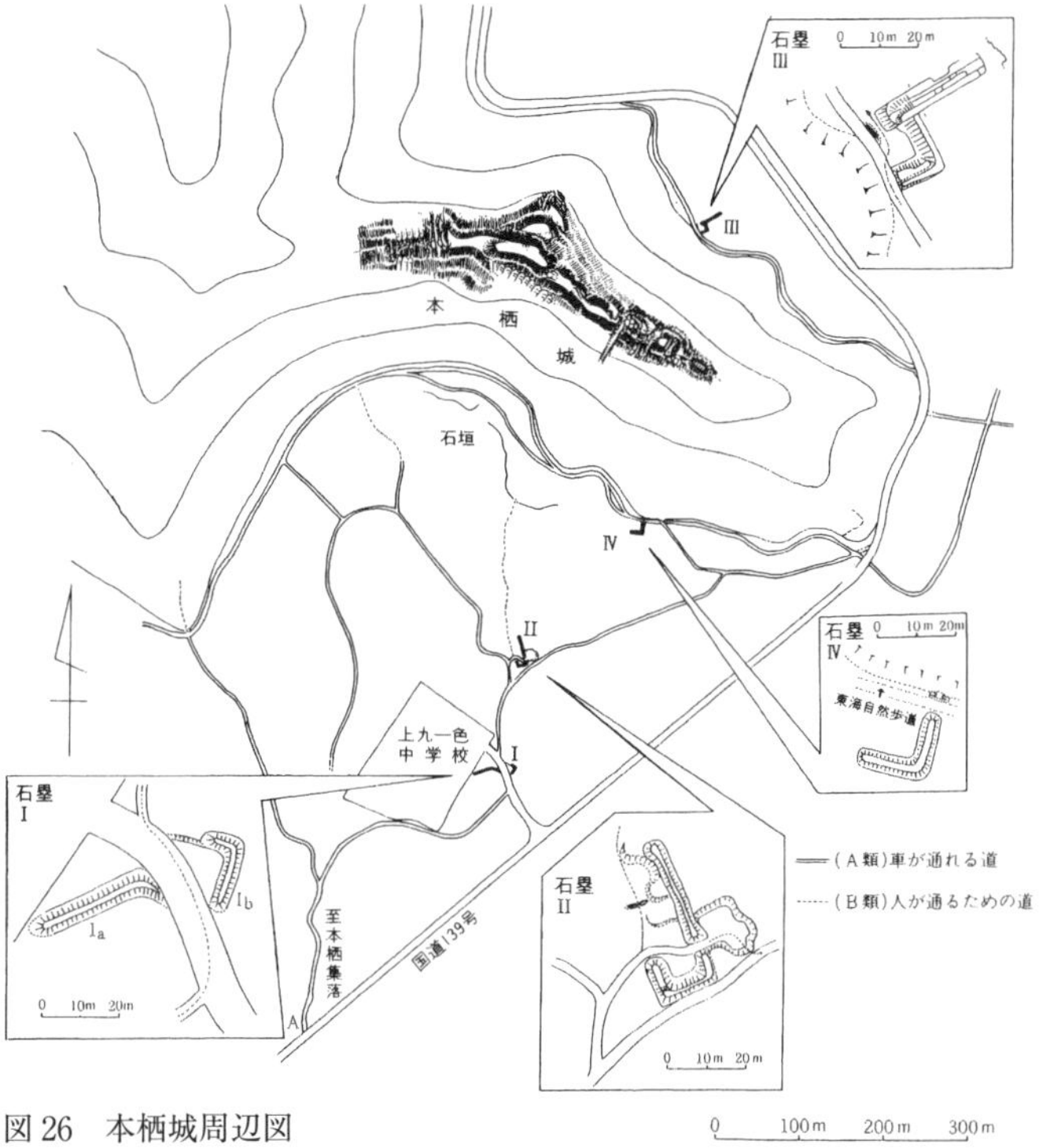

図26　本栖城周辺図

た城山の東側尾根に築かれている。南南西約一キロには本栖の集落が、そして南南西約四キロには甲駿国境となる割石峠がある。山麓には石塁遺構が存在する。山城は石積みが顕著に普請されている特徴を有するが、削平地・堀切・竪堀の組み合わせの山城で、さほど規模の大きな城ではない。石積みや岩盤の掘り割りがなされていることから、普請にあたって石工が動員されていることが想定される。

この城館には西湖《さいこ》（山梨県足和田村）周辺の領主層が衆に編成され、西之海衆（もしくは西之海衆の上位集団とされる九一色

衆）が警固にあたっていた（『山梨県史』一、一六三六・一四九二）。その衆の人物が「本栖之定番」に任命されていた。「本栖之番」「本栖之定番」の語は直接に本栖城の在城を示すものではないが、本栖城を含めた本栖のある施設において警固役を勤めると解することに間違いはない。本栖の警固番役は近隣の領主層によって担われていたことは研究史に指摘されるとおりである。

　武田家による甲駿国境本栖の政策は、国境地域に存在した在地勢力を利用し、彼らの諸活動を援助しつつ、みずからの国境の維持・管理に組み込んだものだった。そこには近世の関所による国境管理の様相は見えず、抽象的ながら緩やかな国境管理がイメージされるのではなかろうか。武田氏による甲駿国境の管理は在地に依存してなされていたことが理解できた。国境を大名権力が直接に関所のような機関・施設で管理しなかったことは注意を要しよう。その施設として本栖城が関係していたことは間違いない。

荒砥城　同様な城館は、年代は下るものの上杉領国にも見られる。荒砥《あらと》城は現在の国道一一七号線が三国峠を北に下り、湯沢の市街地にいたる直前、芝原峠の標高三五七メートルの小さな山の上にある（図27）。遺構の残存は良好で、南北約三〇メートル、東西約二八メートルの主郭を中心に枡形門・角馬出・横堀や竪堀を効果的に配置した縄張りを施している。背後にあたる南東方向の尾根を堀切で遮断し、残る三国街道に面する北および西の尾根には虎口を開いている。小さいながらも技巧的な城館で、角馬出が普請されていることから、遺構だけでも普請に際しての大名レベルの関与が想定される。

　築城の起源は明らかで、天正六年（一五七八）の御館の乱に際し、上杉景勝の命によって築かれて

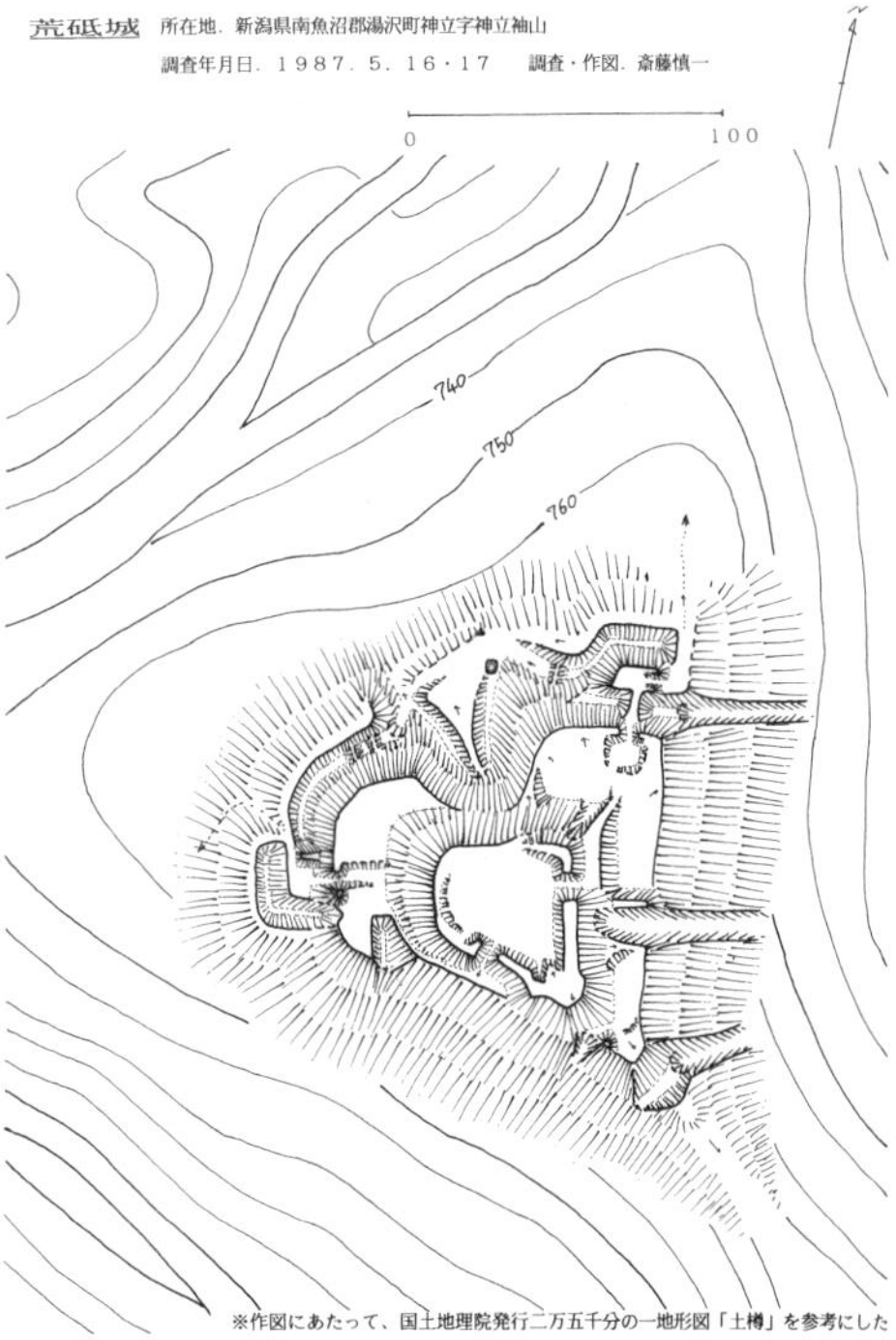

図27　荒砥城縄張図

いる。六月二七日付の上杉景勝書状のなかで「荒砥の山中で防いで、相稼ぐように」（『越佐史料』五巻五三一頁〈歴代古案〉）と荒砥築城の方針が打ち出され、翌七月五日付の景勝書状では「関東との境目荒砥と直路《じきろ》に地利（城館）を取り立てる。いかにも人数を集めて、防戦を行うよう命じ、派遣する。かならずその備えをするように」（『新潟県史』四〇二二）命じ、かつ「以前に命じた両地の普請であるが、命令したであろうか、早々に命令をして、人数を集めることがもっともである」と派遣した登坂与右衛門尉に確認までしている。続いて七月一二日にも「どのようにであってもしっかりと働き、直路と荒砥山を取り立てて、普請が早々に完成するように、働きなさい」（『新潟県史』三六三八）と督促を加えるにいたる。

一連の書状によるならば、上杉謙信の跡目をめぐって争った御館の乱に際して、上杉景勝は関東か

らの景虎派の援軍を阻止するため、関東と越後の国境を固めることを計画し、景勝の出身地である越後上田庄に残る家臣と派遣した登坂氏に、三国街道沿いの荒砥に築城を命じた。その後、今一つの交通路である清水峠越えの街道には、越後側山麓の清水に直路城（新潟県南魚沼市）を築くことを命じ、この二ヵ城を盾として関東よりの景虎派の侵入を阻むことにした。上杉景勝にとっては越後国内での優位を勝ち取るために、関東からの景虎派援軍はなんとしても食い止める必要があったのであり、その意味でこの荒砥・直路両城の築城は政策的に重要な位置を占めていたことになる。したがって、当初、荒砥・直路両城は大名間戦争をも想定し、領国の国境維持を目的として取り立てられたと言える。

天正一二年（一五八四）二月一一日、栗林政頼に「荒砥関所」が預けられた。御料所として預けることから、この荒砥関所は関銭を徴収するいわば中世的な関所であったことが想定できよう。したがって、荒砥関所の場所は三国街道沿いにあったことは間違いない。しかし同日付けで栗林政頼は先の軍事的な要素を持つ荒砥在城を命じられていた。荒砥城と荒砥関所の言い換えが文書のなかにあるのだが、おそらくは両者は一体の施設であり、たんに関銭の徴収を目的とした中世的な関所であっただけではなく、境界の交通に深く関わった関所であったことが考えられる。荒砥城を中心とした芝原峠付近には、領国の境界の管理のための空間が設定されてことは間違いない。

軍事的に境界を維持する荒砥城と境界の交通に関わる荒砥関所が、芝原峠の荒砥という同一の場所で、上杉氏の任命を受けた同一人物の管理指揮下に属していた。このことは大名によって築かれた境界の城館の実像を伝えている。

関所と城　戦国期の領域の境界に境目の城と呼ばれる城館が築かれるが、この城館は一括できるものではなく、担うべき機能が異なっていた。敵領内に入るなど、自領として確保するための城館。そして境界を管理する城館と境界を維持する城館。このような機能があった。

境界を管理する城館とは比較的規模が小さいものの、技巧的な縄張が施され、城館を中心とした機関で日常の境界の交通と関連して存在していた。とりわけ、領域内から出て行く動きに注意を払っていた可能性がある。また境界を維持する城館とは、大名間の合戦を想定し、自らの領域を自力で維持することを目的として築かれており、城館の規模も比較的大きい。領主は管理と維持の二類型の城館を構成させて、境界地域に境界を維持管理する機関を設置していた。文書のなかで「口留」「人留」などと散見されるのはこのような境界の機関が実際に機能した様相ではなかろうか。

ところが江戸時代を迎え、境界紛争を自力で解決する道が中央権力によって閉ざされるようになると、領国の境界に大名間戦争を想定した、境界を維持するための城館は不必要になる。境目の城は、城館を統廃合させてゆく中央政権の方向性のなかで淘汰されていった。

また、境界を管理する城館であるが、これまた軍事的な要素は表面的には極力排除されたであろうと推測される。しかし、日常の交通を監視するという任務だけは江戸時代を通じて残っていった。それが近世の関所に連なっていく。先の荒砥城は八木沢口留番所となるし、上信国境にあった松井田城にあっては、横川《よこかわ》関所が代わりに登場する。境界の交通を管理した機能だけは残されていったのであろう。ここに関所が中世から近世に機能的に変化していくうえでの結節点を見ることができる。近世

では境界の機関が軍事的側面を除去されつつも、管理する側面を継承していったであろう。

(5) 城の管理

統制と破城　戦国時代になり城館は実に多様な形態をとるようになった。語彙の本来の意味として、「城」には中心拠点としての性格と居住空間の性格が含まれ、かつ軍事的な性格が加わったものであった。しかし、一四世紀や一五世紀にあっては、軍事的な性格が重視された要害も戦国時代にあっては「城」の範疇に取り込まれる。戦国時代は語彙の問題として、かつ形態としても、「城」は多様そして複雑になったと考えられる。

しかしこのような拡大の動向に対しては、つねに反動的な動きがともなうものである。城館についても、江戸時代に向けて統廃合の動きが存在する。江戸幕府は「一国一城令」や具体的な法としては確認されていないものの「山城禁止令」を発令したとされる。事実関係については議論があるところであるが、現象として城館の数を限定し、また山城を嫌い平地の拠点へという傾向はある。この点は確かであろう。

この城館の統廃合という動向は、江戸時代になって突如として目指された方針ではない。その動向を追ってみたい。

築城の申告　文明一一年（一四七九）頃の越後国での事例である。越後国北部の揚北地方の領主で

ある黒川氏実が越後府中の守護上杉家に下地をめぐる案件などの調整を行っていた。この件で現在に残る史料は、上杉家内部で発言権を有する雲照寺妙瑚の返書である（『新潟県史』一三六一）。

その返書のなかほどで、雲照寺妙瑚は

したがって、お話しを頂きました御要害のことです。来春に堅固にするとのことですが、このことは当然のことと思います。今年のような雑説がある時には、各々が越後府中に御出府されるにあたっても心配ですので、御在所の御用心をされることは肝要であると存じます。

このように黒川氏実に書き送っている。この年の雑説の内容は定かではないものの、なんらかの軍事的な緊張状態があったことは察することができる。返書の日付は一〇月二八日となっている。この返書を踏まえるならば、おそらくは一〇月初旬から中旬までの日付で守護上杉家へ調整を行い、そのなかで「来春に要害の普請を実施したい旨」を打診していたことになる。この打診が許可申請なのか届け出程度のものであるかは、すぐには結論づけられないが、黒川氏実は一定の了解を守護上杉家から得る必要があると考えていたことは間違いなかろう。

さらに注意しておきたい点は「堅固にする」という申請である。文脈からは新規に築城するのではなく、既存の要害の増強を計ろうとしていたと解釈できる。追加普請であっても守護家のお伺いを立てるという姿勢に、当時の要害に対する考え方が浮かび上がる。無届けで実施すれば、なんらかの懸念が生まれることを意味している。すなわち反意の有無が疑われることを示唆している。黒川氏のような越後国において外様に位置する領主であっても、独自の判断で築城行為はできなかった。領国の

秩序との関連で城普請が考えられたことを示唆している。このことは一四世紀に「城郭を構える」と表記され、しばしば悪党行為と結びついた点との関連性を想起させる。

法による統制　黒川氏実の申告は、いわば下から許可を求める事例であるが、室町幕府や守護などは築城に関する規制を行ってこなかったのであろうか。このことを語る事例は多くないが、次の事例から規制を加えるという考えは持っていたことが予想される。

まずは中国地方の事例である。毛利熙房が提出した申状によると、嘉吉元年（一四四一）の赤松退治に出陣した時の状況が記される（『大日本古文書』毛利家文書之一、六六）。

一、播州の御敵を御退治の時、用意のために下向するようにと命令がありましたので、現地に下りました。以前に上意として、国中の要害を速やかに破却させたところ、馬越一人に限っては、上意に背いて、要害を構えていたので、下向して、さらには一戦に及んだことは勿論であります。

赤松退治という特殊な状況ではあるものの、上意として要害の破却が命じられている点に注目したい。すなわち、幕府もしくは守護が要害の破却を命じることにより、領主の帰属を明らかにするという意図があり、逆に構えることにより反意の証明として受け取られていたことを示している。あたかも踏み絵のような措置であるが、上意として破城の命令が出されたという点を重視したい。

さらに具体的な法文として明示している事例もある。

一、朝倉が館のほかは、国内に城郭を構えてはならない。概して分限のあるものは、一乗谷に引

っ越して来て、支配する郷村には代官を置くようにすること。

越前国の戦国大名朝倉孝景が定めた家訓、「朝倉孝景条々」の一四箇条目である。内容は戦国城下町を形成することを意図する条文であるが、前提として家臣の国内での城館構築を禁じている。文明一三年（一四八一）に孝景が没することから、「朝倉孝景条々」の成立年代はおおよそそれ以前の年代となる。戦国時代の初頭を生きた孝景にとっては城館が多様化し激増するような状況をどれほど理解できたのであろうか。しかし、ここにも城館の構築を制限する意図は読み取れる。

この二つの事例は、「要害」「城郭」を統制したいという意図が読み取れるのであるが、現実的には城館は必要悪のごとき存在となっていた。戦国時代という時代背景が城館の増加と多様化を生んだのであった。その事態への対応であったことは予想されよう。

破　城　城館の数を統制しようとする意図は権力側に存在した。さらにこの方向性は織田信長や豊臣秀吉の政策としても確認されている。具体的に城館の存続を統制し、必要ある城館を決め、不要な城館は「城割り」「破城」などと表現し、廃城を実施していた。そしてこの政策の延長に江戸幕府による法令が誕生する。

また考古学的にも破城の事例が検出されている。建物の撤去、石垣・切岸の一部破却、石垣・土塁の撤去、外堀・内堀の埋め立てなどの方法により、城館が機能を停止するように工事をしていた。

考古学調査で破城にあたる事例として、虎口破却の検出例がある。木村館（福島県郡山市）では、虎口側面の石垣を路面側に引き倒していた（写真21）。滝山城（東京都八王子市）では本丸正面の枡形

Ⅲ区 3 号平場1号枡形検出状況(南から)

Ⅲ区 3 号平場1号枡形(南から)

写真 21　木村館の破城

虎口の内側で、通路を横断するように土手を築き、通行を遮断していた。同じような事例は近世初頭であるが、箕輪《みのわ》城（群馬県高崎市）でも見られた。これらは象徴的な場所を通行不能にすることにより破却したことを示していたのであろう。また、関東管領山内上杉家の本城である平井金山城（群馬県藤岡市）では、中腹にあるおそらく櫓門が焼亡していた。周辺では火災が確認できなかったことから、象徴的にここだけ焼却し、破城を表現したのであろう。小田原合戦の引き金を引いたとされる名《な》胡桃《ぐるみ》城（群馬県みなかみ町）で本丸の門付近が焼亡していたのも、あるいは類似の事例かもしれない。破城でとりわけ著名な事例は豊臣秀吉による名護屋城（佐賀県唐津市）であろう。名護屋城を破壊することで幕府が明国や朝鮮と関係を改善する意思表示したとされ、朝鮮通信使はその状況を確認したという。このように不要となった城館は、一定の措置を行い、廃城になったことを意思表示することが重要であった。

破城を行うことの背景には、一揆などの反体制勢力の拠点となることを避けるためという意見がある。江戸幕府は地誌の編纂をするなかで古城の把握に努めていた。おそらくこの点はこのことと関連することなのであろう。

戦国時代のなかで城館は激増し、多様な存在となった。この点は世界史のなかで日本の特徴と言いうることであろう。しかし江戸時代に向けて統制が強化され、整理されて、統廃合されるという道筋も用意されていた。

[3] 戦国城館と城下町

(1) 城下町の誕生

江戸城の景観　太田道灌当時の江戸の町場について、「江戸城静勝軒詩序並江亭記等写」には活気ある様子が描かれている（『北区史』記録四二）。城の東畔には川が流れており、南の海に注ぐ。河口には高橋が架かっていた。その橋の付近には商船・漁船が繋留され、日々市をなしていた。安房・常陸・信濃・越後・相模・和泉などから渡来品ほかさまざまな物資がもたらされ、多くの人々が集まっていた。詩文中の表現であるので多分に誇張を含んでいるであろうが、先学が指摘するように市の立つ場があったことは間違いない。

このほかにも「梅花無尽蔵」には「城門前設市場」という記載が見えており、「江戸城静勝軒詩序並江亭記等写」の景観描写とともに、江戸城の城下町の記載と考えてよい。この町は北条段階にも続く平川の町場である。中心である平川の町場が江戸城平河門付近とするならば、平川の流れは竹橋門から大手門付近で日比谷入り江に注いでいたことになる。とするならば高橋は平川の河口、すなわち

城下平川に架けられていたと考えるべきであろう。

日比谷入り江に注ぐ平川の河口付近、近世江戸城の平河門外側の一橋付近に太田道灌期の江戸城の城下平川があった。戦国時代前半の一五世紀後半、江戸は城館と城下町がセットになって、地域の政治・経済の中心地となっていた。

戦国大名の城と戦国城下町　戦国時代、各地の大名は多様な本拠を営んでいた。守護職の系譜を引く大名は方形館を中心に方格地割りの町を構えていたことはすでに見たとおりである。また守護代などは要害を本城としていた。そしてその城下には町が設定されていた。おおよそイメージされる戦国大名の本拠はこちらに近いのではなかろうか。前者の都市づくりはひとまずはさておき、後者の町の様相は、近世に連なる城下町として研究が積み重ねられてきた。その代表的な事例は戦国大名朝倉氏の本拠である一乗谷であろう。

一乗谷朝倉氏遺跡という名称で特別史跡に指定される朝倉氏の本拠は、福井県福井市城戸ノ内にある。標高四七三メートルの山城と、その山麓の足羽川の支流一乗谷川に沿った、南北に細長い谷間に展開した居館と城下町からなる。昭和四五年（一九七〇）、特別史跡として約三〇〇ヘクタールが指定された。

中心となる朝倉館は東方を山に接して位置し、南・西・北の三方に土塁と堀がめぐらされていた。発掘調査によれば、内部には一七棟の建築物があった。館内最大の建物は常御殿（東西約二一・四メートル、南北約一四・二メートル）であり、この建物の南側には、主殿や会所、北側には台所や持仏堂・湯殿・蔵・厩などに比定される礎石建物が建ち並んだ。概して、北側が日常の生活のための空間であり、南側は政

治のための空間であると評価されている。また建物空間の上部に位置する湯殿跡、東北二〇〇メートルの高所にある南陽寺址、さらには南三〇〇メートルの高台にあたる諏訪館には庭園があった。いずれも発掘整備され、景石を配置し、泉水を設けている。

朝倉館の東側山頂部には要害である一乗谷城が普請されている。曲輪、空堀、堀切、竪堀、土塁などの遺構が残っている。千畳敷から東南へ尾根伝いに一の丸・二の丸・三の丸が配置され、それぞれの郭は堀切によって区切られている。また郭の周囲には一四〇条もの連続竪堀が普請されている。

朝倉館の前面には家臣の屋敷を含む町場が南北に展開したと考えられており、その様相が発掘調査によっても確認され、整備、公開されている。そして、谷の南北には東西方向の規模の大きな土塁が町を仕切っている。近い南側は上城戸、北側は下城戸（写真22）と呼ばれる。この間の約一・七キロが「城戸ノ内」にあたる。朝倉館や侍屋敷などがつくられ城下町の主要部を形成していた。下城戸は高さ五メートルの土塁が残っており、入り口には枡形虎口が構えられ、巨石が積み上げられている。城戸の外側には堀が普請される。

町割りも計画的に行われていた。南北の城戸に囲まれた約一・七キロの谷間に、一〇〇尺（約三〇メートル）を基準として町割りがなされていたことが考古学的成果により考察されている。

この計画的に築かれた上城戸・下城戸は城下町を仕切る施設である。以前はここまでで町場は完結すると考えられていたが、一乗谷の町場は両城戸を越えて展開していたことが確認されている。この様相について、城戸の内側は家臣や直属の商職人集団などイエ支配に属する空間であり、外側はイエ

写真22　一乗谷朝倉氏遺跡　下城戸

支配の外側に連なる商職人層の町場が連なるとした城下町二元論で説明された。

文献史学そして考古学的成果、さらには地名などによる歴史地理学的な検討により一乗谷朝倉氏遺跡の研究は格段に前進し、中世城下町の典型像として紹介された時期があった。

常陸国久米城の城下　東国のなかでも城にともなう町場は成立していた。常陸国戦国大名佐竹氏の有力支城である久米城の事例を紹介しよう（図28）。

久米城は茨城県常陸太田市久米に所在した山城で、山田川東岸の比高七〇メートルほどの小山に築かれている。佐竹氏一族の佐竹北家の本拠であった。鎌倉時代以来の領主である佐竹家は、戦国時代には東家・南家・北家の分家に支えられていた。このうちの北家が久米城を本拠とした。北家の成立は一六世紀初頭で

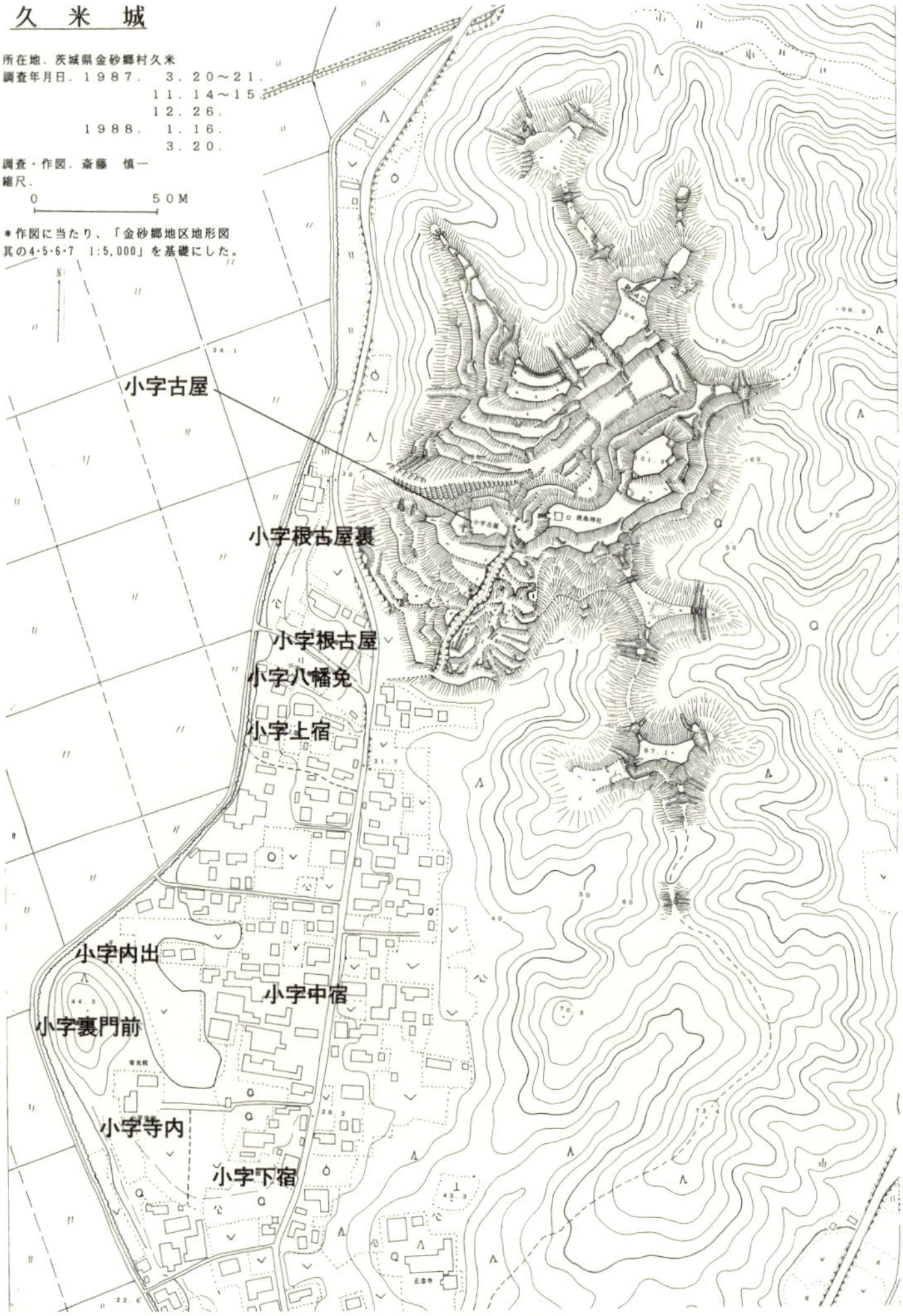
久　米　城
所在地．茨城県金砂郷村久米
調査年月日．１９８７．　３．２０～２１．
１１．１４～１５．
１２．２６．
１９８８．　１．１６．
３．２０．
調査・作図．斎藤　慎一
縮尺．
０　５０Ｍ
＊作図に当たり、「金砂郷地区地形図
其の4･5･6･7　1:5,000」を基礎にした。
N
小字古屋
小字根古屋裏
小字根古屋
小字八幡免
小字上宿
小字内出
小字中宿
小字裏門前
小字寺内
小字下宿

図28　久米城縄張図

あるが、それに先立ち佐竹家は山入家に対抗するため久米城を取り立てていた。その役割を継承するため、佐竹北家が成立したのである。

山城は二つのピークを取り込んで築かれ、削平地を構え、要所に堀切・竪堀をめぐらしていた。南側に続く尾根にも二重堀切などの遺構が見られる。とりわけ横堀をともなった出城とも言えるような空間を付設していた。構造は大きく分けて四つの部分からなる。まず中心となる地区であるが、鹿島神社のある付近一帯の山（仮称「東の城」）。東の城の西北方向に並ぶ小山で、中継所の付近を中心とする一帯には「西の城」（仮称）。そして東の城から南方向へと続く尾根上に普請された遺構群（仮称「南の出城」）。そして四つめは久米城の「城下」にあたる久米の集落の空間である。この四ブロックから久米城は構成されている。佐竹本家の太田城が旧状を失っているため、佐竹家の城づくりのありかたをうかがわせる貴重な遺跡と言える。

久米城の城下は水田の面から約五《メー》《トル》の高さを有する台地上に展開している。現在に残る小字から、大きく根古屋・上宿・中宿・下宿の四つの区域に分かれていたと考えられる。

根古屋は、東の城の西側・小字古屋の西隣に位置し、その南側に上宿・中宿・下宿が連なる。久米城中心部との位置関係、また一般に「根小屋」は山麓の屋敷を示すと言われることから、城主に関わる屋敷があったところであろう。この根古屋は小字八幡免を経て上宿と向き合うが、この字八幡免の空間があるのは重要である。この八幡免（現在水田化されており、地名の由来から考えてある程度古い水田であるが）は谷地形に沿った区画に付けられた字である。地形的には根古屋の台地と上宿の台地の

間に、八幡免の谷がある。すなわち根古屋に所在したであろう城主に関わる居館は、他の宿の空間と分離した空間を構成していたことになる。久米という「都市」のなかで、城主が家臣ほかの居住空間から隔絶された空間に住んでいたことを考えさせる。

上宿・中宿・下宿の区域は、おそらくは都市的な機能を担っていた空間であろう。残念ながら三区分の内容など、個々にどのような機能を担っていたかの詳細は不明である。

近年の地籍図を見ても上宿・中宿には大きな正方形区画が目立つ。とりわけ上宿には、方形区画の周囲に堀をめぐらしたのではないかと考えられる地籍もある。他方、下宿では短冊型に近い地籍が多い。地籍の差から推測すると、あるいは上宿・中宿には家臣層、下宿には商工業者が住んでいたのではなかろうか。城主の居館が分離した空間を構成していたことを考えあわせると、久米城および城下で、階層差が存在していた可能性が指摘できる。

城と城下の空間は、北端に「東の城」と「西の城」がならび、その南山麓に「根古屋」、さらに続いて上宿・中宿・下宿が一直線に連なる。上宿・中宿・下宿の東側は「南の出城」を含む稜線が境となり、西側は台地の裾に沖積地が展開する。中軸となる道は不明であるが、北を頂点として南に向けて階層的な変化を予想させる。遺構や地名などからこのような空間構造が想像される。

小牧山城と城下　近年、注目が集まっている城館といえば、小牧山城があげられよう（図29）。山頂部の主郭を巨石が階段状に取り囲む構造は類を見ない遺構である。加えて、巨石の遺構が織田信長時代であると発掘調査から検証されている。巨石列の遺構は岐阜城の山麓にも見られるものであり、

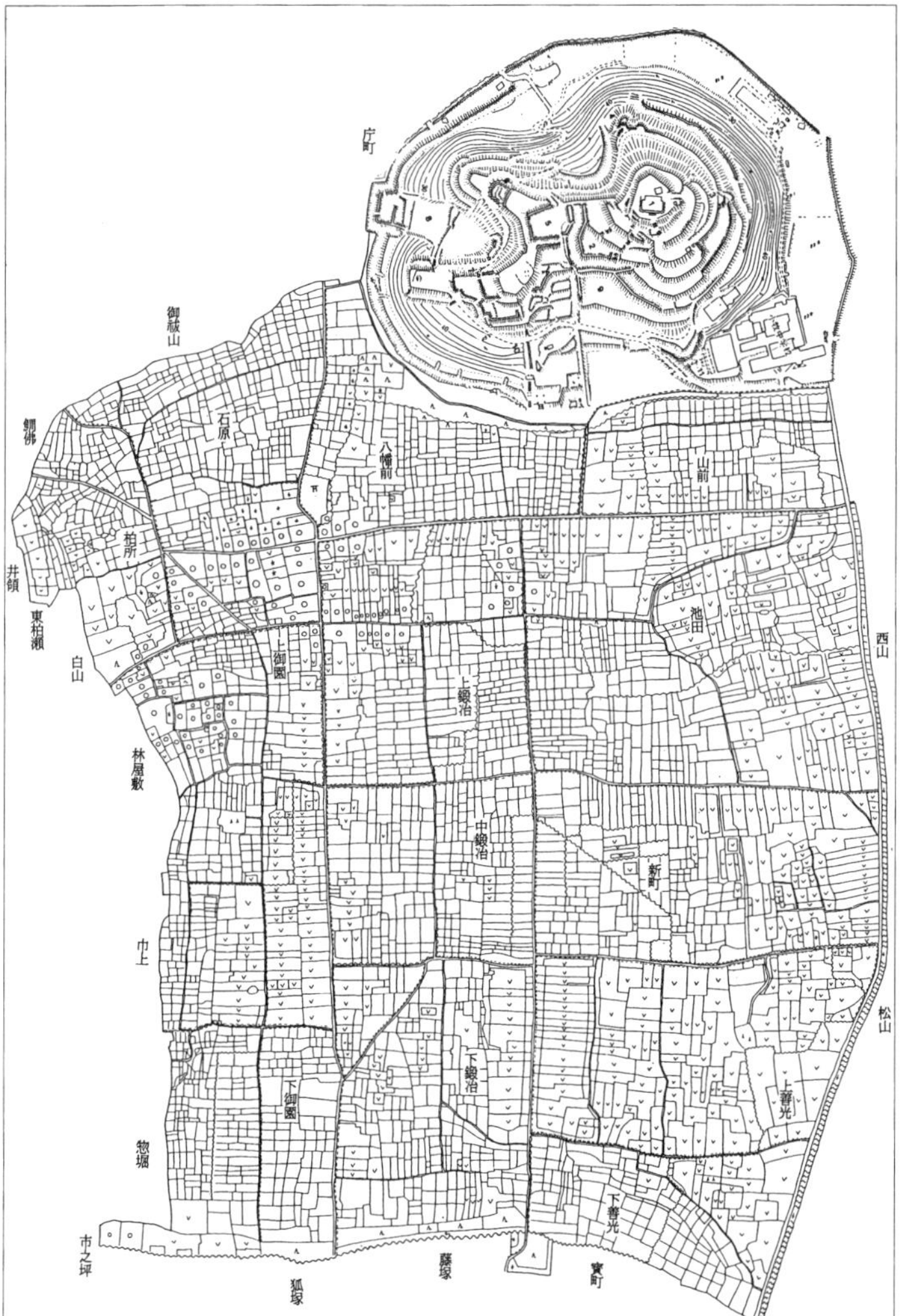

図 29　小牧山城縄張図および城下地籍図

まさに濃尾平野で培われていた普請技法なのであろう。

しかし、小牧山城の驚きはここにとどまらない。千田嘉博は地積図の分析から、小牧山城の城下を復元した。東部には武家屋敷・寺町が展開し、西部には商工業者の町屋が展開した。さらに商工業者は職能別に居住していたと考察した。これらの町は短冊型地割りと長方形街区のセットとなった地割りであり、しかも直線的な二本の街路をもって複数列の長方形街区の城下を呈していたと論じた（千田二〇〇〇）。その後、この城下町景観は織田信長段階までさかのぼることが考古学的に検証された。すなわち突如として小牧に整序された城下が出現したと捉えられた。この小牧山城下の構造は長方形街区として理論的に考えられていた空間構造に等しいものであったが、信長の城下町が岐阜・安土と移転する際、長方形街区が岐阜ではカーブし、安土ではしなっており、理論的に描いた様相とイコールとは言えなかった。この状況について仁木宏は「ある意味もっとも先進的で、近世城下町に近い」（仁木・松尾編二〇〇八）と小牧山城下を評した。

小牧山城下は、西側が段丘崖となっており、境が画される。問題は南側と東側である。このうち南側は絵図などにより、東西方向に一㌔にわたって惣構えが築かれたと考察されている。しかし東側は江戸時代前期の用水開削により当時の状況はつかめていない。しかし、小牧山城を北端とし、その南面に短冊型地割りと長方形街区をもつ城下が展開し、南限には惣構えが存在したことは間違いない。仁木をして「ある意味もっとも先進的で、近世城下町に近い」と評価させた城下町は、織田信長の「革新性」の幻想と共鳴して、大きな話題となっていた。

この城下町について、仁木は「従来、あまりにも織豊政権、あるいは信長の革新性のみが強調され、すべてが信長から始まったかのように論じられがちであった。これは江戸時代以降、形成されてきた歴史観であり、近年は小説やドラマなどで描かれる信長像につながる」、「しかし事実はそうではない。中世社会、とりわけ一六世紀の社会が織豊政権を生んだという視点が重要であり、信長の城下町についてもそのような評価が妥当であろう」と説く。そして「今後は、信長の城下町を考える際には、信長や織豊政権の革新性を学術的、実証的に追求する必要があることを確認したい」と述べ、小牧山城と城下の成立についての課題を解決する方向性を示した。現時点では明らかにならない、信長の「革新性」と言わしめた小牧山城の様相は、いずこに由来するのだろうか。

畿内の城下町論　一乗谷朝倉氏遺跡、久米城と城下、そして小牧山城と城下を紹介してきた。あたりまえのように戦国時代、本拠となる城には町場がセットとなると考えられてきた。おおよそはそのとおりである。しかしそのようにならない事例が見つかりはじめた。畿内の事例である。具体的には三好長慶に関わる城館である。

芥川山城は摂津の山城としては最大級を誇る山城である。城の大手と考えられる谷部には、最奥部にのみ象徴的に石垣が普請される。しかし山麓には屋敷跡が確認されていない。また西国街道の芥川宿からも約三・五キロ離れている。おそらく家臣らも含め山上に住んだと考えられている。先に触れた置塩城・観音寺城・小谷城などと同じ範疇に属するのであろう。現時点では、山上の城館のみが存在し、山麓には城下は考えられていない。

また六甲山地に構えられた滝山城も同様であった。山上に領主層が集住し、山麓には居館や城下町が見られない。山城は政庁としての機能に特化し、家臣団教育や文化を介した支配の場となっていたことが指摘されている。

河内と大和の国境である生駒山脈の北西支脈に築城された飯盛山城も同様であり、山上に家臣も含めて居住している。

このほかにも八上《やかみ》城（兵庫県篠山市）、信貴山城（奈良県平群町）なども含め、畿内では本拠となる城館に町場が付属しない事例が指摘されている。この点は畿内の先進性が前提とされているのであろうか、社会的分業が進展していたため、戦国期に一国を支配する大名権力の居城は独自に都市化を進めないと評価されている。他方、天野忠幸は「長慶は戦略的に自らの居城から経済的機能を切り離すことを選び、政治的機能に純化させた」（天野二〇一五）と述べている。いずれにせよ、畿内の戦国城館は城下町を必然としていなかった点には注意を払っておきたい。

(2) 城下町空間の形成

滝山城の城下町　どうやら近世の城下町に連なるような町場の形成も単純ではないらしい。中世後期の守護所論は地域ごとの多様性を論じている。そもそも考古学や歴史地理学の手法では空間構成を明らかにできても、形成に関わる問題は守備範囲外になる。しかしながら文献史学でも解明は簡単で

はない。今後の事例検証の積み重ねはまだ必要であろう。

そこで、ここでは武蔵国滝山城の城下について、取り上げてみたい。滝山城は小田原北条家の有力な支城であり、一門の北条氏照が城主であった城館である。

江戸時代の地誌、『新編武蔵風土記稿』の記述のなかに八王子宿の起源に関する伝承が含まれている。そのなかでは八王子市にある横山宿、八王子一五宿はそれ以前に八王子城下にあったと記載する。移転したために甲州街道沿いの宿が八王子と称されるようになった。それ故に、八王子城下にあった城下の八王子が元八王子と称するようになったことも読みとれる。ここでまず確認しておきたい点は、八王子宿は八王子城下にあったという点である。

同書はさらに注目すべき伝承を書き留める。その昔、滝山城の頃には横山も滝山城下にあり、江戸時代の八王子宿の中核であった八日町・八幡とともに滝山城下にあって、滝山城の城下町はこの三町で構成されていたとする。そしてこの三町は北条氏照が八王子城を築いた時、滝山から移転した。このような伝承を書き記している。また同書の滝山村の項でも関連する記載がある。その内容は八幡宿に関する記載で、同宿も北条氏照が八王子城を築いた時、滝山から移転していったと記している。『新編武蔵風土記稿』はこのように滝山城下にあった三町の存在を記すが、実は現在も三町の地名、八幡・八日市・横山は滝山城の南側の谷間に確認できる（図30）。

町の成立　滝山城が成立した時期であるが、おおよそ永禄六年（一五六三）四月〜同一〇年四月の間と考えられる。仮に永禄一〇年であったとして、八王子城に移転するまでおよそ十年余の期間しか

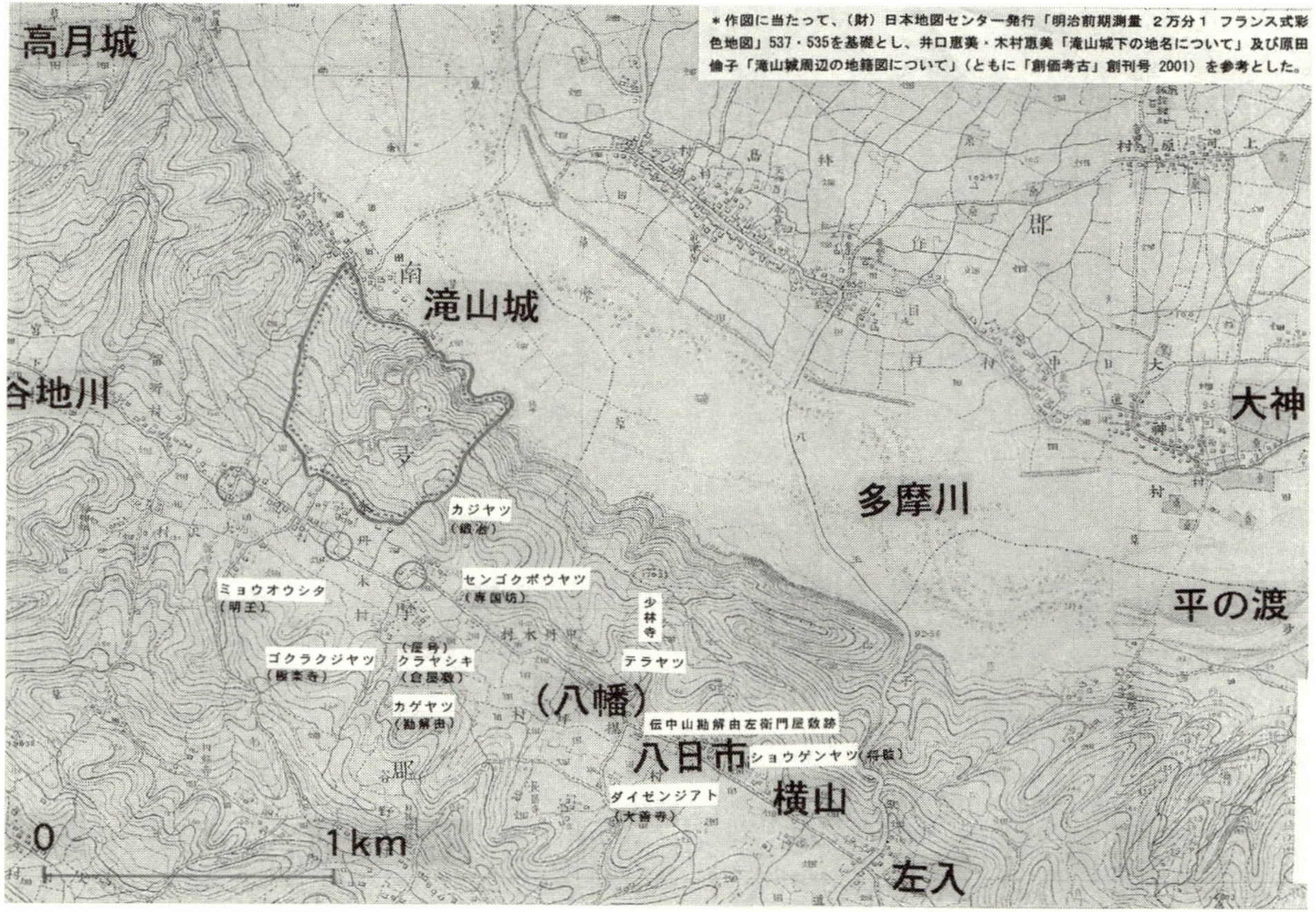
＊作図に当たって、（財）日本地図センター発行「明治前期測量 2万分1 フランス式彩色地図」537・535を基礎とし、井口恵美・木村恵美「滝山城下の地名について」及び原田倫子「滝山城周辺の地籍図について」（ともに「創価考古」創刊号 2001）を参考とした。
高月城
滝山城
谷地川
大神
多摩川
平の渡
カジヤツ
（鍛冶）
センゴクボウヤツ
（専国坊）
ミョウオウシタ
（明王）
少林寺
ゴクラクジヤツ
（極楽寺）
（屋号）
クラヤシキ
（倉屋敷）
テラヤツ
（八幡）
カゲヤツ
（勘解由）
伝中山勘解由左衛門屋敷跡
八日市
ショウゲンヤツ（将監）
横山
ダイゼンジアト
（大善寺）
0
1km
左入

図30　滝山城・城下図

機能していなかった。しかし、城下にはしっかりとした町場が建設されていた。その滝山城下であるが、どのような空間構造であったのだろうか。

滝山城のすぐ南側に道路が折れ曲がっている地点があった。このクランクした場所が城下町にあたるという指摘があった。おそらくはこの地は、領主に近い職人や家臣・商職人などの集団が住んでいる場所と考えられる。

しかし、先に触れた『新編武蔵風土記稿』の記載などを踏まえると、今少し東側までも範囲に含めた広い空間のなかで滝山城の城下が成立していた。谷地（谷慈）川の流れに沿ったその東側に八幡・八日市・横山の地名が並んでいた。

この二つの空間を、谷地川に沿って街道が貫通していた。地積図を精査した創価大学考古学研究会の調査によれば、この街道沿いには短冊型地割りが並び、城下町の様相を呈している。

城下町の構成　さらにいくつかの地点について触れたい。滝山城に隣接して少し東の地点にカジヤツという地名がある。鍛冶の存在を示唆する。考察する材料は地名だけのため、詳細はわからないが、滝山城の場合、庇護されていた刀工、下原鍛冶が存在していたことが注意される。

このカジヤツの南西隣にセンゴクボウヤツという地名がある。『新編武蔵風土記稿』は専国院という修験の寺院の存在を記載する。

また台地沿いの東にテラヤツと呼ばれる場所がある。そのテラヤツの奥には、現在も少林寺が所在する。『新編武蔵風土記稿』所載の寺伝によれば、同寺は北条氏照が弘治元年（一五五五）の秋に開

基したとする。創建年代と滝山城の築城年代がやや前後するため、開基の年代に関する評価は慎重にならざるをえない。あるいは由井より移転してきたのかもしれない。しかし、同寺境内には戦国時代の五輪塔も散見され、城下の一角にあった寺院であったことは間違いないであろう。

テラヤツの谷の出口付近には中山勘解由左衛門の屋敷があったと『新編武蔵風土記稿』は記載する。現在、その場所は明確にはならない。また中山の屋敷は内宿空間の一角にも想定され、伝承にはやや混乱があるようである。

テラヤツ出口のさらに東側にはショウゲンヤツという地名がある。将監にあたると考えられるが、その主は今のところ不明である。氏照の家臣である可能性は高い。

以上が谷地川の北岸であるが、南岸にも関連する地名は所在する。テラヤツの対岸にダイゼンジアトがある。大善寺跡にあたり、江戸時代、八王子宿の一角を占めた大善寺の故地であろう。同寺は八王子城下においても重要な寺院となる。三町とともに、滝山から元八王子、八王子へと移転した都市八王子の重要な構成要素である。

滝山城の中心から南方にクラヤシキと呼ばれる場所がある。単独で蔵屋敷という地名が出てきただけでは、あまり注目する必要はないと思われるが、滝山の場合は注意を払う必要がある。なぜならば同所が滝山城の中心に近い場所であること。そして北条領国の年貢を収納する蔵の一つが滝山にあったためである。あるいはこのクラヤシキとは文献資料に見える「滝山御蔵」と関係する地名なのかもしれない。

クラヤシキ南方にはカゲヤツという地名がある。『新編武蔵風土記稿』は勘解由を充て、先に触れたように中山勘解由を想定している。内宿空間の一角であるので、位置的には先の横山の一角よりはふさわしい地点に思える。

クラヤシキの西にはゴクラクジヤツという地名がある。漢字は極楽寺谷にあたる。先の大善寺とならび都市八王子の重要構成要素であった極楽寺が所在した場所である。

大善寺と極楽寺という二つの寺院は江戸時代になると、ともに八王子宿内に所在した。極楽寺は現在も江戸時代以来の場所に所在する。『新編武蔵風土記稿』は、八王子の城下に旧在したことを書き留める。

またゴクラクジヤツの西にはミョウオウシタという地名がある。漢字は明王と推定され、同所にも寺院が所在したことが推測される。当時、滝山城下に所在した宝生寺について『新編武蔵風土記稿』は「本尊不動明王坐像にして、長二尺余」と記載する。このミョウオウシタとは宝生寺の旧在地であった可能性がある。

また『新編武蔵風土記稿』は多摩川の渡河点についても触れている。平《たいら》の集落に「平の渡」という渡河点を記載し、北条氏照頃の渡河点として紹介している。この記事に従えば滝山城と関連する幹線道路がこの地を渡河していたことになる。

滝山を通る道　永禄一二年（一五六九）に武田信玄が小田原攻めを行った。この時、信玄は碓氷峠から南下して、滝山城を攻めている。氏照は防戦に際して「宿三口」に軍勢を派遣したと述べている。

ここに滝山の町場からの出入り口が少なくとも三ヵ所あることが確認できる。谷地川に沿った街道の東西の二ヵ所がまず該当する。残る一ヵ所であるが、八幡と八日市の境付近から南へ向かう伝鎌倉街道に当てるのが妥当であろう。

信玄は滝山城を三日間攻めた後、落城させることなく滝山を引き払い小田原を目指した。その際に武田勢は武蔵・相模国境の杉山峠を越えたと記している。杉山峠は現在の国道一六号線に沿った御殿峠にあたる。したがって、信玄はおおよそ現在の国道一六号線に沿って南下したことになる。八幡と八日市の境付近から南へ向かう伝鎌倉街道は杉山峠を越えて小田原に繋がっていたのである。

城下建設と幹線道路　ところで、先の横山・八幡・八日町であるが、その系譜はどこであろうか。いずれも確証の限りではないが、幹線道との関連から興味深い考察ができる。

まず八日町であるが、この地は由井八日町（八王子市）であろう。古文書にもその地名を見ることができ、案下道（現在は陣馬街道と称される）の宿であり、甲斐国から武蔵国にいたった時の重要地点であった。そして由井八日町は滝山城以前に八王子の中心的な城館であった由井城の城下町機能も担っていた可能性が高い。

次に八幡であるが、周辺には多くの八幡社があり、他の意見もありえるが、私見では梶原八幡宮（東京都八王子市）と考える。梶原氏は一五世紀に活動することが確認され、梶原八幡宮付近を所領としていた。そしてこの梶原八幡宮から東へ川沿いに進めば、先の由井八日町へといたる。そして南へは現在の高尾駅さらには椚田城《くぬぎだ》（東京都八王子市）へといたる道があった。この椚田城から由井八日

町へといたる道は中世の古道であることは確かである。

そして残る横山である。そもそも、横山の地名は横山庄に由来する地名であり、鎌倉時代初頭の横山氏の所領に関連するのであろう。その横山氏は和田義盛の乱で没落し、横山庄は大江氏に与えられ、戦国時代初頭の長井氏に継承されていた。この長井氏は椚田城を本城としていた。高尾駅の南方の小さな山である。とするならば、その椚田城の城下町が横山宿と考えるのは順当であると思われる。とすれば、その場所は高尾駅のあたりが予想される。先に述べた南北の古道と江戸時代の甲州街道の交点と考えるならば、小仏峠を越える甲州街道の起源にも関わる。

このように横山・八幡・八日町を考えると、この三町は中世の南北方向の幹線道で結ばれていたことになる。滝山城が完成した時、南北に貫通する道は、信玄が通過した杉山峠を越えていた。つまり道は三町が旧在した場所を通過する幹線道路より東へと移ったことになる。旧道に沿ったままでは横山・八幡・八日町の衰退は明らかである。現代の旧国道とバイパスの関係である。すなわち、由井城と関連し、さらには中世幹線道と関連した横山・八幡・八日町は、滝山城の建設とともに、領主側の要請もあり、東側の幹線沿いに移転することが必然となり、ひいては滝山城下町の中核に位置づけられたという事情が浮かび上がることになる。

滝山は戦国期の都市として綿密に設計されていた。しかし設計は町場だけではなかった。滝山を通過する幹線道路は小田原にいたっていた。戦国大名北条家の領国の交通政策と関連して、城と町に加えて幹線道路も設定されていた。領主主導の城下町そして領国の交通政策の設定が明らかになる。

Ⅳ 安土・桃山時代から江戸時代へ

1 安土・桃山時代の城館

(1) 織豊期城館の景観

「越後国頸城郡絵図」 近世城館とりわけ天守が必須となる以前、城館はどのような景観をしていたのであろうか。江戸時代の城館であれば、景観図屏風などの絵画作品に描かれることもあり、また城館によっては古写真も残されている。実際に機能していた当時の様相を知りうることがままある。

しかし、それ以前の城館の場合、絵画資料はほとんどない。そればかりではなく、絵図もない。江戸時代に軍学などのために作成、書写、収集された絵図は少なくはない。しかし同時代の絵図となると、その数はきわめて限定される。毛利家文庫に残される小田原合戦の際の小田原城や韮山城の絵図などは希有な事例と言える。そのような状況のなかで、「越後国瀬波《せなみ》郡絵図」(米沢市上杉博物館所蔵)はきわめて重要な情報をもたらしている。

この絵図は「越後国頸城《くびき》郡絵図」とともに上杉家に伝来したもので、城館・村落・町場・寺社・道路・橋梁・耕地・水系・山岳などが彩色で表現されている。同家が越後国より会津に転封となったの

が、関ヶ原合戦前の慶長三年（一五九八）であることから、それ以前の絵図であることは間違いない。また「越後国頸城郡絵図」裏面には「慶二霜月十二日」と記した貼り紙があり、かつ図中に記載される知行人の氏名から、慶長二年が同図の製作された下限と推定される。したがって、「越後国瀬波郡絵図」もその頃の制作と考えられる。越後国時代の上杉家は、文禄四年（一五九五）にいわゆる太閤検地を実施し、同五年から慶長二年にかけて領国検地を実施した。これらの絵図はその成果を反映したものである。

したがって、ここに描かれる城館の景観は豊臣政権下における、大名の家臣レベルの城館の姿ということになる。絵図に描かれた城館は、ほかの村落などとともに、中世のなごりを留める姿と解説されている。

郡の中心城館　「越後国瀬波郡絵図」でとりわけ注目されるのは、絵図中央に描かれた村上城とその城下であろう（口絵7）。図には「村上ようがい」と記載される。描かれる山城は新潟県村上市にある村上城であるが、現在は山頂に高石垣で囲まれた城館が残る。この現在の遺構は、上杉家の会津転封後に入城した堀秀治の家臣・村上頼勝が行った改修、さらにはその後の改修を経た姿であり、絵図の景観とは異なっている。逆説すれば、村上頼勝以後に近世城館となったのならば、絵図はまさに戦国時代の城館を伝えている可能性が高い。

山麓より山頂にむけて二本の道が描かれる。要害と城下を結ぶ登城路であろう。この道の両側に構造物が描かれる。塀は山頂に近いところが白壁で中腹より下は木柵である。要害全体を見通して、石

垣はない。また塀は見られるが、所々に木柵が描かれている。白壁の建物や塀が随所にあり、おそらくは塗り籠めの壁があったのであろう。また屋根はこげ茶色と薄茶色の二種類がある。おそらくどちらも板葺きなのであろう。色の差は材の相違であり、仕様の差と考えたい。

山頂部に郭が描かれるものの天守がない。また主郭の壁面は切り岸もしくは岩を露出したように描かれる。郭内には平屋の建物が見える。他の建物と比較するとやや複雑な建物であったように描かれることから、なんらかの御殿建築があったのであろうか。

山麓に目を移すと、山際に城主の屋敷地を思わせる五棟の建物が描かれる。こげ茶の屋根、真壁の建物が、城下の他の建物との相違を際立たせている。この一角を左上（東北）として、城下町が描かれる。城主の屋敷地を区画するように縦横二本の道が交差し、横道はさらに並行して一本描かれる。町への入り口は図の右側に二ヵ所、左側に一ヵ所、さらに北側にも存在した可能性がある。右下から左へと町を貫通する道が幹線道路ということになろうか。町の周囲を樹木が囲んでおり、部分的に木柵も見える。惣構えのような施設があったのであろうか。

このように豊臣期上杉領国で、郡の支配拠点であった城館はどのような景観をしていたかが示されている。このような景観は、戦国期に存在した城館と共通する点は多いと予想する。

古城の記載　この当時、村上城の城主は本庄繁長という人物であった。本庄氏は秩父平氏の末裔であり、鎌倉時代に北遷御家人としてこの地に地頭職を得た。この地にいたった秩父平氏一族はその後、所領分割を行い、庶子が各地に拠点を構えた。その一族に色部氏がいる。色部氏は小泉庄地頭職を得

て、さらに庶子を展開させたが、一五世紀後半には平林《ひらばやし》城を拠点として揚北《あがきた》地方の有力な領主となった。

この平林城も瀬波郡内である。平林城にあたる城は、村上城と同じように山麓に城主屋敷と思わしき建物が一〇棟ほど描かれる（写真1）。現状では平林城はやや小高い丘陵を選地している。絵図ではそれを思わせるように山の地形が周囲に描かれる。正面には白壁の塀が描かれ、狭間が切られている様子もわかる。

写真1 『越後国瀬波郡絵図』「加護山古城」と平林城

問題は背後の山城である。削平地が存在したことを示すように、階段状に描かれるが、村上要害のような構造物は描かれていない。加えて、「加護山《かごやま》古城」と記載される。「古城」が示すように明らかに廃城となった様相で描いている。絵図の他の場所には「下渡《げど》ケ島《がしま》古城」という記載もある。これらは現存する遺構から戦国時代の山城と考えられるが、絵図の描写や「古城」の表現から豊臣政権下では廃城になっ

ていたことを示している。

このように見てくると、絵図には郡単位で中心となる立派な城館と廃城となった要害という区分があったことがうかがえる。おそらくは郡単位で城館が整理された結果なのであろう。戦国時代から江戸時代にかけて、城館をとりまく情勢にも変化があったことを「越後国瀬波郡絵図」は語っている。

(2) 織豊城郭の出現

メルクマール　江戸時代のいわゆる近世城館が成立する以前、土塁や空堀で構成された城館から移行する時期、近世城館の先駆けの城館が登場する。織田信長が築いた安土城を始めとし、その家臣団や続く時代の豊臣政権に関連した大名たちなどが、各地に壮麗な城館を築いた。戦国時代の粗野なイメージのある城館から、新しいスタイルの城館が築かれるようになる。これらの築城術は織豊政権によって列島各地に広まった。この織田信長・豊臣秀吉そして織豊大名によって築かれた城館を織豊城郭と呼んでいる。

概念のうえでは徳川家康による城館も織豊城郭に含まれることが予定されている。徳川家康の活動した時期は多分に秀吉の時代であったため、家康による城館を抜き出して概念化することが難しいことは確かである。しかし後述するように、徳川家による城館は、元和・寛永期以降になると様相が大きく変化する。その前提となる条件は、秀吉没後から大坂の陣にいたるまで、すなわち徳川家康晩年

の時代のなかで準備されていた。したがって秀吉没後から大坂の陣にいたるまでという時代は過渡期的な要素も含まれる時代である。

家康時代の城館に関する評価はさておき、いわゆる織豊城郭とはどのような城館であろうか。このことについて、中井均は高石垣・瓦・礎石建物の三点をメルクマールとすると論じている（中井一九九〇ほか）。

石垣の変化　そもそも中世城館にはいつから石垣が築かれるようになったのであろうか。古い事例では一五世紀にまでさかのぼる可能性はあるが、戦国時代ではやはり切り岸や土塁による壁が主流であり、石垣普請は一般的ではなかった。石材の産地や石工の存在など条件のよい城館にのみ石垣が存在したようである。逆に言えば、石材の入手もさることながら、石材産出地から城館までの運搬方法の確保に課題があったようである。したがって当初は粗割りの石材を用いた高さのない石垣で、石垣面も整序された状況ではない、乱れ積みの石垣が城館内に部分的に築かれた事例が多かった。できるだけ安定した石垣を普請するため、扁平な石材を使用した事例も多々見られる（写真2）。

石垣の変化を考える視点は、使用する石材の加工度と石垣面の積み方である。石材は当初は自然石のまま使用する事例も見られるなど加工度は低い石材が使用された。その後、次第に加工度が増し、規格品と言えるような状態までに個々の石材は加工される。他方、積み方は布積みと乱れ積みの両極のなかで変化する。前者は布目のように横目地が通る積み方である。対する後者は反対に横目地が通らず、石材の高さがばらばらの積み方である。石材加工の状況に影響されながら江戸時代にむけて布

写真２　小倉城　石垣

写真３　肥前名護屋城　石垣

写真4　周山城　石垣隅角部

写真5　江戸城　本丸台所三重櫓　石垣

積みに近づいていくことになる。

当初の石垣は個々の石材が厚みを増す方向に変化する。そのため石垣面は整序されたものではなく、個々の石材の高さがそろったものではないため乱れ積みの石垣となる。石材間の隙間も多いものである。隙間には間詰めの石材が使用されるようになる（写真4）。

個々の石材に高さが出るようになると、石垣の面を整えることに工夫が見られる。石材の平滑面や槌を用いて石材を割り、割ることでできた平面を石垣の面に向けてそろえるようになる。間詰めも同様に平滑な面をそろえるようになっていく。この時点では石材の高さは揃えられたものではないため、乱積みとなっている。おおよそこの段階の石垣を打ち込み接ぎの石垣と呼んでいる（写真3）。

積み方は次第に石材の高さを揃えるように加工度が増し、布積みへ整っていく（写真5）。石材を加工するために矢が使用される。矢を使用することで石材が割られ、石材が規格化されるようになっていく。慶長年代後半の石垣には石材を割る際につけられた矢穴の痕跡が石垣面に見られるようになっている。

矢によって加工が行われ、規格化した石材が主流になると、石垣は間詰め材を不要とするようになり、布積みの石垣が普請されるようになる。

このような変化のうち、打ち込み接ぎが登場する頃、織豊城郭が登場する。この時、以前は二～三メートル規模の高さであった石垣は、より高いものとなる。具体的にどの高さ以上を指すかは明確ではないが、高さをもって見るものを威圧する石垣を高石垣と呼び、織豊城郭成立の一要件と考えている。

瓦　鎌倉時代以来の中世城館を発掘すると瓦はほとんど出土しない。たまに出土するとすれば、おそらくは持仏堂のような宗教的な施設があったと考えられている。それほどまでに中世城館と瓦は無縁のものであった。その瓦が織豊城郭では一斉に葺かれるようになる。丸瓦・平瓦を中心に鬼瓦や鯱瓦、さらに朝鮮出兵以後は朝鮮の影響を受けた滴水瓦などが葺かれるようになる。江戸時代にあっては当然のごとき城郭瓦も織豊城郭の成立と密接に関わっていた。

そもそも日本では古代以来、瓦は寺院に葺かれていた。おそらくは瓦職人も寺院に帰属する集団であったろう。その集団が武家のために技術を提供できるようになったという社会的な背景があったことを見逃してはならない。そのような動向を踏まえ、武家は寺院建築の重要な要素を城館建築に導入したのだった。

安土城では唐人一観の指導に基づいて奈良衆が安土城の建築に関わった。奈良の瓦職人集団はまさに寺院建築に関わっていた集団であろう。従前はこの記事に基づき、織田信長の「革新性」とともに織豊城郭の成立の説明が行われていた。継承すべき視点を持っていることは間違いない。しかし、近年では先に触れた置塩《おしお》城ほか畿内近国の城館に瓦葺建築が存在したことが指摘されている。信長は畿内の城づくりを継承したのだろう。

また安土城以後の城館には、金箔が貼られた瓦が葺かれた。城館の屋根が金色に輝くさまはさぞやまばゆく見えたに相違ない。城館などの武家の建築に金箔瓦が葺かれた様相は江戸においても確認されており、織豊時代を特徴づける遺品と言える。

写真６　肥前名護屋城　模型

礎石建物　鎌倉時代以来戦国時代にいたるまで、中世城館内に立てられる建物は掘立柱建物であった。基本的に礎石建物はなかったのである。しかし瓦葺建物の導入は礎石建物の登場を必然とした。瓦を葺くことにより重量が増した建物は、掘立柱では柱の沈下を招き、建物が不安定なものとなってしまう。沈下を防ぐには礎石が必要とされたのだった。

また極端な比較であるが、礎石建物と掘立柱建物では技術の問題も大きく異なる。掘立柱は埋め込むことにより一本でも自立は可能である。自立した柱を水平材で組み合わせることにより、建物はそれなりの構造となる。しかし、礎石に立てられた柱は単体では自立せず、建築の技法・技術を必要とする。

すなわち瓦を葺いた礎石建物とはより高度な建築技術を保持する集団、すなわち大工集

団の活躍がその背景にあった（写真6）。

城の意義の変化　中井均はこれら三点の特徴がセットで達成された城館を織豊城郭と定義している。高石垣・瓦・礎石建物のいずれもが織豊城郭期の城館建築に導入されたものであり、中井の提起する織豊城郭の視点は、研究の進展に大きな影響を与えた。その後、これらの技術を追究するなかで、置塩城のように着眼点が先行してしまう事例の存在が明らかになり、定義の抽象性を指摘する声もある。しかし、これら三点の視点に着目すれば、時代のうねりのなかで織豊城郭が登場する点は注目する必要があろう。

同時に今一つ確認しておきたい点がある。視点とされたこれら高石垣・瓦・礎石建物は、軍事的な視点のみで検討がなされているわけではない点である。例えば石垣であるが、無論、軍事的な利点はあったであろう。しかし個々の城館における石垣の分布状況の説明は、正面門や大手道との関連で語られるなど、城館の化粧の視点として語られることが多い。また瓦や礎石建物は儀礼の場として語られている。そもそも金箔瓦の視点は城館の装飾を考えずに語ることはできない。

すなわち、織豊城郭の登場とは、戦国期の城館が戦闘を重視した存在であったことから、権威の場へと変化する状況を語っている。

需要と供給　石垣を普請したり、瓦葺きの礎石建物を建築したりするということは、従前の戦国城館に比べ、築城がより複雑なものになっていることを示している。普請に際して石工が動員され、作事に関してはより高度な技術をもった大工や瓦職人が活躍していた。このような事態が全国各地で急

写真7　安土城出土金箔押軒丸瓦

写真8　大坂城出土金箔押三巴文軒丸瓦

激に起こったということは、職人集団の払底を招いたのではなかろうか。

その事例としてあげられるのが、瓦である。瓦を製作する際、粘土の塊から瓦を切り離す工程がある。この際に従前は紐で行われていたが（コビキA）、織豊期に鉄線によって行われるようになった（コビキB）。この技法の変化は、熟練した作業からより簡易な方法へと変化したことを語っている。

また金箔瓦も同じような変化がある。安土城で出土した金箔瓦は、文様の凹部に金が厚く施されていた（写真7）。いかにも手の込んだ仕事をしているのである。他方、聚楽第や大坂城などで出土する金箔瓦は、凸部にだいたいの形で切られた金箔を瓦の文様に対しておおよそを覆えばよいという程度の、素人仕事のような作業で製作されている（写真8）。この背景には需要の拡大で熟練した職人が払底し、より簡易な作業で最低限のニーズに応えるような仕事のあり方になったことを予想させる。

これらの視点を踏まえた時、漆工芸職人にも同じような状況があったことが予想される。日常的な手回りの品物に施されていた蒔絵が、

礎石建物の装飾にも導入される。城郭建築では残っていないが、豊臣秀吉没後にその菩提を弔うために秀吉夫人の北政所が、慶長一一年（一六〇六）に創建した寺院である高台寺の霊廟はこの時代の作品である。この時代、蒔絵が武家の建築に導入されていたことが知られる。この霊廟の蒔絵は高台寺蒔絵として著名であるが、この蒔絵には平蒔絵と針書が見られ、技法的には当時としては簡便になったとする意見がある。この蒔絵も需要と供給のアンバランスから生み出された蒔絵と考えることができるのではなかろうか。

このように見てくると、障壁画についても狩野派の活躍を見逃すことができない。安土城天守には壮麗な障壁画が飾られたことが著名であるが、この装飾は次世代にも受け継がれた。二条城障壁画はとりわけ著名な事例であるが、江戸時代初頭にいたるまでの各所の城館で障壁画が作成された。そこには数多くの作家が関わったことは間違いなく、多くの画家が必要されたことを物語っている。

織豊城郭の成立とりわけ豊臣政権下の築城においては、関連するさまざまな職人を以前よりも増して必要とすることとなった。急激な需要の拡大は必然的に技術的低下と未熟な若手の職人を多く生み出したことを予想させる。ポジティブに言えば城館が新しい文化を生み出す素地を提供した側面はきわめて重要であるということになろうか。この動向は城館がたんに軍事的な存在のみでなく、文化的にも発信の基点であったことを示している。

(3) 「天下人」の城

本拠の城館　室町幕府が滅び、時代はあらたな権力者を、そして秩序ある社会を求めるようになった。安土桃山時代である。この権力者および社会の中軸を担ったのが織豊城郭であった。すなわち戦国時代の軍事的性格が重視された城館に、よりいっそうと政治的な象徴制が求められるようになった。先の高石垣・瓦・礎石建物はそのことを如実に示している。織田信長そして豊臣秀吉が本拠とした城館を概観してみよう。

岐阜城　織田信長は、美濃斎藤家が本城とした稲葉山城を、永禄一〇年（一五六七）（一説に永禄七年）に奪取し、天正四年（一五七六）にいたるまでの自らの本拠とした。その折に井ノ口を岐阜とあらためている。

信長は西側山麓に屋敷を構えたらしく、それに関わる遺構が発掘調査によって検出されている。その詳細は今後の調査の進展と報告に期待したいが、この屋敷がすこぶる政治性をおびていたことは、永禄一二年（一五六九）に岐阜城を訪問した宣教師ルイス・フロイスの報告に明らかである。

信長は禅宗の教えに従って、来世はなく、見える物以外には何ものも存在しないことを確信しており、きわめて富裕なために、他のいかなる国主も己れを凌駕することがないように望んでおります。さらに彼は自らの栄華をしめすために他のすべてに優ろうと欲しています。それゆえにこ

そ、彼は多額の金子を費やし、自らの慰安、娯楽としてこの宮殿を建築しようと決意したのであります。宮殿は非常に高いある山の麓にあり、その山頂に彼の主城があります。驚くべきは大きさの加工されない石の壁がそれを取り囲んでいます。第一の内庭には、劇とか公の祝祭を催すための素晴らしい材木でできた劇場ふうの建物があり、その両側には、二本の大きい影を投ずる果樹があります。広い石段を登りますと、ゴアのサバヨのそれより大きい広間に入りますが、前廊と歩廊がついていて、そこから市の一部が望まれます。

（中略）

（宮殿）内の部屋、廊下、前廊、厠の数が多いばかりでなく、はなはだ巧妙に造られ、もはや何もなく終りであると思われたところに、素晴らしく美しい部屋があり、その後に第二の、また多数の他の注目すべき部屋が見出されます。私たちは、広間の第一の廊下から、すべて絵画と塗金した屏風で飾られた約二十の部屋に入るのであり、人の語るところによれば、それらの幾つかは、内部においてはことに、他の金属をなんら混用しない純金で縁取られているとのことです。これらの部屋の周囲には、きわめて上等な材木でできた珍しい前廊が走り、その厚板地は燦然と輝き、あたかも鏡のようでありました。円形を保った前廊の壁は、金地にシナや日本の物語（の絵）を描いたもので一面満たされていました。この前廊の外に、庭と称するきわめて新鮮な四つ五つの庭園があり、その完全さは日本においてははなはだ希有なものであります。それらの幾つかには、一パルモの深さの池があり、その底には入念に選ばれた清らかな小石や眼にも眩い白砂があり、

その中には泳いでいる各種の美しい魚が多数おりました。また池の中の巌の上に生えている各種の花卉や植物がありました。下の山麓には溜池があって、そこから水が部屋に分流しています。そこに美しい泉があり、他の場所にも、宮殿の用に思いのまま使用できる泉があります。

二階には婦人部屋があり、その完全さと技巧では、下階のものよりはるかに優れています。部屋には、その周囲を取り囲む前廊があり、市の側も山の側もすべてシナ製の金襴の幕で覆われていて、そこでは小鳥のあらゆる音楽が聞こえ、きわめて新鮮な水が満ちた他の池の中では鳥類のあらゆる美を見ることができます。

三階は山と同じ高さで、一種の茶室が付いた廊下があります。それは特に精選されたはなはだ静かな場所で、なんらの人々の騒音や雑踏を見ることなく、静寂で非常に優雅であります。三、四階の前廊からは全市を展望することができます。

（『完訳フロイス日本史2　織田信長篇Ⅱ「信長とフロイス」』）

訳文ゆえの難しさもあり、フロイスが見聞した岐阜城がいかなる様子であったか、詳細のところでは不明な点もあるが、現在進行している発掘調査成果を思わせる描写があることは見逃せない。おそらく今後の成果次第でこのフロイスの報告をどのように翻訳するかも変わってくるであろう。しかし、織田信長の岐阜城が政治の装置として機能していたことは十分に伝わってくる。象徴的な施設として整えられていた城館という姿にまずは注目したい。

安土城　信長はその後、より京に近い安土（滋賀県近江八幡市）へと拠点を移す。

天正四年（一五七六）正月に着工し、翌年二月末には信長自身が居を移しているが、工事はその後も続行され、構は同七年ごろ竣功したようである。同一〇年六月の本能寺の変後に安土城は炎上し、大半は失われたと考えられているが、その後、数年は織田家の本拠地として機能した。

城の中心は北方琵琶湖の伊庭内湖《いばないこ》（現在は干拓）に飛び出す半島状の安土山（標高一九九メートル）にあった。山頂部には七重の天守が聳え、さらには御殿を擁する本丸、二ノ丸、三ノ丸が連ねられた。東側から北側にかけては、台所、焔硝蔵と呼ばれた郭を設け、北方尾根上に八角平、薬師平を配している。

滋賀県により精力的に発掘調査および整備が行われ、安土城のイメージが一新された。調査および整備の中心は大手道の整備であり、従前は総見寺の参道や境内であった地面の地下から当時の登城路が姿を現した。調査成果によれば、この大手道は直接に本丸に接続するとされた。また本丸御殿は御所の清涼殿との関連が報告された。大手道は縄張りのうえでの正門にあたる黒金門を通過せず、三ノ丸、二ノ丸を経ずして中心にいたると考察された。軍事的には違和感を覚える構造が復元された。山麓から一直線に中腹まで登る大手道だけに注目しても、大手道は儀礼的な道であると考えるのに十分であろう。この大手道のあり方は安土城が軍事的視点だけでは存在していないことを示唆している。

また先の高石垣・瓦・礎石建物の要件を満たした本格的な織豊城郭の登場も、この安土城をもって、一つの指標と考えられている。

加えて、高層の天守の存在も重要であろう。信長の側近であった太田牛一が著した『信長公記』には「安土山御天主の次第」として天守の構造が記載される。安土城天守を考える重要な史料として注

目されている。

大坂城　天正一一年（一五八三）四月の賤ヶ岳の合戦で柴田勝家を倒して、織田信長の後継者としての地位を確立した羽柴（豊臣）秀吉は、同年九月、大坂城の普請に着手した。秀吉による大坂城の構造は必ずしも明らかではないが、本丸・山里曲輪を中心に、二ノ丸・三ノ丸、さらに惣構えの諸曲輪から成り、その周囲合計は三里八町と称される広大なものであったとされる。本丸・山里曲輪・二ノ丸などの工事は、着工五年目の天正一六年中にほぼ完了したようである。しかし工事は慶長三年（一五九八）秀吉が死ぬ時まで断続的ながらも延々と行われていた。

大坂城以前、この地には大坂本願寺があった。その地に秀吉は大坂城を築いたのだが、その工事には壮大な石垣普請があった。その様子は「大坂夏の陣図屏風」に偲ばれるが、当時としては希有な城館であった。この地が石山と呼ばれたことは周知に属するが、その初見が「宗湛日記」の慶長二年（一五九七）三月一三日条であることが大澤研一によって指摘された（大澤二〇一六）。石山の地名は大坂城以前にさかのぼらないのである。とするならば、「石山」と語彙から連想される景観とは、石垣で固められた大坂城ということになるのではなかろうか。それほどに当時の人々にインパクトを与えた城であり、普請であったということになる。

秀吉が築いた壮大な大坂城も、大坂冬の陣後に惣堀などが埋められ、翌年四月の夏の陣には落城となる。その後、徳川大坂城が建築され、現在に伝わる姿となった。地上には豊臣大坂城の姿を残さなかった。しかし地中にはその石垣が残されていることが明らかになった。

伏見城　秀吉が隠居所として構想し、近世初頭の武家の中心地となった城館である伏見城は、京都市伏見区桃山町二ノ丸一帯に所在した。ただし、城は秀吉の時代に大きく二度にわたって築かれた。本丸のあった位置により前半が指月《しづき》伏見城、後半が木幡《こはたやま》山伏見城と区別される。指月伏見城は慶長伏見地震で被害を受け、その後あらたに木幡山伏見城が築かれた。一般に伏見城と呼んだ場合、この木幡山伏見城を指している。

指月伏見城は文禄元年（一五九二）から工事が開始されたが、同三年からは本格的な城と城下の建設に発展した。淀城の天守と矢倉を移し、向島には出城も構えられ、城下には有力大名が競って屋敷を建設した。

木幡山伏見城へは、慶長二年（一五九七）五月には秀吉・秀頼父子が移徙した。城下には各大名が屋敷を構え、豊臣政権による中央政治の場となった。同三年の秀吉死後は徳川家康が入城したが、関ヶ原の戦に先立つ攻防で、石田方の攻撃をうけて落城した。豊臣秀吉による伏見城はここで途絶えることになる。

信長・秀吉の拠点　このように信長や秀吉が築いた城館は織豊城郭の典型例であるが、そこには軍事的な色彩でなく、絶えず政治的な役割が求められていた。このことが大きな特徴である。城館は近世に移行するに従って、性格を変化させていく。そもそも高石垣・瓦・礎石建物の三要件は、城館の象徴性がいかにあったかと関わっていた。三要件のそれぞれは先行する播磨や摂津などの畿内近国でその要素が認められた。織豊城郭はその要素を継承し、城館の象徴性をより高める方法として活用し

た。支配のための城館の役割がよりうねりを増して全国に受容されたのだった。織豊期の城館の特徴はまずこの点に認められる。

(4) 織豊城郭と天守

天守の出現 おそらく観光の分野を中心に、「お城」と言えば、天守を指すという考えが今でも根強いのではなかろうか。石垣などの普請がよく残る城館であっても、「あそこには何も無い」と言われることもまだまだ多い。それほど天守の影響は強い。

先の織豊城郭のメルクマールとして高石垣・瓦・礎石建物の三点セットが指摘されていることに触れた。その三点を満たしたうえで、とりわけ織豊城郭として象徴的な存在は天守であると言える。天守の発生は時代を象徴的に語る事象なのである。

一般に、天守閣と呼称されることが多い。しかし、古文書などの文献資料には「天守」「天主」あるいは「殿主」などと記載され、〝閣〟の文字が付されることはない。俗説ではあるが、戦後に大坂城の天守を復興したおり、その名称を通天閣に対抗するように、固有名詞として「天守閣」と付したという。真偽のほどを確認したことはないが、戦後の復興天守ブームとともに普通名詞「天守閣」が定着したのは間違いなかろう。

歴史的には、松永久秀の築いた多聞山城（奈良県奈良市）に天守があったという。そして織田信長

が本格的な天守を安土城に築いた。近年、畿内政権の評価について、三好政権の評価が高まっており、織田信長の革新性を相対化する動きが顕著である。城館についても、播磨・摂津・河内などの畿内で培われた築城術が織豊城郭に引き継がれると考えられつつある。この天守についても同じ動向にあると言えよう。

幻の安土城天守　本格的な天守は安土城と考えられている。現在、安土山の山頂に不等辺八角形の天守台が聳え、中央部分を除いた礎石が残る。巨大な天守が建築されていたことを伝えている。その具体的な様相ついては、宮上茂隆による説と加賀藩大工に伝わる「天守指図」の図を考察して復元案を作成した内藤昌説などが提示されている。建築学的に考証された説であるが、現状ではいずれも確定的な説にはいたっていない。

そのなかで渇望されている資料がある。織田信長が狩野永徳に描かせたという「安土城之図」である。織田信長が天正九年（一五八一）、巡察師ヴァリニャーノを通じて天正遣欧使節によりローマ教皇グレゴリオ一三世に献上した。狩野永徳の作であることから、現存すれば美術的にも価値が高い作品であることが予想される。一五八五年三月に献上され、その後、少なくとも七年間はバチカン宮殿内の展示室「地図の画廊」に展示されていたことが確認された。しかしその後の消息は不明となっている。発見を期待する人は数知れない。

現時点でこの安土城天守の具体的な状況を伝えているのは、「信長公記」の記述と次のルイス・フロイスによる報告であろう。

そして（城の）真中には、彼らが天守と呼ぶ一種の塔があり、我らヨーロッパの塔よりもはるかに気品があり壮大な別種の建築である。この塔は七層から成り、内部、外部ともに驚くほど見事な建築技術によって造営された。事実、内部にあっては、四方の壁に鮮やかに金色、その他色とりどりの肖像が、そのすべてを埋めつくしている。外部では、これら（七層）の層ごとに種々の色分けがなされている。あるものは、日本で用いられている漆塗り、すなわち黒い漆を塗った窓を配した白壁となっており、それがこの上ない美観を呈している。他のあるものは赤く、あるいは青く塗られており、最上階はすべて金色となっている。この天守は、他のすべての邸宅と同様に、我らがヨーロッパで知るかぎりのもっとも堅牢で華美な瓦で掩われている。それらは青に見え、前列の瓦にはことごとく丸い取付け頭がある。屋根にはしごく気品のある技巧をこらした形をした雄大な怪人面が置かれている。このようにそれら全体が堂々たる豪華で完璧な建造物となっているのである。

（『完訳フロイス日本史3　織田信長篇Ⅲ「安土城と本能寺の変」』）

安土城天守の外観に接したフロイスの叙述からは、その威容がうかがえる。そしてヨーロッパ人ルイス・フロイスをして、自らの経験から天守を塔と表現させたことは、海外の城館と日本の城館を比較する際、天守の機能を考えるうえで注目しておきたい。

望楼型天守　安土桃山時代から江戸時代初頭の寛永年間頃にかけての築城にどのような特徴が見出せるだろうか。城館を象徴する建築物である天守について考えてみたい。一般に城の中心に聳える天守には、二種類の建築様式があるとされている。望楼型天守と層塔型天守である。このうち古いタイ

写真9　大垣城（津軽本「関ヶ原合戦図屏風」）

プが望楼型天守とされる。大きな建物の上に望楼がのせられた形を基本とする形式である。大きな屋根が入母屋であるという点が特徴となっている。窓には火灯窓が据えられていた事例がしばしば見られる。金閣や銀閣にも見られたことから、おそらくは禅宗建築の影響なのであろう。ただし、最上層にあった高欄を廻らした望楼は、次第に付設されなくなっていく。

現存する一二天守にも犬山城、彦根城、丸岡城、姫路城（表紙カバー写真）高知城などはまさにこの形式となる。このうち、弘前城を除く一一ヵ所は移行期のものもあるが、入母屋の屋根に注目すれば、基本的には望楼型天守にあたる。

また絵画作品では「大坂夏の陣図屏風」（大阪城天守閣所蔵）に描かれる大坂城（写真16）、「聚楽第図屏風」（三井記念美術館所蔵）の聚楽第（写真10）、津軽本「関ヶ原合戦図屏風」（大阪歴史博物館所蔵）の大垣城（写真9）などの天守はまさに望楼型天守である。さらには舟木本や勝興寺本

「洛中洛外図屛風」に描かれた慶長期の二条城天守（写真24・25）も望楼型の天守にあたる。

このように見てくると、天正年間から慶長年間に建てられた天守がこの形式であったことになる。すなわち豊臣秀吉時代の天守とは望楼型天守であり、逆説すれば望楼型天守は織豊政権を象徴する天守であったと言うことができよう。

(5) 陣城

陣城とは何か 織豊期における城館の特徴として、陣城の発展も認められる。要害堅固な城館の出現は城攻めに際して、相当の準備を必要とするものとなった。守る側も不用意な出陣を控え、城に籠もるという選択を行い、しばしば籠城戦が行われた。その際に攻め手側が陣を構えるが、たんに布陣したにとどまらず一定の普請を行うようになる。概して、普請の規模は小さく、低い土塁、浅く狭い堀、そして整地されていない郭面などが特徴と考えられている。近年では松岡進が全国の陣城の様相を探索している（松岡二〇一五）。しかしこの陣城も次第に堅固な構えとなるようで、豊臣政権期には本城と見まがうばかりの陣城も登場することになる。

南北朝期の陣城 そもそも陣城は織豊期に限ったものではない。例えば、南北朝時代の建武三年（一三三六）六月一三日、土佐国において堅田経貞が大高坂山城を攻めた。この時、安楽寺を「向城」としたと申告している（『南北朝遺文』中国四国一、三九一）。当初から寺院であったところを陣所

としたのであるから、さほど普請や作事を施したものではなかろうが、この地を「向城」と称している。文字からその意味するところは相手に向かっての城であり、まさに陣城ということになろうか。この「向城」は同年八月一一日には「安楽寺城」と称されるにいたる（同前四四二）。このほかほとんどが西日本の事例であるが、合戦に際して「向城」を構える事例が知られる。

この南北朝時代の陣城がどのようであったかを知ることは容易ではない。臨時築城であることや、さほどの普請や作事を行わなかったことなどのためである。しかしながら南北朝期の陣城と考えられる事例もないことはない。具体的には花房城（茨城県常陸太田市）がこれにあたる。

建武三年（一三三六）、足利方の軍勢は南朝勢力が拠点とした常陸国瓜連《うりづら》城を攻略した。合戦の経過は同年八月日付伊賀盛光軍忠状に記載されている。北朝方の伊賀盛光は瓜連城に攻め寄せようとしたところ、南朝方の小田治久・広橋経泰が花房山・大方河原に向かった。古文書では「同年八月廿二日、（中略）同来（ママ）郡華房山合戦」、「常陸国久慈東郡花房山以下所々合戦」と記載している。

この花房山の地は、久慈川と浅川に挟まれた場所で、南北に連なる山の峰に小丘陵が群在する。そして「陣取山」「御陣取」「御陣取山」「陣ケ峰」などの陣（＝陣）の語が多く見られる。小字は陣が構えられたことが間違いないことを語っている。その一連の小字群の最南端に位置する小字陣ヶ峰に中世城館の遺構が確認された（図1）。城跡は標高六九・二メートルの山にある。構造は単郭を配置するのみの簡単なつくりである。北側には尾根続きからの侵入を配慮して堀切を普請し、堀切の両端に竪堀を配置する。堀切の主郭側は高い壁となっている。この堀切は遮断を目的として普請されていると判断

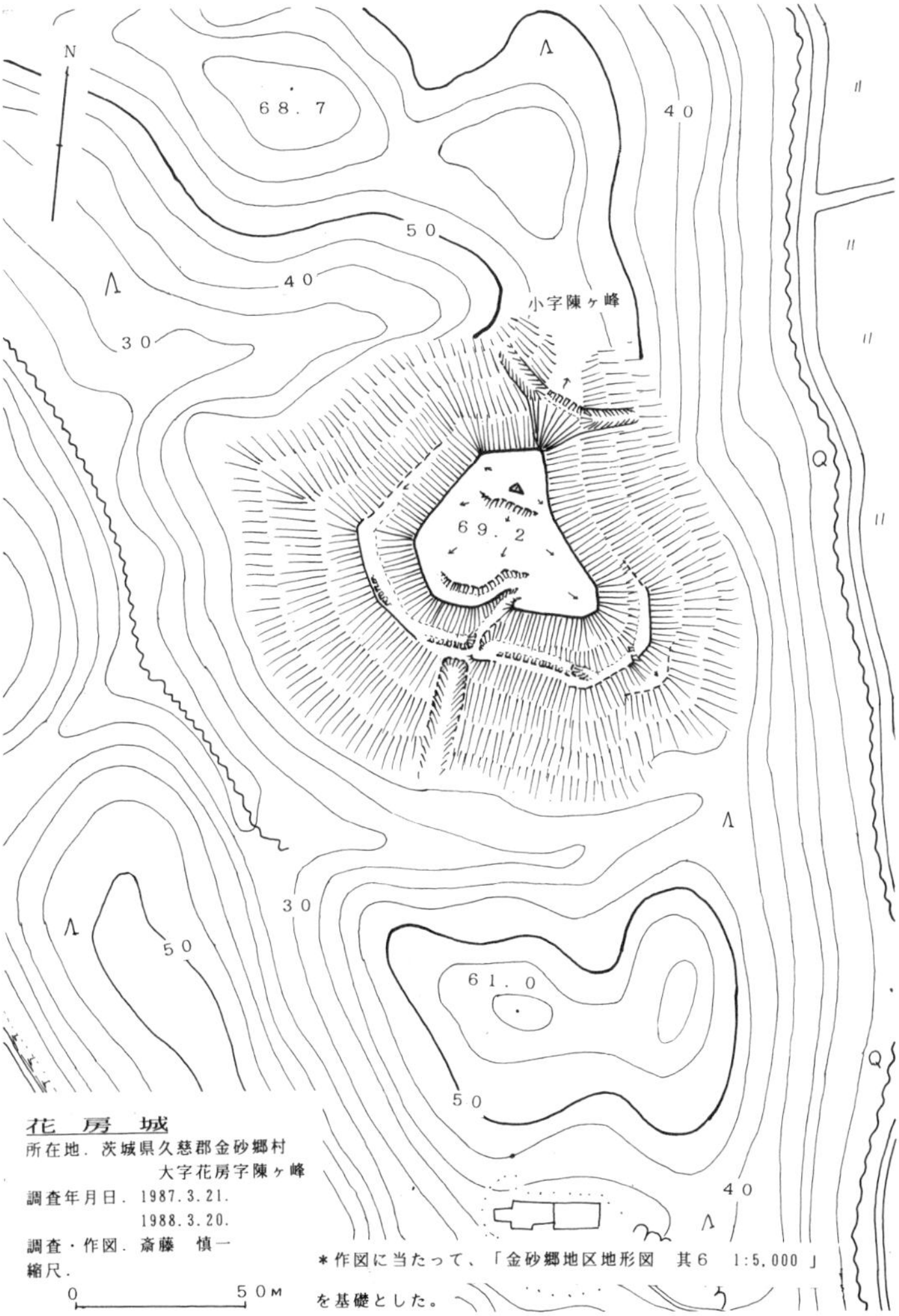
N
68.7
40
50
40
小字陳ヶ峰
30
69.2
30
50
61.0
50
40
花　房　城
所在地．茨城県久慈郡金砂郷村
大字花房字陳ヶ峰
調査年月日．1987.3.21.
1988.3.20.
調査・作図．斎藤　慎一
縮尺．
0　50M
＊作図に当たって、「金砂郷地区地形図　其6　1:5,000」を基礎とした。

図1　花　房　城

でき、北側は侵入を考えない花房城の背面となっている。主郭内は広い面積をもつものの、北辺の一部分しか平坦面がなく、主郭の縁辺に向けて緩く傾斜している。全体的にほぼ自然地形のままのようである。主郭への通路は南側に設けられている。下の郭と高低差があるために、現況では斜面に道が付けられている。下の郭に降りた地点には土橋がある。城外への連絡は、この土橋から真下にいたる竪堀状の遺構を利用したと考えられる。北を除く三方には、主郭の腰のところに細長いテラスのような郭がある。花房城の場合、主郭の斜面を「壁」として際立たせるために、自然地形を掘り込み、その普請によってできたスペースがテラス状の郭（腰郭）となっている。つまり、花房城の構造は単郭で必要最小限の普請を施しただけの簡単な城館である。遺構を概観すると、合戦の際に臨時に使用された陣所＝陣城の可能性が考えられる。

この花房城は発掘調査の履歴をもたないため、考古学的には遺構の年代が確定できていない。陣城であるため、出土遺物が少ないことも予想され、発掘調査によって年代が確定できると断言するものではない。現状では建武三年の陣城である可能性は高い遺構である。

「陣」の語彙　その後、戦国時代にいたる間、合戦に際して、陣城は多数築かれたと考えられる。しかし具体的な陣城の事例をあげることは難しい。しかし文献資料には「石上陣」（『神奈川県史』五八六九）などと、「陣」の語彙がしばしば登場する。難しいのはこの「陣」が必ずしも「陣城」を意味するものではないことである。合戦を意味する場合があるほか、布陣したことを表現する場合もあり、状況によって意味が異なる。さらに先の「石上陣」は石神城（茨城県東海村）と関連しており、

布陣した拠点の城館を指す場合もある。さらに入間川陣や五十子陣などのように、その時代の中心地であったような場所に「陣」を付して呼称する事例もある。「陣」の語彙の扱いは一様ではない点に注意を払いたい。

北条家の陣城　戦国時代となり、陣城は文献資料に散見するようになる。とりわけ戦国時代では城館を頼りにした籠城戦が行われることが増え、陣城もその役割が増したと考えられる。

例えば、小田原北条家の場合、永禄一二年（一五六九）、関宿城《せきやど》（千葉県野田市）を攻めるために山王山に陣城を築き、北条氏照が陣所とした。北条・武田・今川による三国同盟が崩壊した直後であり、上杉家との同盟を模索する越相交渉において、山王山の破却が論点となっている（『上越市史』七三九ほか）。

また、同じ頃、駿河国薩埵《さった》峠においても北条氏政勢と武田信玄勢がおよそ四ヵ月間の対陣となった。ここでも普請が行われており（『静岡県史』四—三五ほか）、陣城が築かれたことが予想される。

天正一〇年（一五八二）には北条氏直の軍勢が甲斐国若神子《わかみこ》で徳川家康の軍勢と対陣した。この時の陣城が遺構として残っている。

天正一二年、北条家と佐竹・宇都宮家ら北関東の反北条勢が対陣した沼尻の合戦に際しては、戦場にいた太田道誉が「沼へ向けて双方ともに陣を城に構えたことは同じようである」（『埼玉県史』一二五九）と報じている。

続いて天正一七年正月、足利を拠点とする長尾顕長が北条家より疑いをもたれ、軍事的衝突にいた

る事件が起こった。この際に北条氏照が足利城に向けて付城を築いて攻め立てていたことが報告されている（『新潟県史』七三三）。この付城も陣城を示す史料用語である。

このように小田原北条家も合戦に際して、陣城を築いたことが文献資料よりうかがえる。しかし、遺跡として考えた場合、当時の築城によると考えられる陣城の事例はさほど多くない。薩埵峠については普請によると考えられ、遺構と考えられる構えを見ることができるが、具体的な構造を理解するにいたっていない。また沼尻の古戦場においても溝や堀らしき構造を散見することはできるが、遺構として構造を把握できないでいる。小田原北条家の場合、織豊大名が築いたように、構造の全体的な考察が行えるほど十分な陣城は確認されるにいたっていない。

豊臣秀吉と陣城　戦国期が深まると、北条家の事例のように土塁や溝を普請し、縄張りをもった陣城が普請されるようになる。多くの場合、文献資料があり、現地の遺構があるという関係のなかで陣城と考えられるのであろうが、天正期以降の織豊大名らが築いた陣城はとりわけ注目をされている。

陣城の遺構が合戦の展開と関連して考えられた事例として、賤ヶ岳《しずがたけ》の合戦に際しての陣城群がある。玄蕃尾《げんばお》城をはじめとして柴田方および羽柴方の陣城が確認されたことにより、縄張り図を紹介することで、賤ヶ岳の陣城群の存在が知られるようになった。そして合戦に際して、どのような軍事的作戦を考えていたかが考察されるようになった。賤ヶ岳の陣城は陣城研究の先駆けの位置にあった。

そして近年では三木城攻めや鳥取城攻めに関わる陣城群が注目されている。地元での地道な調査が実を結び、国指定史跡となった。また、小田原合戦にともなう韮山城攻めにおいても豊臣勢が陣城を

構築していたことが明らかになった。これら秀吉の周辺では城攻めに際して、陣城の築城術が蓄えられ、そして明確な構造を持つ陣城が築かれたことを語っている。

この陣城の流れの頂点にあるのが、小田原合戦に際しての秀吉の陣所である石垣山城と文禄慶長の役における名護屋城ということになろう。前者は一時的であるが、後者は首都が移転したような規模で城および大名の屋敷が構えられている。ともに高石垣を普請し、調査によって瓦を葺いた建物、礎石を用いた建物が検出されており、織豊城郭の要件を十分に満たしたものである。もはや陣城の域を超え、本城にならぶ規模で築かれていた。

北条家に限らず、各大名家では合戦に際して、陣城を構えたことは間違いなかろう。しかし、遺構から陣城であると判断するメルクマールは明確にはなく、また考古学的にも判断が難しい。おそらくは実際には陣城であったものの、ただ一般的に城館として把握されている遺跡もかなりあるのではなかろうか。陣城と評価される分かれ目の一つは、現時点では文献資料の有無である。そのような状況も反映しつつも、遺構として陣城と判断される事例は豊臣秀吉の周辺に集中しているのは目を引く。織豊城郭の大きな特徴と言える。

(6) 織豊城郭の伝播

聚楽第の構造　秀吉が築いた城館として著名な聚楽第は、天正一四年（一五八六）二月に着工され、

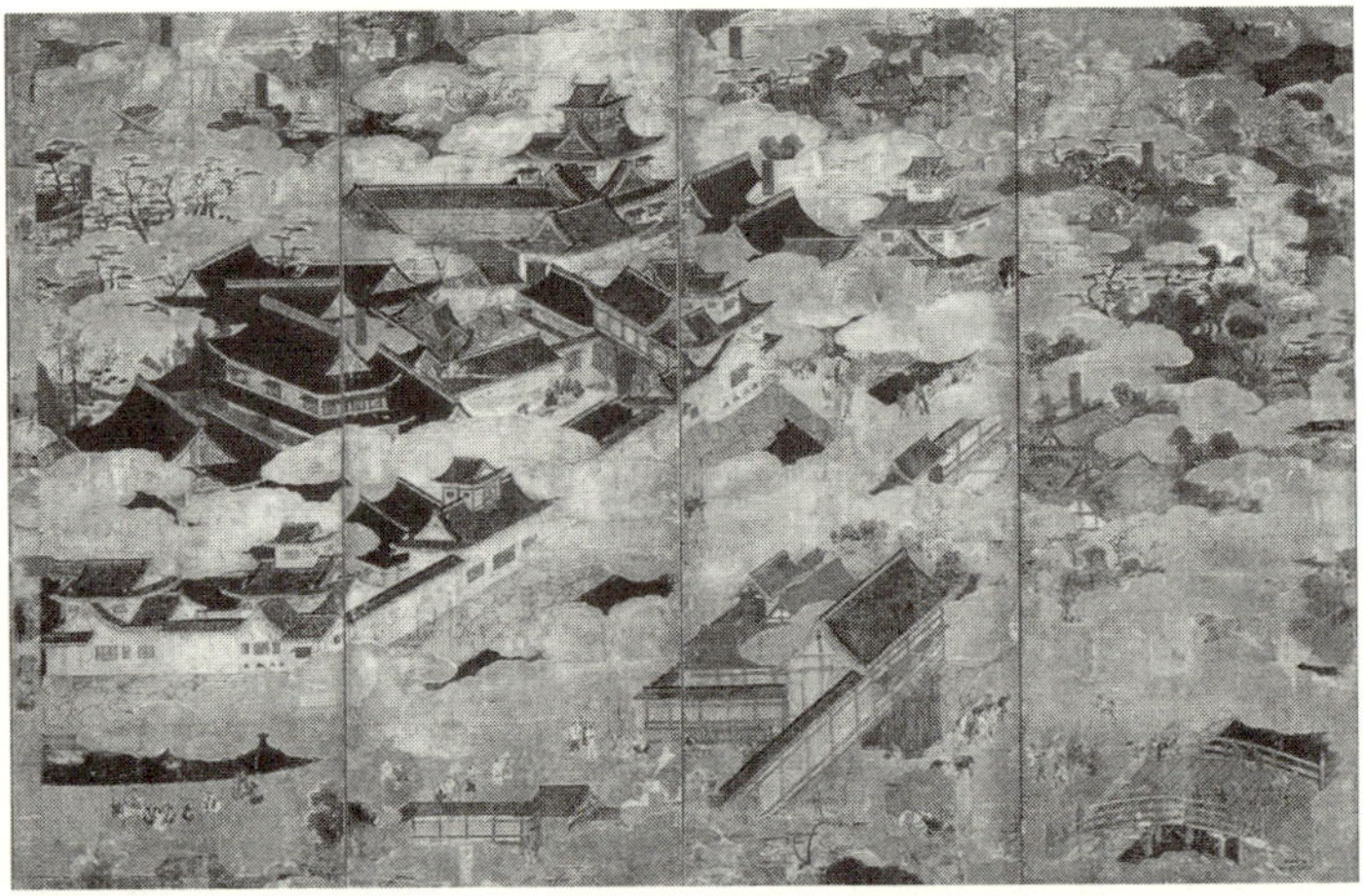

写真 10　聚楽第（「聚楽第図屏風」）

同一五年九月一三日に竣工した。完成直後の同年一二月、秀吉は関白職を秀次に譲与するにあたって聚楽第も譲渡した。ところが文禄四年（一五九五）七月の秀次事件に際して取り壊しとなる。その存続期間は一〇年に満たなかった。しかしこの間の天正一六年四月には後陽成天皇の行幸があり、豊臣政権の京都における重要な城館として機能した（写真10）。

そもそもであるが、聚楽第は何と読むか。ジュラクダイと読んでいたのが常であったが、近年ではジュラクテイと発音するようになっている。邸宅を意味する「邸」について、身分的な差により表記に差が生まれて「第」と書かれる。城館でありながらも邸宅であるという意識が名称に表現されていたことになる。すなわち豊臣家の京都における城館が「聚楽城」ではなく「聚楽第」と記された背景には、天皇家の御所の存在を前提とした邸宅であったことを意味して名づけられたと考えてよかろう。

古図に描かれた聚楽第は方形を基調とした平地城館であった。方形の本丸に北ノ丸・西ノ丸・南二ノ丸などの諸曲輪が付属する形で、本丸の四隅には隅櫓が存在したことがうかがえる。また当時の景観を描く屏風には、その櫓のうちの一つであろうか、天守も存在していたことが知られる。破城により現在はその痕跡を完全に留めないが、古図の様相と現状の微妙な高低差や地名などから、現地での復元が進められている。また発掘調査も部分的に行われており、多数の金箔瓦が出土したほか、近年では本丸南側の石垣も検出している。

この聚楽第でとりわけ注目したい構造は、本丸の南側と西側に接続する二つの大きな馬出である。中心となる本丸を大きくとり、出入り口となる門の外側に大馬出を放射状に配置するという簡単な縄張りで築かれている。

中心郭と大馬出　この聚楽第に見られる構造が同時代の列島各地に見られる。その代表的な事例として紹介されているのが、広島城である。豊臣政権に帰属した毛利家では天正一六年（一五八八）に本拠地を高田郡吉田の郡山《こおりやま》城より太田川河口のデルタ地帯にあった五箇村に移すことを決定し、翌年三月頃に着工する。同一八年末に城普請は一応完成し、翌年正月入城となった。秀吉に臣従後、毛利輝元らは上洛し、聚楽第の様相を実際に見聞した。おそらくはなんらかの築城術の提供もあったと思われる。方形の本丸に付属して大馬出の二の丸が付属するほか、三の丸の西方にも大きな角馬出が配置される。聚楽第の構造の影響と見てよいだろう。広島城はまさに聚楽第と同時期に、設計の基本方針を同じくして築かれた。

馬出の具体的な構築年代は不明であるが、加賀藩の支藩である一〇万石富山藩の主城である富山城にも影響がうかがえる。富山城は戦国時代には越中国守護代神保長職をはじめ神保氏が数代にわたって居城したが、天正七年（一五七九）に佐々成政が入城する。この時に織豊城郭との接点が生まれる。成政は同一三年に改易され、同一五年に越中は加賀前田家領となる。そして慶長二年（一五九七）、前田利長が富山城に入城。さらに同一〇年に藩主を隠退した利長が富山城を修築した。古図には本丸に接続した東・西・南の三方に大馬出が付属する構造が見られる。佐々・前田両家が使用した時期のなかで古図などに伝わる姿となったのであろう。ここにも聚楽第の影響がうかがえる。

また鶴ヶ城（会津若松城）の北出丸と西出丸も聚楽第の影響であろう。同城は会津蘆名家の本城であったが、天正一七年（一五八九）に伊達政宗が攻略。翌年の豊臣秀吉による奥羽仕置により蒲生氏郷が入城した。文禄元年（一五九二）、普請が行われて城下が整備された。おそらくはこの時点で大馬出が配置されたのであろう。続いて寛永四年（一六二七）、加藤嘉明が普請を行い、北と南の馬出が拡張され、それぞれ北出丸・西出丸となり、大手が東から北出丸に移されたという。基本的に本丸に接続する大きな二つの馬出という構造は聚楽第との関係を考えさせる。

聚楽第モデル　方形の中心郭と放射状の大馬出という聚楽第モデルとでも言える城館の構造は、天正年間（一五七三〜九二）後半から慶長年間（一五九六〜一六一五）にかけて築城された城館に見られる。例示したほかにも小田城（茨城県つくば市）、箕輪城（群馬県高崎市）、躑躅が崎城（武田氏館、山梨県甲府市）など、同時代に普請されて機能した城館に見られる。これらは主郭が方形を基調とし、

居住空間を有するほどの広さがある平城（あるいは台地上などで平城の構造を踏まえた築城）である点に共通点を持つ。この様相は聚楽第の影響を受けて、列島各地に広まったと考えてよかろう。時代の特徴を示す城館の構造である。

しかし注意しておきたい点がある。この馬出を放射状に配置する構造は聚楽第で初めて出現した構造ではない点である。その代表事例は滝山城（東京都八王子市）と諏訪原城（静岡県島田市）である。ともにすべてが大きな馬出とは言えないが、中心となる郭から放射状に通路を設定し、その各方向に馬出を配置している。その馬出は滝山城では角馬出、諏訪原城では丸馬出である。滝山城の年代はおそらくは永禄年間（一五五八〜七〇）後半から天正一〇年（一五八二）前後の間にあたる。小田原北条家によるこの構造による城づくりは鉢形城や小田原城八幡山にも見られる。また諏訪原城は天正三年に武田家が築きはじめるが、同年に徳川家康が手中に収める。当該の丸馬出は発掘調査により徳川家による遺構と考えられており、「家忠日記」には天正六年に「牧野城」と称された諏訪原城がさかんに普請される状況と関連して理解されている。したがって、聚楽第に先行して東国では中心となる郭に放射状に大きな馬出を普請する構造が存在していた。聚楽第ではこの構造がより洗練された構造となって、設計されたことになる。東国で培われた築城術が中央の豊臣城郭に影響を与えていたと言えるだろう。また、この観点を踏まえた時、大馬出を構えた城館のほとんどが東日本である点も注意を要する点である。

御土居　同様なことは京都の御土居でも言えるのではなかろうか。

平安京では外城にあたる羅城（都市を囲む城壁）は羅城門の左右を除いて造られなかった。したがって中世にあっても京都をめぐる外城の存在は想定すらされていない。京都は平安遷都以来、外城を持たず、その意味においてアジアの都市と著しく異なる景観を呈していた。

この京都に外城を築いた人物がいる。豊臣秀吉である。秀吉は天正一九年（一五九一）に京都を囲い込む土塁と堀を普請した。御土居と呼称されるこの土塁と堀は、まさに外城であり、研究史においても、惣構えとして扱われている。その形は都城に見られる方形とはおよそ言いがたいが、当時の京都の町を囲い込んだもので、総延長は約二二・五㌔に達した。

秀吉は天正一五年に聚楽第を築き、同一七年には内裏を修築し、かつ公家町を再編した。さらに寺町を形成させ、天正地割と呼ばれる街区の設定も行った。このような一連の京都再編事業の一環で御土居を構築したのだった。

普請を開始した天正一九年は惣構えで城と町を囲い込んだ小田原城を攻めた翌年にあたる。秀吉はこの小田原を石垣山の高所から見下ろしていた。都市を囲む堀と土塁という構造は小田原城を実見したうえで実施したことを確認しておきたい。

しかし、単純に小田原の影響を受けただけではないだろう。秀吉が御土居を構築した都市は京都であり、東アジアの代表的な都市である。構築された御土居は、たんに自身の築いた聚楽第の惣構えではなく、都市京都の外城であった。なによりも聚楽第の「第」は「邸宅」を意味しており、御所が中心にあっての聚楽第であった。すなわち、御土居も御所を中心に見定めて、めぐらされたものと考え

るべきである。内城に見立てた御所と外城の役割を持った御土居という関係での構築であった。
平安京以来、京都には外城はなかった。しかし秀吉によって構築された御土居の存在は、あたかも潜在化していた外城の都市構造が、地上に浮かび上がったかのようである。京都の外城は都市の構想として意識されつつも、実現されていなかったものなのかもしれない。小田原城の惣構えはそのことを具体的に想起させる役割を持ったのではなかろうか。

(7) 織豊期の地域性

豊臣インパクト　先に群郭式城館の代表事例として浪岡《なみおか》城と根城《ねじょう》を紹介した。いずれも一つひとつの郭が広い面積を持ち、それぞれの郭が独立して存在し、全体として郭が群在し、ひとまとまりになって存在する城館であった。このような城館は全国各地に存在するのであるが、東北地方とりわけ南部家に関わる地域では特徴的に存在していた。

根城や浪岡城の場合、この群在する郭という構造は中世を通じて維持され、近世初頭にいたるまで維持されていた。発掘調査を経ていない城館でも広い面積の郭が群在する景観が観察されることから、この構造は廃城にいたるまで維持された構造なのであろう。東北地方にあっては地域性と言いうるような構造なのではなかろうか。

天正一九年（一五九一）、北日本の陸奥国九戸《くのへ》、現在の岩手県二戸市において九戸政実の乱が起こ

った。南部家の一族である九戸政実が主家の南部信直に反旗を翻し、豊臣秀吉が派遣した軍勢を相手に籠城の末、鎮圧された合戦である。

福岡城は当初は九戸城と称し、一五世紀以前に築城された。南部庶子家九戸氏の拠点であった。乱後は浅野長吉らが改修を行い、南部信直が三戸城から本拠を移転し、福岡城と改称した。南部家は慶長二年（一五九七）の不来方城《こずかた》（盛岡城）の普請にいたるまで本拠として使用した。

現在、福岡城を訪れると、きれいに整備された城跡を散策できる。その時にひときわ目を引くのが、本丸をL字に囲む規模の大きな空堀である。直線的に掘られた堀には石垣も普請され、洗練された構造の虎口を目にすることができる。いかにも近世初頭の様相を呈するこの遺構は、福岡城の歴史を踏まえた時、九戸政実の乱後の改修であることが理解できる。すなわち天正年間末の石垣の指標と言える重要な遺構である。

しかしさらに考えてみたい。乱後、なぜ豊臣勢は九戸城の改修を行ったのだろうか。少なくとも従前の九戸城では当時の豊臣政権の人々が納得できる城館の構造でなかったからに違いない。豊臣家に帰属した南部家の新たな本拠としての体裁を整えていないと判断したからであろうか、織豊城郭で培われた築城術を駆使しての改修を行ったことになる。それほどに戦国時代末期の南部家の城館と織豊城郭には違いが感じられたのであろう。

福岡城をさらに散策してみると、その背景が浮かび上がる。本丸周辺には二の丸のほかに石沢館・若狭館・松の丸など、規模の大きな空堀で隔てられた、広い面積を有する郭が存在する。すなわち改

修以前の城館は、浪岡城や根城などと同じ群郭の城館であった。その九戸城に郭の主従関係のはっきりとした本丸と二の丸を築いたのが先のL字の堀・石垣・虎口の普請であった。城づくりの考え方の相違は明らかである。

南部家の拠点　甲斐源氏である南部氏は南北朝時代から室町時代に陸奥国に北遷してきたとされる。櫛引八幡宮（青森県八戸市）に奉納された大鎧などの宝物からは、地域に自らの存在を示した南部家の権威がうかがえる。この南部家は聖寿寺館《しょうじゅじだて》（青森県南部町）を本拠とした（図2）。南部家はこの館を一四世紀末頃から、天文八年（一五三九）に家中の内紛によって焼亡するまで本拠としたという。現状は台地の上に、堀が普請された面積の広い館と考えられる空間と南部家墓所および寺院が存在する。いわゆるテクニカルな平地城館という様相ではなく、今後の調査次第であるが、周辺に屋敷地が散在しつつ、全体として一つにまとまるような構造の空間なのであろう。群郭式城館との関連を思わせる。

この南部家が聖寿寺館の次に本拠としたのが三戸城（青森県三戸町）であった。麓との比高差は約九〇メートルの山城である。聖寿寺館の焼亡後、永禄年間（一五五八～七〇）に築城がなされ、天正年間（一五七三～九二）に完成したとされるが、詳細はわからない。この三戸城でとりわけ注意したいのは、大手および搦手に石垣をともなった虎口が普請される点である（写真11）。とりわけ搦手の虎口は、算木積みを指向する隅石垣を持ち、粗割石材を野面積みに組む。石材間に間詰めは見られない。まさに天正年間末から慶長年間前半期にいたる時期の様相を呈している。しかし、この時期の石垣を普請

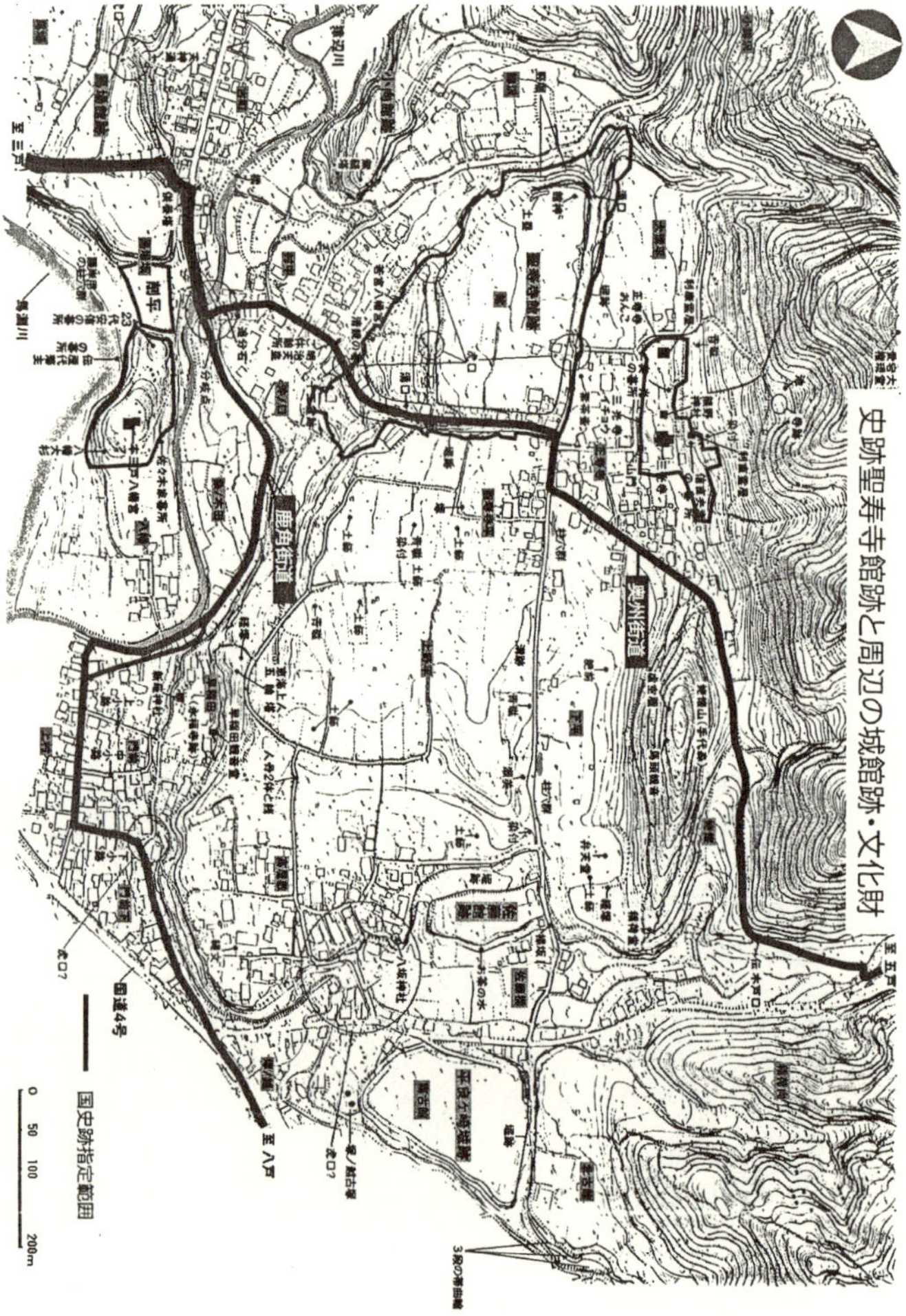

図2　史跡聖寿寺館と周辺の城館跡・文化財図

写真 11　三戸城　鍛冶屋門

写真 12　盛岡城　石垣

しつつも、その構造は横堀などで区画された郭を持たず、山の稜線に従って階段状の郭が連なる。およそ織豊城郭とは言えず、むしろ聖寿寺館の状況が山上にそのまま引っ越してきたかと思わせる。つまり、南部家の伝統的な城館を築き、城内と城外を区切る虎口のみが織豊城郭化した様相である。地域の論理と中央の格式が混在した城館と言える姿が三戸城であった。

九戸城に拠点を移した南部家は、領国の南へと本拠を移す。盛岡城である。築城は慶長年間であったとされるが、観察できる現状の石垣はその年代よりやや下るようである。しかし、聖寿寺館、三戸城そして福岡城などの従前の南部家の拠点と盛岡城は大きく異なる。なによりも総石垣の城館であることが一目瞭然である（写真12）。加えて、空間も従前のような群郭式城館ではなく、主従関係を意識した郭配置になっている。東北地方の伝統的な城館から近世城館への脱皮がはかられているのである。部分的ながらも織豊城郭の築城術を受容した三戸城や福岡城ではなく、盛岡城が近世城館への転換を果たした背景には、南部家の城館に関する考え方の大転換を想定しなければならず、そこには豊臣インパクトとでも言えるような、ショック状況があったように思える。

鶴ヶ城　東北地方が畿内近国の織豊城郭とは異なった城館を築いており、次第に織豊城郭の築城術を受容していったとすると、興味深い事例が思い浮かぶ。会津若松の鶴ヶ城である（写真13）。先に大馬出の普請が聚楽第モデルの受容と述べたが、この大馬出をまず外してみたい。本丸中央に近世城館の象徴とも言うべき天守が聳えたのであるが、この天守も織豊期のものなので除外する。天守にともなう、天守台を含む本丸内のL字の石垣列も織豊期の要素となる。これらの織豊期の要素を捨象す

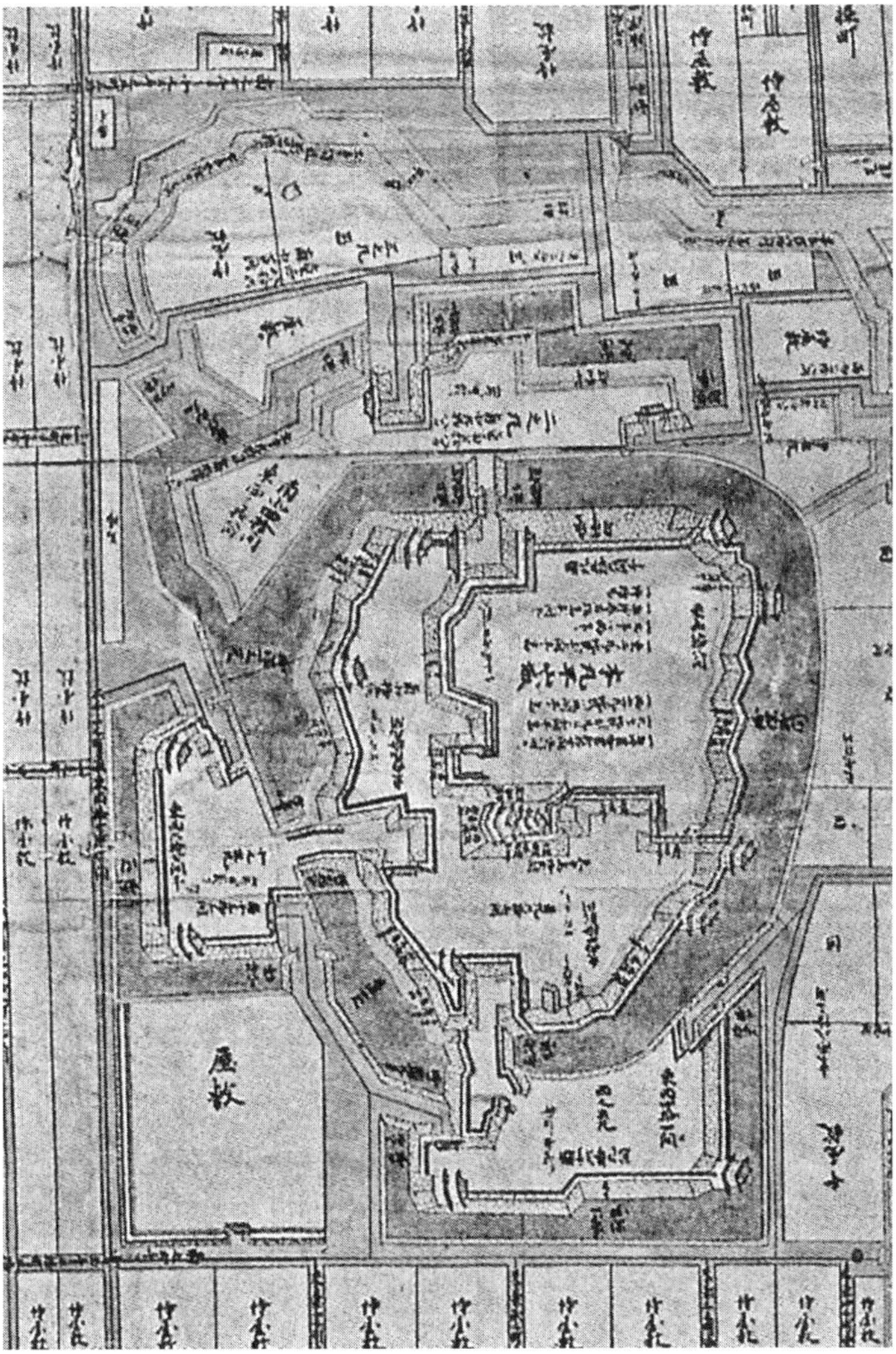

写真 13 「陸奥之内会津城絵図」部分

ると、矩形を意識した鶴ヶ城のなかで主郭は異例な円形に近い郭になる。二の丸・三の丸そして出丸などの矩形が織豊期以降であることは間違いないので、この円形に近い主郭はそれ以前、すなわち蘆名期の構造と考えられる。

さらに二の丸と三の丸を分かつ折り歪みを持った直線の堀が後の織豊期の普請であることを踏まえると、二の丸と三の丸にも弓なりに郭面が存在する場所がある。二の丸と三の丸は面積の広い一つの郭であり、そこを改修して二つの郭に分割したことが予想される。

すなわち二つの広い面積の郭が並ぶという織豊期以前の鶴ヶ城の姿が浮かび上がってくる。この構造を拒否した中央からの大名たちは、相次いで改修を加え、郭を分割し、織豊城郭化をはかったことになる。鶴ヶ城も南部家の諸城と同じように、豊臣インパクトを蒙った城館と言えるのではなかろうか。

中央と地域の城館　畿内近国で織豊城郭が誕生した時、列島の各地では独自の城づくりが並存していた。九州地方については木島孝之が明らかにする独自の城づくりがあった。東北地方も述べてきたとおりであろう。織豊城郭の伝播が確実に列島に広まったが、各地の地域性は瞬時に払底できるものではなかった。東北地方に見られる豊臣インパクトの様相は地域と中央の葛藤を示していると言えよう。統一政権が誕生した時、城の構造に込められたさまざまな約束事が地方で受け入れられていく。近世城館の誕生とは城館の地域性との対峙という要素も含んでいたことになる。

(8) 豊臣期の城館

文禄慶長の役と城館　織田信長から豊臣秀吉の時代にかけて、構造を含め城館に関わるさまざまなことが発展し、携わる職人層が増した。結果として織豊城郭と呼ばれる概念が提唱されるほどに特徴的な城づくりが行われた。江戸時代の築城までも見通した時、この時代の画期性は明らかであろう。戦国時代のいわゆる素朴な城から江戸時代の豪壮な城館へというダイナミックな変化は、織豊期という画期性を帯びた時代を経て達成された。しかしこの変化をたどることは簡単なことではない。なにぶんにも改修の積み重ねで現状では観察することができなくなっている事例がほとんどだからである。そこで注目されたのが文禄・慶長の役の際の倭城である（写真14）。

文禄元年（一五九二）から慶長三年（一五九八）にかけて、豊臣秀吉が明征服を目ざして朝鮮に派兵した侵略戦争が行われた。朝鮮側は当時の干支をとって「壬辰・丁酉倭乱」と呼んでいる。文禄の役に際しては、加藤清正が遠く明国国境まで攻め入るほか、平壌をも攻め落とした豊臣勢であったが、政権内の方針分裂もあり、次第に戦況が悪化した。小西行長らが和平交渉を行うも失敗し、慶長二年にふたたび開戦する（慶長の役）。この時は、朝鮮南四道の実力奪取を目的としたこともあり、釜山周辺の朝鮮半島南東部沿岸各所に拠点城館が築かれた。この戦争に関わる城館が倭城と呼ばれる。中心となった城館が釜山城であり、北は蔚山城、西は順天城を範囲として、築城が行われた。現在、三

写真 14　安骨浦城　天守台

写真 15　熊川城　石垣

〇ヵ所の遺跡が確認されている。また文禄の役に際しては、釜山から義州までの道筋と秀吉出陣の際の宿所を確保する必要があったため、朝鮮半島内陸部にも倭城が築かれたと考えられるが、その実態は把握されていない。

一五九〇年代、豊臣大名による築城が朝鮮半島南部において行われ、その後の改変をあまり受けないまま残されていることになる。学術的には豊臣家に関わる城館の実像を考える貴重な遺跡となる。近年は観光レベルでも倭城を訪れることが可能となっており、着実な成果が生み出されている。なかでも打込み接ぎの石垣、石材を縦に使う隅角部と算木積みへと移行しつつある隅角部の混在は時期的な特徴を如実に語っている（写真15）。また山頂と山麓の港を繋いで山腹の空間を囲い込む役割で普請された登石垣（口絵6）や小規模な天守台の存在などを倭城の特色として指摘できる。日韓関係の負の遺産であるという、微妙な問題も含むが、一六世紀末の東アジアの緊張感を具体的に語る遺跡として注目すべきであるとともに、織豊城郭の実像を具体的に示す城館として重要な意味を持つ遺跡である。

戦う城の集大成　文禄・慶長の役を経て、織豊城郭は完成期へといたる。朝鮮半島においては明および朝鮮の軍勢が攻略に難渋したという。同じ東アジアにありながら、戦国時代から安土桃山時代を経験した織豊城郭は独特な文化を築いていたと言える。しかし、日本国内においては戦乱の時代は間近に閉幕を迎える。軍事的に優れた城館を必要とした時代は終焉になる。

その意味で、関ヶ原合戦における伏見城・大津城・大垣城・佐和山城など、具体的に籠城戦などが行われた城館は、軍事的な築城術の達成が具体的に実践で機能した城館ということになる。そして豊

写真16　大坂城（「大坂夏の陣図屏風」右隻　部分）

臣期の大坂城は合戦の舞台となった城館の象徴的な存在である。この豊臣期に目指された城館は実際に戦争を意識しつつ、日常の拠点として機能した城館であった。『関ヶ原合戦図屏風』（大阪歴史博物館所蔵）に描かれた大垣城（写真9）、『大坂夏の陣図屏風』（大阪城天守閣所蔵）の大坂城（写真16）、さらに先述した「越後国瀬波郡絵図」（米沢市上杉博物館所蔵）の村上城（口絵7）などはこの時代の城館がいかなる景観であったかを如実に描写している。

しかし、豊臣家の滅亡とともに城館はその機能を変えていくことになる。この織豊期の城館から徳川幕府の城館へという変化は、戦争を指向しての右肩上がりの変化ではなかった。

2 江戸時代

(1) 江戸時代の築城

「天下普請」 江戸時代の城館を語るのに、「天下普請」の城館を中心に取り上げてみたい。城の愛好家のなかでは、「天下普請」の語彙とその対象となる城館はよく知られている。学術的には白峰旬が「公役普請」として築城を概観しているが（白峰一九九八）、まだ具体的に掘り下げられたテーマとは言えない。

そもそも「天下普請」とは、江戸幕府が全国の諸大名を動員して行った土木工事であり、その対象は城に限らず、河川や街道があった。築城の過程は、土木工事を意味する普請と建築工事にあたる作事に分かれる。この土木工事に大名は動員されていた。そのなかでも城館の普請については、幕府が諸大名に対して強大な権力を誇示するために行ったとされ、一説には来たる大坂の陣に向けて、大坂城を包囲するためであったと言われる。また諸大名の勢力を削ぐために行ったとする説もある。しかし、いずれも具体的な検討はまだこれからである。

実は「天下普請」の語彙であるが、信頼できる歴史辞典には立項すらされていない。多分に歴史用語としては定着を見ていない語彙となる。しかし城館関連図書などではしばしば見ることができる。また身近なところではウィキペディアにおいて「江戸幕府が全国の諸大名に命令し、行わせた土木工事のこと。なかでも城郭普請が有名であるが、道路整備や河川工事などインフラ整備などの工事も含んでいる」と解説され、江戸城（東京都）・名古屋城（愛知県）・大坂城（大阪府）・高田城（新潟県）・駿府城（静岡県）・伊賀上野城（三重県）・加納城（岐阜県）・福井城（福井県）・彦根城（滋賀県）・膳所城（滋賀県）・二条城（京都府）・丹波亀山城（京都府）・篠山城（兵庫県）が挙げられている（http://ja.wikipedia.org/wiki/天下普請）。これらに加えて伏見城（京都府）も「天下普請」の城に含めるという意見もある。

「天下普請」の語彙を使わないものの、これら城館の築城について城館研究では以前から注目されていた。大類伸・鳥羽正雄『日本城郭史』（一九三六）が、徳川氏の築城を概観するように叙述している。そこでの視点は、江戸幕府による各地での築城という政策的なものであった。そこで「天下普請」の語彙を念頭に置きつつも、江戸幕府の築城政策を考えるという視点で、江戸時代初頭の城館を考えてみたい。

「天下普請」によって城館を築く目的として、大坂の陣への準備、さらには豊臣家恩顧大名に対する経済的負担と忠節の試金石などが通説として指摘されている。その視点を踏まえながら「天下普請」実施の様相を年代順に三段階に整理した。

第一段階：関ヶ原合戦から慶長一〇年（一六〇五）の間——伏見城・慶長期二条城・加納城・福井城・彦根城・膳所城　この時期の「天下普請」の城として、加納城・彦根城・膳所城が挙げられる。美濃国から京都にいたるまでの途次にあり、詳細は既述したとおり、交通路との関連が考えられる。これらは新たな交通路を踏まえ、京都—江戸間の街道を確保するという目的が築城の背景にあったと見られる。

また当該地域は関ヶ原の合戦で中心的な戦場となった場所である。加納城は織田秀信居城の岐阜城からの移転、彦根城は石田三成の居城佐和山城から、さらに膳所城は激戦のうえに陥落した大津城からの移転にあたる。地域における旧体制の刷新や戦災復興を込めての整備であったことは間違いなかろう。言い換えればこれは戦後処理としての築城であったと考えることができる。

関ヶ原の合戦による戦災復興という視点からは、落城した伏見城の普請も同じ次元で考えられる。しかし伏見城の復興とともに、二条城の築城が行われていることも見逃せない。同城は方形の単郭の城であったため、まさに京都における家康の邸宅であった。京都での拠点整備という視点も有していたということになる。

このように考えると、この段階の普請は、従前に言われるような大坂包囲の築城ではなかったことになる。

第二段階：慶長一一年（一六〇六）から大坂の陣——慶長期江戸城（本丸）・駿府城・名古屋城・高田城・彦根城・丹波亀山城・篠山城　慶長八年（一六〇三）、家康は征夷大将軍に就任する。この時、

家康は江戸城修築の準備を命じている。実際の普請は慶長一一年であり、福島正則らの大名が動員されて本丸の石垣普請を行っている。この時の石垣は現在の皇居東御苑のなかにも見ることができる。まさに将軍としての居城整備と言えるであろう。

この時期は豊臣家との対決が念頭にあった時代と思われる。丹波亀山城と篠山城の普請は、西国大名への警戒の視点があったと推察される。

しかし、第一段階を踏まえた時、駿府城・名古屋城・彦根城の普請は、東海道などの幹線道の重視、すなわち街道整備の政策の延長線上に捉えることもできる。少なくともこの三ヵ城について、江戸幕府との関わりは幕末にいたるまで変わらない。幕府の交通政策と密接に関わった普請なのだろう。

このように考えると、彦根城・丹波亀山城・篠山城も京都を囲むように配置されている点に注意するべきであろう。京都の警固という武家本来が持つ役割の延長として考えることもできる。

他方、個々の状況を見ると、慶長一五年を目処に普請されている様子もうかがえることから、通説どおりに大坂の陣の準備と見る考えも理解できる。この第二段階は大坂の陣を含め、複雑に要因が重なっていたのだろう。

第三段階：大坂の陣以後——元和・寛永期江戸城（拡張）・大坂城・寛永期二条城・彦根城　明らかに政治的拠点の整備という視点で築城がなされている。江戸城では外郭の整備などが実施され、諸大名が集住する都市江戸と江戸城が整っていく。また大坂では、豊臣家滅亡後の経済的な中心である同地を把握するために築城が行われる。二条城では寛永行幸を行うために拡張整備が行われる。これ

らの目的は前段階とは築城の政策が大きく変化し、より政治的な装置としての城館という役割が高まっている。

このなかで彦根城が第一段階から第三段階にわたって登場し、特異な位置にあることが確認できる。石田三成の旧領地であることを踏まえると、複雑な要因があることも考えられる。しかし、中山道や北国街道から人や物資などが通過する重要地点であるために普請されたことは間違いないであろう。さらに大坂の陣という政治的情勢が加味され、計画変更などが生じたのではなかろうか。普請が長期間に及んだ状況をこのように考えておきたい。

大坂城の豊臣家を包囲するため、諸大名を動員して行った城づくりと考えられていた「天下普請」の城であるが、どうやらそれだけの目的ではなかった。関ヶ原合戦後に国内の統治を強固にするために行った城普請という点を確認することができた。

(2) 幕府の規制

元和一国一城令 中世の段階、築城については一定の規制があったことを先に触れた。おそらくは観念的に存在したであろう築城の規制も、戦乱の世という背景のなかで現実的には築城の盛行という実態ではあっただろう。しかし、城館を規制するという考えは政権の形成のなかで現実的な制約として登場してくる。

元和元年（一六一五）閏六月一三日に、幕府年寄衆連署によって発令された元和一国一城令である。端的に「一国に一城のほかは破却するようにとの将軍の仰せである」と発令されたこの法令は、政権の城館に対する考え方を示している。現存する文書から、具体的には西国の国持大名を中心に発令されたと考えられている。

この法令が発令される直前の五月、大坂城が陥落し、豊臣家が滅亡した。時期から考えて法令の発令は、この政治的な事態との関係を無視することができないであろう。戦乱の時代の終焉を物語るのか、さらには豊臣恩顧大名への布石か。いずれにせよ、元和偃武を実現する具体的な施策と言えよう。

武家諸法度　西国をターゲットとして出された元和一国一城令であったが、幕府による城館統制はその後も継続する。翌七月に出された武家諸法度である。そのなかでは、

諸国の居城について、たとえ修補であっても、必ず言上し、許可を得るように。いわんや新規の築城は堅く禁止する。

元和一国一城令が西国向けであったのに対し、全国法令として出されていることは画期的であろう。加えて、一国に対して一城は許可するとした法令をさらに進め、修理であっても幕府の許可を必要とするとした武家諸法度は、政権の城館に対する姿勢が成文化され、よりいっそう強い姿勢を示していることになる。

この修理の許可制は、普請および作事両方を禁止していたようであり、寛永一二年（一六三五）の武家諸法度になると緩和が見られる。すなわち、堀や石垣などの普請に関しては従前のように許可制

とするが、櫓・塀・門等の作事については先規のように修復することとしている。しかし、冒頭には「新規の城郭を構え営むについては堅くこれを禁ずる」と記載しており、城館普請については厳重なる注意をはらっていたことが知られる。

このように幕府の施策は城館を厳しく統制した。同時に、軍事的な城館を新規に築城したり、修築による強化を制限したりしたことは、城館の軍事性が限定される方向に向かっていたことを示している。逆説すれば、時代は城館の役割を軍事的な施設から領域支配の拠点へと変化させていたのであり、その社会動向を前提にして規制が行えたということになるのだろう。

山城禁止令　ところで、一国一城令とならんで近世初頭に山城禁止令という法令が出されたという説がある。地域史の叙述のなかでしばしば、同法の発令により山城が廃城となり平城に移転したと解説される。中央での発令をうかがわせるこの山城禁止令であるが、具体的な条文は実は伝わっていない。多くが伝承のなかで登場する法令なのである。

この伝承を丹念に検証し、山城禁止令に迫ったのは藤木久志である。藤木は地誌などにあらわれる山城禁止令の伝承を精査し、「天正十四年ころから、秀吉の統一過程にしたがって、しだいに「諸国一円」「天下一統」に及ぼされた法度であり、徳川家康もそれを受け継いだらしい、という大まかな展望」を示している。そのうえで「秀吉による天下の築城権の剥奪によって、山城の存立の根拠そのものが否定され、平地の館に移転するという過程をたどって、秀吉から徳川への全国統一のなかで次第に廃れていったとみる方が、より自然であり、また歴史事実にもちかいのではあるまいか」と評価

している（藤木二〇〇六）。

藤木の視角は、私的な暴力の一つとして築城権を設定し、「惣無事令」研究のなかで暴力の基盤となる山城の禁止をいかに位置づけるかである。問題は権力が築城権をどのように統制しようとしたのか。さらにはその場合になぜ山城に限定されたのかということである。

しかし、武家諸法度に先行する武家法令であり、豊臣家の法令である文禄四年（一五九五）八月三日付けの豊臣家の「御掟」および「御掟追加」には城館の規制に関する箇条は見られない。織豊政権が個別的に破城令を出し、実際に執行されたことは指摘されていることであるが、この段階では山城禁止令は全国法令にまで昇華することはなかった。武家諸法度に行き着く過程は、藤木が注目するように興味深いものがある。築城権そのものを考えずとも、城館の持つ軍事性が次第に否定される過程に関わるものなのであろう。個別法令から全国法令にいたる過程をつなぐため、伝承の山城禁止令は今後も重要な視点であろう。

(3) 元和・寛永期の築城

望楼型天守の変化　豊臣政権から徳川幕府へと変遷する時期、すなわち慶長年間後半頃の望楼型の天守を描いた図がある。福井城天守を描いた「御天守絵図」（福井県立図書館所蔵、写真17）である。一層目および二層目の屋根が大入母屋となっており、最上層には欄干をめぐらした望楼がそなえられ

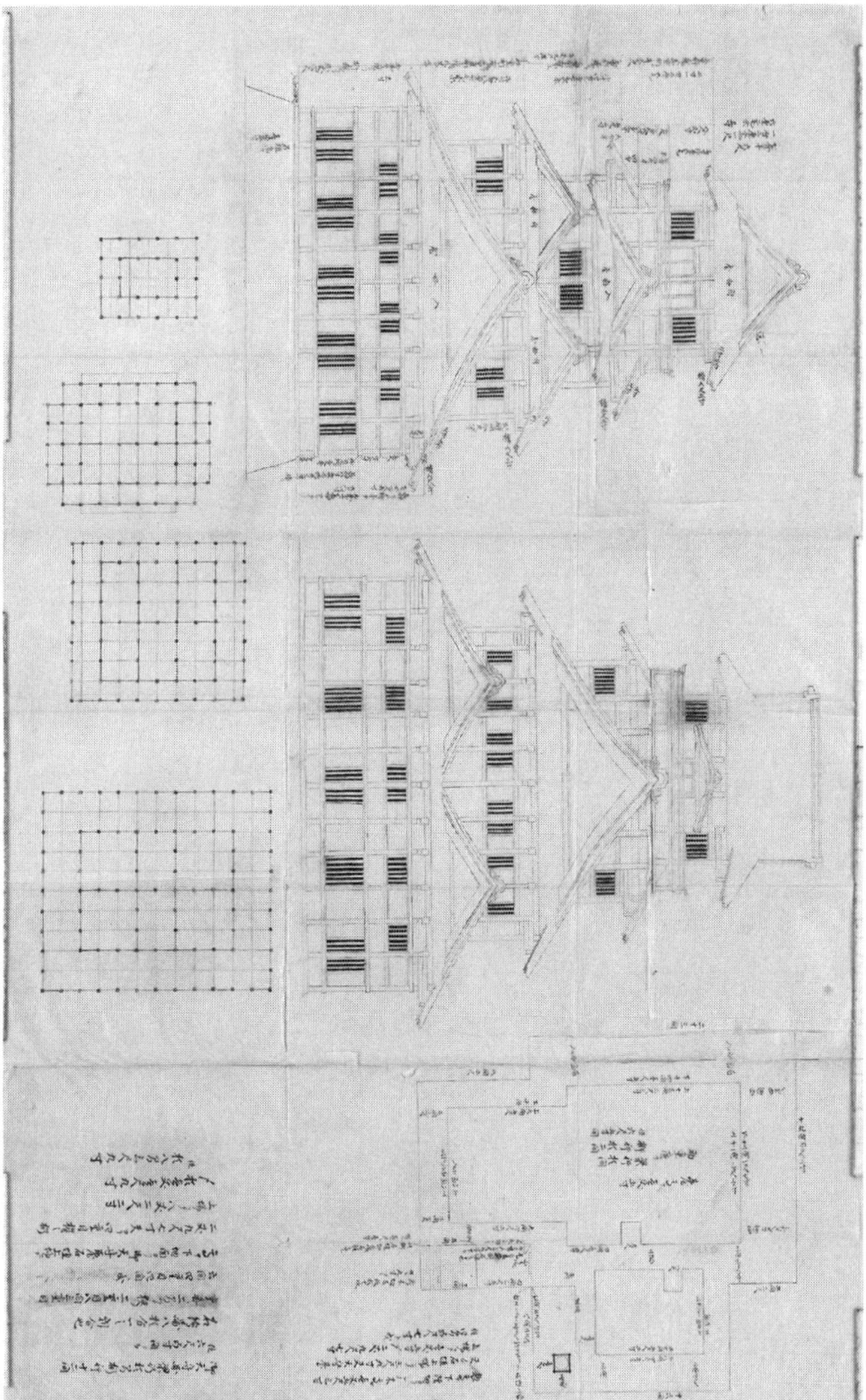

写真17　福井城「御天守絵図」

る。しかし子細に観察すると、床面積は階を重ねるごとに徐々に逓減している。また千鳥破風や唐破風などの飾り屋根も見られる。いずれも次の時代の天守の層塔型天守の要素である。この福井城天守は次代へつながる転換期にあることがうかがえる。

層塔型天守　望楼型に遅れて出現した形式が層塔型であった。この様式の天守は、上に行くにつれて平面規模が逓減し、最上層の屋根だけを入母屋とした形のもので、それ以外の階の屋根は四方に葺き流す五重の塔のようなデザインである。また外観には千鳥破風や唐破風などの飾り屋根を施し、美観を整えている。主として元和・寛永期以降に流行した形式である。築城の年代はおおよそ先の変遷段階のうちの第三段階以降にあたる。

中井家文書にある二枚の江戸城天守図はその代表的な事例である。江戸城天守は三度にわたって建築されることになるが、「江戸図屏風」（国立歴史民俗博物館所蔵）や「武州州学十二景図巻」（東京都江戸東京博物館所蔵、写真18）に見られるように、少なくとも寛永期の天守は層塔型であろう。「二条御城御天守」（「御大工頭中井家文書」）は層塔型天守であることが明らかである。また国立歴史民俗博物館で所蔵する「洛中洛外図屏風」（国立歴史民俗博物館所蔵D本・F本）の天守も大壁で、望楼がなく、破風が描かれる。まさに層塔型の天守であり、江戸城、大坂城、名古屋城など、徳川家の城館で見られる様式と同じものである。寛永期に普請された二条城天守は、新しいデザインを取り入れて建築されたことになる。

このような層塔型の天守は徳川の時代が固まるなかで登場した天守の形式であり、まさに徳川家の

写真18　江戸城天守（「武州州学十二景図巻」金城初日）

天守形式と言うことができよう。二条城において家康が構えた慶長期の天守を解体し、新しい天守を構えたのは、まさに新しい時代の到来を視覚的に表現する役割があったのではないかと考えさせられる。おそらくは江戸城の天守の建て直しも、同じような考え方もあったのではなかろうか。

整形された石材　石垣普請についても関ヶ原合戦から寛永年間頃に同じような変化が見られる。とりわけ第二段階から第三段階の推移に注目したい。

戦国時代に城館に導入された石垣は、第二段階までに急速に技術的な発展を遂げた。しかし、この段階では大きな石材を使うようになるが、石垣の外壁面において、石材は整えられた方形にいたっていない。粗割で不整形であった。また、組み上げられた石材には、岩を割るときに付けられた台形に掘り込まれた矢穴を残すことも多かった。いわば、表面に作業痕跡を残し、表面形状が整っていない石垣であった。江戸城本丸の石垣がその代表事例であろう。

ところが第三段階には大きな変化が見られる。石垣外壁面

写真19　大坂城　本丸　石垣

の形状が、正方形を意識した形となる。そしてその石材が組み合わされることから、石垣の外壁面において横目地がとおる積み方となる。全体として布目のような整然とした積み方となる。大坂城（写真19）や二条城に見られる積み方である。

この第二段階から第三段階への変化は石垣の美観を意識したものであり、天守と同じく新しさを感じさせる積み方になった。この変化は石材が割られて調えられる段階から、切られる段階へと変化したことに根ざしている。城の外観の大きな要素である石垣も天守と同じ時期に変化を遂げていたのであった。

大馬出から枡形門へ　この江戸時代初頭の変化として注目したい築城術のひとつとして、先に聚楽第モデルとして扱った大馬出の普請がある。方形の中心郭と放射状の大馬出とい

う城館の構造である。

この構造は天下普請のなかでも継承されている。例えば、慶長一四年（一六〇九）に普請された篠山城は典型例である。方形の三の丸に三つの大馬出が普請される。また豊臣恩顧の大名二〇人が手伝い普請に動員された名古屋城についても確認される。本丸の南側および東側に大馬出が付属する。天守脇の北側虎口には大馬出がともなわないが、これは設計変更があったことによるためと、御深井丸にその機能が吸収され、省略されたためであろう。加納城の場合は本丸の南側に付属する太鼓曲輪が大馬出である。また馬出の形が変形になっているが、本丸大手門に付属する二ノ丸および本丸の北に付属する厩曲輪もその機能を有している。すなわち方形を基本とする本丸の三方向に大馬出を配置した構造をとっている。このように大坂の陣以前に築かれた天下普請の城館では、聚楽第モデルを引き継いだ城館を普請していることがわかる。

ところが、大坂の陣以後となると様相が変わってくる。先の第三段階で、元和・寛永期江戸城（拡張）・大坂城・寛永期二条城・彦根城などがそれにあたるが、これらには大馬出は見られなくなる。代わりに注目されるのは高麗門と櫓門の二つの門を備えた枡形門が馬出を備えずに単独で構えられる。江戸城はもとより大坂城に見られる形式である。おそらくは徐々に他の城館に普及したのであろう。

江戸城本丸の場合、本丸正面は本丸南面の中雀門（書院門）であり、まさにこの構造である。しかしその南側に埋門と呼ばれる門がある。この虎口は慶長一一年（一六〇六）に普請された石垣で固められており、中雀門以前の門と考えられる。中雀門はこの埋門の代替として普請され、本丸正門とな

写真20　江戸城　上梅林門と二ノ丸喰違門

ったと考えられる。馬出を備えずに高麗門と櫓門の二つの門を備えた枡形門が単独で構えられる型式が誕生し、この形式の門を新たに普請し、本丸正面門としたことが考えられる。

すなわち豊臣秀吉の時代に流行した方形の中心郭と放射状の大馬出という城館構造から、徳川幕府の時代には馬出を構えずに高麗門と櫓門の二つの門を備えた枡形門の構造へと変わる。主たる虎口の構造が移り変わっていくのである（写真20）。城館の虎口のデザインに籠められた権力者の意志を垣間見ることができるのではなかろうか。

御殿の肥大化　城館の空間構造の変化は縄張りや外観だけに留まらず、内部でも起こった。対面の場の変遷を追究した小野正敏は、御殿建築内の対面の場である広間が

写真21　狩野益信画『朝鮮通信使図屏風』

次第に広がるさまを検証している（小野一九九四）。朝倉館に見られる主殿の広間が、八王子城主殿に見られるような上段と広間の二室の構造になる。そして聚楽第では「高の間」「十八間」「次の間」の三室となり、部屋が連なって広がっていく。さらには慶長一三年（一六〇八）に成立した建築書である『匠明』には江戸時代へという変化がある。書中の「当世広間」では上段が直線的に配置されず、L字に折れ曲がった位置に配置される。構成される間取りが大きく変化したことを明らかにした。この様相は狩野益信画『朝鮮通信使図屏風』（泉涌寺所蔵、写真21）がリアルに描いている。そしてこの構造はさらに広い面積を必要とするようになり、上段・中段・下段が直線にならび、下段で折れ曲がり二之間・三之間へとL字に連なるという構造に引き継がれることになる。

広間の拡充は寛永期にいたる江戸時代初頭という時期にあたる。この時期はまさに儀礼が次第に整っていき、御殿が拡張していく時期であったことになる。その典型が江戸城ということになるが、この御殿空間の拡張により本丸の空間が変更となる。江戸城では本丸は北側の郭を飲み込んで拡張され、現在、東御苑として伝わ

る広さの本丸へと大きくなっている。同様な事例は後述する金沢城や岡山城でも見ることができる。逆に現時点で確認できる御殿建築を示す図面は、古い図でも寛永年間頃になる。おそらく後の時代に参考になる図面として集積した図なのであろう。さらに言えば寛永年間以前は参考にならず、当該期の絵図面だけが再利用されたことを示してはいないだろうか。つまり空間が確立した時期の事例として参照したということを語っているのではなかろうか。

この御殿の建築様式が整ったのも第三段階と考えられる。城郭建築の障壁画は、二条城や名古屋城の作品が著名であるが、これらの作例もこの寛永年間である。この点もあるいは関連しているのではなかろうか。

築城技術の背景　御殿空間が確立した時期を寛永年間（一六二四～四四）とした時、織田信長が安土城を着工した天正四年（一五七六）、羽柴秀吉が大坂城を着工した天正一一年から半世紀の時間を経たことになる。人間にすればおよそ二世代にわたる。大坂城や聚楽第を築いたころ、駆け出しであった職人も立派な職人へと成長していたことになる。

金箔瓦は熟練した安土城の瓦から大坂城などの秀吉の城館では、金箔の貼り方や瓦の製作に技術的な退潮があったと述べた。漆工芸についても触れた。これらの背景には需要と供給のアンバランスがあり、技術が未熟な若手の職人を多く生み出したことを予想した。しかしその未熟な職人層も経験を積み、需要に堪えうるだけの条件が整うことになる。その時代がまさに寛永年間を中心とする江戸時代初頭であった。城館建築がブームとなる背景にはこのような職人層の成長を想定しなければならな

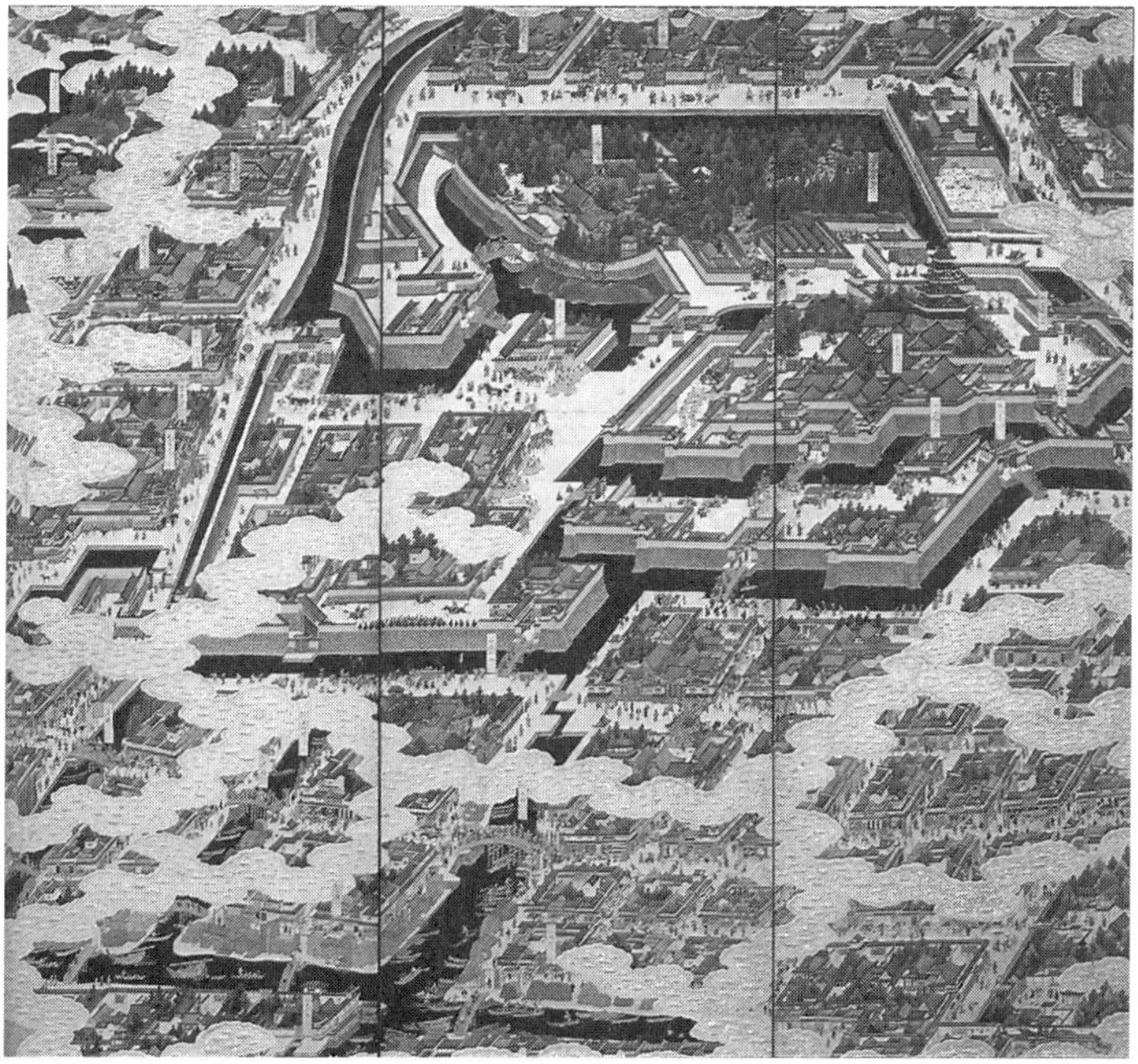
写真22　江戸城（「江戸図屏風」）

い。人材の養成には時間がかかるのである。

江戸初期に狩野探幽等の画家の活躍がある。また漆工の世界でも初音の調度、菊の白露、綾杉地獅子牡丹文などの三大婚礼調度と呼ばれる作品が制作されたのもこの時代であった。直接の因果関係とするわけにはいかないかもしれないが、織豊城郭の築城によって呼び起こされた技術革新が、江戸時代の文化を創造したという関連性に注目しないわけにはいかない。

江戸城外堀普請　都市江戸の初期の様相は「江戸図屏風」（国立歴史民俗博物館蔵、写真22）および「武州豊島郡江戸庄図」によって知られ

写真23　江戸城鍛冶橋門付近の外堀

る。いずれも寛永期頃の江戸の様相を伝えているとされ、明暦の大火以後には見ることのできなくなる江戸城天守も聳えている。後者の地図は寛永九年（一六三二）の記載があるが、当時に刊行された地図は現存せず、江戸後期になって木版刊行されたもの、もしくは写本が伝わる。しかし大名家の記載など当時の情報を伝えている地図として活用されている。両者とも天守を中心に本丸・北の丸・西の丸など堀がめぐらされた江戸城中核部を描く。しかし外堀の記載は不十分である。隅田川にそそぐ神田川や赤坂の溜池を描くものの、両者を繋ぐ大規模な外堀を描いていない。当該の状況は外堀が普請される以前の様相なのであろう。とりわけ「武州豊島郡江戸庄図」はまさに普請以前の発行であった。つまり両者は外堀

すなわち外城を持たない段階の江戸城を描いている。

寛永一三年（一六三六）、江戸城外堀普請が行われ、江戸城の外郭が整備された。現在も堀とその部分の石垣や土手の他に、城門の石垣の一部が残されている。またこの普請により萩藩毛利家、津山藩森家、徳島藩蜂須賀家により四谷、市谷、牛込に枡形門が普請された。この外堀普請により江戸の外城が整ったことになる。

明治初期の外堀の様相は旧江戸城写真ガラス原板にもうかがえる（東京都江戸東京博物館所蔵）。明治元年（一八六八）、明治天皇が行幸し、江戸城に入城した。この時、江戸城は文久の火災などの影響もあり、すでに荒廃を始めていた。華やかな頃の江戸城を少しでも残そうと考え、城内各所の撮影が計画された。江戸城の撮影を思い立ったのが蜷川式胤《にながわのりたね》である。当時、明治政府太政官の招請で制度取調局御用係に勤務していた。時代が移り変わり城や櫓は不要となり、崩壊に任せるままとなっていた。そこで今のうちに写真を撮り、江戸城の状況を留め置きたい。申請主旨はこのようであった。太政官への申請は明治四年二月であった。撮影には横山松三郎があたった（写真23）。

(4) 政治の舞台・二条城

天守の改築　二条城の築城は、関ヶ原の戦いに勝利した徳川家康が、その翌年から準備に着手したという。着工は慶長七年（一六〇二）で、竣工は同八年三月であった。この時の構造は、後の時代と

異なり、方形で一重の堀に囲まれた構造であった。そのさまは勝興寺本「洛中洛外図屛風」をはじめ、林原美術館本などの「洛中洛外図屛風」に描かれている。その光景を見ると、ひときわ五層の天守が際立つ。すでに川上貢の中井家文書の分析から慶長期の天守には天守取付櫓・小天守・付属廊下が付設されていることが指摘されており、天守が単独の建物ではなかったことが解明されている（川上一九九八）。

「洛中洛外図屛風」を子細に見てみると、天守の建てられた位置は城域の右上、御殿の北西方向にある。すなわち二の丸御殿の北西に存在したことが確認できる。つまり現状の天守台の上には慶長期の天守はなかったことになる。通説も指摘するが、寛永期の修築により、本丸が増築され、新たに天守が本丸南西隅に建てられた。したがって家康建築の天守の具体的な場所は、明確にはわかっていない。

勝興寺本「洛中洛外図屛風」（写真24）に描かれた天守を子細に見てみると、天守は二層から四層の屋根が大入母屋となっており、最上層には高欄がめぐる望楼となっている。このことを重視すると、慶長期の二条城天守は望楼型天守という位置づけになる。これに対して望楼型に対置される天守の形式は層塔型となる。この様式は上に行くにつれて平面規模が逓減し、最上層の屋根だけを入母屋とした形のもので、五重の塔のようなデザインの天守である。また多くは千鳥破風や唐破風などの飾りを施し、美観を整える。主として元和・寛永期以降に流行した形式である。

さらに屛風を見てみよう。外壁は織豊期に流行したと見られる柱を露出させており、門などの外周

写真 24　二条城天守（勝興寺本「洛中洛外図屏風」）

写真 25　二条城天守（舟木本「洛中洛外図屏風」）

を固める総塗り籠めとは異なる。この様相は舟木本「洛中洛外図屏風」（東京国立博物館所蔵、写真25）でもうかがえ、さらに同屏風では最上層の望楼には火灯窓が描かれる。この点は「大坂夏の陣図屏風」（大阪城天守閣所蔵、写真16）に描かれる大坂城天守の様相に類似する。

すなわち、慶長期に築かれた二条城の天守は、勝興寺本や舟木本「洛中洛外図屏風」に描かれたような望楼型の天守であり、後の時代に徳川家の城館が主流とした層塔型の天守ではなかった。

さて、この慶長期の天守が変更されたのは寛永元年（一六二四）に開始された大改修によるものとなる。この時の天守は中井家文書にある「二条御城御天守」で概要が知られる。図を見れば層塔型天守であることは明らかである。これと関連して国立歴史民俗博物館で所蔵する「洛中洛外図屏風」（歴博C本・F本）の天守は大壁で、望楼がなく、破風が描かれる。まさに層塔型の天守であり、まさに江戸城、大坂城、名古屋城など徳川家の城館で見られる様式に変更され、新しいデザインを取り入れて建築されたことになる。

石垣の普請　先に触れたように、この寛永期の天守は新しく増築された本丸の南西隅に建てられた。一新されたのは天守だけではなかった。慶長期の御殿の場所は二の丸とされた。二の丸の西側に堀区画をもった本丸が増築された、従前の方形単郭の城館から、二重方形区画の城館へと構造も一新されたのだった。

この普請について、単純に考えれば、従前の二条城の北面・東面・南面の堀や石垣を活かしつつ、西側に本丸を構え、さらに本丸を囲い込むように二の丸を延長したと考えられるだろう。しかし、寛

永の大修築はそのような単純なものではなかったらしい。

まず新築された本丸の石垣を見てみると、一見して横目地が通るように方形の石材が整然と積まれている。白御影石を加工した、切込み接ぎの布目積の石垣である。同じ積み方の石垣は徳川期の大坂城に見られるものである。同城の再建は二条城の修築と同じ寛永期であった。まさに両城は並行して普請が行われていたのだった。

この本丸と同じ積み方の石垣が、二の丸の北面・東面・南面にも見られる。慶長期の石垣であれば、整った切石による切込み接ぎであることはなく、石の隙間に詰め石をした打込み接ぎであると考えられる。石材も丁寧に成形されたものではなく、粗割の石材であるはずである。したがって横目地は通らない積み方になる。ところが本丸と同じように調整された石材が使用され、同じ様式の石垣が積まれている（写真26・27）。このことは、二の丸を囲む堀や石垣も新しく普請されたものということを示す。おそらく大修築では、家康の築いた慶長期の二条城の石垣を埋め、一回り大きくする形で、新しく石垣と堀を普請したのであろう。二条城を概観すると、東西方向に長い城域であるが、その中央付近で、南北の堀にクランクがあることに気づく。二の丸御殿がある東側では、このクランクを境に郭の南北幅が広くなる。この東西での南北幅の相違、さらには二の丸北側および東側で見られる狭い堀幅は、堀の外側の石垣をそのままとしながらも、内側の旧石垣を埋めて新石垣を普請したという拡張の工事によるためであろう。

つまり二条城の大修築は、新しい石垣により従前と外観を一新していたことになる。

写真 26　二条城天守台石垣

写真 27　二条城二ノ丸東北面石垣

修築の背景　なぜ神君徳川家康の築いた二条城を残さず、新しい二条城を築いたのだろうか。徳川家の基礎を築いた家康の営みを残さなかった点に疑問を持つのが現代的な感覚であろう。しかし秀忠はこの選択をせず、一新することを選んだ。天守の様式や石垣の積み方に顕著にあらわれている。簡単にいえば、最先端のデザインと技術・技法をもって二条城を築きなおした。このことを重視したい。例えば、家康がシンボルとした慶長期の天守は、その場所を本丸に移すに際して、解体して再建するという選択もあったはずである。しかし、結果は望楼型から層塔型様式の変更であった。明らかに新しいものを求めていたと言えよう。

寛永期の大修築は後水尾天皇の行幸の準備として行われた。朝廷と幕府の新しい関係を築く象徴的な舞台が二条城だったのである。その場には〝新しさ〟が求められていた。慶長期の様相を残したくなかったのではなかろうか。慶長期の京都は、まだ豊臣政権期の雰囲気を残していた。望楼型の天守はまさに秀吉時代の産物であり、打込み接ぎの石垣も同じである。寛永期らしい天守は層塔型であり、石垣も切込み接ぎで布積みである。豊臣家の雰囲気を一掃し、新たな時代を構築する意味でも、徳川家の時代に見合う最新のデザインや築城術が求められたのであろう。

城館研究の視点からも、徳川将軍家が求めた新しい時代への取り組みが浮かび上がってくる。

伝統的な構造　このように寛永の大修築に際して、新しい時代の表現が見られた。しかし、二条城の構造は過去の城館構造とまったく隔絶したところで構想されたわけではなかった。

慶長期に徳川家康が築いた二条城は、天守を構えるなどいわゆる城館の様相を呈していた。しかし

ながら方形単郭の構造であり、複雑な構造を持つ城館というよりは、いわゆる京都の大名邸宅の延長で考えられている。これに対して寛永期の大修築では、新規に本丸の空間を設定し、従前の空間を二の丸の中心に据え、本丸を囲い込む形で二の丸を普請した。すなわち本丸・二の丸という複数郭の城館構造を呈している。構造から見て、慶長期のいわゆる邸宅から小型ながらも本格的な城館へという変遷を示したことになる。

寛永の大修築によって成立した二条城の構造を考えるに際して、注意しておきたい点は、方形を基調とした本丸を築き、その本丸を囲い込むように方形の二の丸を構えたという点、すなわち方形囲郭の構造を呈している点である。この方形囲郭の構造は同時期の米沢城（山形県）、神指城《こうざし》（福島県）、駿府城（静岡県）などに見られるほか、大馬出が普請されている事例も含めれば、広島城（広島県）、篠山城（兵庫県）などもあげることができる。とりわけ広島城は豊臣秀吉の築いた聚楽第の影響を受けた構造であった。いずれの事例も平地城館である点は共通する。すなわち、平地においては方形囲郭という構造は、近世初頭に一般的な構造であったのであり、二条城もその系譜に連なる城館であることになる。戦国時代の山城を主流とした険峻な場所を選択した築城から、平地での城館を指向した時代に流行した城館構造の一例が、二条城のような方形囲郭の構造をした城館だったのである。

この方形囲郭という構造は近世初頭の平地での拠点城館として確かに事例が見られるものの、近世初頭に限定されるものではない。戦国時代の平地城館など、前代からの系譜も念頭におかねばならない。おそらくは中世の方形館などとも系譜的に関連しているのであろう。したがって近世初頭の方形

囲郭の城館は、武家の平地城館の築き方の伝統の延長線上に位置づく構造と言ってよい。すなわち、徳川将軍家による二条城の寛永大修築は、武家が築く平地城館の伝統に則って構想されたことになる。

徳川将軍家は二条城を修築するのに際して、武家が築く平地城館の伝統に則り、さらには時代に見合う最新のデザインや技術を求めた。このように寛永の大修築の諸側面を城館構造や技術の系譜から見直してみると、二条城は天皇家や公家が住む京の町に徳川将軍家の威勢を伝統的な方法によって示した城館だったという姿も浮かび上がってくる。

江戸幕府の権威表現　この時期の城館は戦争の舞台ではなく、政策的に普請されたものが主流となっていく。その城館とは外観および内装ともに美観の整った新しい姿の城館だった。粗野な戦乱の城から、他者に見られることを意識した政治の舞台への転換が、江戸時代初頭に起こったのだった。この時代はまさに徳川家康から家光へと移り変わる時であり、社会がより安定へと向かう時代であった。徳川家そして江戸幕府が関わった城館は、新しい時代の象徴として築かれたのだった。

戦争から政治の舞台へと城館がその重点を移す時、いかにも不可思議な現象が起こる。通常、城の構造は中心となる本丸が〝最後の砦〟であり、そこを守るために二ノ丸・三の丸が配置される。主従関係が明確な形で縄張りがなされていた。

金沢城（石川県金沢市）や名古屋城も縄張りにおいてはそのように理解できる。しかし、実用はそのようになっていなかった。金沢城の場合、当初は本丸にあったであろう御殿は江戸時代を通じて二ノ丸に営まれた。おそらくは本丸の面積の問題があり、より広い二ノ丸に御殿が建築され、政治の場

となった。名古屋城の本丸には第二次世界大戦にいたるまで御殿が残されていた。しかしその本丸御殿は尾張徳川家の政庁ではなかった。同家の御殿は二ノ丸に営まれ、その場が政治の舞台であった。本丸は徳川将軍家の空間であり、尾張徳川家は将軍家のために本丸御殿を管理することが役目だった。このように軍事的な中心郭と政治の舞台が異なり、空間の利用が乖離する状況が生まれはじめる。各地で戦国時代以来の山城の麓に陣屋が構えられることも関連するのであろう。

また岡山城では御殿の拡張に苦心が見られる。岡山城本丸は本段・表向き・下の段の三つの空間で構成される。縄張りからは本段が中心郭であり、表向きが副郭、下の段はその二郭を囲い込む郭であり、簡潔な構造を呈している。各郭は石垣で固められ、構造のうえで主従関係は明確になっている。本丸と副郭の間は石段をのぼる形になっており、規模の大きな櫓門が普請される。いかにも主郭の正面の様相を呈する門構えである。ところがこの門は不明門と呼ばれており、その前面には御殿の玄関などの建物が建つ。つまり不明門は文字どおりに通行していない門になる。本段には本段御殿があり、副郭の表向きには表向き御殿が建った。この両御殿は不明門を通過して連絡するのではなく、天守近くにある渡り廊下で連結されているのである。ゆえに地面に下りることなく本段と表向きは連絡することができた。本段正面の櫓門はまさに不明門となる理由はここにある。つまり、本段と表向きを二段に構えた築城当初の意図は、むしろ障害となり、縄張りを無視した構造を取らざるをえなくなった岡山城の運用の現実がある。

このように時代の転換は戦争を主たる目的とする城館から政治的な場としての城館へと変化させて

いた。築城段階の意図から大きく隔たった活用が行われはじめていたのだった。

(5) 方形区画の城

軍学の城図 尾張徳川家の文庫を継承する蓬左文庫に「高五拾五万石城下割」と題する図がある(写真28)。蓬左文庫にはこのほかにも「高五拾五万石」を冠するさまざまな文献資料がある。なかには軍装の書き立てもあるが、制作の経緯は不明である。おそらくは尾張徳川家において検討された軍学の成果なのであろう。

ここで取り上げる「高五拾五万石城下割」には、図の中央やや下部に中心となる城館が描かれる。見るからに軍学の城館図であり、具体的な城館が妥当するわけではない。その城館を方形に囲む区画が見られる。その周囲に町場区画が描かれる。長方形街区がならび戦国時代に培われた城下町の地割り構造が反映されている。ただし、現実にこのような城下町は存在しない。

江戸時代の軍学によって描かれた城館と都市であるが、一見して理解できる点は、都城制との関連である。城館の構造も日本的な変遷を踏まえて成立した軍学の図である。城下の構造についても条坊による正方形の街区ではなく、長方形街区で構成される町が描かれる。しかし、その都市設計の底辺には方形を意識し、東西南北に道を通し、中央に宮殿ならぬ城館を置く都城制の影響が見られる。変化はあっても、尾張徳川家で描かれた都市図には都城制の理念が流れている。すなわち江戸時代にあ

っても東アジアの都市設計は参照され、取り入れられていたことになる。

方形の近世城館　都城制の影響が江戸時代になっても存在したと考えた時、先に触れた天下普請の城のうちで平地城館には方形区画を意識した城館が多いことに気づく。二条城・篠山城・駿府城・名古屋城・加納城・高田城である。これらは意図して方形区画を作り出している。とりわけ二条城・篠山城・駿府城は方形の主郭を方形の区画で囲い込むという設計を行っている。

この設計は幕府が行った城館に限らない。具体的には上杉家の城館である。上杉家は会津に移封となり、慶長五年（一六〇〇）に新規の拠点として神指《こうざし》城の築城を行った。この城館は阿賀川畔の平地に築かれたもので、本丸と二の丸からなる「回」字形の二重の方形区画の構造をとっていた（写真29）。本丸は東西約一八〇メートル、南北約三〇六メートルで、東西北の三方向に門を開く。本丸を囲む二ノ丸は東西約二六〇メートル、南北約五二二メートルであり、四方に門を構えたと記録されている。戦後に撮影された空撮図には二重区画の構造が明確にとらえられており、大きな折り歪みをもたない直線的な壁は一四世紀頃の内城・外城の構造を思わせるようである。しかしこの神指城は関ヶ原の合戦後の転封により未完成のまま廃

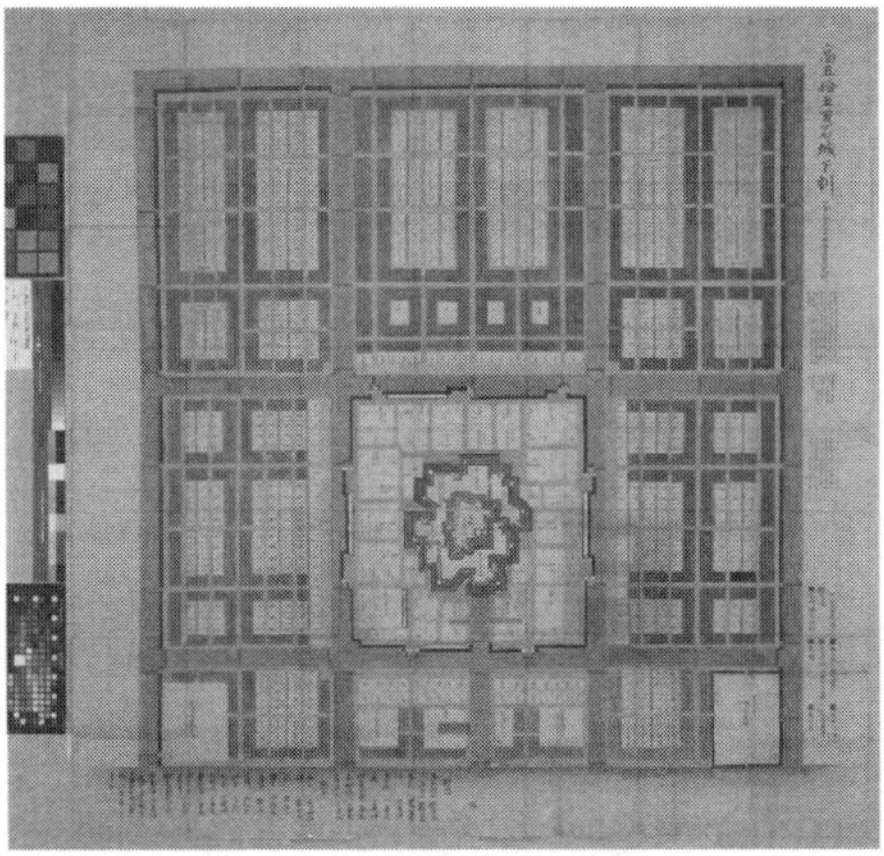
写真28　「高五拾五万石城下制」

写真29　神指城（圃場整備前）

城となってしまう。

会津から米沢へと移された上杉家は米沢城を本拠とする。この城館も中心部は二重方形区画なのである。米沢城の起源は定かではないものの、戦国時代から伊達家の本拠であった。しかしその時代の構造は明らかではない。慶長六年（一六〇一）に上杉景勝が転封となり本格的に普請を行ったと考えられている。二重方形区画の中心部の外側には町が広がり、町場を囲むように外郭も設定されている。

神指城および米沢城がともに二重方形区画を意識した築城を行っていることは、上杉家の築城に関わる知識が関係した結果であることは間違いなかろう。上杉景勝の重臣であった直江兼続は漢籍を収集し、東アジアの知識を集積した人物として知られるが、このことと当該期の上杉家の築城が二重方形区画であったことはなんらかの関係を有したのであろう。

このほかにも慶長年間の改築がある山形城や松本城・上田城なども二重方形区画の城館である。こ

れらの事例も視野に入れ、方形区画の城館構造はさらに検討される必要があろう。その際、アジアの都市設計の問題を忘れることはできないであろう。

展　　望

(1)「城とは何か」

いくつかの呪縛　前近代の城館研究を概観してきて、いくつかの呪縛があるように感じた。その呪縛が今もなおあらゆる場面で、城館研究が新しい歴史像を構築することを阻んでいるように思える。冒頭にも述べたが、〃お城〃と言った際、一般的には〃天守閣〃と受け取る風潮が強いことがまず一つであろう。この視点に縛られている人にとっては、本書は理解しがたいものであったかもしれない。しかし少なくともこの点は克服できたのではなかろうか。

ところが、本書では格闘しつつも、まだ十分に解き放たれたとは言いがたい呪縛が三点あることを告白しておきたい。

その呪縛とはなんであろうか。

①軍事的存在としての城館　本書において、軍事と日常を両端に置き、そのウェートが左右に振れる存在としての城館を論じてきた。また、戦国城館のイメージをネガとして前近代の城館を見通すこ

とも提案してきた。これらの中核には京都や鎌倉などに「城」を付して称する事例があったことと関連する。この提案はどこまで浸透するであろうか。また軍事性を重視して城館を考える視点は、江戸時代あるいは近代の歴史研究、さらには現代の認識にあったとする点は了解されるであろうか。

軍事と城館は切っても切れない関係である。この点は間違いない。しかしそれのみに視点を絞って考えることはできないと主張してきた。語彙の変遷は極端であり、概念としてはまだまだ熟していない。わかりやすい表現で解説するにはまだ時間がかかりそうである。

②領主制と城館　この軍事の問題は戦後の研究史とも関連する。そもそも開発領主の拠点は方形館であったとする視点は、領主制研究と密接な関連を持った。方形館を基盤に成長、発展していく領主の姿と城館の発展が相並ぶというイメージを我々は間違いなく持っていた。そこには武士と密接不可分な城館という関係が前提とされ、城館研究に荘園・公領制あるいは権門体制、さらには村町制などの概念が入り込む余地はありえなかった。その事実は考古学による城館の評価が物語っている。

この領主制との関係を断ち切って城館を捉えなおすという作業が、とりわけ戦国時代以前には求められる。この作業はまだ緒についたばかりである。

③マクロとミクロな地域性　本書のなかで踏み込みが足りなかったのが、この地域性である。『日本城郭史』という通史の設定にも関係しようが、従前は列島の通史を求める意識が強かったのではなかろうか。

まずマクロな地域性であるが、アジアの視点を導入し、列島の城館との関係を探った。そこでは共

通性ばかりを強調することになっているが、このことはまず重要であったからにほかならない。アジアの城郭都市などの研究との接点を深める必要がある。具体的には中国の郡城や県城などの土城となろう。これについては高橋誠一が面積比較によって糸口を提示している（高橋一九九四）ほか、近年の東北アジア史の研究に参考にするべき点が多い。そしてアジアと日本とではどのように異なるかという点を解明することが重要となる。

またミクロな地域性の問題も大きな課題である。本書においては東北地方の特性について意識して触れた。このほかにも南九州、奄美など九州も同様に地域として括ることができるのではなかろうか。また畿内・中国・四国などの西日本でも考えられるのではなかろうか。山城の発生状況を鑑みれば、関東とは異なっているのは間違いない。今後は地域における城館の通史が重要になることを指摘したい。

このように従前は列島史としての括りを意識しすぎていた傾向がある。これも戦前からの研究史の影響であろう。今後は意識してマクロにそしてミクロに地域を意識した城館史が求められるであろう。

都城制と城館　これらの呪縛から自らを解き放つため、本書で意識した一つの視点が都城制との関連であった。

アジアの城そして都市を考える場合、まず考えねばならないのは都城制であろう。本書では城館を考える際、時代ごとにその片鱗を追い、アジアからの影響が絶えなかったというスタンスで考えてきた。冒頭に都市との切り分けが困難であると述べた点はこのことに由来する。そしてこの視点を持っ

た時、城館はもはや軍事的視点だけでは論じることはできなくなる。一つ目の呪縛から解き放たれる装置だった。

通説では、日本における都城制は古代史のなかで考察される概念であり、平安京をもってその系譜は断絶し、継承されないと考えられている。継承については平安京の終末とともに、中世史のなかで検討されるべき課題であるが、意識的な取り組みはまだまだと言わざるをえない。

しかし、本書で論じてきたように都城制による都市設計はアジアのなかで再生産され、新しい都市を生み出しつづけていた。そしてその影響は列島にも及んでいたと考えることはあながち無理ではなかろう。

平地城館の変遷　中国で再生産される都市設計は日本にどのような影響を与えたのだろうか。すでに既述のなかで論じ尽くしたが、ここで都城制と平地城館の関連を概括し、理解の概要を示しておきたい。おおよそ中世の城館遺跡から、おおよそ三段階の経過をたどったことが予想される（図1）。

まず第一段階であるが、「城」と「郭」の二重方形区画で成り立つ段階。中心部に方形区画を構え堀や土塁をめぐらす。方形館と言われる遺跡がこれにあたるのであろう。戦時に際してはこの周囲には乱杭や逆茂木による柵が想定された。この外側の区画が「郭」にあたる。柵は取り外しが可能であるのと常時の必要性はないため「郭」は臨時性が強い空間であった。したがって常時は柵の予定地が想定されているだけで、視覚的に空間が存在しない場合もあった。しかし基本的に二重方形区画の構造を持った空間が認識されていた。認識されるだけで具体的な構造物がないという空間構成は、ある

いは平安京の外城（羅城）が存在しないとする通説とも関係するのであろう。このような地方の役所のような空間が各地に築かれた。おおよそ一三世紀後半から一四世紀前半にあたる。

続く第二段階では、臨時性が強かった「郭」が恒常的に設置されるようになり、「外城」と呼ばれるようになる。この時、内側の「城」は「内城」と呼ばれることもあった。年代は一四世紀前半から一五世紀前半と考えられる。

第三段階は「城」と「外城」の二重区画の構成が次第に複雑になる段階である。史料には「中城」などの言葉が見られる。また中心部である「城」は「実城」「子城」「本城」などと呼びかえられるよ

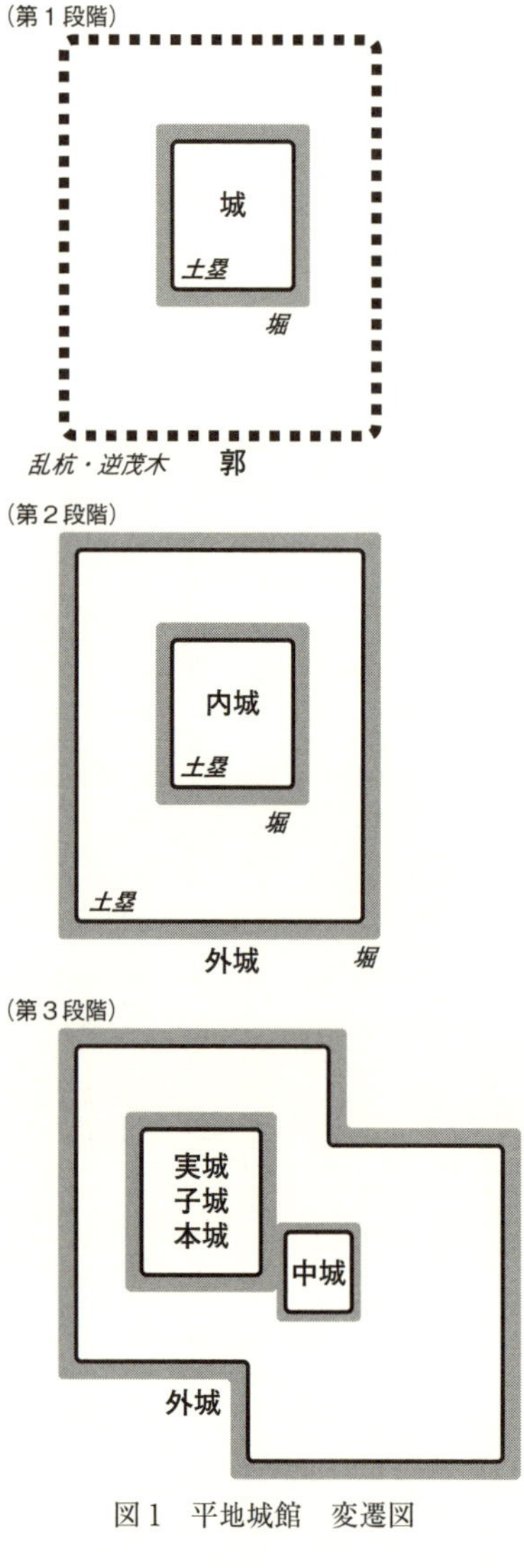

図１　平地城館　変遷図

うになる。これらの語彙が意味するところは、江戸時代における「本丸」とほぼ同義と考えられる。そしてこれらの外側に「外城」が構えられ、二重ないし三重の区画が屈曲をともなった複雑な構成をとるようになる。この変化は一五世紀後半が始期にあたり、戦国時代の到来と関係する。すなわち中核部の「実城」「中城」の部分がより軍事性を帯び、場合によっては「外城」をも取り込み、場合によって「外城」を惣構えとし、中心部分が複雑に要塞化し、独特な構造を持つにいたる。各地に残る戦国時代の城館はこの段階になる。この中核部がいわゆる戦国時代に「城」として意識されるようになり、新しい「城」概念に生まれ変わり、江戸時代へと連なる。

都城から戦国城館さらには近世城館へと、地方都市の空間構成が変遷する過程を、概略的にこのように捉えてみたい。

アジアの共通性と日本の特異性　平安京後においても、京都の町は条坊の町でありつづけている。平安京の遺産を継承していると言ってよいであろう。

そして今一つ注目したい点は京都御所である。現在に残る御所は安政二年（一八五五）の造営であるが、紫宸殿の威容はまさに天皇家の権威を誇っている。そしてこの紫宸殿を中心とする宮殿の形式は、古来のものであり、かつアジアの王宮の宮殿とも東西棟で平入りという共通点を有する。日本のなかでは首里城をも考察の対象に含めねばならないが、他の城下町では類例として検証すべき事例を持たない。さらに一時的ではあるが、御土居の普請は、京都をより一歩、アジアの都市構造の視野に近づけるものであった。無論、京都は日本独自の文化を持った都市である。そのことは否定すべくも

ない。ここで注目しておきたい点は、そのなかにアジアの都市として、アジアに共通する側面を有する点である。この共通する側面はまさに日本の歴史を如実に語っていよう。

つまり日本の前近代の歴史のなかには、都城制による都市づくりの影響がたえず垣間見られるのである。都城制をもってすべてとするわけではないが、その論理はどの時代にも片鱗を覗かせている。そのように考えた時、「城」「城郭」などの〝城〟に関わる語彙は、〝土から成る〟などといった現象を示すものではなく、きわめて歴史的なものであり、東アジアの共通性のなかで捉えるべきものと言える。

とかく日本の城館を考える時、戦国時代から安土桃山時代の城館を念頭に置いて考える。しかし本書で触れてきたように、通史として眺めてみると、城とは多様な存在であり、その一角に東アジアの都城制との関わりが脈々として流れていた。語源もまさにここにあった。そこに見える城とは、都市あるいは一定の勢力の本拠地であり、軍事的性格をともないつつも、政治および生活の場として営まれた空間であった。たんに軍事的性格のみで論じられるものではなかった。

そして、行き着くところにあるのは、日本における戦国時代の城館の異質性であった。日本における戦国期城館の発展はまさに日本独自の現象であった。しかし、その特殊性にのみに目を奪われてしまえば日本における城館の歴史は語れないことになる。戦国時代の城館の様相をネガとし、アジアを舞台とし、歴史の流れのなかで〝城〟の語彙を考えてみる必要があることが明らかになるのではなかろうか。

アジアから世界へ　幕末に、二つの変わった城館が築かれた。一つは幕府が築いた五稜郭（北海道函館市）であり、いま一つは龍岡城（長野県佐久市）である。いずれも星形を意識した城館である。ヴォーバン式と呼ばれるヨーロッパで考え出された構造の城館で、大砲の使用が増加することに対応したものである。

フランスの一七世紀、ヴォーバン領主セバスティアン・ル・プレストルは、軍人（技術将校）、建設技術者、建築家、都市計画家として活躍し、フランス国王ルイ一四世に仕えた。軍隊技術者のなかでもっとも有名な人物として知られている。多数の要塞の建設・修理に関わり、かつ城塞包囲攻撃を指揮したと言われる。城館に関わるなかで生み出された城館設計がヴォーバン式として知られるようになった。城側は砲台を設け、放射角度に死角がないようにする。また天守のような高層建築を設けず、できるだけ高さをなくして、遠方よりの攻撃目標を設けないという考え方が基本にあったという。

このヨーロッパで体系化されたヴォーバン式要塞の築城法が、学問として幕末日本に導入されて、築かれた城館が五稜郭であり龍岡城であった。もはやアジアの視野を越え、より世界的な視野での築城がなされたのである。ここでも単線的な日本独自な城館という発展的な築城という図式は成り立たないことが確認できる。

日本列島の城館は節目において列島の外からの影響を受けていたのだった。本書における一つの大きな主張である。

弥生時代以来、城館は海外の影響を受け、時代のなかで変化してきた。政治史の中心的な場であっ

たため、その変遷も激しかったと言わねばならない。文献資料のなかに見える城の語彙を理解することは、実は容易なことではない。このことも理解できたのではなかろうか。

考古学的な調査を実施している遺跡において、はたして何を明らかにすれば城館と言えるのか。この回答にまで本書はまだ到達していない。本書は日本城館史をより豊かにする扉、新しい時代の城館研究を模索する入り口のような書なのだろう。なすべきことはまだまだ多い。

(2) 城館研究の課題

本書を閉じるにあたって、城館研究をとりまく課題と意義について触れておきたい。

①総合的な城館研究　城館研究は現時点では歴史学研究の枠組みのなかで議論されている。その際、杉山城をめぐる議論でも確認されたような、総合的な歴史学研究のなかで城郭研究が着実に進むことが重要である。方法論が多様になればなるほど、自らの方法論を再点検する姿勢を持たねばならないし、他者の方法論の有効性と限界を理解し、踏まえる必要がある。抽象的な言い方であるが、描く歴史的事実は一つであるはずであり、方法論によって事実が異なるとすれば、いずれかの学問分野のどこかに、方法論上の欠陥があることになる。総合的な歴史学研究はそのことを気づかせてくれることにもなる。

少なくとも他者の方法論に対して攻撃的では、新たな展開は望めないであろう。現在は総合的な城

館研究への切磋琢磨の時期である。次の段階へ進むため、研鑽が必要とされている。このステージを乗り越えた時、本書が積み残した課題も解決へと近づくに違いない。

②地域間の比較　近年、県単位に実施される分布調査が成果を出し、そのうえ、出版社が地域ごとの城館を紹介する企画が盛んになっている。加えて、インターネットのＨＰは概要や所在場所を詳しく紹介している。居ながらにして、各地の概要をつかめるようになってきた。

しかし、情報の精度や調査の進展にばらつきがある。自らも含めてであるが、他地域との比較の視点を十分に持ちえていない。東北古代城柵と西日本古代山城の研究の交流はまだ始まったばかりではなかろうか。中世においても東国の城館と西国の城館の研究交流は行われていないに等しい。近世にあっては織豊政権による築城法は決して列島を席捲してはいない。まだまだ地域間での比較を行うには蓄積が必要のようである。

北日本や琉球も含め、列島の地域性のなかで城館史も語られなければならないだろう。しかし地域ごとに研究の状況は異なり、情報の精度も異なっている。地域ごとの蓄積のうえで論じられるには時期尚早と自覚しつつも、本書を書いてしまっている。

③史跡整備　前世紀の終わり頃、確かに私も全く図面のない城館に行き、初めてその全体像を把握することに、無窮の喜びを覚えた。そのなかで城館と対話し、当時の人の考えを読み取ることは、タイムマシンに乗ったような錯覚とでも言えるような実感があった。そのような時代を是とする私たちには、現在の史跡整備は過剰と受け取れるかもしれない。

整備に先行する調査は十分な体制がとられているだろうか。そもそも事業を行う主体に遺跡に挑む覚悟はあるだろうか。結果として、特徴のない整備になってしまってはいないだろうか。この不安は絶えずつきまとう。

しかしだからと言って、整備不要と声を大にして言いうる時代ではなくなった。縄張りを見れば城がわかる。過去の発掘調査を点検すれば概要が理解できる。そのことはそれで重要である。しかしそれよりも、どのようにすれば市民還元できるか。城館遺跡の意義を十分に活用できるか。このことが問われねばならない。そのためにも各地が実践する調査・整備事業の意義は重要である。

調査・整備事業が、学問的な視野で、市民による目線で、あらゆる角度から、地域の歴史像を語るうえで有効な事業となっているように、多くの人によって見つめられることが重要に思えてならない。

(3) 城館研究の意義

最後に次の二点を意義として掲げておきたい。

一つ目には、城館遺跡は地域の戦争遺跡であるという点である。平和を考えるうえで、対局にある戦争を意識せざるをえない。戦争を考えることなく、平和は理解できないだろう。さまざまなメディアにより報道される世界各地の戦場を、戦後七〇年を経た日本において現実感をもって知るために、自らの感覚を研ぎ澄まさなければならない。自らは戦争に無縁でなく、自分たちの歴史のなかでも戦

争があり、それは自らが居住する地域のなかにあった。身近に戦争を感じる場としての城館という視点を持ちつづけることが重要だと感じている。過去において城館研究はすこぶる軍事的な視点で、世相を肯定する叙述が期待された。このことを反省して念頭に置きつつも、現時点においては軍事的な視点から、新たに戦争を実感する役割を担うことができるのではなかろうか。

そして二つ目には、地域の歴史を理解する鍵となる遺跡という点である。この点については、橋口定志の言葉を借りてみたい。

中世城館は、すくなくとも、地域におけるある階級の他の階級に対する支配拠点であり、その具体的在り方を示すものである。それは1つに一定の地域における地域史研究の進展の中で、より具体的に論じなければならない課題であろう。（橋口一九七五）

この城館に関する考古学的定義づけは中世考古学が花開きはじめた頃になされている。その後、各地で城館の考古学的調査が行われ、その成果が問われるようになった。最初の定義がなされたのは一九七〇年代である。文献史学ではまだ社会構成論が議論されており、武士の問題も領主制論が力強かった時代である。平安時代に東国で生まれた武士が、鎌倉時代を迎えて地頭になり、さらに守護大名や国人領主へ、そして戦国大名へと発展成長していく。そのような右肩上がりの武士がイメージされていた。したがって、橋口の定義もその影響を強く受けているはずである。「考古学の立場からの中世史研究の核」と発言した背景にはこのような研究動向があったと考えられる。しかし、今もって重要な示唆を与えている。

この定義から一二年後、城館は「各地域における、考古学の立場からの中世史研究の核になりうる遺跡であ」り、「軍事史的な視点だけではなく、地域支配の在り方自体の反映であると考えられる点を配慮すべきである」と橋口は主張した（橋口一九八七）。中世を理解するため、中世城館を素材として認識したのである。しかし、この橋口による定義はもはや考古学の範疇のみにとどまらない。すでに学問的に城館を考えるうえで、基本的な立脚点になったのではなかろうか。

二つの意義を理解した時、城館研究は、近代の呪縛、あるいは江戸時代以来のそれから、ようやく解放されるのではなかろうか。

あとがき

本書の出版構想を伺ったのは二〇一一年頃だったと思う。古代・中世・近世の各時代を一人が執筆するというもので、私は古代編の執筆担当としてお誘いを受けた。

古代山城の研究を専らとしてきた私にとって、弥生時代から平安時代まで千年以上の城郭史をまとめるのは、なかなかたいへんな作業であった。というのも、各時代の城郭関連の遺跡は相互の関係があまりないのに対して、取り上げるべき事項は非常に多かったことによる。

これまで日本の城に関する出版物には巻頭に「城の歴史」を載せたものは多い。それらでは、弥生の環濠集落や古代山城、東北城柵など、古代の城について取り上げてはいても、ほんの数頁の紹介で終わっていた。また各々の古代の城に関する報告書や著作は内容的に専門的すぎるきらいもあった。

日本の古代の城についての初めての「通史」を書く試みであると思いながら執筆をつづけた。取り上げられなかった事項も多く、説明不足の感もあるが、それはひとえに私の力不足による。

また、日本の城の歴史は古代と中世で断絶していると一般には思われているが、城はその国の歴史と風土に根ざしたものと考える視点からは、古代の営みの上に中世以降の城も存在している。しかし、中世への接続部分は考古学的にも、いまだミッシングリンクの部分も多く、今後の課題であるのも事実である。

本書は、齋藤と向井の共著である。冒頭の序論部分と平安時代末期から江戸時代そして展望までを齋藤が、弥生時代から平安時代までを向井が担当した。当初、古代・中世・近世の三部構成で執筆を検討していたが、諸般の事情で、中世・戦国時代の部分が量の多い記述となっている。これは、日本の城の歴史を考えた時、なんと言っても中世・戦国は「城の時代」であり、質・量ともに比重が大きいからだ。

これまでの日本の城の歴史に関する出版物に比べて、古代部分の記述が多いのも本書の特徴であろう。古代における本格的な築城である西日本古代山城と東北城柵については特に頁数を割いた。また東アジアの影響および比較の視点を強調していることも、本書の大きな特徴である。とくに第Ⅰ部では「東アジアの城郭文化」の章を特別に設け、中国・朝鮮半島などアジアの城郭文化の小史を紹介している。これに違和感を持つ読者もおられるかもしれないが、日本の古代の城を理解する上で、東アジアの影響を無視できないと考えたのが理由の一つである。

本書では新しい日本の城の通史をつくろうと、さまざまな試みを行っている。それが成功したかどうかの判断は読者に一任したいと思う。いずれにしても本書が日本の城に関する理解の一助となれば幸いである。

本書を分野別日本史シリーズの一冊として企画・推進された吉川弘文館に御礼を申し上げたい。

二〇一六年九月

向井一雄

参考文献

序

網野善彦・石井進・福田豊彦　一九九〇　『沈黙の中世』平凡社
石井　進　一九九二　「中世と考古学」中世の里シンポジウム実行委員会編『北の中世』日本エディタースクール出版部
大類伸・鳥羽正雄　一九三六　『日本城郭史』雄山閣
橋口定志　一九八六　「一九八五年の動向　中・近世（東日本）」『考古学ジャーナル』二六三号
橋口定志　一九九二　「一九九一年の動向　中・近世（東日本）」『考古学ジャーナル』三四七号
村田修三　一九八〇　「城跡調査と戦国史研究」『日本史研究』二一一号
村田修三　一九八五　「城郭研究の現状」『読売新聞』一九八五年八月一六日夕刊
村田修三　一九八八　「戦国期城郭の新研究」『歴史読本』三三巻一五号（通巻四八二号）

Ⅰ　弥生時代から平安時代

相原嘉之　二〇〇五　「飛鳥の羅城」『明日香風』第九五号
青木和夫・岡田茂弘編　二〇〇六　『古代を考える　多賀城と古代東北』吉川弘文館
赤司善彦　二〇一四　「古代山城の倉庫群の形成について―大野城を中心に―」『東アジア古文化論攷2　原始古代の考

古学』中国書店
東潮・田中俊明　一九九五　『高句麗の歴史と遺跡』中央公論社
阿部義平・小笠原好彦編　一九九一　『季刊考古学』第三六号・古代の豪族居館　雄山閣
稲田孝司　二〇一二　「古代山城の技術・軍事・政治」『日本考古学』三四
稲畑耕一郎監・劉煒編　二〇〇六　『図解中国文明史』第3巻・第4巻・第7巻・第9巻　創元社
井上和人　二〇〇五　「東アジア都城の造営意義―形制の分析を通じて―」『東南アジア考古学会研究報告3号　東南アジアの都市と都城』
入間田宣夫・斉藤利男・小林真人編　一九九九　『北の内海世界―北奥羽・蝦夷ヶ島と地域諸集団』山川出版社
臼杵　勲　二〇一五　『東アジアの中世城郭―女真の山城と平城―〈城を極める〉』吉川弘文館
江口桂編　二〇一四　『古代官衙〈考古調査ハンドブック11〉』ニューサイエンス社
王　維坤　二〇〇八　「中国の都城のプランからみる日本の都城制の源流」『王権と都市』国際日本文化研究センター
大阪府立弥生文化博物館編　二〇〇二　『王の居館を探る〈平成14年秋季特別展図録〉』大阪府立弥生文化博物館
大塚初重・西谷正・白石太一郎編　二〇〇〇　『考古学による日本歴史6　戦争』雄山閣
岡山県史編纂委員会編　一九八六　『岡山県史　第18巻　考古資料』
小澤　毅　二〇一三　「飛鳥から藤原京そして平城京へ」『日中韓古代都城文化の潮流』奈良文化財研究所
小田富士雄編　一九八三　『北九州瀬戸内の古代山城〈日本城郭史研究叢書10〉』名著出版
小田富士雄編　一九八五　『西日本古代山城の研究〈日本城郭史研究叢書13〉』名著出版
愛宕　元　一九九一　『中国の城郭都市―殷周から明清まで―』中央公論社〈中公新書〉
落合淳思　二〇一一　『甲骨文字小字典』筑摩書房

顯田町教育委員会　一九八八『鹿毛馬神籠石Ⅱ』
金関恕監修・大阪府立弥生文化博物館編　二〇〇一『弥生時代の集落』
金関恕・川西宏幸編　一九九六『講座文明と環境　第4巻　都市と文明』朝倉書店
鬼ノ城学術調査委員会　一九八〇『鬼ノ城』
熊谷公男　二〇〇四『蝦夷の地と古代国家』山川出版社（日本史リブレット）
熊谷公男編　二〇一五『東北の古代史3　蝦夷と城柵の時代』吉川弘文館
黒崎直　二〇〇七『飛鳥の宮と寺』山川出版社（日本史リブレット）
国立歴史民俗博物館・玉井哲雄編　二〇一三『アジアからみる日本都城史』山川出版社
近藤喜博　一九八一『家の神―基層の信仰文化―』塙書房
坂井隆　二〇〇七「東南アジアの城郭―グスクへの試論ノート―」『東南アジア考古学』二七号
坂井秀弥　一九九四「庁と館、集落と屋敷―東国古代遺跡にみる館の形成―」『城と館を掘る・読む　古代から中世へ』山川出版社
坂上康俊　二〇〇一『日本の歴史05　律令国家の転換と「日本」』講談社
佐川正敏　二〇〇三「中国都城の発展史と古代日本への影響」『東アジアと日本の考古学V　集落と都市』同成社
佐竹靖彦　二〇〇五「東アジア都城史序論―有墻壁社会と無墻壁社会の比較と相互交渉の検討を基礎に―」『メトロポリタン史学』1　メトロポリタン史学会
佐藤宗諄編　一九九四『日本の古代国家と城』新人物往来社
佐藤信編　二〇〇二『日本の時代史4　律令国家と天平文化』吉川弘文館
佐藤信編　二〇一〇『史跡で読む日本の歴史4　奈良の都と地方社会』吉川弘文館

徐　光輝　二〇〇〇「中国東北地方の環壕集落について―東北アジアにおける環壕集落の源流と展開―」『東夷世界の考古学』青木書店
白川　静　一九八四『字統』平凡社
白川　静　一九九六『字通』平凡社
進藤秋輝編　二〇一〇『東北の古代遺跡―城柵・官衙と寺院―』高志書院
鈴木拓也　二〇〇八『戦争の日本史3　蝦夷と東北戦争』吉川弘文館
鈴木靖民編　二〇〇二『日本の時代史2　倭国と東アジア』吉川弘文館
鈴木靖民　二〇一四『日本古代の周縁史―エミシ・コシとアマミ・ハヤト―』岩波書店
須藤隆・坪井清足・今泉隆雄編　一九九二『新版古代の日本9　東北・北海道』角川書店
妹尾達彦　二〇〇六「中国の都城とアジア世界」『シリーズ都市・建築・歴史1　記念的建造物の成立』東京大学出版会
総社市教育委員会パンフレット『国指定史跡鬼城山（鬼ノ城）―古代山城への誘い―』
武末純一　一九九八「弥生環溝集落と都市」『古代史の論点3　都市と工業と流通』小学館
武末純一・森岡秀人・設楽博己　二〇一一『列島の考古学　弥生時代』河出書房新社
田中広明　二〇〇六『国司の館―古代の地方官人たち―』学生社
出宮徳尚　一九九二「瀬戸内の古代山城」『新版古代の日本4　中国・四国』角川書店
内藤　昌　一九七九『城の日本史』NHKブックス
中尾芳治・佐藤興治・小笠原好彦　二〇〇七『古代日本と朝鮮の都城』ミネルヴァ書房
仁藤敦史　二〇一一『都はなぜ移るのか―遷都の古代史―』吉川弘文館
貫達人監修　一九八六『図説　神奈川県の歴史　上』有隣堂

林部　均　二〇〇八『飛鳥の宮と藤原京』吉川弘文館
林部　均　二〇一四「日本都城の形成過程と新羅都城」『歴博』一八六
樋口知志編　二〇一六『東北の古代史5　前九年・後三年合戦と兵の時代』吉川弘文館
平野卓治　一九九五「『出雲国風土記』の「剗」と「戍」」『風土記の考古学3　出雲国風土記の巻』同成社
ブリュノ・ダジャンス著、石澤良昭監修、中島節子訳　一九九五『アンコール・ワット　密林に消えた文明を求めて（「知の再発見」双書48）』創元社
町田章編　一九八九『古代史復元8　古代の宮殿と寺院』講談社
右島和夫・千賀久　二〇一一『列島の考古学　古墳時代』河出書房新社
向井一雄　一九九一「西日本の古代山城遺跡―類型化と編年についての試論―」『古代学研究』第一二五号　古代学研究会
向井一雄　二〇〇四「山城・神籠石」『古代の官衙遺跡Ⅱ　遺物・遺跡編』奈良文化財研究所
向井一雄　二〇一〇「古代山城論―学史と展望―」『古代文化』六二―二・特輯　日本古代山城の調査成果と研究展望（下）古代學協會
向井一雄　二〇一四「鞠智城の変遷」『鞠智城跡Ⅱ―論考編2―』熊本県教育委員会
村上幸雄・乗岡実　一九九五『鬼ノ城と大廻り小廻り』吉備人出版（吉備考古ライブラリィ2）
八木　充　二〇〇八「百済滅亡前後の戦乱と古代山城」『日本歴史』七二二
山中敏史　一九九四『古代地方官衙遺跡の研究』塙書房
行橋市教育委員会　二〇〇六『史跡御所ヶ谷神籠石Ⅰ』
横浜市埋蔵文化財センター　一九九〇『港北ニュータウン地域内埋蔵文化財調査報告Ⅹ　全遺跡調査概要』

吉川真司編　二〇〇二『日本の時代史5　平安京』吉川弘文館
吉田　歓　二〇〇一『古代の都はどうつくられたか　中国・日本・朝鮮・渤海』吉川弘文館
吉村武彦・山路直充編　二〇〇七『都城　古代日本のシンボリズム―飛鳥から平安京へ―』青木書店
和田　萃　二〇一二「磐余の諸宮とその時代」『明日香風』第一二三号

Ⅱ　平安時代末期から室町時代

浅野晴樹　一九八四「埼玉県出土の中世陶器(3)」『埼玉県立歴史資料館研究紀要』第六号
浅野晴樹　一九九三「北武蔵出土の中世陶磁器」埼玉県立歴史資料館博物館特別展「つぼ・かめ・すりばち」展示図録
飯村　均　二〇〇九『中世奥羽のムラとマチ　考古学が描く列島史』東京大学出版会
石井　進　一九八七『鎌倉武士の実像』平凡社（平凡社選書108）
市村高男　一九八七「中世城郭論と都市についての覚書」『歴史手帖』第一五巻四号
井原今朝男　一九八八「中世城館と民衆生活」『月刊文化財』三〇一（後に同『中世のいくさ・祭り・外国との交わり』校倉書房　一九九九）
梅沢太久夫　二〇〇三『中世北武蔵の城』岩田書院
江田郁夫　二〇〇八「持氏期の那須氏」『室町幕府東国支配の研究』高志書院
大澤伸啓　一九九三「鎌倉時代関東における浄土庭園を有する寺院について」『唐澤考古』一二
小野正敏　二〇〇八「平泉と鎌倉、発掘された虚と実」『歴史研究の最前線 vol. 9　建築史と考古学の接点を求めて：平泉と鎌倉から』総研大日本歴史研究専攻・国立歴史民俗博物館

蔭山兼治　二〇〇四「「堀内」の再検討—その実態と論理—」「琵琶湖博物館研究調査報告」第二一号
笠松宏至　一九八三『徳政令　中世の法と慣習』岩波書店（岩波新書）
川合　康　一九九六『源平合戦の虚像を剥ぐ』講談社（講談社選書メチエ72）
川島茂裕　二〇〇四「『吾妻鏡』に見える郭について」『岩手考古学』第一六号
黒田紘一郎　一九八七「『洛中洛外図屏風』についての覚書」『日本史研究』二九七号
呉座勇一　二〇一四「南北朝期の戦術と在地領主」高橋典幸編『生活と文化の歴史学5　戦争と平和』竹林舎
齋藤慎一　二〇〇八「東国武士と坂東三十三所」『東国武士と中世寺院』高志書院
齋藤慎一　二〇一三「中世城館の規範性」橋口定志編『中世社会への視角』高志書院
齋藤慎一　二〇一五「南北朝内乱と城館」齋藤慎一編『城館と中世史料　機能論の探求』高志書院
佐久間弘行　二〇〇五「小山義政の乱と鷲城・祇園城」『知られざる下野の中世』随想社
斯波義信　一九八八「宋代の都市城郭」『宋代江南経済史の研究』汲古書院
瀬田勝哉　一九九四『洛中洛外の群像　失われた中世京都へ』平凡社
高橋　修　二〇〇二「中世前期の在地領主と「町場」」『歴史学研究』七六八
高橋誠一　一九九四『日本古代都市研究』古今書院
高橋典幸　二〇一三「南北朝期の城郭戦と交通」東京大学日本史学研究室紀要 別冊『中世政治社会論叢』
高橋昌明　二〇〇七『平清盛　福原の夢』講談社（講談社選書メチエ400）
竹内千早　一九八九「堀の内論の再検討」『歴史学研究月報』三五〇
玉井哲雄　一九九六「武家住宅」「絵巻物の住宅を考古学発掘史料から見る」小泉和子・玉井哲雄・黒田日出男編『絵巻物の建築を読む』東京大学出版会

栃木県　一九八四『栃木県史　通史編』
中澤克昭　一九九九『中世の武力と城館』吉川弘文館
錦　昭江　二〇一五「北畠顕家の伊勢転進―青野ヶ原合戦考―」『日本歴史』八〇〇
錦織　勤　一九九五「中世における山城築城技術の進歩について」『鳥取大学教育学部研究報告 人文・社会科学』第四六巻第一号
橋口定志　一九九〇「中世東国の居館とその周辺―南関東におけるいくつかの発掘調査事例から―」『日本史研究』三三〇
橋口定志　二〇〇四「中世前期居館の展開と戦争」小林一岳・則竹雄一編『戦争Ⅰ　中世戦争論の現在』青木書店
橋口定志　二〇〇五「東国の武士居館―中世前期から中世後期へ―」埼玉県立歴史資料館編『戦国の城』高志書院
羽柴直人　二〇〇二「平泉の道路と都市構造の変遷」入間田宣夫・本澤慎輔編『平泉の世界』高志書院
広瀬和雄　一九八八「中世村落の形成と展開」『物質文化』五〇
村井章介　一九九二「渡来僧の世紀」石井進編『都と鄙の中世史』吉川弘文館
村田修三　一九八四「中世の城館」『講座・日本技術の社会史　第六巻　土木』日本評論社
室野秀文　二〇〇二「陸奥北部の館」柳原敏昭・飯村均編『鎌倉・室町時代の奥州〈奥羽史研究叢書4〉』高志書院
吉田　歓　二〇一四『日中古代都城と中世都市平泉』汲古書院

Ⅲ　戦国時代

安土城考古博物館　一九九五『観音寺城と佐々木六角』展図録
天野忠幸　二〇一五「三好・松永氏の山城とその機能」齋藤慎一編『城館と中世史料　機能論の探求』高志書院

網野善彦　二〇〇七「日本海と北国文化」『網野善彦著作集』第一〇巻　岩波書店
市村高男　一九九三「『下総崎房秋葉孫兵衛旧蔵模写文書集』の紹介（三）」『中央学院大学教養論叢』五巻第二号
市村高男　一九九四『戦国期東国の都市と権力』思文閣出版
市村高男　二〇〇五「当主の居城と前当主（または継嗣）の居城―下野小山氏と下総結城氏を事例として―」『城郭と中世の東国』高志書院
内堀信雄ほか　二〇〇六『守護所と戦国城下町』高志書院
太田浩司　二〇一一『浅井長政と姉川合戦―その繁栄と滅亡への軌跡―』サンライズ出版株式会社
小野正敏　一九九七『戦国城下町の考古学』講談社（講談社選書メチエ107）
勝俣鎮夫　一九七八「観音寺城雑感」『観音寺城と佐々木六角氏』二
国立歴史民俗博物館編　一九九九　歴博フォーラム「再発見・八重山の村」の記録『村が語る沖縄の歴史』新人物往来社
国立歴史民俗博物館　二〇〇〇『天下統一城』展図録
小島道裕　二〇〇五『戦国・織豊期の都市と地域』青史出版
齋藤慎一　二〇一四「15世紀の城館」萩原三雄・中井均編『中世城館の考古学』高志書院
佐々木健策　二〇〇五「中世小田原の町割と景観」藤原良章編『中世のみちと橋』高志書院
佐藤博信　一九八九『古河公方足利氏の研究』校倉書房
上越市　二〇一四『上越市史』通史編2　中世
新谷和之　二〇一五「観音寺城の成立と展開」齋藤慎一編『城館と中世史料　機能論の探求』高志書院
千田嘉博　二〇〇〇『織豊系城郭の形成』東京大学出版会

竹井英文　二〇〇九ａ　「戦国前期東国の城郭に関する一考察―深大寺城を中心に―」『一橋研究』三四―一
竹井英文　二〇〇九ｂ　「縄張編年論に関する提言―その研究史整理と課題―」『城郭史研究』二九
竹井英文　二〇一二　「小田原合戦後の八王子城―中近世断絶論を越えて―」『八王子市史研究』二
竹井英文　二〇一五　「城郭研究の現在」『歴史評論』七八七
館林市　二〇一〇　館林市史特別編第四巻『館林城と中近世の遺跡』
中野良一　二〇〇九　『日本の遺跡39　湯築城跡』同成社
仁木宏・松尾信裕編　二〇〇八　『信長の城下町』高志書院
新田町　一九八四　『新田町誌　第4巻　特別編　新田荘と新田氏』
橋口定志　一九八九　「戦国期城館研究の問題点」『季刊・考古学』二六
原田倫子　二〇〇二　「滝山城周辺の地籍図について」『創価考古』創刊号
福井県立一乗谷朝倉氏遺跡資料館　二〇〇八　『朝倉氏の家訓〈福井県立一乗谷朝倉氏遺跡資料館古文書調査資料2〉』
北海道アイヌ学会編　一九九四　『アイヌのチャシとその世界』北海道出版企画センター
松岡　進　二〇〇五　「東国における平地城館研究の深化のために」『中世城郭研究』一九
松岡　進　二〇〇六　「「居館」概念の成立過程小考」『中世城郭研究』二〇
松岡　進　二〇〇九　「東国における「館」・その虚像と原像」『中世城郭研究』二三
村田修三　一九八七　「城の分布」村田修三編『図説　中世城郭事典』第二巻　新人物往来社
山中雄志　二〇〇七　「新宮熊野神社と新宮城跡」柳原敏昭・飯村均編『中世会津の風景』高志書院
吉井　宏　二〇〇一　「「要害」について」『六軒丁中世史研究』第八号

Ⅳ　安土・桃山時代から江戸時代へ

大阪市立大学豊臣期大坂研究会編　二〇一五　『秀吉と大坂　城と城下町』和泉書院
大阪歴史博物館ほか　二〇一五　『大坂　豊臣と徳川の時代』高志書院
大澤研一　二〇一六　「「石山」呼称の再検討—豊臣期大坂城評価の観点から—」『ヒストリア』二五四
小野正敏　一九九四　「戦国期の館・屋敷の空間構造とその意義」『信濃』第四六巻第三号
川上　貢　一九九八　『日本建築史論考』中央公論美術出版
木島孝之　一九九二　「九州における織豊期城郭—縄張り構造にみる豊臣の九州経営—」『中世城郭研究』第六号
北垣聰一郎　一九八七　『ものと人間の文化史58　石垣普請』法政大学出版局
北垣聰一郎　一九九七　「石を「積む」角牟礼城」石井進監修『よみがえる角牟礼』新人物往来社
木戸雅寿　二〇〇三　『よみがえる安土城』吉川弘文館（歴史文化ライブラリー）
国井洋子　一九八八　「凝灰岩石材と中世石造文化圏—新田荘の天神山石材による一考察—」『群馬歴史民俗』一〇号
国井洋子　一九九七　「中世東国における造塔・造仏用石材の産地とその供給圏—上野国新田荘の天神山凝灰岩を中心に—」『歴史学研究』七〇二
織豊期城郭研究会編　二〇一四　『倭城を歩く』サンライズ出版株式会社
白峰　旬　一九九八　『日本近世城郭史の研究』校倉書房
中井　均　一九九〇　「織豊系城郭の画期—礎石建物・瓦・石垣の出現—」『中世城郭研究論集』新人物往来社
中井　均　一九九四　「織豊系城郭の特質について—石垣・瓦・礎石建物—」『織豊城郭』創刊号
中井　均　二〇〇二　「織豊系城郭の地域伝播と近世城郭の成立」『新視点中世城郭研究論集』新人物往来社
中井　均　二〇〇三　「城郭にみる石垣・瓦・礎石建物」『戦国時代の考古学』高志書院

中澤克昭　二〇一五　「戦国・織豊期の城と聖地」齋藤慎一編『城館と中世史料　機能論の探求』高志書院
藤木久志　二〇〇六　『土一揆と城の戦国を行く』朝日新聞社
松岡　進　二〇一五　『中世城郭の縄張と空間―土の城が語るもの―』吉川弘文館
松田毅一・川崎桃太訳　二〇〇〇　『完訳フロイス日本史2　織田信長篇Ⅱ「信長とフロイス」』『同3　織田信長篇Ⅲ「安土城と本能寺の変」』中央公論新社
米沢上杉文化振興財団ほか　二〇一〇　『図説　直江兼続　人と時代』

展　望

高橋誠一　一九九四　『日本古代都市研究』古今書院
橋口定志　一九七五　「最近の中世城館の考古学的調査例から」『貝塚』一五
橋口定志　一九八七　「考古学から見た居館」（『第二回全国城郭研究者セミナー』レジュメ）

【事典・図説および複数の部に及ぶ文献】

石井進ほか　一九七二　『日本思想体系21　中世政治社会思想　上』岩波書店
齋藤慎一　二〇〇二　『中世東国の領域と城館』吉川弘文館
齋藤慎一　二〇〇六　『中世武士の城』吉川弘文館
齋藤慎一　二〇一〇　『中世東国の道と城館』東京大学出版会
齋藤慎一編　二〇一五　『城館と中世史料　機能論の探求』高志書院
城郭談話会編　二〇一四　『図解　近畿の城郭』Ⅰ　戎光祥出版株式会社

城郭談話会編　二〇一五『図解　近畿の城郭』Ⅱ　戎光祥出版株式会社
高橋典幸編　二〇一四『生活と文化の歴史学5　戦争と平和』竹林舎
中西裕樹　二〇一五『大阪府中世城郭事典』戎光祥出版株式会社
仁木宏・福島克彦編　二〇一五a『近畿の名城を歩く　大阪・兵庫・和歌山編』吉川弘文館
仁木宏・福島克彦編　二〇一五b『近畿の名城を歩く　滋賀・京都・奈良編』吉川弘文館
萩原三雄・中井均編　二〇一四『中世城館の考古学』高志書院
村田修三編　一九八七『図説日本城郭事典』第一巻　新人物往来社

【報告書】

安土町　二〇〇七『安土町屏風絵探索プロジェクト調査報告概要』
茨城県教育財団文化財調査報告第191集　二〇〇二「〔上巻〕島名前野東遺跡〔中巻〕島名境松遺跡〔下巻〕谷田部漆遺跡」
茨城県教育財団文化財調査報告第281集　二〇〇七「島名境松遺跡・島名前野東遺跡」
大阪府教育委員会　二〇〇八『余部日置荘遺跡』
大阪府教育委員会・財団法人大阪文化財センター　一九九五『日置荘遺跡』
小山市教育委員会　一九九〇『鷲城跡』
小山市教育委員会　二〇〇一『小山市城跡範囲確認調査報告書Ⅰ』
小山市教育委員会　二〇〇二『祇園城跡Ⅰ』
小山市教育委員会　二〇一一『神鳥谷遺跡Ⅰ』

桑折町教育委員会　二〇一五『史跡桑折西山城跡発掘調査報告書（第8次・第9次調査）』
財団法人京都府埋蔵文化財調査研究センター　一九八四『京都府遺跡調査報告書　第3冊　大内城跡』
財団法人和歌山県文化財センター　二〇〇六『高田土居城跡・徳蔵地区遺跡・大塚遺跡』
新・清須会議実行委員会　二〇一四『守護所シンポジウム2@清須　新・清須会議　資料集』
千葉県企業庁・財団法人東総文化財センター　二〇〇〇　財団法人東総文化財センター発掘調査報告書第二一集『千葉県匝瑳郡光町　篠本城跡・城山遺跡』
東海村遺跡調査会・東海村教育委員会　一九九二『石神城跡―茨城県那珂郡東海村所在中世城館の調査―』
栃木県教育委員会ほか　一九九五『下古館遺跡』
栃木県教育委員会ほか　一九九七『外城遺跡（鷲城跡）』
兵庫県飾磨郡夢前町教育委員会　二〇〇六　夢前町文化財調査報告書第7集『国指定史跡　赤松氏城跡　播磨置塩城跡発掘調査報告書』
福岡市埋蔵文化財調査報告書第157集　一九八七『柏原遺跡群Ⅲ』
福島県教育委員会　一九八八『福島県の中世城館跡』
福島県教育委員会ほか　一九九二　福島県文化財調査報告書第282集『木村館跡』
北海道文化財保護協会　一九八三『北海道のチャシ』
山形県教育委員会　一九九五『山形県中世城館遺跡調査報告書』第一集（置賜地域）
早稲田大学本庄校地文化財調査室　一九九八『大久保山Ⅵ』

図15　同心円の集合体構造の城下町（根城）（小野正敏『戦国城下町の考古学』講談社選書メチエ，1997年より）　*278*
写真10　首里城　正殿　*281*
写真11　勝連城　*282*
写真12　下田原グスク　石灰岩の石垣　*283*
写真13　マシュク村遺跡　海側外壁　*284*
写真14　空から見た志苔館（財団法人北海道ウタリ協会『よみがえる北の中・近世　掘り出されたアイヌ文化』2001年より）　*288*
図16　志苔館跡周辺地形図（函館市教育委員会『史跡　志苔館跡』1986年より）　*289*
図17　勝山館遺構位置図（網野善彦・石井進・福田豊彦監修，菊池徹夫・福田豊彦編『よみがえる中世4　北の中世　津軽・北海道』平凡社，1989年より）　*292*
図18　白主土城（前川要「白主土城の発掘調査」〔前川要編『北東アジア交流史研究—古代と中世—』塙書房，2007年〕より）　*295*
図19　杉山城測量図（シンポジウム埼玉の戦国時代『検証　比企の城』資料集，史跡を活用した体験と学習の拠点形成事業実行委員会，2005年より）　*299*
写真15　足利高基書状写（小浜市立図書館　酒井文庫所蔵「家譜覚書」）　*301*
図20　桑折西山城縄張図（桑折町教育委員会『史跡桑折西山城跡発掘調査報告書（第5次調査）』2013年より）　*304*
図21　韮山城跡縄張図（静岡県伊豆の国市『韮山城跡　百年の計』2014年より）　*306*
写真16　春日山城　遠望（米沢市〈上杉博物館〉提供）　*308*
図22　躑躅が崎館（武田氏館）概要図（文化庁文化財保護部史跡研究会編『図説　日本の史跡　6中世』同朋舎，1991年より）　*311*
写真17　小谷城　千畳敷　*314*
写真18　観音寺城　虎口の石垣　*315*
図23　置塩城全体図（夢前町文化財調査報告書第7集『国指定史跡 赤松氏城跡　播磨置塩城跡発掘調査報告書』2006年より）　*318*
図24　郡山城要図（『日本城郭大系13　広島　岡山』新人物往来社，1980年より）　*321*
写真19　大内氏館　庭園（山口市教育委員会『大内氏館跡 XI』2010年より）　*323*
図25　湯築城図（調査区位置図）（財団法人愛媛県埋蔵文化財調査センター『湯築城跡』1998年より）　*324*
写真20　高山城　障子堀　*330*
図26　本栖城周辺図（畑大介「戦国期における国境の一様相—本栖にみる城館・道付設阻塞・関所—」〔『戦国大名武田氏』名著出版，1991年〕より）　*332*
図27　荒砥城縄張図　*334*
写真21　木村館の破城（福島県教育委員会ほか『東北横断自動車道遺跡調査報告15　木村館』1992年より）　*341*
写真22　一乗谷朝倉遺跡　下城戸　*346*
図28　久米城縄張図　*347*
図29　小牧山城縄張図および城下地籍図（愛知県教育委員会『愛知県中世城館跡調査報告Ⅰ（尾張地区）』1991年より）　*350*
図30　滝山城・城下図　*355*

Ⅳ　安土・桃山時代から江戸時代へ
写真1　『越後国瀬波郡絵図』「加護山古城」と平林城（国宝・重要文化財，

写真４　元寇防塁（『蒙古襲来絵詞』）（宮内庁所蔵）　*180*
表４　1330年代城館関係語彙集計表　*192*
写真５　小高城　*194*
写真６　鳥坂城　*195*
表５　山および寺社と城館の関係表　198-202
写真７　神鳥谷曲輪　発掘調査　空撮（小山市教育委員会『神鳥谷遺跡Ⅰ』2011年より）　*214*
図17　下古館遺跡　全体図（栃木県教育委員会・財団法人栃木県文化振興事業団『栃木県埋蔵文化財調査報告第166号　下古館遺跡』1995年より）　*216*
図18　都城制　概念図　*220*
図19『周礼』考工記の都市概念図　*220*
写真８　雪舟筆「四季山水図巻」（毛利博物館所蔵）　*223*

Ⅲ　戦国時代
図１　大久保山　ⅢＡ地区（早稲田大学本庄校地文化財調査室『大久保山Ⅳ』1988年より）　*231*
写真１　足利将軍邸（上杉本「洛中洛外図屏風」）（米沢市〈上杉博物館〉所蔵）　*233*
写真２　江馬氏館（飛騨市教育委員会提供）　*234*
写真３　一乗谷朝倉氏遺跡　朝倉館　*235*
写真４　中条秀叟記録（新潟県立歴史博物館所蔵三浦和田中条氏文書）　*238*
写真５　真壁朝幹置文（一般財団法人石川武美記念図書館所蔵真壁文書）　*240*
写真６　七沢城の堀切と城内の巨石　*243*
図２　新宮城（福島県教育委員会『福島県の中世城館跡』1988年より）　*246*
図３　青鳥城跡全体図（シンポジウム埼玉の戦国時代『検証　比企の城』資料集，史跡を活用した体験と学習の拠点形成事業実行委員会，2005年より）　*248*
図４　高田土居城変遷図（財団法人和歌山県文化財センター『高田土居城跡・徳蔵地区遺跡・大塚遺跡』2006年より）　*250*
図５　屋代城（茨城県教育財団『屋代Ｂ遺跡』Ⅲ，1988年より）　*251*
図６　白石遺跡（茨城県教育財団『白石遺跡』1993年より）　*253*
写真７　山内上杉顕定感状（国立公文書館所蔵「豊島宮城文書」）　*256*
写真８　小田城跡米軍撮影航空写真（国土地理院提供）　*259*
図７　真壁城図（明治７年古城村地籍図）（桜川市教育委員会所蔵）　*260*
図８　亀熊城縄張図　*262*
図９　石神城縄張図（東海村歴史資料館検討委員会編『常陸国石神城とその時代』2000年より）　*264*
図10　石神井城全体図（練馬区教育委員会『練馬区の遺跡』1983年より）　*266*
図11　篠本城跡　15世紀の遺構分布（財団法人東総文化財センター発掘調査報告書第21集『千葉県匝瑳郡光町篠本城跡・城山遺跡』2000年より）　*270*
図12　浪岡城全体図（『青森県史』資料編　考古４　中世・近世より）　*272*
写真９　浪岡城　*273*
図13　横地城　縄張図　*275*
図14　横地城の空間構成（小野正敏「横地氏とその本拠の構造」〔静岡県菊川町教育委員会『静岡県指定史跡横地城跡―総合調査報告書―』1999年〕より）　*277*

図15　神隠丸山遺跡（横浜市埋蔵文化財センター『港北ニュータウン地域内埋蔵文化財調査報告X　全遺跡調査概要』1990年より）　*95*
図16　甲骨文字　郭と城　*98*
図17　中国都城　開封（愛宕元『中国の城郭都市―殷周から明清まで―』中央公論社，1991年より）　*103*
図18　朝鮮都城　平壌（東潮・田中俊明『高句麗の歴史と遺跡』中央公論社，1995年より）　*107*
図19　東南アジア都城　アンコール・トム（ブリュノ・ダジャンス『アンコール・ワット　密林に消えた文明を求めて（「知の再発見」双書48)』創元社，1995年より）　*113*

Ⅱ　平安時代末期から室町時代
図1　史跡高屋敷館遺跡・遺構確認平面図（木村浩一「近年の高屋敷館遺跡調査をめぐって」〔『北の防禦性集落と激動の時代』同成社，2006年〕より）　*119*
図2　大鳥井山遺跡　調査区設定図（横手市文化財調査報告第12集『大鳥井山遺跡』横手市教育委員会，2009年より）　*120*
図3　鳥海柵図（羽柴直人「資料　古代末・中世前期の東北の城館」〔『兵たちの登場』高志書院，2010年〕より）　*123*
図4　平泉　柳之御所（西澤正晴「柳之御所遺跡調査の現段階」〔入間田宣夫編『平泉・衣川と京・福原』高志書院，2007年〕より）　*127*
図5　藤原秀衡（後期）および泰衡の頃の平泉（羽柴直人「平泉を構成する地割」〔『日本考古学協会2001年度盛岡大会研究発表資料集』〕より）　*129*
図6　陣が峯城　鳥瞰図（会津坂下町文化財調査報告書第58集『陣が峯城跡』2005年より）　*132*
表1　『吾妻鏡』に見える城郭構成要素（中澤克昭『中世の武力と城館』吉川弘文館，1999年より）　*138*
表2　『平家物語』に見える城郭構成要素（同前）　*139*
写真1　屋島　遠望（高松市教育委員会提供）　*144*
図7　大内城（財団法人京都府埋蔵文化財調査研究センター『京都府遺跡調査報告書　第3冊　大内城跡』1984年より）　*144*
写真2　阿津賀志山二重大堀　*147*
表3　渋谷氏屋敷の相伝　*151*
図8　大久保山遺跡変遷図（早稲田大学本庄校地文化財調査室『大久保山Ⅳ』1988年より）　*153*
図9　宮久保遺跡遺構変遷図（神奈川県立埋蔵文化財センター調査報告15『宮久保遺跡Ⅱ』1988年より）　*157*
写真3　『一遍上人絵伝』大井太郎館（清浄光寺所蔵）　*158*
図10　伝足利基氏館跡　*160*
図11　本拠のモデル　*163*
図12　『新編相模風土記稿』円通寺の山腹の岩窟（やぐら）　*166*
図13　島名前野東遺跡（茨城県教育財団文化財調査報告第281集『島名境松遺跡・島名前野東遺跡』2007年より）　*171*
図14　諏訪前遺跡（室野秀文「陸奥北部の館」〔柳原敏昭・飯村均編『鎌倉室町時代の奥州（奥羽史研究叢書4）』高志書院，2002年〕より）　*173*
図15　余部城跡範囲復元図（大阪府教育委員会『余部日置荘遺跡』2008年より）　*175*
図16　柏原B遺跡　第Ⅰ・Ⅱ期建物群配置図（福岡市埋蔵文化財調査報告書第157集『柏原遺跡群Ⅲ』1987年より）　*177*

図版一覧

出典・所蔵の注記のないものは，著者が作成・撮影した.

〔口絵〕
1　水城と大野城（九州歴史資料館提供）
2　志波城（盛岡市教育委員会・室野秀文氏撮影）
3　『法然上人絵伝』日吉八王子社の城郭（知恩院所蔵）
4　杉山城
5　周山城
6　西生浦倭城　登石垣
7　『越後国瀬波郡絵図』　村上城（国宝・重要文化財，米沢市〈上杉博物館〉所蔵）

〔挿図・挿表〕
Ⅰ　弥生時代から平安時代
図1　大塚遺跡（貫達人監修『図説　神奈川県の歴史　上』有隣堂，1986年より）　*15*
写真1　吉野ヶ里遺跡外濠　*17*
図2　貝殻山遺跡（岡山県史編纂委員会編『岡山県史　第18巻　考古資料』1986年より）　*19*
図3　環濠集落から豪族居館への変遷模式図（武末純一「弥生環溝集落と都市」〔『古代史の論点3　都市と工業と流通』小学館，1998年〕より）　*23*
写真2　三ツ寺遺跡模型（高崎市かみつけの里博物館所蔵）　*24*
図4　古代宮都の変遷（佐藤信編『史跡で読む日本の歴史4　奈良の都と地方社会』吉川弘文館，2010年より）　*37*
図5　諸国の国府政庁（佐藤信編『日本の時代史4　律令国家と天平文化』吉川弘文館，2002年より）　*41*
図6　西日本の古代山城分布図（村上幸雄・乗岡実『鬼ノ城と大廻り小廻り』吉備人出版（吉備考古ライブラリィ2），1999年に向井加筆）　*45*
図7　鬼ノ城（鬼ノ城学術調査委員会『鬼ノ城』1980年より）　*47*
図8　鹿毛馬城（頴田町教育委員会『鹿毛馬神籠石Ⅱ』1988年より）　*48*
写真3　御所ヶ谷城　版築土塁と列石・柱穴（行橋市教育委員会『史跡御所ヶ谷神籠石Ⅰ』2006年より）　*50*
写真4　鬼ノ城　石塁（総社市教育委員会パンフレット『国指定史跡鬼城山（鬼ノ城)―古代山城への誘い―』より）　*61*
図9　怡土城（伊都歴史資料館『怡土城とその時代』1999年より）　*67*
図10　東北の古代城柵分布図（佐藤信編『史跡で読む日本の歴史4　奈良の都と地方社会』吉川弘文館，2010年より）　*70*
図11　多賀城（青木和夫・岡田茂弘編『古代を考える　多賀城と古代東北』吉川弘文館，2006年より）　*74*
写真5　秋田城（秋田市教育委員会提供）　*77*
図12　払田柵（進藤秋輝編『東北の古代遺跡―城柵・官衙と寺院―』高志書院，2010年より）　*77*
図13　胆沢城（熊谷公男『蝦夷の地と古代国家』山川出版社，2004年より）　*80*
図14　防御性集落分布図（樋口知志編『東北の古代史5　前九年・後三年合戦と兵の時代』吉川弘文館，2016年に向井加筆）　*91*

ま　行

や　行

ら・わ行

な　行

は　行

た　行

さ 行

事　　項

あ　行

か　行

ま　行

や　行

ら・わ行

な　行

は　行

た　行

さ　行

か　行

索　引

1．城名・遺跡名は，国名・都市（地域）名・寺院名を含む（配列は，北京（ぺきん）など一般に通用しているもの以外は，日本語の音読みによる）．

2．事項のうち，山城（さんじょう／やまじろ），内城（ないじょう／うちじょう），外城（がいじょう／とじょう）など，古代史（および東アジア史）と中・近世史で読みが異なるものは，それぞれの慣用に従い項目を分けた．

城名・遺跡名

あ　行

著者略歴

齋藤慎一

一九六一年　東京都に生まれる
一九八七年　明治大学大学院文学研究科史学専修博士後期過程退学
現在　公益財団法人東京都歴史文化財団　江戸東京博物館学芸員、博士（史学）

〔主要著書〕
『中世東国の領域と城館』（吉川弘文館、二〇〇二年）『中世武士の城』（吉川弘文館、二〇〇六年）『中世東国の道と城館』（東京大学出版会、二〇一〇年）

向井一雄

一九六二年　愛媛県に生まれる
一九八六年　関西大学経済学部経済学科卒業
一九九一年から古代山城研究会を組織し、現在　古代山城研究会代表

〔主要論文〕
「西日本の古代山城遺跡―類型化と編年についての試論―」（『古代学研究』第一二五号、一九九一年）「山城・神籠石」（『古代の官衙遺跡Ⅱ遺物・遺跡編』奈良文化財研究所、二〇〇四年）「古代山城論―学史と展望―」（『古代文化』六二―二、二〇一〇年）

日本城郭史

二〇一六年（平成二十八）十二月十日　第一刷発行

著者　齋《さい》藤《とう》慎《しん》一《いち》
　　　向《むか》井《い》一《かず》雄《お》

発行者　吉川道郎

発行所　株式会社 吉川弘文館
郵便番号一一三―〇〇三三
東京都文京区本郷七丁目二番八号
電話〇三―三八一三―九一五一〈代表〉
振替口座〇〇一〇〇―五―二四四番
http://www.yoshikawa-k.co.jp/

印刷＝株式会社 平文社
製本＝誠製本株式会社
装幀＝清水良洋・柴崎精治

ISBN978-4-642-08303-4